SCHULZE–HOLTHUS / AUFSTAND IN IRAN

Literarische Bearbeitung Paul Weymar
Kampen / Sylt

SCHULZE - HOLTHUS

AUFSTAND IN IRAN

ABENTEUER IM DIENSTE DER
DEUTSCHEN ABWEHR

Verlagsagentur Walther Angerer
8000 München 86

Dieses Buch erschien erstmalig 1952 unter dem
Titel „Frührot in Iran" im Bechtle-Verlag

2. erweiterte deutschsprachige – Auflage 1980
Alle Rechte vorbehalten
© by Verlagsagentur Walther Angerer, München
ISBN 3-922128-02-5
Druck:Hieronymus Buchreproduktions GmbH, München
Einband: Verlagsbuchbinderei Göttermann GmbH, Aßling
Umschlag: Prinzessin Maria Christina von Sachsen, München

CIP-Kurztitelaufnahme der Deutschen Bibliothek

Schulze-Holthus, Bernhardt:
Aufstand in Iran : Abenteuer im Dienste d. dt.
Abwehr / Schulze-Holthus. Literar. Bearb. Paul
Weymar. – 2. erw. deutschsprachige Aufl. –
München: W. Angerer, 1980
   1. Aufl. im Verl. Bechtle, Esslingen.
   1. Aufl. u.d.T.: Schulze-Holthus, Bernhardt:
Frührot in Iran.
   ISBN 3-922128-02-5

NE: Weymar, Paul Bearb.

Vorwort zur zweiten Auflage 1980

Das vorliegende Buch erschien im Jahre 1953 unter dem Titel „Frührot in Iran — Abenteuer im deutschen Geheimdienst" im Bechtle-Verlag in Esslingen. 1954 erschien im Verlag „Staples-Press" in London eine englische Ausgabe unter dem Titel „Daybreak in Iran."Die deutsche Ausgabe ist schon seit 20 Jahren vergriffen. Nach der Eroberung des blockfreien Afghanistan durch sowjetische Truppen am Ende des Jahres 1979 wurde ich von vielen Seiten gewarnt, bei einer Neuauflage meines Buches das Wort „Frührot" wieder zu verwenden, denn es könnte im Sinne des sowjetischen „Rot" mißverstanden werden. Gemeint war dagegen das Morgenrot eines neuen freien Nationalstaates Iran. Ich entschloss mich daher den Titel in„Aufstand in Iran — Abenteuer im Dienste der deutschen Abwehr' zu ändern und darf dazu auf folgendes hinweisen:

Das nationalbewußte und auf Grund seiner alten Geschichte sehr selbstbewußte iranische Volk hat im letzten halbenJahrhundert gleich drei große Aufstände erlebt: den von 1941- 44, den von 1953 und den noch andauernden Aufstand des Ayatollah Chomeini von 1979/80.

Über den ersten Aufstandsversuch von 1941-1944, von dem dieses Buch handelt, muß der Leser folgendes wissen: Bereits im Jahre 1907 hatte das Reich des Schahs seine volle Unabhängigkeit verloren, als die beiden, von den Iranern besonders gefürchteten Nachbarn des Landes, das Zarenreich Russland im Norden und das britische Kolonialreich im Süden, Iran durch einen Geheimvertrag unter sich aufgeteilt hatten, nämlich in eine russische Zone im Norden, die, natürlich nur zum Schutze der wenigen dort tätigen russischen Kaufleute, mit starken russischen Garnisonen belegt wurde und eine britische Zone im Süden, in der die britische Marine nicht nur Truppen landete, sondern auch Seebefestigungen anlegte, und eine neutrale Zone in der Mitte Irans, um die das Tauziehen zwischen London und St. Petersburg zunächst auf politischem und auch wirtschaftspolitischem Parkett weitergehen sollte. In diese neutrale Zone drangen im I. Weltkrieg nicht nur türkische Truppen ein, sondern auch die zahlenmäßig ganz schwachen Einheiten eines „Deutschen Asienkorps" unter Führung des damaligen bayerischen Hauptmanns und späteren Generals Oscar Ritter von Niedermayer und des für politische Aufgaben zuständigen Botschaftssekretärs und späteren Botschafters Otto von Hentig, die von Iran aus die berühmt gewordene Expedition nach Kabul in Afghanistan unternahmen, die versuchen sollte den Krieg gegen das britische Kolonialreich an die Grenzen des unruhigen Indien zu tragen. Der Versuch schlug fehl, und das „Deutsche Asienkorps" musste 1916 Zentraliran wieder räumen, das jetzt von russischen Kosakendivisionen unter der Führung des russischen Großfürsten Nikolai Nikolajewitsch besetzt wurde. Aber an dem Durchbruch an den „Persischen Golf" hinderte sie ein einzelner Deutscher, der deutsche Konsul Wilhelm Waßmuß, der mit den südpersischen Stammeskriegern ein Gebiet von der Größe Frankreichs nicht nur gegen die russischen Kosaken verteidigte, sondern auch gegen zwei anglo-indische Expeditionsarmeen unter Führung des Generals Sykes erfolgreich Widerstand leistete. Dem Abzug der russischen Truppen nach Ausbruch der sowjetischen Oktober-Revolution folgten sofort britische Truppen, die jetzt ganz Iran besetzten, und London versuchte nun den alten Traum des britischen Kolonialreichs, die Landbrücke zwischen der Kronkolonie Indien und Ägyten dadurch herzustellen, daß Iran auch in eine britische Kolonie verwandelt wurde. Durch politische Intrigen und Bestechung gelang London der Abschluß des Kolonialvertrages, des „Teheraner Vertrages." Aber schon nach kurzer Dauer wurde er durch den mit einem Staatsstreich an die Macht gelangten späteren Kaiser Reza Schah zerrissen und die Freiheit und Unabhängigkeit Irans gerettet.

Und nun wurde Ende August 1941 die Freiheit und Unabhängigkeit Irans wiederum auf das Schwerste bedroht, als völlig überraschend englische und sowjetische Divisionen in Iran einmarschierten, den Widerstand der iranischen Armee in blutigen Kämpfen brachen, Kaiser Reza Schah wegen seiner kompromißlosen Neutralitätspolitik zur Abdankung zwangen und nach Südafrika deportierten, wo er 1944 an gebrochenem Herzen starb. Dieser alliierte Überfall auf Iran war völkerrechtlich das gleiche Verbre-

chen, wie die deutschen Überfälle auf Dänemark und Norwegen, Belgien und Holland, aber den Sieger stellt niemand vor ein Kriegsverbrechergericht. Immerhin hat Churchill in seinen Memoiren die Rechtswidrigkeit des alliierten Überfalls auf Iran in dürren Worten zugegeben, wenn er dort schreibt: „Großbritannien und die Sowjetunion kämpften damals um ihr Leben" – „Inter arma silent leges" - „Im Kriege schweigen die Gesetze." Mit aller Deutlichkeit hat sich jedoch der Schah über dieses völkerrechtliche Verbrechen ausgesprochen, als er im Jahre 1955 im iranischen Senat vor dem versammelten Diplomatischen Corps den Beitritt zum „Nahostpakt" mit den Worten bekannt gab:
  Die Friedensliebe und die Neutralitätspolitik Irans konnten in beiden Weltkriegen nicht verhindern, daß Iran von englischen und russischen Truppen besetzt und auf das Schändlichste vergewaltigt wurde."
Da sich später auch amerikanische Truppen an der Besetzung Irans beteiligten, um den Kriegsmaterialnachschub in die Sowjetunion zu sichern, dafür zahlreiche amerikanische Soldaten und Militärbeamte eingesetzt wurden und diese mit ihrer hohen Entlöhnung in die Lage kamen, alle Preise zu überbieten und die iranischen Teppichbasare leerzukaufen, kam es einem ersten Ressentiment der Iraner gegen die Amerikaner, während sie vorher, vor allem durch die Tätigkeit des vonLondon schließlich aus Iran herausgebissenen amerikanischen Finanzberaters Schuster, einen guten Ruf bessen hatten.
  Als die Politik Mossadeghs nach dem Scheitern seiner Ölenteignungspolitik gegenüber der „Anglo-Iranian Oil Companie" – er konnte das von den Iranern selbst geförderte Öl nicht auf den Markt bringen, weil die „Ölmultis" damals noch fast die gesamte Tankertonnage besaßen und Mossadegh das von Indien, Indonesien und Japan gewünschte Öl mangels Schiffsraum nicht auf den Weg bringen konnte – in Gefahr geriet immer mehr ins sowjetische Fahrwasser abzudriften, kam es zu dem zweiten großen Aufstand in Iran. Der starke Mann der iranischen Armee Marschall Zahedi konnte 1953 mit Unterstützung der Armee, den intellektuellen des Landes und der sagenhaften „Tausend Großgrundbesitzerfamilien" Irans, Mossadegh stürzen und den Schah Mohamed Reza Pahlevi nach Teheran zurückholen. Dieser Aufstand verlief ziemlich

unblutig und der Jurist Mossadegh konnte während seiner „Gefängnishaft" ungestört Medizin studieren.

Überaus blutig dagegen verlief an der Jahreswende 1979/80 der dritte große Aufstand in Iran, der durch das Blutvergießen der Revolutionsrichter aus dem Kreis der Ajatollahs und die Geiselnahme der amerikanischen Diplomaten in der gesamten freien Welt Entrüstung und Abscheu erregte. Er hat dem Prestige der Iraner mehr geschadet, als die weltfremden und engstirnigen Mollas es sich vorzustellen vermochten. Über die Aussichten dieser Revolution, die letzten Endes eine „Kulturrevolution" ist, die sich unter dem Schlagwort des „Antiamerikanismus" gegen die gesamte abendländische Zivilisation wendet, vermag ich zu diesem Zeitpunkt nichts auszusagen, weil mir jeder Draht nach der heiligen Stadt Ghum fehlt.

Über die Vorgeschichte des Khomeini-Aufstandes läßt sich heute aber mit Sicherheit sagen, daß der Größenwahn des Schahs, der in den Siebziger Jahren aus Iran ein „Ruhrgebiet" machen wollte und überall Fabriken zu bauen begann, obwohl die Voraussetzungen für eine rasche Industrialisierung noch nicht bestanden, dabei eine Rolle gespielt hat. Die Bauern verließen ihre Dörfer und strömten in die Städte, wo sie als Bauhilfarbeiter zunächst mehr verdienten. Als die Bauvorhaben wegen Kapitalmangels stillgelegt werden mussten, standen sie mit leeren Händen auf der Straße und wurden eine leichte Beute der Aufwiegler, waren dies nun Molla's, Kommunisten der „Tudeh-Partei" oder einfach „Chaoten." Die Reformpolitik des Schahs hatte es an Geduld fehlen lassen. Ein iranisches Sprichwort sagt: „Die Weile ist Gottes, die Eile ist des Teufels."

Sommer 1980   Dr. Schulze-Holthus

Zur Entstehung des Buches

Den Herbst des Jahres 1951 verbrachten meine Frau und ich in dem von uns heiß geliebten Kampen auf Sylt, in dessen Sanddünen wir uns besonders wohl fühlten, denn hier verspürten wir trotz des gewaltigen klimatischen Unterschiedes einen Hauch der großen Sandwüste Lut im Osten Irans, die wir seinerzeit mit unserem Mercedes unter unsäglichen Strapazen zweimal durchquert hatten.

Kampen auf Sylt war in den Nachkriegsjahren zu einem „Mekka" für Schriftsteller und Journalisten geworden. Auch drei unserer Freunde waren hier ansässig, erstens der Arzt und Schriftsteller Knud Ahlborn, einer der führenden Köpfe der deutschen Jugendbewegung, der im Oktober 1913 zum „Freideutschen Jugendtag" auf dem Hohen Meißner aufgerufen hatte und später das freideutsche Jugendlager Klappholltal bei Kampen leitete, zweitens der Schriftsteller Ernst von Salomon, mit dem meine Frau weitläufig verwandt war, und drittens der Schriftsteller Paul Weymar, der im II. Weltkrieg die beiden grossen Erfolgsbücher „Günther Prien": Mein Weg nach Scapa flow" und „Udet: Mein Fliegerleben" verfasst hatte, aber auf höhere Weisung nicht als Verfasser hatte genannt werden dürfen.

Als Paul Weymar die Niederschrift des zweistündigen Referats gelesen hatte, das ich im Januar 1945 nach meinem Austausch aus britischer Gefangenschaft in Berlin vor Generalstabs- und Abwehroffizieren hatte halten müssen, entfuhr es ihm: „ Das könnte ein Buch werden, das meinen „Prien" und meinen „Udet" noch in den Schatten stellt. Natürlich ist ein auf das Äußerste komprimiertes Generalstabsreferat nicht mehr als ein Skelett. Aber gewiß können Sie beide es mit Fleisch und Blut füllen und lebendig werden lassen."

Wir waren nur zu gern dazu bereit, und so setzten wir uns, von Frau Nanny Weymar reizend versorgt, wochenlang zusammen, gingen die einzelnen Episoden dieses vierjährigen Aufenthalts in Iran durch und ließen, von Paul Weymar oft mit klugen Fragen unterbrochen, diese ungewöhnlichen Jahre wieder lebendig werden. Da diese Jahre erst kurze Zeit zurücklagen, wir beide über ein ausgezeichnetes Gedächtnis verfügten und Paul Weymar alles, auch die Gesprächsfetzen mitstenografierte, entstand aus der Feder Paul Weymars ein Tatsachenbericht, dessen „atemberaubende Spannung" in vielen Buchrezensionen der bundesdeutschen und auch der ausländischen Presse festgestellt wurde, und auch von der gestrengen Literaturkritik der „Frankfurter Allgemeinen Zeitung" in die Liste der fünfzig besten Bücher des Jahres 1952 aufgenommen wurde.

Erstes Kapitel

Meine Geschichte, die Geschichte der wildesten, abenteuerlich=
sten und dennoch der reichsten und schönsten Jahre meines Lebens,
ein Stück Geschichte zugleich, das Gott selber schrieb, voller Blut
und Tränen, voll menschlicher Größe und menschlicher Schuld,
meine Geschichte also nahm ihren Ausgang von einem leeren wei=
ßen Fleck auf einer Landkarte. Diese Karte lag auch jetzt, an einem
trüben Spätnachmittag im Februar 1941, vor mir auf dem Schreib=
tisch meines Amtszimmers, und ich starrte gebannt auf die kahle
Stelle, die von Baku bis Kirowabad, und von der persischen Grenze
bis hinauf nach Daghestan reichte.

Es war zum Verzweifeln! Überall sonst in den weiten Räumen
Südrußlands hatten unsere Agenten erfolgreich gearbeitet, und
die Karte vor mir war bedeckt mit der Runenschrift ihrer Erfolge,
Geheimzeichen, die dem Eingeweihten Flughäfen und Industrie=
werke, Eisenbahnknotenpunkte und Standort und Stärke der Gar=
nisonen ankündigten. Es war ein fast lückenloses Bild, in jahre=
langer, mühevoller Arbeit zusammengefügt aus den Mosaikstein=
chen ungezählter Einzelmeldungen. Da aber, wo das wirtschaftliche
Herz dieses Organismus schlug und durch das stählerne Aderwerk
der Pipelines das Blut in den Riesenkörper hineinpumpte, da, im
kaukasischen Erdölgebiet, prangte ein weißer Fleck.

Es war wirklich zum Verzweifeln! Und alle unsere Versuche,
uns an dieses Zentrum heranzutasten, schienen unter einem merk=
würdigen Unstern zu stehen. Die ethnographische Expedition, die
unter Führung eines Universitätsprofessors die Sitten und Ge=
bräuche der Lasen im türkisch=russischen Grenzgebiet erforschen
sollte, und in die wir, ohne Wissen des Leiters, zwei unserer tüch=
tigsten Agenten eingeschmuggelt hatten, war mit reicher wissen=
schaftlicher Ausbeute und ebenso mageren Resultaten für uns
zurückgekehrt. Und Leverkühn, ein Mann der Abwehr, der, als
deutscher Konsul getarnt, von Täbris aus über die russische Grenze

hinweg ein Agentennetz spannen sollte, war gar nicht erst zur Aufnahme seiner Tätigkeit gekommen. Gleich in den ersten Tagen seines Aufenthaltes hatte ihn eine jüdische Bekannte aus Berlin, der er zur Flucht verholfen hatte, auf der Straße wiedererkannt und in ihrer Herzensfreude überall in Täbris herumerzählt, daß der anständige deutsche Abwehroffizier, der sie damals in Berlin so unterstützt hatte, jetzt auch in Täbris sei. Dem Manne müsse geholfen werden, meinte sie. Nun, sie verhalf Leverkühn jeden= falls zu einer beschleunigten Rückkehr nach Deutschland.

Ein schwacher Trost war, daß man in London und Paris auch nicht mehr wußte. Auch dort saßen sie, wie uns unsere Vertrauens= leute im gegnerischen Apparat meldeten, vor dem gleichen leeren Fleck auf ihren Spezialkarten vom Kaukasus. Schlimm nur, daß die Generalstäbe des Heeres und der Luftwaffe, die wir von Abwehr I mit Informationen zu versorgen hatten, das Versagen der anderen nicht als Entschuldigung für uns gelten ließen. Der Ton, in dem Zossen Nachrichten anforderte, verriet wachsende Ungeduld, und selbst in Oberst von Heimanns Stimme, der beinahe täglich im Auftrag des Generalstabs der Luftwaffe anrief, schwang ein Unter= ton von liebenswürdig=ironischem Mitleid mit uns Versagern.

Es mußte etwas geschehen!

Als das Geschnatter der Schreibmaschinen draußen in dem gro= ßen, grauen Innenhof zu jenem dröhnenden Finale anschwoll, das immer das Ende eines Arbeitstages ankündigt, war mein Entschluß gefaßt. Ich schloß die Karten in den Panzerschrank, ging durch den langen Flur nach vorn und ließ mich beim Leiter von Abwehr I, Oberst Piekenbrock, melden.

„Ich möchte die Angelegenheit Baku selber in die Hand nehmen, Herr Oberst", eröffnete ich ohne Umschweife das Gespräch. „Ich bin jetzt über zwei Jahre in der Zentrale und damit sowieso über= reif für einen Außenposten ... Ich hatte gedacht, mich vom Aus= wärtigen Amt beim Konsulat in Täbris einbauen zu lassen."

„Täbris?", er hob erstaunt die dunklen Augenbrauen, „nachdem dort eben erst die Panne mit Leverkühn passiert ist?"

„Trotzdem ist's der günstigste Ansatzpunkt für unsere Arbeit, Herr Oberst", sagte ich. „Das Gebiet von Aserbeidschan wird durch

die russisch=persische Grenze mitten entzweigeschnitten ... und die gleichen nationalen Aspirationen einer völkischen Minderheit diesseits und jenseits der Grenze schaffen geradezu ideale Voraus= setzungen für jede Art von Konspiration und Spionage."
Er wiegte zweiflerisch den Kopf. Plötzlich blickte er auf und sah mich an. Er war ein großer, eleganter Mann mit graumeliertem Haar. Man wußte im Amt, daß er von Hause aus reich war, und manchmal hatte ich den Eindruck, daß er den Betrieb hier mit der Überlegenheit eines Grandseigneurs betrachtete, der zwar mit= spielt, aber mit ironischem Vorbehalt und ohne sich innerlich je ganz an die faszinierende Macht des Spiels auszuliefern.

„Sie müssen sich darüber klar sein", sagte er, „welche büro= kratischen Widerstände Sie zu überwinden haben ... das Aus= wärtige Amt hat kalte Füße gekriegt nach der Sache mit Lever= kühn ... Ettel in Teheran wird querschießen ... und dann dürfen Sie die Konkurrenz nicht vergessen ... Mayr und Gamotta vom SD sind seit ein paar Monaten unten in Persien ... und ich glaube nicht, daß die Jungens sich die Butter vom Brot nehmen lassen ..." Er sah mich fragend an.

„Ich weiß, Herr Oberst", sagte ich.

„Und was wollen Sie dagegen tun?"

„Ich werde selber nach Teheran fahren und mit dem Gesandten Ettel sprechen", sagte ich und fügte nach kurzer Pause hinzu: „Vor= ausgesetzt natürlich, daß die Abwehr diese Reise bewilligt ..."

Er lächelte: „Ich glaube, das wird sich machen lassen. Ich werde morgen mit dem Chef sprechen. Aber das Risiko geht zu Ihren Lasten. Sie kennen ja Canaris' Grundsatz: Lieber nichts tun als was Falsches! Und die Chancen bei Ettel stehen zehn zu eins gegen Sie."

„Ich weiß, Herr Oberst", sagte ich einsilbig. Die Kehle war mir eng vor Erregung. Ich spürte, daß ich auf die Schwelle der Entschei= dung getreten war.

Draußen, am Tirpitz=Ufer, bewegten sich die kahlen Zweige im Vorfrühlingswind, und die Sträucher in den Vorgärten standen prall im Saft und zeigten vereinzelt grüne Spitzen. Selbst der deutsche Frühling arbeitet schneller als die Behörden. Als ich nach Teheran abfuhr, flammten die Forsythien in gelbem Blütenschmuck.

Ich fuhr als Doktor Bruno Schulze, Oberregierungsrat im Innen=
ministerium. Mein Dezernat waren schul= und kirchenpolitische
Fragen.

* * *

Ich habe reisende Reporter nie beneidet. Der Zwang, in jedem
Augenblick Ausschau halten zu müssen nach Interessantem und
Aktuellem, womit man den Gaumen des Lesers reizen und seinen
ewig stoffhungrigen Magen füllen kann, läßt eine unbefangene
Freude an einer neuen Umwelt kaum aufkommen. Eine Schwalben=
mutter, die Mücken jagt für ihre hungrige Brut, dürfte selbst in der
schönsten Landschaft in ähnlicher Lage sein. Übrigens auch ein
Abwehragent auf Reisen.

Ich hatte ein Transitvisum für Rußland bekommen, und die
Eisenbahnaufklärung hatte mich für die Strecke Moskau—Char=
kow—Grossny—Baku mit Aufträgen eingedeckt. Ich mußte den
Zugverkehr nach Zahl der Waggons und möglichst ihren Inhalt
kontrollieren, ich mußte Rangiergleise zählen, mich auf den Sta=
tionen und längs der Strecke nach Neubauten, Industriewerken
und Flugplätzen umsehen und den Standort von Wasseranlagen,
Kohlebunkern und Ölbehältern ausmachen.

Ungefähr alle halbe Stunde verschwand ich auf der Toilette, um
meine Erkundungen schriftlich festzuhalten. Meinem Mitreisen=
den, einem armenischen Öldirektor, gegenüber entschuldigte ich
mich mit einem Blasenkatarrh, und damit war zugleich das Stich=
wort gefallen für eines jener heiteren Männergespräche, die, wie
Gurken aus dem Mistbeet, ihre Nahrung aus den Dessous des
Menschlichen ziehen.

Ich hielt das zur Tarnung für notwendig, denn schon in Moskau
hatten Beamte des Intourist, des staatlichen russischen Reisebüros,
ein Interesse für mich gezeigt, das sich mit Kundendienst allein
nicht erklären ließ.

Auch in Baku sah ich mich sofort von der liebevollen Fürsorge
des Intourist umgeben. Eine blonde Dame — sie wirkte auf mich
wie ein Gesellschaftsroman aus dem vorigen Jahrhundert, aber
modern gebunden — holte mich vom Bahnhof ab, geleitete mich in

das Ausländerhotel und zeigte sich durchaus bereit, mir bis zur Abfahrt des Dampfers ihre Zeit zu widmen. Sie schlug mir eine Autorundfahrt durch das Schwarze und Weiße Baku vor, aber ich lehnte ab. „Wissen Sie, gnädige Frau", sagte ich treuherzig, „wir haben im Deutschen ein Sprichwort: Schuster bleib bei deinen Lei=sten! Mir als Kulturreferenten liegt das Erdöl so fern, nun ... wie einer schönen Frau die Politik ..."

Sie sah mich einen Augenblick zweifelnd an, aber dann lachte sie. Die Ablehnung war mir um so leichter gefallen, als ich wußte, daß die Ölanlagen im Stadtgebiet von Baku veraltet waren und für uns nur museales Interesse hatten.

Wir verbrachten dann einen netten Abend im Restaurant des Hotels. Es erwies sich, daß sie aus Riga stammte, und da ich die Stadt von früher her kannte, waren wir bald in ein Gespräch über gemeinsame Bekannte vertieft. Sie zeigte sich erstaunlich orientiert über den intimsten Klatsch der Rigaer Gesellschaft, und sie ser=vierte ihre Geschichtchen aus der Chronique scandaleuse mit soviel boshafter Freude, daß ich vermutete, sie hatte früher selbst zu die=ser Gesellschaft gehört und nahm so die Rache der verlorenen Tochter an dem verlassenen und doch nie ganz verschmerzten Elternhaus.

Ganz nebenbei erkundigte sie sich auch nach Zweck und Ziel meiner Reise.

„Ich fahre nach Teheran", erzählte ich, „um das deutsche Tech=nikum dort zu inspizieren." Aber ich verriet ihr auch, ganz vertrau=lich natürlich, daß ich diese Aufgabe als kleinen Schmutz betrach=tete. „In Wirklichkeit habe ich mich zu diesem Auftrag gedrängt", sagte ich, „weil ich so endlich die Gelegenheit habe, die alte Ur=religion Zoroasters und der persischen Feueranbeter an Ort und Stelle zu studieren. Ich bin nämlich im Privatleben Religionsphilo=soph", sagte ich und sah sie bedeutungsvoll an.

Sie quittierte meinen Blick mit einem bewundernden Augenauf=schlag, und nur ein sekundenschnelles ironisches Lächeln verriet, was sie in Wahrheit dachte. Dann erzählte sie mir die Geschichte von dem ehrlichen Popen, der die Muschiks vom Militär freibetete gegen eine Gebühr von 300 Rubel. Und wenn sein Gebet keinen

Erfolg hatte, gab er das Geld auf Heller und Pfennig zurück. Doch da bei jeder Musterung sowieso einige zurückgestellt wurden, war's in jedem Fall ein gutes Geschäft ...

Ein alter Witz, ich kannte ihn schon von 1916 her, aber ich lachte laut und lange. Wir trennten uns im besten Einvernehmen, mit Freundschaftsbeteuerungen, die wahrscheinlich auch von ihrer Seite ebensowenig ehrlich waren wie unser ganzes Gespräch. Aber sie bat, ich möchte mich bei ihr im Intourist melden, wenn ich auf der Rückreise wieder über Baku käme.

Und das gerade war's, was ich gewollt hatte.

Je näher ich Teheran kam, um so mehr wuchs meine Spannung. Ich hatte mich in Berlin, so gut es ging, auf diese Reise präpariert, und vor allem hatte ich alle irgendwie erreichbaren Informationen über Ettel eingezogen. Im Auswärtigen Amt galt er als harter und gefährlicher Mann, von der Sorte der Gelbrandkäfer, die selbst stärkere Gegner ohne Rücksicht auf eigene Gefahr attackieren und durch die Vehemenz ihres Angriffs zur Strecke bringen.

Während der Reise brachte ich viele Stunden damit zu, mir alle möglichen Wendungen des bevorstehenden Gesprächs mit Ettel auszumalen. Es war wie eine Schachpartie mit einem fiktiven Gegner, bei der ich, gleichsam gegen mich selbst spielend, die Rolle beider Parteien übernahm.

Man ist kein sehr aufnahmefähiger Reisender, wenn man in solcher Stimmung durch eine Landschaft fährt, und so sind die Bilder dieser Fahrt seltsam verwischt in meinem Gedächtnis. Nur zwei Eindrücke schlugen mit so unmittelbarer Gewalt in mich ein, daß sie ihre Leuchtkraft noch heute bewahrt haben: die Landung in Bender=Pahlewi und die Fahrt auf der Uferstraße längs des Kaspischen Meeres. Hier war es vor allem der Kontrast zu der Armut Rußlands, von wo ich herkam. Gewiß, auch hier gab es Armut, aber ihre Blöße war verdeckt unter der Fülle einer verschwenderisch blühenden Natur, die üppigen Auslagen der Läden täuschten Reichtum vor, und das alles gab auch der Armut einen Anstrich von orientalisch=heiterer Sorglosigkeit, der, auf den ersten

Blick gesehen, in wirkungsvollem Gegensatz stand zu der nüchternen, organisierten Dürftigkeit im Sowjetstaat. Den stärksten seelischen Stoß gab mir dann Teheran selber. Nie werde ich den ersten Anblick dieser Stadt vergessen, die sich, vom Laub dunkler Platanen überschäumt, am Fuß des Elbrus=Gebirges hinbreitet, im Norden überragt von der finster drohenden Wand des Dotschal, im Osten beherrscht vom Eiskegel des fernen Demawend, der wie eine blau=weiße Eisfackel sechstausend Meter in den südlichen Himmel emporlodert.

Nach meiner Ankunft fuhr ich, in einer Pferdedroschke mit Ballonreifen, sofort zur deutschen Gesandtschaft. Sie liegt mitten im modernen Diplomatenviertel, das merkwürdig an gewisse Berliner Vororte am Rande des Grunewalds erinnert, während das Gesandtschaftsgebäude selber, mit seinem ganz auf Monumentalität abgestellten Baustil, auf mich wirkte wie ein jüngeres Schwesterchen der Reichskanzlei, das sich auf die Zehenspitzen stellt, um größer zu erscheinen.

Es war gerade Mittag, als ich ankam. Ich fragte nach Herrn Specht, einem Offizier der Abwehr, der aus Tarnungsgründen als Handelsattaché in den Apparat der Gesandtschaft eingebaut war. Ich wollte zunächst das Terrain an Ort und Stelle sondieren, ehe ich zum Angriff auf Ettel überging.

Man verwies mich ins Souterrain des Prunkbaus, wo ich in einem kleinen, spartanisch möblierten Zimmer Specht fand, einen jungen Mann, selbstverständlich in Zivil und von einer Eleganz, die etwas zu neu und frisch poliert wirkte, um ihren Träger gesellschaftlich zu legitimieren.

Ich stellte mich vor und übergab ihm die Kurierpost.

Er eröffnete das Gespräch mit einer Beschwerde über Ettel. „Ein sturer Bürokrat", sagte er heftig, „der keine Ahnung hat von der Tätigkeit der Abwehr. Er bildet sich ein, daß ich zu meinem Privatvergnügen Nacht für Nacht Gesellschaften besuche oder mich in Bars und Nachtlokalen herumdrücke. Aber weshalb tue ich das? Doch nur, um Verbindungen anzuknüpfen, die ich im dienstlichen Interesse dringend brauche. Was glauben Sie, wieviel Informationen

ich allein den Damen verdanke, die ich auf diese Weise kennen=
gelernt habe?"

Er sah mich beifallheischend an. Die dunklen Schatten unter
seinen Augen zeugten von dem Eifer seines nächtlichen Dienst=
betriebs.

„Hm", sagte ich nur. Ich kannte seine Berichte. Sie waren ein
trübes Gemisch aus gesellschaftlichem Klatsch und Bazargerüchten,
die einer Nachprüfung fast nie standhielten. Aber ich kannte auch
seine Personalakte. Er war ein hervorragend tüchtiger Soldat, von
beispielhafter Tapferkeit im persönlichen Einsatz. Es war nicht
sein Fehler, sondern ein Mißgriff der Abwehr, daß man einen
solchen Mann so eingesetzt hatte. Und ich wußte auch — was ich
ihm allerdings nicht sagen durfte —, daß in Berlin seine Abberufung
beschlossene Sache war.

Ich berichtete ihm dann von meinem Vorhaben und fragte ihn
rundheraus, ob ich wohl mit Ettels Unterstützung für den Kon=
sulatsposten in Täbris rechnen könne.

Er lachte bitter auf. „Eher bringen Sie ein Nilpferd dazu, Weih=
nachtslieder zu singen", sagte er.

Zwei Stunden später war ich bei Ettel. Der Gesandte residierte
in einem großen, pompös ausgestatteten Raum, dessen breite
Fenster einen Blick auf den mit Kiefern bestandenen Park frei=
gaben. Wieder wurde ich an Berlin=Grunewald erinnert.

Ettel war ein kleiner, drahtiger Mann mit scharf profiliertem
Gesicht, das Energie und eine gewisse Brutalität ausdrückte. Er
empfing mich mit einem etwas übertrieben männlichen Händedruck.

Dann saßen wir, durch die Breite des Schreibtisches getrennt, ein=
ander gegenüber. Die üblichen Präliminarien: Zigarette? Schnaps?
und Fragen nach dem Verlauf der Reise. Es fiel mir auf, daß er
mich während dieser nichtssagenden Unterhaltung weitäugig mit
starren Blicken fixierte, so als wollte er, nach bekanntem Muster,
die dämonische Macht seines Auges an mir erproben.

Das eigentliche Gespräch eröffnete er mit einer Beschwerde über
Specht. „Eine unmögliche Figur", sagte er schneidend, „hat Vor=
stellungen vom Abwehrdienst wie der kleine Moritz ... er glaubt

offenbar, daß sein Dienstbereich Damenboudoirs und Nuttenlokale sind..."

Er schien eine Äußerung von mir zu erwarten, doch ich schwieg.

„Am schlimmsten aber ist", fuhr er nach kurzer Pause fort, „wie er durch seine alberne Betriebsamkeit die wirkliche Arbeit gefährdet. Wir haben zwei ausnehmend tüchtige Agenten vom SD hier ... und die haben sich schon mehr als einmal über Specht bei mir beklagt..."

„Ich werde in Berlin bei Abwehr I darüber berichten", sagte ich und fügte, scheinbar zögernd, hinzu: „Nach meiner Rückkehr werde ich sowieso vom Admiral zum Vortrag befohlen ... Ich könnte mir denken, daß sich durch ein entsprechendes Referat dieser Stein des Anstoßes relativ leicht entfernen ließe..."

Er sah mich erstaunt an. Bei der Gegnerschaft zwischen Abwehr und nationalsozialistischem SD hatte er eine solche Nachgiebigkeit nicht erwartet. Langsam glomm Mißtrauen in seinem Blick auf.

„Allerdings möchte ich Sie auch meinerseits um eine Gefälligkeit bitten, Herr Minister" — sein triumphierendes Lächeln entging mir nicht —, „ich möchte Konsul in Täbris werden..."

Er wollte auffahren, aber ich kam dem zuvor, indem ich hastig weitersprach: „Gestatten Herr Minister, daß ich zunächst die Situa= tion vom Standpunkt der Abwehr darlege". Und ich schilderte ihm eingehend die Schwierigkeiten und die dringende Notwendigkeit einer Erkundung im Raum Baku. „Täbris ist nun mal der archi= medische Punkt für unsere Arbeit", schloß ich meinen Bericht, „und ich könnte mir denken, daß ein Entgegenkommen Ihrerseits da zu einem für beide Teile vorteilhaften Arrangement führen dürfte. Ich würde in Berlin dafür sorgen, daß Specht hier schleunigst verschwindet und" — ich dämpfte meine Stimme zu vertraulichem Flüstern — „ich würde mich verpflichten, Ihnen, Herr Minister, von allen Meldungen und Berichten, die ich von Täbris aus an Berlin gebe, einen Durchschlag zu schicken..." Es war ein Köder für seinen Ehrgeiz, denn ich wußte, daß er, wie fast alle Diplomaten, darauf versessen war, seine Berichte an Ribbentrop mit geheimen Informationen zu garnieren.

Er hatte die Lider gesenkt und trommelte nervös mit den Finger=

spitzen auf der Tischplatte. Plötzlich blickte er auf und sah mich voll an: „Sie müßten natürlich ganz anders auftreten als Leverkühn", sagte er streng, „schon um jede Parallelität zu vermeiden..."

Da wußte ich, daß ich mein Ziel erreicht hatte. Aber wie alle Autokraten war er ängstlich auf die Wahrung seines Prestiges bedacht und so diktierte er mir im Kommandoton seine Bedingungen: Ich durfte nicht als Konsul, sondern nur als Konsulatssekretär in Täbris aufkreuzen. Ich mußte die Dienststunden im Konsulat genau einhalten, und ich mußte einen streng geregelten bürgerlichen Haushalt führen. „Sie sind verheiratet", sagte er mit einem Blick auf meine rechte Hand, „ich muß darauf bestehen, daß Sie Ihre Frau mitbringen..."

Er hätte kaum etwas verlangen können, was mir lieber gewesen wäre. Aber ich kannte die strengen Bestimmungen der Abwehr in diesem Punkt, und so machte ich vorsichtig Einwendungen. „Ich muß darauf bestehen", wiederholte er im Ton eines eigensinnigen Kindes.

„Herr Minister sind ein harter Verhandlungsgegner", sagte ich, „ich persönlich muß mich unterwerfen, und ich werde mein Möglichstes tun, diese Bedingungen in Berlin durchzudrücken."

Danach wurde er sehr aufgeräumt. Er gab mir die Adresse einer deutschen Pension in Teheran, wo ich bestens untergebracht wäre, und er empfahl mir, Herrn Franke aufzusuchen, einen der ältesten und zuverlässigsten deutschen Kaufleute.

Wir schieden mit der Versicherung gegenseitiger Hochachtung und wahrscheinlich beide mit dem Gefühl, als Sieger aus dieser ersten Begegnung hervorgegangen zu sein.

Draußen, im Sekretariat der Gesandtschaft, gab ich zwei verschlüsselte Telegramme auf. Das eine ging an den Chef der Abwehr I, meldete den erfolgreichen Verlauf der Verhandlungen mit Ettel und bat um weitere Instruktionen. Das zweite war an die Firma Benesch in Hamburg gerichtet und lautete: Bitte umgehend Verbindung zwischen mir und Ahmed Asadi, Täbris, herstellen.

* * *

Teheran besteht eigentlich aus vier Städten. Den Kern bildet die

Altstadt mit dem Aderwerk enger Gäßchen und den überdachten Passagen des Basars, in dessen magischem Halbdämmer wie in Aladins Schatzhöhle die Reichtümer des Landes aufgehäuft scheinen: farbenprächtige Teppiche, Miniaturmalereien, wunderbare Intarsienarbeiten aus edelsten Hölzern und die bleichfunkelnde Pracht in den Läden der Silberschmiede. Das Leben in dieser Altstadt scheint wie der Kreislauf in einem alten Körper unter erhöhtem Blutdruck zu stehen: es strömt schneller dahin als in den Prunkstraßen des Regierungsviertels mit den Palästen des Schahs und der Ministerien, lebhafter auch als in den breiten Avenuen der neueren Stadt, die, um 1900 entstanden, mit ihren breit dahingelagerten zweistöckigen Häusern und baumschattigen Alleen an die Behäbigkeit einer russischen Provinzstadt erinnert. Das vierte Viertel schließlich ist ein moderner Villenvorort, mit kubischen Würfeln aus Stahl, Glas und Beton, Wohnstätten zivilisierter Roboter, deren harte Nüchternheit nur durch die üppige Natur der umgebenden Gärten gemildert wird.

Ich benutzte die Zeit, die mir bis zum Eintreffen neuer Weisungen aus Berlin blieb, um so viel Eindrücke wie möglich von dem neuen Lande zu erraffen, das, wie ich hoffte, bald mein Arbeitsfeld werden sollte. Ich fuhr täglich in die Altstadt hinunter und verbrachte Stunden, meist russisch plaudernd, mit den Händlern im Basar. Ich nahm die Gelegenheit wahr, mich mit den Deutschen zu unterhalten, die lange hier ansässig waren und von deren Erfahrungen ich profitieren konnte.

Gleich am zweiten Tag machte ich Besuch bei Franke, dem Senior der deutschen Kaufmannschaft. Ich traf einen großen alten Mann, der allein mit einem Diener=Ehepaar ein weitläufiges altpersisches Haus bewohnte, seine Familie war zur Zeit in Deutschland. Er empfing mich mit beinahe orientalischer Liebenswürdigkeit. „Ich erwarte in den nächsten Tagen Besuch", sagte er im Laufe der Unterhaltung, „Herrn Achmed Asadi aus Täbris. Falls Sie ungestört zu sprechen wünschen, steht Ihnen mein Haus zur Verfügung, ich bin tagsüber sowieso in meinem Büro." Meine Verblüffung bemerkend, fügte er mit spontaner Herzlichkeit zu: „Es ist doch selbstverständlich, daß wir Deutschen hier draußen uns gegenseitig unterstützen, so gut es geht."

Diese Hilfsbereitschaft war, wie ich bald entdeckte, überhaupt ein Merkmal für den Verkehr der Deutschen untereinander hier in Persien. Ungeachtet des Gegensatzes zwischen Parteigenossen und Nichtmitgliedern, den ich hier antraf, schien die Temperatur der menschlichen Beziehungen einige Grade über dem zu liegen, was man von der Heimat her gewöhnt war.

Als ich meine Pensionsmutter, eine vollbusige, warmherzige Rheinländerin, nach den Sitten und Gebräuchen des Landes fragte, ließ sie sofort eine Pferdedroschke kommen und fuhr mit mir zur Stadt hinunter. „Sie müssen Lotte Pirajesch kennenlernen", erklärte sie resolut, „das ist eine Berlinerin, die seit 20 Jahren mit einem Perser verheiratet ist . . . die kann Ihnen viel mehr erzählen als ich."

Es erwies sich, daß Pirajeschs ein großes Kaufhaus in der Stadt besaßen. Frau Pirajesch empfing uns im Direktionsbüro. Sie war eine elegante Dame in Schwarz, von jener stillen Würde, die reife Lebenserfahrung und stetige erfolgreiche Arbeit einem Menschen verleihen. Fräulein Kraus, meine Pensionsmutter, trug ihr mit rhei= nischem Temperament meinen Wunsch vor, etwas über Persien und die Perser zu erfahren.

Frau Pirajesch sah mich, wie mir schien, halb erstaunt, halb be= lustigt an. „Ja, die Perser", sagte sie dann mit einer tiefen, klang= vollen Altstimme, „das ist ein weites Feld, wie der alte Fontane zu sagen pflegte. Zunächst einmal müssen Sie, wenn Sie als Europäer in diesem Lande heimisch werden wollen, den Sekundenzeiger an Ihrer Lebensuhr abstellen. Hier hat man Zeit, viel Zeit für alles. Ein Gespräch, wie wir's eben führen, ist für persische Ohren einfach eine Barbarei. Hier beginnt jede Unterhaltung mit dem Teschrifat, einem Austausch von Höflichkeitsfloskeln, der anständigerweise zehn Minuten bis eine Viertelstunde zu dauern hat. Nach diesem Ritus hätten Sie jetzt etwa zu sagen: Es ist eine unverdiente Ehre für mich, daß eine hochgeborene Dame von solcher Anmut ihre kostbare Zeit einem so armseligen Fremdling wie mir widmen will. Und das müßten Sie sagen, selbst wenn Sie in mir die scheußlichste alte Eule sähen, die Ihnen je über den Weg geflogen ist. Denn ganz

allgemein gilt hier das Wort: Besser eine Lüge, die das Herz er=
freut, als eine Wahrheit, die das Herz betrübt."

Sie lächelte, aber ihre Augen blickten merkwürdig traurig dabei.
Ein Diener kam auf lautlosen Sohlen und brachte Tee in kleinen
Gläschen und auf einer Schale gesalzene Pistazien und kandierte
Früchte. Auf einen Wink seiner Herrin räumte er den Tisch fort
und breitete das Tischtuch am Boden aus. „Five o' clock tea auf per=
sisch", sagte sie und forderte mich mit einer Handbewegung auf,
im Schneidersitz auf einem der Kissen Platz zu nehmen, die der
Diener wie Stühle um das Tischtuch am Boden zurechtgerückt hatte.

„Auch das ist natürlich in persischen Augen eine Stillosigkeit",
erläuterte Frau Pirajesch. „Denn Sie können jahrelang intim in
einem persischen Hause verkehren, ohne die Frau des Hauses
jemals zu Gesicht zu kriegen. Geschweige denn, daß eine solche Tee=
stunde möglich wäre. Persische Geselligkeit ist eben eine Gesellig=
keit ausschließlich unter Männern..."

„Und wie haben Sie, als Europäerin, sich damit abgefunden?"

„Oh, man gewöhnt sich an alles", sagte sie leichthin, „und hier
in Teheran ist's in dieser Beziehung schon erheblich besser als drau=
ßen in der Provinz. Für die muselmanischen Puritaner aus der Pro=
vinz ist ein nackter Unterarm schon eine Schamlosigkeit... und
einen Mann nach seiner Frau auch nur zu fragen, gilt bereits als
Verstoß gegen die gute Sitte."

Offenbar wünschte sie, das Thema schnell zu wechseln, denn
ohne Übergang zählte sie eine Reihe anderer Regeln aus dem per=
sischen Knigge auf: Man durfte seinen Gesprächspartner nie unter=
brechen. Auch Widerspruch oder direktes Nein gilt als unhöflich.
Man sagte ja, und meinte: vielleicht oder nein. „Das schafft natür=
lich eine Atmosphäre der Unsicherheit", sagte sie, „an die man sich
erst gewöhnen muß... auch im geschäftlichen Leben."

„Sie hat's bestimmt nicht leicht gehabt, die gute Lotte", meinte
Fräulein Krause, als wir in der ballonbereiften Droschke mit klap=
perndem Hufschlag zur Pension zurückfuhren. „Aber ich glaube,
jetzt hat sie's geschafft. Es gibt ein altpersisches Märchen von dem
Mann, den ein Geist vor die Wahl stellt, ob er am Anfang oder am
Ende seines Lebens glücklich sein will. Das ist mir immer wie ein

Schlüssel zu Lottes Schicksal vorgekommen. Denn was eine Perserin als Frau entbehrt, Freundschaft und Kameradschaft mit dem Mann, das findet sie als Mutter wieder. Ich glaube, es gibt in der ganzen Welt kein so inniges Verhältnis zwischen Mutter und Sohn wie hier. Die Mutter ist, bis ins höchste Alter, die beste Freundin und Beraterin ihrer Söhne, und ihr Wort gilt als Gebot, das kaum je übertreten wird..."

In der Pension fand ich eine Bestellung vom Hause Franke vor: Mein Besuch sei angekommen und erwarte mich am nächsten Vormittag.

Ich sah dieser Unterredung mit einer gewissen Spannung entgegen. Achmed Asadi, Generalvertreter einer großen Hamburger Firma in Täbris, wurde in den Listen der Abwehr als Vertrauensmann geführt. Er war Armenier und gehörte zur sozialistischen Gruppe der Daschnak=Zakan. Er galt als sehr reich, besaß eigene große Fabriken, und seine Arbeit für uns tat er als persischer Patriot, ohne die geringste Vergütung. Aus seiner Personalakte wußte ich, daß er in diesem Punkte sehr empfindlich war.

Am nächsten Vormittag um elf klopfte ich an der kleinen Pforte in der hohen Gartenmauer, die, von dunklen Schwarzulmen überragt, Frankes Besitz nach der Rückseite abschloß. Ein Diener öffnete, verbeugte sich stumm mit über der Brust gekreuzten Händen und geleitete mich in eine große, dämmerige Halle, in deren Mitte ein Springbrunnen, im Strahl des Oberlichts silbrig glänzend, aufstieg und mit sanftem Plätschern den weiten Raum erfüllte.

Aus der Tiefe eines Klubsessels erhob sich ein Herr, groß, schlank und elegant, und kam auf mich zu. Wir stellten uns vor — es war Achmed Asadi —, er trug einen grauen Sakko, beste Londoner Schneiderarbeit, und sein blasses, etwas blasiertes Gesicht mit den schweren Augenlidern wirkte vornehm müde wie das eines feudalen europäischen Diplomaten alter Schule. Der Diener brachte Tee und Meze, eine Art persisches Hors d'oeuvre, bestehend aus Rührei, Salat, kaltem Fisch und Kaviar; dann verschwand er lautlos wieder.

Ich wollte meine frisch erworbenen Kenntnisse an den Mann bringen und begann, nach dem Ritus des Teschrifat zierliche Phra=

sen zu drechseln. Aber es erwies sich, daß Frau Pirajeschs Rezept offenbar nicht für alle Fälle richtig war. Schon nach wenigen Sätzen überraschte er mich mit der direkten Frage:

„Sie sind als Nachfolger Dr. Leverkühns für Täbris vorgesehen?" Ich nickte.

„Ihr Arbeitsgebiet ist gleichfalls Baku?" Es war eher eine Feststellung als eine Frage. Überrascht von seinem Tempo, zögerte ich mit der Antwort. „Sie können selbstverständlich weiterhin mit meiner Mitarbeit rechnen", sagte er nachdrücklich.

Ich dankte ihm.

Flüchtig lächelnd wehrte er ab. „Ich nehme an, daß unsere heutige Zusammenkunft den Zweck hat, Sie über Ihr neues Arbeitsfeld zu orientieren und die Einzelheiten unserer künftigen Zusammenarbeit festzulegen?" Er sprach langsam, aber mit der sachlichen Präzision des großen Geschäftsmannes.

Ich nickte wieder.

„Der jetzige SD=Vertreter in Täbris arbeitet nicht sonderlich geschickt", fuhr er fort, „er stützt sich ausschließlich auf bezahlte Agenten. Das ist menschliches Treibholz, Leute, die meist auf zwei Schultern tragen, und man weiß nie, ob man sein Geld nicht für Informationen hinauswirft, die vom Gegner lanciert sind... im Notfall muß man auch auf solche Leute zurückgreifen, gewiß. Aber gerade Sie als Deutscher haben doch ganz andere Möglichkeiten..."

Während er sprach, hatte er eine Kette aus der Tasche gezogen und ließ die Perlen — leuchtend gelbe Topase — langsam durch die Finger gleiten. Es sah aus, als ob er einen Rosenkranz betete. Offenbar bemerkte er mein Erstaunen, denn er unterbrach sich und sagte, wie mir schien, mit leichter Verlegenheit: „Oh, das ist mein Tasbih! Eine Angewohnheit, die Sie sicher häufiger beobachten werden, wenn Sie erst hier sind. Vielleicht ist's ein Ersatz für das Gestikulieren beim Sprechen, die Hände sind dann anderweitig beschäftigt."

„Ach", sagte ich, „so ein Ding möchte ich haben! Die Angewohnheit, mit den Händen zu reden, habe ich auch, von meiner früheren Praxis als Strafverteidiger her." Er lächelte und beschrieb mir ausführlich einen Stand auf dem Basar, wo ich preiswert und gut hübsche Tasbihs kaufen könnte. Als er dann in seinem politischen

Exkurs fortfuhr, schien mir's, als sei sein Ton persönlicher und wärmer geworden.

„Da ist vor allem die Untergrundbewegung der Aserbeidscha=ner", erklärte er. „Die eine Gruppe, die Milli Mudafai, sympathi=siert ganz offen mit Deutschland. Es sind meist jüngere Leute, Stu=denten, Angestellte, Handwerker, die neben ihren nationalen For=derungen noch ein ziemlich radikales soziales Programm vertreten. Reine Idealisten. Für einen einigermaßen geschickten deutschen Vertreter müßte es ein leichtes sein, die Begeisterung dieser jungen Leute für die deutsche Sache zu aktivieren..."

„Und die andere Gruppe?"

„Die Musawad ist mehr großbürgerlich orientiert", sagte er zögernd. „Der Kern dieser Gruppe besteht aus ehemaligen Erdöl=magnaten und Grundbesitzern, die drüben in Sowjetrußland ent=eignet wurden. Vorwiegend aus sozialem Ressentiment gegen die Sowjets haben sie für England optiert..."

Er schien mein Schweigen als Mißbilligung zu deuten, denn bei=nahe heftig fuhr er fort:

„Sie müssen die Situation in diesem Lande richtig verstehen! Seit Jahrzehnten leben wir in einem Hochspannungsfeld internationaler Politik — zwischen Rußland und England. Die Russen haben unsere frühere Schwäche benutzt und uns den Kaukasus weggenommen, — und Aserbeidschan jenseits der Grenze bedeutet für einen natio=nalen Perser dasselbe wie für einen Deutschen Elsaß=Lothringen, — und die Engländer..." Er holte tief Atem und für einen Augenblick verzerrte sich sein ruhiges Gesicht: „Haben Sie einmal beobachtet, wie die hier auftreten... in ihren Khaki=Uniformen... und selbst wenn sie Zivil tragen, immer im Tropenhelm... die Sahibs... die weißen Herren... sie betrachten uns als Kolonialvolk und behan=deln uns auch so... mit einer unerträglichen Arroganz...

Was bleibt uns übrig, als einen gegen den anderen auszuspielen, den Russen gegen den Engländer und umgekehrt? Im Grunde ge=nommen aber warten hier viele auf die dritte Kraft... das kann Deutschland sein oder die USA... eine Macht jedenfalls, die bereit ist, auf der Basis der Gleichberechtigung loyal mit uns zu verhan=

deln." Er nahm hastig einen Schluck Tee und fuhr dann ruhiger fort:

„Sie dürfen mich nicht für einen sturen Fanatiker halten. Ich weiß auch, was Europa Gutes für uns getan hat... viele Perser wissen das. Und sie vergessen nichts, weder Gutes noch Böses. Sehen Sie sich um: Schweden, Schweizer, Dänen, Belgier oder Holländer, sie alle leben unangefochten in unserem Lande, geachtet, vielfach sogar beliebt. Aber von den großen Nationen sind's nur zwei, die uns als ehrliche Partner entgegengetreten sind und deren Bild bisher noch nicht durch koloniale Unterdrückung gegenüber dem Orient befleckt ist: die Vereinigten Staaten und Deutschland. Das meinte ich vorhin, als ich davon sprach, daß Sie als Deutscher hier besondere Möglichkeiten haben..."

Ich dankte ihm, und wir unterhielten uns dann über unsere künftige Zusammenarbeit.

„Das muß unser erstes und letztes Zusammentreffen gewesen sein", sagte er, „in Täbris dürfen wir uns nicht mehr kennen... Täbris ist ein viel zu heißer Boden."

Ich überlegte. „Hätten Sie in Ihrem Betrieb Verwendung für einen deutschen Angestellten? Er ist pharmazeutisch vorgebildet, Thielicke heißt er, ein ausgezeichneter und zuverlässiger Mann."

Er verstand mich sofort. „Herr Thielicke wird mir willkommen sein", sagte er und entblößte lächelnd sein weißes Gebiß.

Ich stand auf, er geleitete mich selber bis zur Tür, und wir verabschiedeten uns mit festem Händedruck.

Auf dem Rückweg sprach ich bei der deutschen Gesandtschaft vor. Man hatte schon in die Pension telefoniert, die neuen Instruktionen für mich waren gerade vor zwei Stunden eingetroffen. Ich konnte reisen, in Berlin wurde ich schon erwartet.

Am Abend saß ich allein auf der Dachterrasse der Pension Kraus und sah auf das nächtliche Teheran hinunter. Es war ein wunderbarer Anblick. Wie eine leuchtende Welle, von tausend Lichtpünktchen schimmernd, brandete die Stadt zu den dunklen Hängen des Dotschal empor.

„Eine wunderbare Stadt", sagte eine warme, dunkle Stimme hinter mir.

„Hm", brummte ich, ohne mich umzusehen.

„Und ein wunderbares Land", ergänzte die Stimme. „Sie gestatten doch", und ohne meine Antwort abzuwarten, setzte sich der ungebetene Besucher. Ich sah flüchtig zu ihm hin. Es war ein Herr Corell, ein Pensionsgast, ich kannte ihn von einer flüchtigen Vorstellung am Mittagstisch. Sekretär bei einer deutschen Dienststelle, hatte man mir gesagt, ein bescheidener junger Mensch, der sich kaum an der allgemeinen Unterhaltung beteiligte. Mir war er aufgefallen durch seine Augen, dunkle, brennende Augen in einem mageren, wie aus Holz geschnittenen Gesicht.

„Sie fahren morgen nach Deutschland zurück?" eröffnete er die Unterhaltung.

„Ja", sagte ich.

„Ich fürchte, daß Sie einen ganz falschen Eindruck von Persien mitnehmen", sagte er.

Ich sah ihn überrascht an.

„Verzeihung", stotterte er, „aber ich habe Ihrer Unterhaltung bei Tisch zugehört... Sie sprachen über Ihren Besuch bei Frau Pirajesch... Ich glaube nicht, daß eine Frau Pirajesch Persien überhaupt versteht..."

„Verstehen Sie's denn?" fragte ich, durch die jugendliche Arroganz seiner Behauptung leicht verärgert.

„Ich liebe es", sagte er emphatisch. „Es ist ein uraltes Kulturvolk... und das Wunderbarste ist, diese Kultur ist lebendig geblieben und durchdringt das Volk noch heute bis in die Fingerspitzen... Haben Sie in diesem Lande je irgendwo etwas Kitschiges bemerkt? Wenn Sie hier Kitsch sehen, dann ist's immer Importware! Aber was im Lande gewachsen ist, ist edel und einfach, ob Sie die Bauten nehmen oder die Auslagen der Kaufleute oder ein persisches Heim bis hinunter zum kleinsten Gebrauchsgegenstand."

„Aber..." wollte ich einwenden.

Doch er ließ mich nicht zu Worte kommen. „Ja, ich weiß", sagte er heftig, „wir sind das Volk Goethes und Schillers! Aber was lebt noch davon? Gewiß, in Prima werden die Klassiker traktiert. Aber fragen Sie mal einen gebildeten Erwachsenen in Deutschland, was der liest, ob's ein Arzt ist, ein Rechtsanwalt oder Theologe: Er

liest seine Fachliteratur, er liest Kriminalromane und, wenn's hoch=
kommt, zwischendurch mal einen amerikanischen Bestseller. Aber
hier? Sehen Sie, ich hab's erlebt, und zwar mehr als einmal erlebt,
daß ein Droschenkutscher auf seinem Halteplatz ein zerlesenes
Bändchen in seine Tasche schob... und das waren Gedichte... der
Mann las in seinen Mußestunden Gedichte von Hafiz, Saadi oder
Omar Chajjam..."

Irgend etwas trieb mich, seine überschäumende Begeisterung zu
stoppen: „Und wie verhält sich's mit der Wahrheitsliebe der Per=
ser? Frau Pirajesch hat mir da Dinge erzählt, die..."

Er schob meinen Einwand mit einer Handbewegung beiseite:
„Das ist wieder ein Stück von der typischen Überheblichkeit des
Europäers", sagte er. „Gewiß, die Redlichkeit ist vielleicht die beste
deutsche Eigenschaft, auch im Geistigen... aber Sie sollten ein=
mal hören, mit welcher Hochachtung etwa ein persischer Kaufmann
von der Zuverlässigkeit und Redlichkeit der Deutschen spricht. Und
wir? Gleich mit dem fertigen Urteil bei der Hand, wenn sich etwas
nicht über unseren Leisten schlagen läßt! Sehen Sie, wenn ein Per=
ser ‚ja' sagt, dann meint er niemals: ‚nein'. Das ist einfach eine Ver=
leumdung! Er meint immer ‚vielleicht', Inschallah, wenn es Gott ge=
fällt... Aber statt daß wir die religiöse Demut und die Herzens=
höflichkeit erkennen, die in diesem Ja beschlossen liegt, setzen wir
uns aufs hohe Roß und blicken herab auf die ‚unzuverlässigen'
Perser."

Er schwieg, und ich schwieg auch. Draußen über dem Dema=
wend war der Mond aufgestiegen, der Nachtwind rauschte in den
Kronen der Bäume, und die Kerze im Windlicht flackerte leise
knisternd. Wer hatte nun recht, die kluge Kaufmannsfrau oder
dieser jugendliche Idealist? Die Erfahrung sprach für sie, — aber
er liebte das Land... und sah die Liebe oft nicht tiefer als alle Klug=
heit dieser Welt?

Plötzlich fing er an mit halblauter Stimme zu rezitieren, ein selt=
samer Singsang von fremden Lauten.

„Was war das?" fragte ich.

„Verse von Omar Chajjam", sagte er feierlich.

„Können Sie das nicht mal übersetzen?"

Er sah mich erstaunt an: „Ach, Sie verstehen kein Persisch?" Er zögerte: „Ich weiß nicht... es gibt da, glaube ich, noch keine deutsche Übersetzung... ich hab's selbst mal versucht... aber... na, ja..."

„Ich würde es gern hören", sagte ich.

Man sah ihm an, daß er sich innerlich wand. „Na, ja..." wiederholte er mit verlegenem Lächeln. Dann gab er sich einen Ruck und begann, das Gedicht aufzusagen. Er sprach ganz einfach, ohne jedes Pathos:

„Der Mond kommt lautlos durch den Garten her,
Ein alter Diener, der uns Licht gebracht,
So Jahr für Jahr. Doch einmal kommt die Nacht,
Da leuchtet er, — und leuchtet uns nicht mehr."

„Danke, das war schön", sagte ich und streckte ihm die Hand hin. Er nahm sie flüchtig und stand auf. „Guten Abend", murmelte er und ging hastig davon.

Ich sah ihm nach. Ein magerer junger Mensch im blauen Cheviotanzug. In dem grellen Licht, das aus dem Treppenhaus auf die Terrasse herausfiel, glänzte der Stoff an seinem Ellenbogen verdächtig hell. Und plötzlich überkam mich eine tiefe Rührung: Ja, das war Deutschlands bester Teil! Unter dem dünnen Wämslein der Hauslehrer, der Sekretäre und Kantoren schlug ein Herz, warm und voll, bereit, in liebendem Verstehen die Welt zu umfassen. Und hier, im fernen Land, fühlte ich mich plötzlich der Heimat so nah wie nie.

* * *

Das Kaspische Meer hat die Tücke aller Binnengewässer. Wenn der Wind, vom Kaukasus herabfallend, die flache See aufwühlt, dann kommen die Wellen nicht in der langen Dünung der Ozeane daher, sondern in kleinen, harten Stößen. Sie knuffen das Schiff gleichsam, traktieren es wie ein Boxer, der seinen Gegner zermürben will, ununterbrochen mit „kurzen Trockenen".

Als ich in Baku an Land ging, war mein Magen so leer wie das Portemonnaie eines Studenten am Monatsende, und mein Gesicht wies unverkennbar grünliche Tönung auf. Den drei Herren vom

Intourist, die alle Ausländer am Kai erwarteten und die mich sofort mit zudringlicher Freundlichkeit darauf aufmerksam machten, daß mein Zug nach Moskau in anderthalb Stunden abführe, konnte ich daher, durchaus glaubhaft, mit müder Handbewegung abwinken. „Sehen Sie mich an, meine Herren", röchelte ich matt, „was ich jetzt brauche, ist ein Hotelzimmer und ein Bett." Sie sahen mich an, und sie sahen sich an, und dann sagte der eine: „Ich glaube, der Herr hat recht." Damit gaben sie mir die Passage in die Stadt frei.

Ich fuhr also ins Hotel und schlief bis zum späten Nachmittag. Bei alledem war die Seekrankheit ein Glück für mich und, wenn ich sie nicht gehabt hätte, hätte ich sie oder ein anderes Leiden erfinden müssen. Denn ich hatte mein Programm für Baku und wollte unter allen Umständen bleiben.

Gegen Abend wurde ich geweckt. Eine Dame wünschte mich zu sprechen. Sie säße unten im Foyer und wartete auf mich. Ich duschte mich kalt ab, zog mich frisch an und ging hinunter. Es war meine Bekannte vom Intourist. Sie saß in einem grauen Schneiderkostüm mit schickem rotem Trotteurhütchen unter einer staubigen Metzgerpalme und las in der „Prawda". Ihr Rock war etwas hochgerutscht und ließ bemerkenswert hübsche Beine sehen.

Wir begrüßten uns als alte Bekannte mit großer Herzlichkeit. Sie wußte natürlich schon von meinem Mißgeschick und erkundigte sich nach meinem Befinden mit einer Besorgnis, die eine Nuance zu übertrieben war, um echt zu sein.

Ich beruhigte sie, und dann kamen wir auf meine Erlebnisse in Persien zu sprechen. Ich bemühte mich, ein bekümmertes Gesicht zu machen: „Tja, das war ein Reinfall", sagte ich, „einen Tempel der Feueranbeter habe ich nicht zu sehen gekriegt... die Perser sind anscheinend in religiösen Dingen übertrieben heikel..."

Sie ließ ein leises, bedauerndes Schnalzen hören.

„Aber man hat mir erzählt, daß hier, im Bakuer Gebiet auch noch so'n alter Tempel stünde... Ich meine... glauben Sie, daß sich das machen ließe?... Religiöse Hemmungen dürfte es doch eigentlich in einem so aufgeklärten Staat wie Sowjetrußland nicht geben..."

Der Augenblick war da! Der Augenblick, auf den ich von der ersten Sekunde unserer Begegnung an hingearbeitet hatte. Ich wußte, schon von Berlin her, daß mitten im Zentrum der Ölfelder ein alter persischer Feuertempel lag... er war sogar in Reiseführern vermerkt... und er lag mitten in dem ominösen weißen Fleck auf unseren Generalstabskarten.

„Sie würden mir eine ganz große Freude damit machen", sagte ich, und meine Stimme vibrierte, ungewollt, vor Spannung.

Sie antwortete nicht. Aus ihren mandelförmigen, schräg geschnittenen Augen sandte sie einen mißtrauischen Blick zu mir herüber. Auch ihr Gesicht schien mir plötzlich merkwürdig gespannt.

„Gewiß, ich weiß schon einiges über diese Sekte", sagte ich, „aber erst die lebendige Anschauung vermittelt doch die Abrundung eines Bildes zum plastischen Eindruck der vollen Wirklichkeit..."

Ich weiß nicht, woher mir dies geschwollene Gerede plötzlich kam, aber siehe da: es war das rechte Wort im rechten Augenblick gewesen! Das Mißtrauen aus ihrem Blick verschwand, ihr Gesicht entspannte sich, und ich konnte förmlich von ihren Mienen ablesen, wie ihr Hirn mich nun endgültig einregistrierte: Bildungsphilister, humanistischer deutscher Trottel...

„Gut, ich werde sehen, was ich für Sie tun kann", sie lächelte mir zu, indem sie aufstand. „Ich will gleich mal mit den zuständigen Stellen telefonieren... Es ist möglich, daß ich in Ihrem Fall ausnahmsweise eine Erlaubnis durchdrücken kann..."

Sie nickte mir ermunternd zu und stöckelte auf hohen Hacken durch die Hotelhalle davon, in Richtung auf die Telefonzelle.

Die nächste halbe Stunde verging qualvoll langsam.

Dann kam sie zurück. Sie winkte schon von weitem mit ihrer roten Ledertasche. „Es hat geklappt", rief sie, „morgen früh um acht werden Sie mit dem Wagen vom Hotel abgeholt..."

Ich sprang auf und bedankte mich mit ehrlichem Überschwang. Dann lud ich sie zu einem Souper ein.

Während des Gesprächs bei Tisch bekundete sie lebhaftes Interesse für die Personalverhältnisse in meiner Berliner Dienststelle. Wenn ich je im Zweifel gewesen wäre über ihre Eigenschaft als NKWD=Agentin, dies Gespräch hätte mich eines besseren belehren müssen. Glücklicherweise kannte ich verschiedene Leute aus dem Innenministerium, und so konnte ich sie bedienen. Dabei bemühte

ich mich, den Eindruck, den sie augenscheinlich von mir gewonnen hatte, weiter zu vertiefen. Ich erzählte ihr subalternen Büroklatsch und vergaß auch nicht, die Lieblingsgeschichte aller kleinen Leute anzubringen: Wie ich meinem Vorgesetzten, Ministerialrat Lehmann, einmal die Meinung gesagt hätte!
Offenbar fand sie meine Unterhaltung so blöde, daß sie sich gleich nach dem Essen verabschiedete.
Den Rest des Abends verbrachte ich mit Kartenstudium. Ich prägte mir alle geographischen Gegebenheiten, Höhenzüge, Flußläufe und das Straßen= und Eisenbahnnetz, soweit es auf der Karte vorhanden war, genauestens ein, ich maß die Entfernungen ab, und am Schluß hatte ich ein einigermaßen plastisches Bild der Landschaft vor mir, durch die wir morgen fahren sollten. Da der Abwehr bekannt war, daß verschiedene Intourist=Hotels in Rußland nicht nur Abhörgeräte, sondern auch eingebaute Periskope in den Zimmern hatten, erledigte ich die Arbeit unter der Bettdecke, beim Schein einer Stablaterne.

Punkt acht am nächsten Morgen stand breitspurig ein 8=Zylinder= SIS vor dem Portal des Hotels. Ich hatte gedacht, man würde mir einen Offizier oder Polizei zur Begleitung mitgeben, aber zu meinem Erstaunen saß sie, meine Venus vom Intourist, allein im Fond des Wagens. Nur das bärbeißige Bulldoggengesicht des Mannes am Steuer ließ Polizeiaufsicht ahnen.

Ich stieg zu ihr in den Fond, und die Fahrt begann.

Der Wagen glitt hinaus in die Landschaft, die sich im glänzenden Frühlicht vor uns ausbreitete. Meine Arbeit setzte ein.

Es war wohl die anstrengendste Fahrt meines Lebens. Ich mußte gleichsam eine Persönlichkeitsspaltung vornehmen: Da war ein Oberregierungsrat Schulze, der mit dem hölzernen Charme eines Bürokraten seine Begleiterin unterhielt, und da ein Abwehrmann, der neue Bohrtürme und Raffinerien, Ölleitungen, Wasserwerke und Kraftstationen registrierte und nebenbei im Gelände Markierungspunkte für anfliegende deutsche Luftwaffenverbände ausmachte. Es gab viel zu sehen, neue Flugplätze, wo hinter Wellblechtarnung gearbeitet wurde, Kasernen=Neubauten, neue Straßen, neue Eisenbahnlinien und vor allem überall die Stahlgerüste neuer

Bohrtürme, die auf metallenen Spinnenbeinen, meist zu kleinen Trupps vereinigt, mitten in der Landschaft standen.

Trotz aller Vorsicht war meiner Begleiterin offenbar die Aufmerksamkeit nicht entgangen, mit der ich die Umgebung betrachtete. Und plötzlich begann sie, den Cicerone zu spielen und mir zu erklären, was ich da draußen sehen sollte. Kasernen wurden zu Arbeiterwohnungen, Ölraffinerien zu Textilfabriken, es bereitete ihr augenscheinlich ein diabolisches Vergnügen, mich irrezuführen. Ich nahm ihre Erklärungen geduldig und bewundernd hin, und nur, als sie eine mächtige Pipeline zur Wasserleitung degradierte, die frisches Quellwasser aus dem Kaukasus heranführen sollte, hätte ich beinahe protestiert. Sie war eine kluge Frau, aber ich hatte den Vorteil auf meiner Seite, daß sie mich für dümmer hielt, als ich war.

Schließlich kamen wir an dem Feuertempel an. Es war ein verwahrlostes altes Gemäuer, quadratisch, mit einem Kuppeldach und zwei Säulen davor. Ich war erstaunt darüber, wie klein der Bau war, eine winzige Basilika. Aber sie klärte mich darüber auf, daß die Gläubigen meist draußen gekniet hätten, um die Flamme auf der Höhe der Kuppel anzubeten.

Wir traten in den kahlen, halbdunklen Tempelraum, und sie zeigte mir an der Rückwand die Erdgasleitung und eine Vorrichtung, durch die ein Priester, ungesehen, die Brennhöhe der Flamme draußen auf dem Dach regulieren konnte.

„Hier haben Sie den Mechanismus aller Kirchen vor sich", erklärte sie, „auf die einfachste Formel reduziert. Bringt der Gläubige den Priestern reichlich Opfergaben, dann ist der liebe Gott zufrieden und die Flamme brennt hoch, ist der Spender aber knickerig, dann wird der Gashahn der Gnade auf klein gestellt oder ganz abgedreht."

Sie lachte hämisch, und ich war einen Augenblick versucht, zu sagen: Genau wie im Sowjet=Staat. Aber ich verzichte auf diese billige Replik und fragte statt dessen, ob ich mir den Gasbrenner oben auf der Kuppel nicht einmal genauer ansehen dürfte. Sie zögerte, aber dann ließ sie mich, vor sich her, die wacklige Steintreppe zum Dach emporsteigen.

Von oben hatte man einen weiten Rundblick. Ich konnte eine

Anzahl neuer Objekte ausmachen und andere, die ich schon festgestellt hatte, genauer lokalisieren.

Bevor wir zurückfuhren, nahm sie den Chauffeur einen Moment beiseite und tuschelte mit ihm. Wahrscheinlich hatte sie ihm Weisung gegeben, auf der Rückfahrt Umwege zu machen, denn wir fuhren in einem wilden Zickzack durchs Revier, und unterwegs deckte sie mich mit immer neuen Arbeitersiedlungen, Textilfabriken, Krankenhäusern und Kinderhorten ein. „Ein wahrer Wohlfahrtsstaat", sagte ich, und sie lächelte.

Vor dem Hotel verabschiedete ich mich mit einem Handkuß von ihr und stellte bei der Gelegenheit fest, daß sie „Chypre" von Roger & Gallet benutzte, eine Seife, die wahrscheinlich nur den Damen der Parteiaristokratie zugänglich war.

Den Nachmittag verbrachte ich wieder unter der Bettdecke, um die Beobachtungen vom Vormittag in meine Karte einzutragen. Ich schwitzte dabei, nicht nur weil es unter der Bettdecke so heiß war.

Zwei Tage später diktierte ich in Moskau beim deutschen Militärattaché einen 12 Seiten langen Bericht: An Abwehr I, Tirpitz-Ufer, Berlin.

* * *

Während ich in dem breiten russischen D-Zug-Wagen durch die noch winterliche Öde Nordrußlands der Heimat entgegenschaukelte, dachte ich mit einer gewissen Besorgnis an das Wiedersehen mit meiner Frau. Ich hatte, nur von dem ehrgeizigen Wunsch getrieben, meine Aufgabe zu erfüllen, über sie verfügt, ich hatte mich Ettel gegenüber verpflichtet, sie mit nach Persien zu bringen.

Gewiß, wir hatten bisher alles gemeinsam unternommen. Wir hatten mit Auto und Zelt weite Fahrten gemacht, nach Lappland und Dalmatien, nach Polen und Griechenland, bis weit in die Türkei hinein. Aber das waren, trotz aller Strapazen, Vergnügungsreisen gewesen, und diesmal war's blutiger Ernst. Durfte ich sie hineinziehen in das gefährliche Spiel der Männer, bei dem, und wie oft schon verspielt, Freiheit und Leben der Einsatz waren?

Und dann waren da noch die Kinder. Wir hatten sie, wenn wir unsere Autoreisen unternahmen, immer bei meiner Mutter untergebracht. Aber das war im Frieden gewesen ... und jetzt war Krieg, ein Krieg, der mit dem Erstarken der feindlichen Luftwaffe immer tiefer ins deutsche Hinterland hineinschlug. Und die Kinder mit nach Täbris nehmen? Hieß das nicht, sie in noch größere Gefahr bringen? Außerdem, wenn man mir vom Amt schon gestattete, mit meiner Frau zu reisen, — die Kinder bei uns zu behalten, würde bestimmt nicht erlaubt. In den Büros am Tirpitzufer wurde eine bissige Bemerkung des Chefs kolportiert, als ein Hauptmann einmal darum ersucht hatte, seine Familie auf einen Außenposten mitnehmen zu dürfen. „Wir sind schließlich keine Landsknechtsarmee, und ich kann keine Hurenweibel für die Familien meiner Abwehrleute einstellen ..."

Als ich, an einem grauen Märzmorgen, die Tür zu meiner Berliner Wohnung aufschloß, war ich noch zu keinem Entschluß gekommen.

Meine Frau saß allein am Frühstückstisch, die Kinder schliefen noch. Wir begrüßten uns.

„Na?" fragte sie nach einer Weile und sah mich an.

„Es hat geklappt", sagte ich, „und du sollst mitkommen."

Sie lachte. „Sag lieber, du möchtest mich mitnehmen."

„Nein, du sollst ..." sagte ich und berichtete ihr von Ettels Bedingungen.

Sie wurde nachdenklich. Sie sah auf die Tischdecke nieder, und ihre Hand spielte mechanisch mit den Brotkrumen, die auf der Decke lagen.

„Du mußt wählen", sagte ich, „die Kinder oder mich ..."

Sie blieb eine Weile stumm und blickte vor sich nieder. „Dich!" sagte sie dann.

Wir hatten ganz jung geheiratet, und jetzt waren wir ein altes Ehepaar, fast zwanzig Jahre beisammen. Aber es gibt in so einer alten Ehe Momente, neben denen die Liebe junger Leute wirkt wie dünnes Vogelgezwitscher neben einem Lerchenjubel aus voller Brust.

Um 11 Uhr vormittags war ich im Amt. Es wehte eine gute Luft für mich, ich merkte es schon am Empfang bei Piekenbrock. Er klopfte mir auf die Schulter und erzählte, strahlenden Gesichts:

Mein Bericht aus Baku hätte dem Chef vorgelegen und wäre sofort an die Generalstäbe hinausgegangen. Die Zensur von der Luft= waffe wäre schon da: außerordentlich wertvoll! „Ich gratuliere", sagte er und schüttelte mir nochmals die Hand. Das war das Nette im Arbeitsteam unserer Abteilung: der Erfolg eines einzelnen war immer zugleich ein Triumph für alle.

Dann erstattete ich Bericht, und am Schluß fragte ich, ob ich den Chef heute noch sprechen könnte. Ich hätte gern die Sache mit mei= ner Frau bald klargestellt ...

„Wenn's überhaupt eine Möglichkeit gibt, den Alten da herum= zukriegen", meinte Piekenbrock bedachtsam, „dann ist heute sicher der beste Tag für Sie. Ich werde sehen, daß ich Sie heute nachmittag um drei einschieben kann."

Plötzlich sah er mich augenzwinkernd an. „Wissen Sie was, be= nutzen Sie die Zwischenzeit und gehen Sie zu Helmbold. Ich kann Sie dann gleich als den neuen Konsulatssekretär für Täbris vor= stellen."

Helmbold war ein ehemaliger Theaterfriseur, der in einem klei= nen Stübchen unseres Riesenbaues hauste. Seine von ihm selbst wortreich gerühmte Kunst bestand darin, mit den kleinsten Mitteln die größten Verwandlungseffekte zu erzielen. So wurden mir nur Haare und Augenbrauen schwarz gefärbt, und ich erhielt eine dunkle Hornbrille. Das war alles.

Aber als ich durch das Vorzimmer in mein Büro gehen wollte, hielt mich meine Sekretärin an: „Sie können hier nicht einfach so durchgehen, mein Herr", sagte sie entrüstet.

Piekenbrock lachte, als ich mich kurz vor drei wieder bei ihm melden ließ. „Kommen Sie mit, der Admiral erwartet Sie", sagte er.

„Unser neuer Konsulatssekretär für Täbris", stellte er vor, als wir den großen, nüchtern möblierten Raum betraten. Canaris blickte von seiner Arbeit hoch und lächelte flüchtig. Dann stand er vom Schreibtisch auf und kam auf mich zu, ein kleiner, unschein= barer Mann, hinter dem niemand den Chef der deutschen Abwehr vermutet hätte. Er gab mir die Hand und deutete einladend auf das abgewetzte Ledersofa, auf dem ein Dackel lag und mich blin=

zelnd beobachtete. Wir setzten uns, er mir gegenüber in einen Sessel. Piekenbrock verabschiedete sich, wir blieben allein.

Wieder mußte ich eingehend Bericht erstatten. Während ich sprach, beobachtete ich ihn. Er hielt den Kopf gesenkt und hörte mir stumm zu. Nur die Art, wie er rauchte, verriet eine gewisse nervöse Spannung, — ein paar kurze, hastige Züge, dann warf er die kaum angerauchte Zigarette in den Aschenbecher.

Als ich den Konflikt Ettels mit Specht beschrieb, runzelte er ärgerlich die Stirn. „Ich weiß nicht, was Ettel will", er sprach leise und sehr schnell, „die Sache ist doch längst erledigt. Im übrigen hat Ettel die Situation von Anfang an völlig verkannt: Ich brauche solche Windhunde, um die Spuren meiner Jagdhunde zu kaschieren ..."

Er winkte mir, fortzufahren. Ich holte tief Atem, ich war am heikelsten Punkt meines Berichts angekommen, Ettels Wunsch, meine Frau mitzubringen. Ich begann, etwas stockend und unsicher, die Lage zu schildern.

Plötzlich hob er den Kopf und sah mich scharf an. Seine graublauen Augen unter den buschigen Brauen wirkten unglaublich kalt. Wie die Nordsee unter winterlichem Himmel, hatte eine poetische Sekretärin von ihm gesagt.

„Eigene Regie, oder ...?" fragte er. Eine gewisse Drohung in seinem Ton war unverkennbar.

„Nein, Ettels Bedingung", sagte ich fest.

„Ah, die Herren belieben bereits, Bedingungen zu stellen." Ein sarkastisches Zucken seiner Mundwinkel verriet, was er von den Herren dachte. „Gut", sagte er dann, „der Mann soll seinen Willen haben. Die Sache ist zu wichtig, als daß wir uns mit solchen Lappalien aufhalten könnten. Aber von Ihnen muß ich mir strengste Diskretion ausbitten. Ich habe nicht Lust, jetzt dauernd mit Gesuchen von Ehemännern und liebebedürftigen Damen behelligt zu werden."

„Jawohl, Herr Admiral", sagte ich und bemühte mich, meine Freude zu verbergen.

Als ich meinen Bericht zu Ende gebracht hatte, saß er eine Weile schweigend da. Dann stand er auf, ich erhob mich gleichfalls. Er trat dicht an mich heran, faßte mich, wie spielerisch, am Rockknopf und sagte leise, aber in einem merkwürdig scharf akzentuierten Ton:

„Sie müssen sehr schnell arbeiten. Sie müssen eventuell unter Verzicht auf Tarnung arbeiten. Bis Mitte Juni müssen Ihre Resultate abgeschlossen hier vorliegen."

Ich spürte, wie mich ein kalter Schauer überlief. „Ist's denn schon so weit?" fragte ich beklommen.

Er ließ meinen Jackettknopf los und zuckte die Achseln. „Wir haben Nachricht von russischen Truppenkonzentrationen", sagte er. „Und Hitler will das Prävenire spielen."

„Also Mitte Juni", wiederholte ich mechanisch.

„Etwa am zwanzigsten", sagte er.

Zweites Kapitel

Erst Mitte Mai trafen wir in Täbris ein. Solange hatte uns ein idiotischer Papierkrieg zwischen Abwehr und Auswärtigem Amt in Berlin festgehalten. Es blieben mir also kaum fünf Wochen zur Erledigung meines Auftrages.

Wir mieteten ein altes Haus mit schönem Garten in nächster Nähe des deutschen Konsulates, und ich trat zunächst meinen Dienst als Konsulatssekretär an.

Mein Vorgesetzter war Konsul Bohn, ein derbknochiger Mann von jenem hessischen Bauernschlag, den man in Frankfurt die „Fulderer" zu nennen pflegt. Aber es gehörte nicht viel Menschenkenntnis dazu, hinter der bärbeißigen Außenseite eine breite, elementare Gutmütigkeit zu entdecken. Zunächst beschnüffelte er mich etwas mißtrauisch, aber nachdem er entdeckt hatte, daß ich nur Offizier und nicht Parteigenosse war, wurde er sehr aufgeschlossen und gab mir gleich eine Menge Verhaltungsmaßregeln, wie ich mein Leben in Täbris einrichten sollte, um meine eigentliche Arbeit zu tarnen.

So riet er mir, häufig im Deutschen Haus zu verkehren, das ein gesellschaftliches Zentrum für die ganze deutsche Kolonie war, und wo viele den größten Teil ihrer Freizeit verbrachten, da Tennis=

plätze, ein großer Swimmingpool und ein gutgeführter Restaurationsbetrieb alle Annehmlichkeiten des Klublebens boten. Auch für vertrauliche Besprechungen empfahl er mir den großen, parkähnlichen Garten des Deutschen Hauses, was um so einleuchtender war, als dieser Garten unmittelbar an das von mir gemietete Grundstück angrenzte.

Er gab mir dann noch den Rat, mich öfters in der Stadt sehen zu lassen, den Basar zu besuchen, auszureiten, kurz, nach außen hin den geschäftigen Müßiggang des diplomatischen Vertreters einer Großmacht zur Schau zu tragen. Zum Schluß warnte er mich vor einem Herrn Maffey, dem SD=Vertreter in Täbris. „Ein kleines Reptil", sagte er, „dessen Gefährlichkeit nur durch angeborene Dummheit gemildert wird. Sein Tagebuch ist in der ganzen Kolonie berüchtigt, und Sie können's erleben, wenn Sie eine Differenz mit ihm haben, daß er plötzlich dies ominöse Büchlein aus der Tasche zieht und Ihnen vorliest: Am 17. März vor drei Jahren haben Sie auf einer Geburtstagsfeier bei Brathorsts den Hitlerwitz von Adolf Schweißfuß erzählt ..."

Bohn selber war sich über seine schlechte Konduite bei Ribbentrops Leuten im Auswärtigen Amt durchaus im klaren und erwartete, mit einer beinahe orientalischen Gelassenheit, seine Abberufung aus Täbris. Zwei unverzeihliche Sünden hatte er begangen. Er hatte öffentlich die Nürnberger Rassengesetze kritisiert und, was fast noch schlimmer war, er hatte auch nach Beginn des Krieges seine langjährige Freundschaft mit dem englischen Konsul aufrechterhalten. Allabendlich promenierten die beiden alten Herren, in philosophische Gespräche vertieft, um die Mauern der Stadt, bis schließlich der Engländer strafversetzt wurde. „Und was sollte ich anderes erwarten", meinte Bohn resigniert, „wenn selbst im demokratischen England die Kriegsverdummung in solcher Weise über die Menschlichkeit triumphiert?"

Ich dankte ihm für seine Aufklärungen und begann, unser Leben nach seinen Ratschlägen einzurichten. Morgens, bei Sonnenaufgang, wenn Bäume und Gräser noch im Tau der Frühe glänzten, ritten wir aus in die Umgebung der Stadt. Dann kamen die Dienststunden im Konsulat, die ich pünktlich einhielt. Und vom Spät=

nachmittag an schlenderten wir, die Neugier müßiger Touristen heuchelnd, durch die Straßen und den Basar. Wir standen vor den riesigen Mauern der Ark, einer ungeheuren Burgruine aus gelb= roten Lehmziegeln, die, im Zentrum von Täbris aufragend, das Stadtbild weithin beherrscht, wir besahen uns die Trümmer der blauen Moschee, die mit ihren blauglasierten Fayancen wie ein zerstörter Feenpalast aus Tausendundeiner Nacht wirkt, wir feilschten im Basar stundenlang mit Teppichhändlern und Silber= schmieden, und wir verließen schließlich oft genug die eine, und für europäische Begriffe einzige, Straße von Täbris, um in der seltsamen Welt der Altstadt unterzutauchen.

Diese persische Altstadt ist mir immer wie ein Symbol des Orients überhaupt erschienen. Man geht dahin, im staubigen Halb= dämmer, zwischen drei Meter hohen fensterlosen Lehmmauern, über die nur die dunklen Kuppeln breitästiger Schwarzulmen oder die schlanken, silbrigglänzenden Minarets hoher Pappeln hinaus= ragen. Und plötzlich öffnet sich eine kleine Pforte, man blickt hinein in die glühende Blumenpracht eines Gartens, mit einem Spring= brunnen inmitten und der heiteren Fassade eines altpersischen Hauses. „Es ist wie ein unscheinbares Mädchen, dessen Herz man plötzlich entdeckt", sagte ich zu meiner Frau. „Du hast eine feine Art, sauersüße Schmeicheleien anzubringen", meinte sie. Aber sie lachte dabei und drückte meinen Arm.

Es hätte eine schöne Zeit sein können, wenn nicht die vibrierende Unruhe in mir gewesen wäre. Tag um Tag verging, kostbare Tage, und wir brachten sie damit zu, uns zu tarnen, wo es im Grunde noch gar nichts zu tarnen gab.

Endlich, am fünften Tage, kam Thielicke zurück. Er war, von bürokratischen Hemmungen unberührt, schon Wochen vor uns nach Täbris gekommen und hatte seine Stellung als Geschäfts= reisender in der Firma Achmed Asadi angetreten. Als wir anlang= ten, war er gerade auf Tour. Er rief mich an, als er zurückkam, und wir verabredeten uns abends im Deutschen Klub.

Thielicke war der Typ des vigilanten jungen Mannes, polyglott und von bemerkenswertem schauspielerischem Talent. Man hatte ihn als stummen Musikanten in einem russischen Balalaikaorchester entdeckt und für den Abwehrdienst gewonnen. Jetzt hatte er sich in seine neue Rolle als Geschäftsreisender schon vollständig eingelebt und verfügte über einen erstaunlichen Vorrat von unanständigen persischen und armenischen Witzchen, die er mir freimütig zum besten gab. „Sowas ölt den Geschäftsgang", sagte er wie zur Entschuldigung.

Auch sachlich hatte er gut gearbeitet, wenn man normale Maßstäbe anlegte und von der brennenden Eile unseres Auftrags absah, die ihm natürlich nicht bekannt sein konnte. Er hatte durch Umfrage bei Geldverleihern und in Pfandhäusern einen Feldwebel im Divisionsstab der Täbriser Division ausfindig gemacht, der tief verschuldet war. Er hatte den Mann gekauft und das Material gleich mitgebracht. Es waren Meldungen über Truppenbewegungen jenseits der russisch=persischen Grenze. Nicht viel, aber jedenfalls besser als gar nichts. Dagegen war es Thielicke noch nicht gelungen, einen Draht zur persischen Polizei herzustellen.

Am wichtigsten aber war mir seine Meldung, daß mich der Leiter der Daschnak=Zakan, jener armenischen Untergrundbewegung, der auch Achmed Asadi angehört, persönlich kennenzulernen wünschte. Ich ließ ihm durch Thielicke ein Zusammentreffen bereits am nächsten Tag, nachmittags um drei, am Schwimmbassin im Garten des Deutschen Hauses vorschlagen.

Am Vormittag des nächsten Tages ließ ich mich vom Konsulatsdienst freistellen, um dem Polizeichef in Täbris meine Aufwartung zu machen. Es war ein ganz offizieller Besuch, bei dem ich vorsichtig das Terrain sondieren wollte.

Das Polizeipräsidium in Täbris ist ein typisches Dienstgebäude mit langen, weißgekalkten Fluren, von jener säuerlichen Nüchternheit, die das Lebenselement der Polizei in allen Ländern der Erde zu sein scheint. Ich wurde in ein kleines, kahles Zimmer geführt und mußte warten. Nach einiger Zeit erschien ein Beamter in grau=blauer Uniform und servierte mir Tee, immerhin eine für europäische Verhältnisse überraschende Nuance des behördlichen Umgangstons.

Wenig später kam derselbe Beamte wieder und meldete: „Herr Major Wasiri lassen den Herrn Konsul bitten."

Zu meinem Erstaunen war der große Raum, in den wir ein= traten, dicht besetzt. Überall an den Wänden standen niedrige Diwane, auf denen Herren in europäischer Kleidung saßen, offen= bar Kaufleute aus Täbris, die auf eine Audienz warteten. Der Polizeigewaltige selbst, Major Wasiri, ein kleines Männchen in Uniform mit schwarzer Hornbrille und dem gelblichen Gesicht eines Leberkranken, thronte, die anderen überragend, auf einem europäischen Stuhl hinter seinem Schreibtisch. Es war wirklich das Bild einer orientalischen Audienz, in ein bürokratisches Milieu übertragen.

Er empfing mich mit ausgesuchter Liebenswürdigkeit, und ich hatte hier zum ersten Male Gelegenheit, Frau Pirajeschs Weisungen über das persische Teschrifart ausgiebig zur Anwendung zu brin= gen. Wir sprachen französisch, und mir schien's, als benutze der Polizeipotentat nicht ungern die Möglichkeit, dem versammelten Volk durch seine Sprachkenntnisse zu imponieren. Es war ein Kranichtanz endloser Höflichkeiten, den wir da vorführten, und immer, wenn ich dachte, es sollte nun aufhören, und wir könnten zur Sache kommen, machte er einen neuen, zierlichen Pas. Nur einmal hatte ich den Eindruck, daß seine Worte etwas mehr besagen könnten als bloße Floskeln: „Wenn Ew. Gnaden in irgendeiner Angelegenheit meinen Rat oder meine Unterstützung brauchen, steht meine Wenigkeit Ew. Gnaden jederzeit zur Verfügung", sagte er und wiederholte mit Nachdruck: „Jederzeit!" Wobei er seine durch die Brille ohnedies vergrößerten Augen bedeutungs= voll aufriß.

Gegen Ende der Unterredung gab es dann noch einen winzigen Zwischenfall, der mir zunächst völlig belanglos erschien. Eine Tür an der Längswand des Saals wurde einen Spalt weit geöffnet, der schwarzlockige Kopf eines etwa 25jährigen jungen Mannes zeigte sich. Der junge Mensch starrte mich einen Augenblick mit brennen= den Blicken an und zog sich dann mit einem: „Oh, Pardon, Papa!" wieder zurück.

„Mein Sohn!" sagte Major Wasiri, und ein sekundenschnelles Lächeln verklärte wie ein Sonnenblitz das gallige Gesicht. Ich hätte ihm gern etwas ehrlich Nettes über diesen hübschen, intelligent aussehenden Sprößling gesagt, aber ein persischer Aberglaube verbietet das. Lob der Kinder, den Eltern ins Gesicht gesagt, ruft Unheil herbei und hat etwa die Bedeutung des bösen Blicks.

Nach einer weiteren halben Stunde verabschiedete ich mich wiederum unter endlosen Höflichkeitsbezeigungen. Ich fuhr ins Konsulat zurück, ziemlich enttäuscht und mit dem Gefühl, außer einer billigen Loyalitätserklärung nichts erreicht zu haben.

Nachmittags, kurz vor drei, ging ich hinüber in den Garten des Deutschen Hauses. Ich hatte mit Bedacht diese Stunde für das Zusammentreffen mit dem Leiter der Daschnak=Zakan gewählt. Denn um diese Zeit lag Täbris im Bann der Mittagshitze, eine gespenstisch leere, in Weißglut flimmernde Stadt. Auch jetzt, als ich hinüberging, zitterten die Bäume in der heißen Luft wie in flüssigem Glas.

Ich setzte mich an den Rand des Bassins und wartete. Es war so still, daß man das leise Sirren der Mückenflügel hörte und das Rascheln, mit dem ein von der Sonne gedörrtes Blatt zu Boden fiel.

Dann näherte sich von der Stadt her ein Auto. Es bog von der Straße ab, in die dürre Grassteppe ein, die sich gleich hinter dem Garten nach Westen dehnte. Das Geräusch des Wagens kam näher, und ich hörte, wie er an der Gartenmauer hielt, die das Grundstück nach der Steppe hin abschloß. Er muß einen Schlüssel zur hinteren Gartenpforte haben, dachte ich, einen Moment lang unangenehm berührt.

Die Tür kreischte in den Angeln, schwere Schritte tappten heran, und dann erschien, aus dem dunklen Grün der Azaleenbüsche auftauchend, eine mächtige Gestalt, ein wahrer Turm von Fleisch und Knochen, in einen eleganten, aber etwas zu engen, grauen Sakko gepreßt. Ich stand auf und ging ihm entgegen.

Trotz der europäischen Aufmachung wirkte er ungemein asia=tisch, mit seinem dunklen Gesicht, den harten, schwarzen Knopf=augen und dem hängenden Schnauzbart, der seinen Mund über=schattete.

„Ich komme von Achmed Asadi", eröffnete er gedämpft mit rauher Stimme die Unterhaltung, „Sie sind der deutsche Major ...

eine Vorstellung erübrigt sich wohl." Er sprach russisch, mit dem leise sächselnden Singsang des Persers.

Ich nickte stumm. Es war mein Grundsatz, Leute, die reden wollten, reden zu lassen.

„Wir wollen von Anfang an Klarheit schaffen", fuhr er fort. „Können Sie uns für den Fall eines deutschen Einmarsches in Rußland und einer Besetzung des Kaukasus Garantien geben für die volle Autonomie der armenischen Gebiete?"

Ich war auf alles Mögliche gefaßt, aber die plumpe Direktheit eines solchen Frontalangriffes überraschte mich doch.

„Die gesamte deutsche Politik ist auf Anerkennung des Natio=nalitätenprinzips aufgebaut", antwortete ich ausweichend, „ich könnte mir durchaus denken..."

Er wiegte mißbilligend den Kopf. „Mit solchen Allgemeinplätzen kommen wir nicht weit. Sie wünschen die Unterstützung der Daschnak=Zakan... Asadi hat mir von Ihrem Gespräch in Teheran erzählt... und ich frage klipp und klar: Was hat uns Deutschland dafür zu bieten?"

Ich überlegte blitzschnell: Diesem politischen Bärenhäuter mit Finten zu kommen, war nicht ratsam... ihn mit Versprechungen zu betrügen, ein gefährliches Spiel... ich entschloß mich zur rück=haltlosen Ehrlichkeit.

„Ich könnte Ihnen jetzt alles versprechen, was Sie hören wollen", sagte ich. „Aber das wäre einfach Betrug... in doppelter Hinsicht. Einmal lebt Deutschland mit der Sowjetunion in Frieden..."

Er machte eine wegwerfende Handbewegung, und mit einer gewissen Beschämung dachte ich daran, daß ich nur eine halbe Wahrheit gesagt hatte.

„... und außerdem gebe ich keine ungedeckten Schecks aus. Ich möchte nie in die Situation von Lawrence kommen, der seinen arabischen Freunden Versprechungen machte, die England nachher nicht einlöste... Was ich Ihnen ehrlicherweise versprechen kann, ist nur das: Wenn Sie mir jetzt bei der Arbeit helfen, werde ich mich nach einem deutschen Siege mit allen meinen Kräften dafür einsetzen, daß Ihre berechtigten Forderungen bei den maßgeben=den deutschen Stellen Gehör finden..."

Während ich sprach, sah er mich unverwandt an mit einem rätselhaft starren Blick seiner schwarzen Vogelaugen.

Eine lange Pause trat ein. Er hatte den Kopf gesenkt, und mit der Spitze seiner weißen Giwehs — der persischen Schnabelschuhe, die er als einzige Konzession an die Landestracht zu seinem europäischen Anzug trug — stieß er kleine Steinchen in das Wasser des Schwimmbassins. Das Wasser verschluckte sie mit einem leise schmatzenden Geräusch, dem einzigen Laut in der Mittagsstille, und auf der glatten Oberfläche bildeten sich Ringe, die sich in konzentrischen Kreisen fortpflanzten.

Plötzlich hob er den Kopf. „Gut", sagte er, „und wie sollen wir Ihnen jetzt helfen?"

Ich atmete erst einmal tief durch: „Ich brauche Meldungen aus Russisch=Aserbeidschan", sagte ich, „hauptsächlich aus dem Erdöl= gebiet." Ich zog eine Generalstabskarte aus der Tasche und deutete auf ein Planquadrat, nördlich Baku: „Zunächst einmal aus diesem Gebiet", sagte ich, „alles über Flugplätze, auch unterirdische Anlagen, Zwischenlandeplätze und Bunkeranlagen, Garnisonsbelegung und industrielle Neubauten, Ölpumpstationen, Raffinerien, Kraftstationen und Wasserwerke..."

Er hatte den Kopf neben mir über die Karte gebeugt und wiederholte murmelnd den Auftrag. Dann blickte er auf und nannte, die Augen in der Anstrengung des Nachdenkens halb zukneifend, die natürlichen Grenzen des Auftragsgebiets, Hügel, Flüsse, Ortschaften, Straßen. Es war eine Leistung, würdig eines Nachrichtenoffiziers. „In etwa zwei Wochen können Sie die Meldung haben", sagte er.

Ich zog meine Brieftasche.

„Lassen Sie das!" sagte er rauh, „wir arbeiten nicht für Geld. Ich lasse Ihnen die Meldung über Ihren jungen Mann zugehen, der bei Asadi angestellt ist. Eine Abrechnung über meine Barauslagen füge ich bei. Und wenn Sie neue Aufträge haben, lassen Sie mich's auf dem gleichen Wege wissen — über Thielicke=Asadi. Persönlich haben wir uns heute zum letzten Male gesehen, und wenn wir uns zufällig wieder begegnen sollten, kennen wir uns nicht mehr..."

Das waren fast die gleichen Worte, die Asadi beim Abschied in Teheran gebraucht hatte. Es schien das Adieu der persischen Illegalen zu sein. Ich streckte ihm die Hand hin, hielt einen Augenblick seine große, seltsam schlaffe Hand in meiner, dann war er, wie ein Mittagsgespenst, im Grün der Mandelbäume verschwunden.

Zehn Tage später schon rief mich Thielicke nachmittags im Amt an: Die Zigaretten wären angekommen. Wir trafen uns im Deutschen Haus, und er übergab mir die Meldung. Die beigefügte Rechnung war mehr als bescheiden, sie konnte wirklich nur die noch dazu sehr sparsam bemessenen Unkosten decken.

Ich ging sofort in meine Wohnung hinüber und begann, den Bericht zu prüfen. Absichtlich hatte ich das Auftragsgebiet so gewählt, daß es den kleinen Sektor einschloß, den ich, von meiner Fahrt zum Feuertempel her, kannte. Es stimmte alles, ja mehr als das: eine Anzahl Objekte, die ich bei der schnellen Autofahrt nicht hatte ausmachen können, waren hinzugekommen und genau lokalisiert.

Gleich nach dem Abendessen machte ich mich mit meiner Frau an die Arbeit des Verschlüsselns. Wir hatten der Dienerschaft Urlaub gegeben und saßen allein in der großen Halle, die, vom Schattenspiel einer persischen Lampe erhellt, in magischem Halbdämmer dalag.

Die Arbeit des Verschlüsselns und Entschlüsselns gehört zu den unangenehmsten Aufgaben einer Agententätigkeit, wenigstens für jemand, der mit Zahlen auf dem Kriegsfuß steht. Für jeden Buchstaben ist eine fünfstellige Zahl einzusetzen. Um aber dem Gegner, der aus der Wiederkehr bestimmter Zahlen und der Kenntnis der Buchstabenhäufigkeit in den einzelnen Sprachen sehr schnell Rückschlüsse ziehen kann, die Dechiffrierung unmöglich zu machen, werden die Zahlenwerte der einzelnen Buchstaben jeweils mit einer fünfstelligen Zahl addiert, die beim Entschlüsseln wieder abgezogen werden muß. Diese Zahlen sind den fortlaufenden Tabellen eines Code entnommen. Ohne den Besitz dieses Code ist eine so verschlüsselte Meldung daher unmöglich zu entziffern, weil für denselben Buchstaben im Text jedesmal eine andere Zahl erscheint.

Wir saßen also in der Stille unseres Heims — und meine Frau rechnete. Plötzlich klopfte es an die Hoftür. „Polizei!" raunte meine Frau, und im nächsten Moment waren der Code, mein Bericht und die angefangene Chiffermeldung in ihrem Schlüpfer verschwunden. „So klopft keine Polizei", sagte ich beruhigend, „und außerdem sind wir exterritorial." Aber ich muß gestehen, daß ich mit einem unbehaglichen Gefühl über den dunklen Hof ging und die kleine Mauerpforte aufschloß.

Draußen stand ein Mann, die graue Schirmmütze tief in die Stirn gezogen. „Kann ich Sie einen Augenblick sprechen?" fragte er. Er sprach deutsch, mit dem Akzent des Orientalen.

„Bitte", sagte ich und ließ ihn eintreten.

„Sind Sie allein?" fragte er, während wir nebeneinander über den Hof gingen. „Ich möchte keinesfalls von jemandem gesehen werden..."

„Nur meine Frau...", sagte ich.

Aber als wir in die Halle eintraten, war sie leer. Meine Frau hatte sich stillschweigend zurückgezogen. „Sie müssen entschuldigen..." sagte ich und stockte. Der späte Besucher hatte seine Mütze abgenommen. Es war der junge Wasiri, der Sohn des Polizeichefs von Täbris. Er stellte sich vor, aber auch ohne diese Vorstellung hätte ich ihn sofort wiedererkannt.

„Sie sind erstaunt", sagte er und zeigte lächelnd ein blendendes Gebiß.

„Oh, nicht im mindesten", log ich und bat ihn, Platz zu nehmen.

„Und Ihre Frau Gemahlin", er sah sich suchend um, „habe ich sie etwa vertrieben?"

„Meine Frau hat sich wahrscheinlich zurückgezogen, um eine Abrechnung fertigzumachen", sagte ich.

Ich schenkte ihm Tee ein. „Ich hatte neulich die Ehre und das hohe Vergnügen, die Bekanntschaft seiner Exzellenz, Ihres Herrn Vaters, zu machen", sagte ich.

„Ich weiß", sagte er, „aber könnten wir nicht das übliche Teschrifat etwas abkürzen?" Er lächelte entwaffnend. Dann wurde er plötzlich ernst. „Wissen Sie eigentlich, daß Ihr Haus ständig unter polizeilicher Beobachtung steht?"

„Ach..." Ich war ehrlich erstaunt... „und weshalb?"
Er zuckte flüchtig die Achseln. „Genaues weiß ich nicht. Aber ich könnte mir denken, daß die Musawadleute dahinter stecken. Die arbeiten für die Engländer, und Oberst Schamil war neulich bei Vater. Am nächsten Tag wurde dann der Posten aufgestellt. Das Grundstück Ihnen gegenüber gehört der Stadt, und dort steht der Posten hinter einem Loch in der Mauer und registriert jeden, der bei Ihnen ein= und ausgeht..."
Das war eine Überraschung, die ich erst verdauen mußte. „Aber ich bekomme doch kaum Besuch..." protestierte ich schwach. „Um so schlimmer", sagte er heftig, „wenn ich Sie wäre, würde ich dafür sorgen, daß möglichst viele Leute zu mir kommen... natürlich nur Leute, die völlig unverdächtig sind." Der Rat war zweifellos gut, nur der Ratgeber und seine Motive wurden mir immer rätsel= hafter.

„Kommen Sie eigentlich im Auftrag Ihres Herrn Vaters?" fragte ich schließlich geradezu.

„Nein", er lächelte nachsichtig, „Vater ist Beamter. Doch würde er, glaube ich, kaum etwas dagegen haben, wenn er wüßte, daß ich bei Ihnen bin..."

„Und weshalb sind Sie dann gekommen?"

„Ich liebe Deutschland", erklärte er und starrte mir mit flam= menden Augen ins Gesicht.

„Ich danke Ihnen", sagte ich würdig. Ich mußte an Corell denken. Die Parallele, wie dort ein junger Deutscher Persien und hier ein junger Perser Deutschland Liebeserklärungen machte, war rührend und ein wenig komisch zugleich. „Und Sie sind also ganz von sich aus gekommen, um mich zu warnen?"

Er schien meine Frage überhört zu haben. „Ich bewundere Ihr Land", wiederholte er. Und dann fing er an, mir in glühenden Farben ein Deutschland auszumalen, wie er es sah. Es war eine Plakatvorstellung, schattenlos wie ein Reiseprospekt vom sonnigen Süden, die Fata Morgana eines jugendlichen Idealisten, der seine Wunschträume in die Vergangenheit oder auf irgendein weit= entferntes Stück Erde unseres Globus projiziert... Das christliche Mittelalter ... oder die Sowjetunion ... oder eine Südseeinsel, im Grunde waren das alles Varianten ein und desselben Themas. Bei ihm war der blaue Vogel in Deutschland eingefallen. Er sprach und sprach. Ich wurde ungeduldig. Genug Zucker hätte der Bär nun, aber was soll er dafür tanzen, dachte ich und fragte, vorsichtig eine Atempause seiner Begeisterung benutzend: „Kann ich irgend etwas für Sie tun? Ich meine ... möchten Sie vielleicht eine Einreise nach Deutschland haben?"

Er sah mich an wie ein aufgeschreckter Schlafwandler. Dann sagte er mit einem festen, überraschend männlichen Ton: „Ich möchte für Deutschland arbeiten!"

Im Augenblick war ich erschüttert. Ich war in meinem früheren Beruf als Anwalt und mehr noch in meiner Abwehrtätigkeit Skeptiker geworden. Der Grundsatz des ‚ich gebe — damit du gibst', beherrschte das Leben, und selbst eine Liebeserklärung verfolgte meist den Zweck, sich selber in den Besitz des Geliebten zu bringen. Hier aber, bei diesem jungen Menschen, trat mir die Liebe in ihrer reinsten, einzig legitimen Form entgegen: in dem Wunsch, zu opfern, sich im Einsatz für den Gegenstand der Liebe zu bewähren.

„Und wie haben Sie sich diese Arbeit gedacht?" fragte ich.

„Ich habe mit Achmed Asadi gesprochen", sagte er.

„Ah, Sie gehören zur Daschnak=Zakan?"

Er nickte abwehrend. „Zur Milli Mudafai ... ich bin einer von den Führern." Bescheidener Stolz klang aus seinen Worten. Ich entsann mich der Charakteristik, die mir Asadi in Teheran gegeben hatte: Die Musawad war der großbürgerliche, die Milli Mudafei der kleinbürgerlich faschistische Flügel der Aserbeidschanischen Untergrundbewegung.

Ich stand auf, ging zum Panzerschrank, holte meine Generalstabskarte und breitete sie vor ihm auf den Tisch aus. „Hier ist eine Aufgabe!" sagte ich und deutete auf das Planquadrat, das sich westlich an die eben erkundete Gegend anschloß. Ich gab ihm nähere Instruktionen, und er hörte mir zu, glühend vor Eifer, wie ein lernbegieriger Student. „Glauben Sie, daß Sie das schaffen können?" fragte ich am Schluß.

„Ja", sagte er zuversichtlich, „wir haben genug Verbindungsleute drüben, und notfalls fahre ich selber."

Es war weit nach Mitternacht, als er mich verließ. Vorher hatte er mir noch einen umfassenden Bericht über die politischen Ziele seiner Bewegung gegeben. Die Anhänger der Milli Mudafai schienen ebenso glühende persische Patrioten wie radikale Sozialrevolutionäre zu sein. Ihr Ideal war das Dritte Reich, aber alles, was er sagte, erinnerte mich viel mehr an die deutschen Jungdemokraten von 1848, und Georg Büchners Kampfgeschrei: Friede den Hütten, Krieg den Palästen! lag ihnen im Grunde genommen wahrscheinlich näher als die sorgfältig stilisierten Parolen des Propagandaministeriums. Der politische Wert dieser Unterstützung für meine Arbeit aber war gar nicht hoch genug zu veranschlagen: Neben dem Nachrichtenapparat jenseits der russischen Grenze verfügte die Milli Mudafai über ausgezeichnete Beziehungen zur persischen Polizei, und Wasiri junior hatte mir auch diese Verbindungen bereitwilligst zur Verfügung gestellt.

Ich geleitete ihn hinaus bis um die Straßenecke, wo mit abgeblendeten Lichtern sein Auto wartete. Der Mond schien hell, und wir verabschiedeten uns im Schlagschatten der Mauer.

Irgendwie hatte mich, was im Abwehrdienst selten genug geschieht, die Begegnung auch menschlich berührt, und ich sah den roten Schlußlichtern des Wagens nach, mit einem seltsam sentimentalen Gefühl, so, als führe ein Stück meiner eigenen Jugend davon.

* * *

Mein Nachrichtenapparat, der zur Hauptsache über die Drähte der Milli Mudafei und der Daschnak=Zakan lief, spielte sich rasch ein. Wöchentlich ein= bis zweimal erhielt ich ausführliche Berichte von jeder Seite und gab neue Aufträge aus. Unser Leben nahm hektische Formen an. Wir mußten, aus Gründen der Tarnung, unser öffentliches Auftreten im bisherigen Stil beibehalten, ja, dem Rat des jungen Wasiri folgend, mußten wir bestrebt sein, möglichst viel gesellschaftlichen Verkehr in unser Haus selber zu ziehen. Meine Frau veranstaltete also Teegesellschaften und ausgedehnte Cocktailparties, und ich erteilte nachmittags den jungen Damen der deutschen Kolonie in der Reitbahn in unserem Garten

Unterricht. Der Posten hinter dem Mauerloch hatte sein Standgeld sauer genug zu verdienen. Spät abends, wenn die letzten Gäste gegangen waren, machten wir uns dann an das Verschlüsseln der Meldungen, die am nächsten Vormittag vom Konsulatsfunker nach Berlin durchgegeben wurden oder von mir selbst verschlüsselt telegraphiert wurden.

Trotzdem, — das Arbeitsfeld war riesengroß, die Zeit drängte, und die Aufträge von Berlin überstürzten sich. Mit einer gewissen Bitterkeit dachte ich manchmal daran, wieviel kostbare Wochen des Wartens durch die unsinnige Rivalität zwischen Auswärtigem Amt und Abwehr nutzlos verstrichen waren, Wochen, die wir jetzt mit schlaflosen Nächten und unserer Nervensubstanz zu bezahlen hatten.

Eines Tages sprach mich Herr Maffey im Deutschen Klub an. „Na", sagte er, „nicht ganz leicht, die Herren in Berlin zufriedenzustellen?" Ein hämisches Lächeln erschien auf seinem breiten Gesicht.

„Ich kann nicht klagen", meinte ich kühl, „bisher habe ich noch keine Beschwerden von der Firma über mich gehört..."

Er wedelte ein paarmal mit seiner Zigarre durch die Luft, eine Bewegung, die wohl ausdrücken sollte, daß er's besser wüßte. „Sie dürfen mich nicht mißverstehen", er legte mir vertraulich seine fette, ringgeschmückte Hand auf den Unterarm, „schließlich stehen wir beide ja hier, in der vordersten Sappe für Deutschland. Ganz selbstverständlich, daß sich Kameraden vor dem Feind gegenseitig nach Kräften unterstützen..."

Er räusperte sich, ich schwieg. Eine Wolke des Unmuts glitt flüchtig über sein Gesicht, aber dann fuhr er unbeirrt fort:

„Ich habe da einen Mann für Sie. Früherer russischer Oberleutnant, ehemaliger Gardeoffizier in Petersburg, gehört jetzt zur Kutiepow=Gruppe. Hat schon mehrfach kleinere Aufträge für mich erledigt, Nasarow heißt er, ganz prima Mann. Habe ihm von Ihnen erzählt, ist ganz Feuer und Flamme, für Sie zu arbeiten..."

Ich spürte, wie die kalte Wut in mir hochstieg. „Sie haben ihm von mir erzählt?" fragte ich scharf.

„Aber Liebster, Bester ... warum denn nicht? Ich sagte Ihnen doch, der Mann hat bereits für mich gearbeitet, gut gearbeitet. Er weiß, daß ich vom SD bin ... und es ist nie das geringste passiert. Schließlich ist die Abwehr ja auch nicht geheimer als der SD...."
Ein nicht zu überhörender Vorwurf schwang, unterirdisch grollend, im letzten Satz mit. Ich überlegte. Das Malheur war geschehen. Und Schuld daran trug weniger dieser Stümper hier vor mir als die Leute zu Hause, die es für nötig hielten, neben der Abwehr noch einen Konkurrenz= apparat mit so dilettantischen Kräften aufzuziehen.

„Also gut", erklärte ich, „sagen Sie Ihrem Herrn Nasarow, daß ich ihn morgen nachmittag um drei im Garten des Deutschen Hau= ses erwarte. Am Schwimmbassin." Zu dem Dank, den Maffey wohl erwartet hatte, konnte ich mich im Augenblick nicht überwinden.

Am nächsten Nachmittag um drei war er da. Ein großer, magerer Bursche mit einem Fuchsgesicht, aber merkwürdig fetten Hamster= backen, und einer gewissen schäbigen Eleganz. Sein Händedruck war schweißfeucht, Zeige= und Mittelfinger der Rechten von Niko= tin gebräunt.

„Oberleutnant Nasarow", stellte er sich vor.

„Hauptmann Schmidt", sagte ich. Er sah mich erstaunt an. Ich lächelte. „Im allgemeinen Schulze", sagte ich, „aber vor einem Offizierskameraden brauche ich mich ja wohl nicht zu tarnen." Er lächelte auch, ein schiefes Lächeln.

„Also, Sie wollen für mich arbeiten?"

Er nickte eifrig. „Ich kenne die Gegend drüben wie meine We= stentasche", sagte er.

„Großartig", sagte ich, „also erstes Objekt der Flugplatz von Stepanakert." Ich sah ihm an, daß er keine Ahnung hatte, wo Ste= panakert lag. „Wann können Sie liefern?"

Er zögerte. „In zehn Tagen etwa", sagte er unsicher.

„Schön, dann in zehn Tagen", sagte ich und streckte ihm die Hand zum Abschied hin, „hier, zur gleichen Zeit an der gleichen Stelle."

Er begann zu drucksen: „Verzeihung, ... aber meine Mittel sind momentan etwas begrenzt ... die Reise ... ich hatte gedacht, ein kleiner Vorschuß?"

„Wieviel?" fragte ich.

„Dreihundert Toman", sagte er und sah mich an mit dem Blick eines hungrigen Hundes.

Ich zog meine Brieftasche, zählte das Geld ab und gab es ihm. Er schob es, ohne nachzuzählen, mit der falschen Lässigkeit eines Kintopparistokraten in seine Jackettasche.

„Und wieviel bei Lieferung des Berichts?" fragte er.

„Dasselbe", sagte ich.

Er kniff die dünnen Lippen ein. „Ein bißchen wenig, scheint mir ... wenn man das Risiko in Rechnung stellt..."

„Meine Taxe", sagte ich kalt, „nur im Fall besonderer Leistung zahle ich mehr."

Er stand noch einen Augenblick unschlüssig, dann murmelte er etwas Unverständliches, tippte an seinen Hutrand und ging. Er ging nicht allein. Ich hatte den jungen Wasiri von dieser Unter= haltung verständigt, und ein Mann von der Milli Mudafai be= schattete ihn.

Treibholz, dachte ich, während ich durch den Garten zu meiner Wohnung zurückging. Ich hatte kein gutes Gefühl bei der Sache. Aber wenn ich seine Mitarbeit von vornherein abgelehnt hätte, wäre er wahrscheinlich bei den Engländern oder Russen gelandet und hätte erzählt, was er von Maffey über meine Tätigkeit wußte. Selbst der Name Schmidt wäre dann nur eine schnell durchschau= bare Tarnung gewesen. Nein, ich mußte ihn mitlaufen lassen und durch kleine Aufträge an uns binden, bis meine Aufgabe erledigt war. Denn die Zeit drängte.

Am 15. Juni kam von Berlin der vordringliche Befehl, die Flieger= horste im Raum Kirowabad zu erkunden. Wenn ich den zwanzig= sten als den von Canaris genannten Tag X annahm, war der Auf= trag im normalen Geschäftsgang nicht mehr zu erledigen. Ich besprach die Sache mit Wasiri. Er war der einzige von meinen persischen Mitarbeitern, mit dem ich persönlichen Kontakt hielt.

„Bis neunzehnten abends muß ich die Meldung spätestens haben", sagte ich.

Er runzelte bedenklich die Stirn und spielte lange nervös mit den Steinen seines Tasbis. „Es wird sich machen lassen", meinte er endlich, „wenn wir bis zur Grenze motorisiert sind." Und dann entwickelte er mir seinen Plan. Sie wollten in drei Gruppen, als Schmuggler getarnt, den Grenzübergang forcieren. „Ich selber kann leider nicht mehr mitmachen", sagte er, „mein Urlaub ist zu Ende, ich muß zurück nach Teheran, auf meinen Posten bei Irantour." Ich war ehrlich betrübt, aber er, in seiner Bescheidenheit, deutete meine Miene falsch.

„Die Arbeit geht natürlich weiter", sagte er eifrig. „Mein Nach= folger Hamdullah ist absolut vertrauenswürdig, Sie können mit ihm genau so gut arbeiten wie mit mir..."

„Aber ich werde ihn nicht mehr hier in meinem Hause emp= fangen", sagte ich, „wir werden die Verbindung über Thielicke= Asadi aufrechterhalten."

Jetzt verstand er mich. Wir schieden mit langem Händedruck.

Am nächsten Tag erhielt Konsul Bohn die längst erwartete Abberufung. Er war verhältnismäßig glimpflich davongekommen, man hatte ihn in die Postabteilung des Auswärtigen Amtes nach Berlin versetzt.

Gegen Abend gingen wir im Garten des Deutschen Hauses spazieren, und ich bemühte mich, den eigensinnigen alten Herrn von der Rückreise über Rußland abzubringen. Es war ein schwie= riges Unternehmen. Denn was ich wußte, durfte ich ihm nicht sagen: den Tag des bevorstehenden Kriegsausbruchs. Und so ver= anstaltete ich einen wahren Eiertanz, um ihm die Route über die Türkei schmackhaft zu machen. „Man möchte meinen, Sie bekämen Prozente von der anatolischen Bahn", sagte er bissig.

Plötzlich blieb er stehen und deutete voraus: „Ich glaube, da wünscht Sie jemand zu sprechen."

Hinter einem Boskett von Rhododendren stand ein Mann, der mit einem großen, gelben Geschäftskuvert winkte. Es war Nasa= row, ich hatte ihn schon fast vergessen.

„Ich bin schon zwei Tage früher zurückgekommen", sprudelte er mir entgegen, als ich auf ihn zutrat, „es war eine verdammt heikle Kiste. Einmal hätten sie mich beinahe erwischt. Ein Posten hat auf mich geschossen..."

„Geben Sie her", unterbrach ich ihn schroff und nahm das

Kuvert an mich. Ich wußte von Wasiris Leuten, die ihn beschattet hatten, daß er die acht Tage auf dem Diwan in seiner Wohnung zugebracht hatte, rauchend und Romane lesend.

Pro forma warf ich einen Blick auf den Bericht: Etwa 30 Seiten, mit einer großen, fahrigen Handschrift bedeckt.

„Sie haben fleißig gearbeitet", sagte ich ironisch.

„Ja", erklärte er stolz, „so bin ich immer. Wenn man mich auf eine Spur setzt, einfach nicht mehr zu halten..."

„Gut, ich werde Ihren Bericht prüfen", sagte ich und wandte mich zum Gehen.

Er hielt mich am Ärmel zurück. „Und das Geld?" Sein Gesicht wirkte frech, gierig und unterwürfig zugleich.

Ich nahm dreihundert Toman aus der Brieftasche und warf sie ihm zu.

„Und wie ist's mit neuen Aufträgen", fragte er, während er das Geld in seine Tasche schob.

„Im Moment nichts", sagte ich, „aber ich werde Sie's durch Herrn Maffey wissen lassen, wenn ich Sie wieder brauche..."

Als ich zu Bohn zurückkehrte, war seine gereizte Stimmung verflogen. „Ich nehme an", sagte er bedächtig, „daß Sie noch andere Gründe haben, um mir von der Rückreise über die Sowjetunion abzuraten... Gründe, über die Sie vielleicht nicht sprechen wollen ... oder nicht sprechen dürfen?" Er sah mich scharf an.

Ich schwieg.

„Aha", trompete er triumphierend, „qui tacet, consentire videtur ... ein beredtes Schweigen also ... na, schön, Sie sollen Ihren Willen haben ... ich fahre zurück über die Türkei!"

Er hielt mir die Hand hin, und ich schlug ein.

„Eigentlich", meinte er nach einer Weile und blinzelte mich ironisch von der Seite an, „sind Sie gar kein richtiger Abwehrmann, zuviel Gefühlsmarmelade in der Mischung. So'n Kerl aus einem Guß hätte mich vor die Hunde gehen lassen, ohne mit der Wimper zu zucken..."

„Danke", sagte ich und schluckte das zweifelhafte Kompliment mit saurem Lächeln.

* * *

Der zwanzigste war da!
Und von den drei Gruppen der Wasiri=Leute aus Kirowabad war niemand zurückgekommen. Vom frühen Morgen an dröhnte das Radio durch unser Haus, deutsche und russische, englische, französische und türkische Meldungen. Ich versäumte keinen Nach= richtendienst. Aber überall das Übliche: Meldungen von Luft= kämpfen im Westen, Meldungen von torpedierten Geleitzügen oder versenkten U=Booten, Zweckoptimismus auf beiden Seiten — aber kein Wort vom Kriegsbeginn mit Rußland, kein Wort von einem deutschen Einmarsch.

Zwischendurch lief ich ans Telefon und rief Thielicke an. Nein, Tante Mathilde war noch nicht zurückgekommen, auch keine von den beiden Nichten...

Es gehörte nicht viel Fantasie dazu, sich auszumalen, was geschah, wenn die Wasiri=Leute drüben vom Kriegsausbruch überrascht wurden. Schmuggler hinter der Front, womöglich unter verdäch= tigen Begleitumständen in der Nähe eines Fliegerhorsts aufgegrif= fen — das war gleichbedeutend mit Tod. Ich kannte keinen von ihnen, es waren alles Leute von der Milli Mudafai, aber unwill= kürlich stellte ich sie mir vor wie Wasiri selber, jung, strahlend, voll gläubiger Begeisterung für ihre Sache. War ich nicht mit= schuldig an ihrem Tode? Ich bemühte mich, den Gedanken weg= zudrücken, aber er kam immer wieder. Vielleicht hatte der kluge, alte Bohn wirklich Recht: Ich war zu sentimental für dieses Gewerbe.

Endlich, gegen 6 Uhr abends, rief Thielicke an. „Kann ich gleich mal zu Ihnen ins Haus kommen?"

„Sind sie da?" fragte ich zurück.

„Ja", sagte er einsilbig.

„Ist alles glatt gegangen?"

„Nein", sagte er, „ich erzähl's Ihnen gleich."

Fünf Minuten später war er da, mit wehendem Staubmantel fegte er in die Halle. „Sie haben ein Feuergefecht mit russischen Grenzern gehabt", berichtete er, „bei Dschulfa ... sechs liegen verwundet in einer Scheune."

„Und die anderen?"

"Sind da", sagte er, „die Meldungen habe ich gleich mitgebracht." Er übergab mir ein Bündelchen loser Blätter.

„Wir haben alles schon organisiert", berichtete er weiter, „Privatquartiere bei zuverlässigen Leuten für die Verwundeten, denn ins Städtische Krankenhaus dürfen wir sie nicht einliefern ... Gleich nach Einbruch der Dunkelheit fahren wir mit einem Lkw raus und holen sie..."

„Bitte, berichten Sie mir, wenn Sie zurückkommen", sagte ich.

Nachts gegen elf war er wieder da. „Glücklicherweise alles Beinschüsse", berichtete er, „nur einer ist schwer am Oberschenkel getroffen."

„Selbstverständlich übernehmen wir alle Kosten auf Reichskonto, Arzt, Pflege und Arbeitsausfall", sagte ich ... „und was meinen Sie zu einem Schmerzensgeld?"

Thielicke nickte eifrig.

Meine Frau mischte sich ein: „Wie wär's, wenn ich ihnen das Geld gleich hinbrächte ... die Leute brauchten sich dann nicht erst Sorgen zu machen ... und außerdem wär's ein netter Zug, wenn sich der anonyme Auftraggeber auch mal menschlich zeigte ..."

„Jetzt, mitten in der Nacht?" meinte ich zweifelnd.

Aber ich wurde überstimmt. „Das sind Gemütsspesen, die sich immer wieder bezahlt machen", meinte Thielicke schnodderig... „und außerdem können wir in zwanzig Minuten zurück sein, wenn ich Ihre Frau mit meinem Wagen herumfahre..."

Sie fuhren, aber es wurde weit nach Mitternacht, ehe sie wiederkamen. Ich hatte inzwischen die Meldungen aus Kirowabad verschlüsselt. Es waren ausgezeichnete Berichte; hätten deutsche Patrouillen sie eingebracht, dann würde jeder einzelne Teilnehmer am Unternehmen mindestens das EK verdient haben.

Meine Frau war bewegt. „Ganz prachtvolle Jungens!" sagte sie. „Einer wollte das Schmerzensgeld überhaupt nicht annehmen. Ich fühle mich als Soldat, sagte er... Übrigens sprachen sie komischerweise alle von unserem bevorstehenden Krieg mit Rußland..."

„So", sagte ich lakonisch.

Zwei Tage später wurde ich morgens um sechs aus dem Schlaf

geweckt. Lehrer Wulff — ich kannte ihn vom Deutschen Klub her — stand an meinem Bett.

„Haben Sie's schon gehört", stammelte er, „mit den Frühmeldungen um fünf ist's im Radio durchgekommen ... Krieg mit Rußland ... heute nacht sind die deutschen Truppen einmarschiert..."

Ich setzte mich im Bett auf. Aber merkwürdig: Sobald der erste Schock überwunden war, wurde ich sehr ruhig. Eine erwartete Nachricht, die verspätet eintrifft, übt nicht mehr die gleiche Wirkung aus wie zu dem Zeitpunkt, wo man sie eigentlich erwartet hätte. Sie hatten also den Termin verschoben ... um zwei Tage, dachte ich ... die furchtbare Spannung war zerbrochen ... und komischerweise dachte ich mit einem Gefühl der Erleichterung an Bohn, der jetzt mit seiner Fracht von kostbaren Teppichen sicher durch die Türkei schaukelte...

Am Vormittag fuhren wir im Konsulatswagen mit deutschem Stander durch die Stadt, es war eine Art von Demonstration. Täbris machte einen verstörten Eindruck, fast alle Geschäfte waren geschlossen, an vielen waren die eisernen Rolläden heruntergelassen, überall auf den Straßen standen Menschen in debattierenden Gruppen zusammen, und kleine Zeitungsjungen rannten mit wirbelnden nackten Beinchen von Gruppe zu Gruppe und schrien mit grellen Kinderstimmen die neuesten Extrablätter aus.

Wir fuhren ganz langsam, beinahe im Schritt, und es fiel mir auf, daß unser Wagen mit dem deutschen Hoheitszeichen aus verschiedenen Gruppen mit feindseligen Blicken gemustert wurde. „Das sind Armenier", erkärte unser Fahrer. Es war eine Bestätigung dessen, was mir Achmed Asadi einst in Täbris gesagt hatte: Im Orient vergißt man nichts. Die Armenier haßten die Deutschen, noch von jenem historischen Bismarckwort her, daß die armenischen Wirren in der Türkei nicht die Knochen eines Pommerschen Grenadiers wert seien. Wenigstens hatte mir Wasiri das einmal erklärt, und wie der Augenschein zeigte, schien's zu stimmen. Eine Ausnahme machten nur die Anhänger der Daschnak=Zakan, die als Realpolitiker ihren Frieden mit dem deutschen Volke gemacht hatten.

Als wir ins Konsulat zurückkamen, wurde mir gemeldet, daß ein Junge schon über eine Stunde auf mich warte. Es war ein lang aufgeschossenes, mageres Kerlchen von etwa zwölf Jahren, mit blassem Gesicht, großen schwarzen Augen und einer Ponnyfrisur, was ihm ein mädchenhaftes Aussehen gab. Er überreichte mir einen Brief von Nasarow.

„Vater hat gesagt, ich sollte auf Antwort warten", erklärte er.

Ich überlas die flüchtig hingekritzelten Zeilen. Er müßte mich dringend sprechen, schrieb Nasarow, es wäre eine Sache von höchster Wichtigkeit. Dringend war zweimal und die höchste Wichtigkeit sogar dreimal unterstrichen.

„Schön, sag deinem Vater, daß ich ihn heute nachmittag um drei erwarte, an derselben Stelle, wo wir uns das erstemal getroffen haben. Aber sag ihm auch, ich hätte wenig Zeit, höchstens eine Viertelstunde."

Als ich am Nachmittag in den deutschen Garten hinüberging, hatte ich dreihundert Toman schon abgezählt in der Tasche. Ich konnte mir ungefähr denken, welche Angelegenheit für Herrn Nasarow von höchster Wichtigkeit war.

Er trat mir mit einem beinahe befremdlichen Selbstbewußtsein entgegen: „Ich habe zuverlässige Nachrichten, daß bei Nachitschewan neue Fliegerhorste von den Russen angelegt werden", erklärte er.

„Und Sie möchten selber hinfahren?" fragte ich und zog die dreihundert Toman aus der Tasche.

Er sah auf das Geld in meiner Hand, er sah mich an, er machte keine Anstalten, die Scheine zu nehmen.

„Die Zeiten haben sich geändert", sagte er mit belegter Stimme, „wir haben Krieg ... und so eine Fahrt über die Grenze ist heute ein Unternehmen auf Leben und Tod."

„Und was verlangen Sie also heute?"

„Fünftausend Toman", sagte er.

Das waren rund siebentausend Mark, ich glaubte, mich verhört zu haben. „Wie bitte?" fragte ich.

„Fünftausend Toman", wiederholte er mit zusammengebissenen

Zähnen, ich sah das Spiel seiner Backenmuskeln unter der schlaf=
fen, grauen Haut.

Ich steckte das Geld wieder in die Tasche. „Dann können wir
kein Geschäft mehr zusammen machen", sagte ich, so ruhig wie
möglich. Ich war bereit gewesen, diesem kleinen Gauner gewisse
Beträge in den Rachen zu werfen, um ihn ruhig zu halten, aber
diese Forderung ging entschieden zu weit. Ich wandte mich zum
Gehen.

Er trat mir in den Weg und, mit seinem nikotingelben Zeige=
finger vor meiner Nase herumfuchtelnd, keuchte er: „Ich warne
Sie ... treiben Sie mich nicht zum äußersten...

... Was meinen Sie wohl", sein Gesicht verzerrte sich zur hämi=
schen Fratze, „was die Sowjets mir zahlen würden, wenn ich ihnen
Nachricht brächte von Ihrem netten kleinen Spionagenest hier in
Täbris, Herr Hauptmann Schmidt?"

Ich bückte mich und hob einen Stein auf. Es war ein schwerer,
scharfkantiger Feldstein, der auf dem Weg am Rande des Schwimm=
bassins lag. Ich sah sein Gesicht wie durch ein Vergrößerungsglas.
Die großporige schlaffe Haut, die kleinen Schweißtröpfchen auf
dem Nasenrücken, die eingesunkenen Schläfen mit der gezackten
Ader an der linken Seite. Dort mußte ich ihn treffen ... und dann
nach vorn laufen ins Deutsche Haus und Meldung machen: Ich war
mit ihm spazierengegangen, plötzlich war er umgefallen, mit dem
Kopf auf die scharfe zementierte Kante des Bassins aufgeschlagen
und ins Wasser gestürzt ... nein, besser war, ihm nachzuspringen
und die Leiche wieder herauszuholen ... wenn ich mit nassen
Kleidern angelaufen kam, war meine Darstellung glaubhafter ...
Glaubhafter? ... nun, es war Krieg, was wog da ein Menschen=
leben ... und ich war Offizier auf einem vorgeschobenen Posten...

Wir standen uns gegenüber und starrten uns an, sekundenlang.
Plötzlich geschah das Unerwartete. Er stürzte vor mir nieder
in die Knie, er angelte mit ausgestreckten Händen nach meinen
Knien, ohne sie zu erreichen, und er quäkte mit einer ganz hohen,
dünnen Stimme, so wie ein angeschossener Hase schreit: „Um
Christi willen ... verschonen Sie mich ... meine Frau und meine
armen Kinder..."

Ich ließ den Stein aus der Hand fallen. „Stehen Sie auf!" sagte ich. Meine Stimme klang mir selber fremd und rauh in den Ohren. „Machen Sie keine Dummheiten", sagte ich, „ich warne Sie." Aber es klang matt, hinter der Drohung stand keine Kraft mehr. Ohne ihn anzusehen, ging ich hastig davon.

Ich war wie benommen. Das also war drin im Menschen, in mir, neben aller Gefühlsmarmelade: Mord! Und er hatte den Mörder in meinen Augen nackt gesehen und war vor Angst in die Knie gebrochen.

Vom Konsulat aus rief ich Thielicke an. Er kam sofort.

„Hätten Sie das Schwein doch umgelegt", sagte er vorwurfs= voll, als ich meine Geschichte beendet hatte. „Wer weiß, was der Bursche noch anrichten kann. Wir müssen ihm unbedingt schleu= nigst das Handwerk legen. Geben Sie mir Vollmacht?"

Ich nickte.

Am Abend rief er mich zu Hause an. „Haben Sie schon gehört", aus seiner Stimme klang heller Triumph, „ein gewisser Nasarow ist heute verhaftet worden, auf Befehl des Polizeipräsidenten Wa= siri, wegen versuchter Erpressung. Er sitzt schon."

Ich dachte an den blassen Jungen mit der Ponnyfrisur, und als wir uns das nächste Mal trafen, übergab ich Thielicke dreihundert Toman für die Familie Nasarow.

„Wozu?" fragte er.

„Gemütsspesen", sagte ich, seinen Ausdruck zitierend.

Aber am nächsten Morgen im Konsulat kam mir unser persi= scher Sekretär aufgeregt entgegen: „Haben Sie gestern abend den Sender Baku eingestellt?" fragte er, „die ganze Stadt ist voll da= von ... In Täbris existiert eine deutsche Spionagezentrale ... unter einem Konsul Schmidt ... sie würden bald mal über die Grenze langen, haben die Russen gedroht, und das ganze Nest ausheben."

„Das hat man davon, wenn man Vipern füttert", meinte Thie= licke maliziös.

* * *

Meldungen über Raum Baku abschließen ... Truppenbewegun= gen im Grenzgebiet beobachten und melden ... Auftauchen neuer

Jagdfliegerverbände sofort berichten ... etwaigen alliierten Nach=
schubverkehr vom Persischen Golf zum Kaukasus beobachten und
sofort mitteilen ... die Funkbefehle von Berlin überstürzten sich.
Und in einem Punkt hatte Nasarow leider recht behalten: mit
Kriegsausbruch war die Arbeit über die Grenze hinüber unver=
gleichlich schwieriger geworden.

Eines Tages, als ich die Hauptstraße entlangging, sah ich Oberst
Schamil hinter den Glasscheiben eines Kaffeehauses sitzen. Er
saß da, den mächtigen Kopf mit der schlohweißen Mähne gebeugt
und rührte in seiner Kaffeetasse. Es war die Eingebung eines
Augenblicks. Ich ging hinein und setzte mich an seinen Tisch.

Ein Ausdruck flüchtigen Erstaunens zeigte sich auf seinem bur=
gunderfarbenen Gesicht. „Bitte", sagte er knapp, als ich nach einem
Platz fragte.

Wahrscheinlich wußte er ebensogut, wer ich war und was ich
tat, wie ich wußte, daß er Leiter der Musawad und mein Gegen=
spieler im englischen Nachrichtendienst war. Ich entschloß mich,
die Partie aggressiv zu eröffnen.

„Tja, wer die Lehren der Geschichte nicht annehmen will", sagte
ich beiläufig, „der muß den gleichen Kursus nochmal wiederholen."

„Wie meinen Sie das?"

„Oh, ich dachte nur an 1907."

Ich hatte den neuralgischen Punkt getroffen, er machte ein Ge=
sicht, als ob er ein Pfefferkorn zwischen den Zähnen zerbisse. 1907
war das Jahr der großen Enttäuschung für die England=Freunde in
Persien gewesen. Damals hatte Großbritannien, nach anfänglicher
Unterstützung der demokratischen Kräfte, den Vertrag mit Ruß=
land geschlossen, der Persien in eine englische und eine russische
Einflußsphäre aufteilte. Und damals zuerst hatte die immer ge=
fühlsbetonte Politik der Orientalen sich der grausamen Tatsache
gegenübergesehen, daß es offenbar im rationalistischen Kalkül
europäischer Großmächte keine menschlichen Bindungen gab,
weder Freundschaft noch Treue, sondern lediglich Zweckbeziehun=
gen, die nur solange Bestand hatten, wie ein Partner den anderen
zur Verfolgung seiner egoistischen Ziele brauchte. Heute aber,
wo wieder Rußland und England nebeneinander im Kampf gegen

Deutschland auf den Plan traten, mußte sich in den Augen eines englandfreundlichen Persers die gleiche Gefahr abzeichnen wie 1907: die neuerliche Auslieferung Nordpersiens an Rußland.

Ich hatte richtig vermutet. Oberst Schamil starrte finster vor sich hin, dann hob er den Kopf und sagte bitter: „Sind Sie eigentlich nur an meinen Tisch gekommen, um mir Salz in die Wunden zu reiben?"

„Keineswegs", sagte ich freundlich. „Ich wollte Ihnen nur Gelegenheit geben, einen politischen Irrtum zu korrigieren..."

„Wie das?"

„Indem Sie für Deutschland arbeiten", sagte ich so harmlos, als ob es sich um die selbstverständlichste Sache von der Welt handelte.

Eine Blutwelle schoß ihm in den Kopf, sein ohnedies schon rotes Gesicht färbte sich beinahe blau, und einen Moment lang fürchtete ich ernstlich, der Schlag würde ihn treffen. Aber statt des erwarteten Ausbruchs sank er plötzlich in sich zusammen und sagte dumpf: „Ich werde Ihren Vorschlag mit meinen Parteifreunden besprechen."

Ich ahnte, was in ihm vorging, und behandelte ihn wie einen Schwerkranken: „Wollen wir uns hier wieder treffen", fragte ich behutsam, „oder...?"

Er warf den Kopf zurück, was in Persien soviel wie ein Kopfschütteln bei uns bedeutet: „Sie können sich Bescheid abholen beim Juwelier Ignatiew im Basar ... ich hinterlege dort einen versiegelten Umschlag ... in zwei, nein besser: in drei Tagen..."

Als ich nach Hause zurückkam, empfing mich meine Frau mit der Nachricht, daß es heute keine Suppe zu Tisch gäbe. Sie tat das mit einem Katastrophengesicht, und ich merkte gleich, daß etwas passiert war. So war's denn auch.

Sie hatte die Tochter unseres Kochs, eine reizende kleine Armenierin von etwa 15 Jahren, dabei erwischt, wie sie von ihren schwarzen Zöpfen millimeterlange Stückchen in unseren Suppentopf schnitt. „Im allgemeinen macht man das mit Roßhaaren", klärte mich meine Frau auf, „sie bohren sich in die Darmwand ein und verursachen Geschwüre, ein langsamer und ziemlich qualvoller Tod..."

„Und weshalb hat sie das getan?"

„Sie erzählte, ihre Schwester hätte bald Hochzeit ... und wenn wir magenkrank wären, bliebe mehr von unseren Vorräten übrig für die Hochzeitsfeier ..."

„Ein liebevolles Kind", sagte ich.

Meine Frau zuckte die Achseln: „Ich habe die ganze Familie sofort entlassen", sagte sie.

Thielicke, der am Nachmittag vorbeikam, machte uns Vorwürfe: „Ich hätte ihr solange das Fell bekniet, bis sie gestanden hätte", sagte er heftig. „Sicher steckt mehr dahinter. Russische Suppen= würze für Konsul Schmidt ..."

Aber meine Frau, die jetzt im Hause häufig lang herabfallende Blusen, seidene Hosen und weiße Giwehs trug, bewies, daß sie vom Orient schon mehr angenommen hatte als die Landestracht. „Und was hätten wir davon gehabt?" fragte sie zurück. „Wir sollten Gott danken, daß wir so davongekommen sind. Und im übrigen: leben wir hier nicht täglich und stündlich auf einem Pulverfaß?"

Das war nur zu wahr. Alle Anzeichen deuteten darauf hin, daß Persien am Vorabend kriegerischer Ereignisse stand. Immer häu= figer überflogen Maschinen ohne Hoheitsabzeichen die Stadt, und von jenseits der Grenze bekam ich Meldung, daß acht große Trans= porter mit sibirischen Truppen bei Lenkoran, im Südostzipfel Rus= sisch=Aserbeidschans, ausgeschifft wären und manövermäßig die Landung in Bender Pahlewi einübten.

Ettel aus Teheran forderte täglich einen Lagebericht aus dem Grenzgebiet an. Es war gut, daß die Musawad jetzt für uns arbei= tete, denn die Meldungen, die ich von Oberst Schamil erhielt, waren ausgezeichnet. Er hatte sein ganzes Agentennetz mit in die neue Ehe eingebracht und arbeitete prompt, zuverlässig und genau. Wenn auch etwas teuer. Aber die Musawad war eine großbürger= liche Partei, und ihr politischer Idealismus fand am Portemonnaie seine Grenze.

Im Juli begannen die Engländer, ihre Zivilbevölkerung zu eva= kuieren. Wir mußten bleiben. Auf allerhöchsten Befehl gab Ettel die Parole aus, daß jeder Deutsche als Landesverräter betrachtet würde, der Persien verließ. Es war eine Prestigepolitik, die den

Persern Deutschlands Ruhe und Stärke demonstrieren sollte. Sie hat Hunderten die Freiheit und Dutzenden das Leben gekostet.

Mitte Juli trat Bohns Nachfolger, Konsul Wussow, seinen Dienst in Täbris an. Für den Eingeweihten ein neues Krisensymptom. Denn Wussow galt als Spezialist für diplomatische Himmelfahrts= kommandos. Er war vorher in Charbin, dann in Narvik und schließ= lich am Eisernen Tor gewesen, wie ein Sturmvogel immer dann und dort auftauchend, wo kurz nach seinem Eintreffen das krie= gerische Unwetter losbrach. Er war ein breiter, schwerer Mann, von dem der Eindruck einer kalten, starren Ruhe ausging.

Trotz aller Wachsamkeit wurden wir vom Gang der Ereignisse überrascht. Es war mein Fehler. Ich hatte mich darauf verlassen, daß nach übereinstimmenden Agentenmeldungen Truppenkon= zentrationen an der persischen Nordgrenze noch nicht beobachtet worden waren. Aber die Russen hatten mich überlistet. Sie hatten motorisierte Verbände weiter nördlich zusammengezogen und erst in der letzten Nacht an die Grenze geworfen.

Am Montag, den 25. August, wurden wir früh um fünf durch wildes Flakfeuer aus dem Schlaf geschreckt. Dazwischen die dröh= nenden Paukenschläge der ersten Bomben. Ich zog mich an und lief ins Konsulat hinüber. Konsul Wussow war schon auf. Ruhig und kalt gab er seine Anordnungen. Es war alles bis ins kleinste vor= bereitet, und es klappte alles wie auf einem Exerzierplatz.

Die Deutschen, die Telefon hatten, wurden angerufen und muß= ten ihrerseits einen bestimmten, schon vorher festgelegten Kreis von Landsleuten benachrichtigen. Alles mußte zum Konsulat kom= men. Und von dort sollte im geschlossenen Convoi die Fahrt nach Teheran angetreten werden. Die Straße zur türkischen Grenze hat= ten die Russen bereits abgeschnitten und so war die Gesandtschaft in Teheran als exterritorialer Boden die letzte Hallig der Freiheit in einem besetzten Lande. Der Alarm klappte vorbildlich. Sogar die deutschen Ingenieure, die im Norden am Bahnbau beschäftigt waren, wurden telegrafisch benachrichtigt.

Wir stiegen auf das Dach des Konsulats. Flieger waren nicht mehr zu sehen, aber über der Stadt und der umgebenden Land= schaft erhoben sich vereinzelt dunkle Rauchsäulen, die Spuren der

Bombeneinschläge, und vom Norden her hörte man schon, fern aber dennoch deutlich, das dumpfe Röhren der Front.

Aus dem Hof des Konsulats drang Rauch zu uns herauf. Dort wurden Akten verbrannt, und gleich darauf sah ich, wie sich aus dem Schornstein unseres Hauses dunkle Rauchwölkchen zum blaß= blauen Morgenhimmel emporkräuselten. Auch meine Frau war an der Arbeit.

Wir jagten die letzten verschlüsselten Meldungen hinaus und schlossen: Wir hauen ab nach Teheran! Dann ging ich in den Gar= ten des Konsulats und vergrub den Gleichrichter.

Als ich wieder nach vorn kam, stand der Hof voller Menschen. Es waren die ersten deutschen Flüchtlinge dieses Krieges. Sie stan= den herum, einzeln und in kleinen Gruppen, ihre Köfferchen in der Hand. Das war alles, was sie von ihrer Habe mitnehmen durften. Deutsche, die oft länger als ein Menschenalter hier gelebt und ge= arbeitet hatten, und die nun, vom Strudel des politischen Ge= schehens aus ihrem Wurzelgrund losgerissen und fortgeschwemmt wurden: wer weiß, wohin?

Sie standen da, ernst, mit blassen Gesichtern, aber ich hörte keine Klagen und kein lautes Wort. Sie sprachen gedämpft mitein= ander wie in einem Trauerhause. Nur hier und da greinte ein Kind.

Ein schmächtiger, ärmlich gekleideter Mann zupfte mich am Ärmel: „Sehen Sie", sagte er, „warum haben Sie nicht auf meine Warnung gehört?" Er sah mich mit seinen melancholischen Man= delaugen vorwurfsvoll an. Es war Abineri, ein deutscher Jude. Vor zwei Tagen war er bei mir gewesen und hatte aufgeregt erzählt, daß die Alliierten am 25. einmarschieren würden. Er hatte es im englischen Konsulat gehört. Er und das englische Konsulat? ... hatte ich gedacht, und seine Warnung in den Wind geschlagen ...

Von der Garage her wurde nach Herrn Maffey geschrien.

„Maffey ist gestern abend abgehauen", antwortete eine Stimme aus der Menge, „mit seinem Wagen ... in Richtung Türkei."

Er hatte versehentlich die Zündschlüssel des Autobus mitgenom= men, der den Nichtmotorisierten zur Beförderung dienen sollte. Zwei Mechaniker machten sich sofort an die Arbeit.

Abineri stand noch immer neben mir. „Haben Sie den etwa auch gewarnt?" fragte ich.

„Ja", sagte er, „und Wülfing auch." Wülfing war der Ortsgruppenleiter der NSDAP in Täbris.

„Ja, aber Menschenskind", fuhr ich auf, „Sie als ... und ausgerechnet diese beiden ..."

„Die drei sind am meisten gefährdet, wenn die Russen kommen", korrigierte er mich ruhig, ... „und außerdem sind das auch Menschen'... ich habe im vorigen Krieg fünf Jahre als Gefangener in Sibirien gesessen ... ich weiß, was das heißt ..."

Wussow rief nach mir. Bei der Namensverlesung hatten vier gefehlt, Wülfing und Maffey, ein Herr Heinemann und Schwester Elisabeth, die das Heim für blinde armenische Kinder leitete. „Wir fahren zusammen in die Stadt und holen sie", sagte Wussow, „leider haben wir ja noch genug Zeit." Er deutete auf den Autobus, an dem schweißtriefend die beiden Mechaniker herumbastelten.

Draußen vor dem Konsulatsgebäude parkten etwa 30 Wagen. Wir stiegen in das Konsulatsauto und fuhren in die Stadt. Wie ein Tier, das sich in höchster Gefahr scheintot stellt, so lag die Stadt da. Verödete Straßen, geschlossene Geschäfte, nur im Basarviertel begegneten wir kleinen Trupps zweifelhafter Gestalten.

„Aasgeier, die auf Beute warten", sagte Wussow grimmig.

Heinemann war schwerkrank. Er lag fieberglühend im Bett — Bauchtyphus. „Lassen Sie mich doch hier in Ruhe sterben", sagte er matt. Seine Augen waren tief in ihre Höhlen zurückgesunken, die Nase ragte seltsam weiß und spitz aus dem rotfleckigen Gesicht hervor, dessen Knochenskelett sich schon deutlich unter der Haut abzuzeichnen begann. „Moribundus", murmelte Wussow und fragte laut: „Haben Sie noch irgendwelche Wünsche, Herr Heinemann?" „Nur, daß Sie mich in Ruhe lassen", wiederholte der Kranke und drehte uns den Rücken zu. Wir gingen. „Wir müssen an die Gesunden denken", sagte Wussow, als wir wieder in den Wagen stiegen. Es klang fast wie eine Entschuldigung.

Das Blindenheim lag etwas außerhalb der Stadt, ein graues, nüchternes Gebäude. Wir klopften ans Tor, eine alte Frau öffnete. „Wo ist Schwester Elisabeth?", fragte Wussow laut.

„Lassen Sie doch den Herrn reinkommen, Dschulnar", rief eine Mädchenstimme von drin.

Wir traten in eine halbdunkle, steingepflasterte Halle. Ein hochgewachsenes Mädchen in Schwesterntracht kam auf uns zu: „Sie wünschen, meine Herren?" Sie war nicht gerade hübsch zu nennen, mit dem blassen Gesicht, dem glanzlosen, aschblonden Haar und den großen hellen Augen von verwaschenem Blau. Aber irgend etwas ungemein Sympathisches ging von ihr aus.

„Packen Sie sofort Ihre Koffer und kommen Sie mit", sagte Wussow barsch, „es ist Krieg."

Sie lächelte: „Verzeihung, mit welchem Recht ...?"

Wussow unterbrach sie: „Ich bin der deutsche Konsul und verantwortlich für den Abtransport der Kolonie ... Bitte, beeilen Sie sich, die Zeit drängt", fügte er etwas höflicher hinzu.

Sie lächelte wieder: „Und wenn ich nein sage ... sehen Sie, ich bin verantwortlich für 40 blinde Kinder ..."

Zum erstenmal an diesem aufgeregten Tage verlor Wussow die Selbstbeherrschung. „Reden Sie doch keinen Unsinn", fuhr er sie an, „wenn die Russen kommen, sind Sie keine vierundzwanzig Stunden mehr bei Ihren Kindern ... dann müssen die auch allein fertig werden ... ohne Sie..."

Eine Tür an der Seite der Halle öffnete sich. Zwei Jungen von fünf oder sechs Jahren kamen heraus. Sie hielten sich an den Händen gefaßt, und auf ihren kleinen Gesichtern lag ein Ausdruck ängstlich gespannten Lauschens. Offenbar hatte sie der laute Wortwechsel erschreckt. Mit den unsicheren Schritten der Blinden tappten sie auf die Schwester zu, und als sie bei ihr waren, schmiegte sich der eine rechts, der andere links an den blauweiß gestreiften gestärkten Kattunrock.

Wussow hatte einen Augenblick schweigend die Szene beobachtet. „Also, bitte", sagte er, wesentlich milder.

„Ich bleibe da, wohin mich Gott gestellt hat", sagte sie.

Die beiden sahen sich an, es war wie ein stummes Duell mit Blicken.

„Sie sind sich klar darüber, welches Risiko Sie eingehen?" begann Wussow von neuem, „Sie dürfen nicht glauben, daß Ihre Schwe=

sterntracht Sie schützt, ... Sie kennen den Krieg noch nicht, ... Sie werden gefangen, nach Sibirien verschleppt oder Schlimmeres ... Ich warne Sie, ich warne Sie wirklich ehrlich..."

Sie schwieg.

„Also wollen Sie nicht mitkommen?"

„Nein", sagte sie.

„Ist das Ihr letztes Wort?"

„Ja", sagte sie fest.

Wussow wandte sich zu mir. „Kommen Sie, wir müssen gehen", sagte er. An der Tür sah ich mich noch einmal um: Sie stand da, in der großen halbdunklen Halle und hatte den beiden Kindern die Hände auf die Köpfe gelegt.

Wir fuhren zum Konsulat zurück. Unterwegs dachte ich an die blonde Schwester, an den Juden Abineri und an Maffey. Es gibt Situationen, wo der Mensch, aus den Grenzen des gewohnten Daseins hinausgeschleudert, den Bodensatz seines Wesens offen= bart. Nie zuvor hatte ich die Wahrheit des Pascalschen Satzes so intensiv empfunden, daß der Mensch ein Geschöpf zwischen Tier und Engel ist.

Wussow saß stumm, mit verbissenem Gesicht, neben mir. Erst nach einer Weile tat er den Mund auf. „Eigensinnige Ziege", sagte er, „aber das Blödeste ist" — er lachte ärgerlich —, „irgendwie imponiert einem das dumme Frauenzimmer noch."

Als wir zum Konsulat zurückkamen, war der Autobus gerade fertiggeworden. Die meisten waren schon eingestiegen, und man wartete bereits voller Ungeduld auf uns. Inzwischen war ein Polizist dagewesen, vom Polizeichef Wasiri geschickt, und hatte gemeldet, daß die Insassen des Stadtgefängnisses ausgebrochen wären. Ich dachte an Nasarow und verstand die Warnung.

Wir fuhren los. Es war eine lange Kolonne, 30 Autos, der Bus in der Mitte. Als wir durch die Stadt fuhren, hatte sich der Mob bereits ans Plündern gemacht. Fensterscheiben splitterten, und aus einem Hause kam ein alter Mann, blutüberströmt, mit hoch= erhobenen Händen auf die Straße herausgelaufen.

Wir fuhren in windender Fahrt aus der Stadt hinaus, nach Süden, auf Teheran zu, eine lange Staubschleppe hinter uns her=

ziehend. Ein offener Wagen kam uns entgegen, drei persische Offiziere darin, mit verschwitzten, staubgrauen Gesichtern. Wir hielten einen Augenblick. „Die russischen Panzer sind durch= gestoßen", berichtete der eine atemlos, „Ardebil ist schon über= rollt, Sie müssen versuchen, die Straßengabel von Bostanabad noch vor der russischen Panzerspitze zu erreichen..."
Wir schalteten höchste Geschwindigkeit ein.
Doch auf der Höhe des Schibli=Passes wandten wir uns noch einmal um. Da lag Täbris, mit seinen Mauern und Türmen, den runden Kuppeln der Moscheen und der hochragenden Ark, glän= zend im hellen Sonnenlicht, ins friedvolle Grün seiner Gärten eingebettet.
Wir werden zurückkommen, dachte ich, und ich glaube, in diesem Augenblick dachten viele so. Aber es hat wohl kaum einer die Stadt und ihre Gärten je wiedergesehen.

Drittes Kapitel

Als ich das Flüchtlingslager in Schemiran sah, hatte ich sofort ganz intensiv das Gefühl: Mausefalle! Äußerlich betrachtet, war davon wenig zu spüren, im Gegenteil: Was sich dem Auge bot, war ein Bild von beinah Watteauscher Heiterkeit.

Auf dem grünen Plan hinter dem Gebäude der deutschen Som= mergesandtschaft war eine Zeltstadt entstanden, mit lustig flattern= den Wimpeln, Biwakfeuern und dem munteren Treiben einer frohbewegten Menge. Schemiran war ein kleiner Luftkurort an den Hängen des Dotschal. Hierher entflohen in den heißen Som= mermonaten die reichen Teheraner Kaufleute dem Staub und der drückenden Hitze der Stadt, und hier hatten auch verschiedene Gesandtschaften, darunter die deutsche, ihre Sommerresidenz auf= geschlagen. Es schien, als wäre etwas von der sorglosen Ferien= stimmung, die den Geist des Ortes ausmachte, auch auf die deut= schen Flüchtlinge übergegangen, die aus allen Teilen des Landes, hauptsächlich aber aus dem russisch besetzten Norden, hier zu= sammengeströmt waren. Langbeinige junge Mädchen hopsten in Shorts auf dem Rasen herum und betrieben kindliche Ringelspiele,

und von den Lagerfeuern erschallten Soldatenlieder, Gitarren=
geklimper und Lachen.

Mir schien diese Fröhlichkeit etwas hektisch, der forcierten
Munterkeit vergleichbar, mit der junge Soldaten ihrer ersten
Schlacht entgegengehen. „Hier bleiben wir nicht", sagte ich zu
meiner Frau, „ich rieche Stacheldraht..."

Wir fuhren nach Teheran hinunter zum Stadtquartier der deut=
schen Gesandtschaft. Ettel war nicht da, sein Stellvertreter, Lega=
tionsrat Dittmann, empfing uns. Auf meine Bitte gab er einen
kurzen Lagebericht. Ettel verhandelte über die persische Regierung
mit den Besatzungsmächten, um für sämtliche noch in Persien
verbliebenen Deutschen freien Abzug über die Türkei zu erreichen.
„Glauben Sie, daß ihm das glücken wird?" fragte ich.

„Ettel ist ein zäher Verhandlungstaktiker", antwortete er aus=
weichend.

„Und glauben Sie", bohrte ich weiter, „daß die Alliierten die
Exterritorialität des deutschen Gesandtschaftsgebäudes in Sche=
miran auf die Dauer respektieren werden? In einem totalen Krieg?
Und wenn der Abtransport wirklich zustande kommt, halten Sie
es für sicher, daß die Russen nicht einfach Leute, an denen sie
interessiert sind, aus dem Konvoi herausholen und vereinnahmen?"

„Sie überfragen mich", sagte er und rückte an seiner Brille. Die
dunklen Augen in dem klugen Priestergesicht musterten mich
prüfend und, wie mir schien, voll leiser Ironie. Dann sagte er:

„Nun, ich finde, Sie als Abwehroffizier sind nicht unbedingt
verpflichtet, den von der Gesandtschaft befohlenen Optimismus
zu teilen."

Das war zwar diplomatisch verschnörkelt, aber dennoch deut=
lich. Ich dankte ihm. Übrigens wußte ich, daß er als Gegner des
Regimes bei Ettel einen schweren Stand hatte.

„Würden Sie, bitte, Herrn Ettel ausrichten, daß ich heute gegen
Abend noch einmal bei ihm vorspreche", sagte ich. „Falls er mich
früher zu erreichen wünscht, ich wohne in der Pension Kraus, die
er mir seinerzeit empfohlen hat."

Fräulein Kraus empfing uns mit offenen Armen. Sie bot den
Anblick einer schmerzvollen Niobe. Der größte Teil ihrer Gäste

war schon abgereist oder nach Schemiran übersiedelt, um dort den Abtransport abzuwarten. Und die wenigen Verbliebenen rüsteten sich zur Abfahrt. Überall standen halbverpackte oder fertig verschlossene Koffer und Kisten herum. Das Rührende war, daß das alte Fräulein gar nicht so sehr unter dem Zusammenbruch ihrer materiellen Existenz litt — sie machte eine abwehrende Handbewegung, als ich diskret die Möglichkeit einer Entschädigung durch das Reich andeutete —, es war der Abschied von ihren Gästen, der sie so bewegte. Sie war eine der seltenen Wirtinnen von Geblüt, denen die Fürsorge für ihre Gäste einfach Lebenselement ist.

Am Nachmittag saßen meine Frau und ich allein in der großen Glasveranda der Pension und hielten Kriegsrat.

„Wir haben jetzt zwei Möglichkeiten", sagte ich. „Entweder wir versuchen, mit unseren Diplomatenpässen nach der Türkei durchzukommen, in Ettels Geleitzug oder unter irgendeiner Tarnung. Das bedeutet in jedem Fall Aufgabe aller Positionen hier. Denn selbst, wenn wir in der Türkei bleiben könnten, glaube ich nicht, daß bei der jetzigen politischen Haltung der Türken dort für mich ein günstiges Arbeitsfeld wäre. Geschweige denn, daß man über die türkische Grenze hinweg die Verbindung zur persischen Résistance aufrechterhalten könnte..."

Ich verstummte. Der andere Plan, Frucht meiner schlaflosen Nächte in der letzten Zeit, erschien mir plötzlich selber so abenteuerlich und phantastisch, daß ich Hemmungen hatte, ihn auszusprechen.

„Und die andere Möglichkeit?" fragte meine Frau.

Ich nahm innerlich einen Anlauf, und dann stürzte ich mich wie ein Fallschirmspringer in den luftigen Raum des Projektes:

„Wir müßten nach Osten durchbrechen und die afghanische Grenze zu erreichen suchen", sagte ich, und hastig, um ihrem Widerspruch zuvorzukommen, fügte ich hinzu: „Von Afghanistan aus könnte ich die Arbeit hier weitermachen. Du mußt das verstehen, ich habe hier in Persien einen solchen Fundus von politischem Vertrauen und Sympathie für Deutschland gefunden, daß es geradezu ein Verbrechen wäre, dies Kapital nicht auszumünzen..."

Sie beobachtete mich aus halbzugekniffenen Augen. „Sag' lieber", meinte sie dann bedächtig, „daß dich das Spiel hier gepackt hat..., daß du nicht mehr davon lassen kannst... und daß dir graut vor dem Gedanken, wieder in die Berliner Büroluft und an deinen Schreibtisch zurückkehren zu müssen..."

Man fühlt sich ungern erkannt, zumal, wenn man sich selber Illusionen über die eigenen Motive gemacht hat. Ich wollte protestieren, aber sie fuhr ruhig fort: „Und dann hast du dies Land gern... und die Menschen hier... ich spüre das deutlich... und mir geht's genau so..."

„Du willst also mitkommen nach Afghanistan?"

Sie antwortete nicht gleich, sie betrachtete mich mit einem seltsamen Lächeln, dann sagte sie: „Als ich dir damals in Elgershausen versprach, wo du hingehst, da will ich auch hingehen..., da habe ich auch Autofahrten nicht ausgenommen..."

„Ach, du!" sagte ich und gab ihr einen Kuß. —

Gegen Abend, als wir uns auf den Weg zur Gesandtschaft machten, stießen wir in der Halle der Pension auf Corell. Ich stellte ihn meiner Frau vor. Er lebte schon oben im Lager Schemiran und war nur gekommen, um seine letzten Sachen abzuholen. Ich fand ihn noch genau so sympathisch wie bei der ersten Begegnung, und, einem plötzlichen Einfall nachgebend, fragte ich: „Hätten Sie nicht Lust, mit uns zu kommen? Wir fahren nach Afghanistan..."

Doch er schüttelte den Kopf. „Mein Chef geht nach Deutschland zurück", sagte er, „und ich bin schon soweit verpersert, daß für mich der Begriff der Mannestreue wieder lebendig geworden ist... dabei habe ich komischerweise ein ganz sicheres Gefühl, daß ich bald wieder hierherkomme." Er verabschiedete sich mit einer linkischen Verbeugung. „Ein feiner, ganz sauberer Junge", sagte meine Frau.

Es dunkelte bereits, als wir uns der Gesandtschaft näherten. Schon von weitem sahen wir den Flammenschein, der hinter dem Gebäude immer wieder aufzuckte und Stämme und Kronen der Kiefern im Garten mit rotem Licht übergoß. Der Feind stand vor den Toren, und man hatte sich auch hier ans Werk der Aktenvernichtung gemacht. Riesige Scheiterhaufen loderten im Hof, und die

Angestellten der Gesandtschaft schleppten immer neue Aktenbündel heran und warfen sie in die Flammen.

Wir suchten Ettel und fanden ihn schließlich im Heizungskeller, wo er die Verbrennung der Geheimakten offenbar persönlich überwachen wollte. Außer ihm waren noch zwei Männer anwesend. Er stellte sie uns vor, es waren Mayr und Gamotta, die beiden SD-Führer in Persien.

Mayr hatte selber die Bedienung der Öfen übernommen. Von Zeit zu Zeit riß er die Ofentür auf und beförderte ein paar Schaufeln voll Papier ins Feuer. Im auflodernden Flammenschein sah sein Gesicht dann jedesmal wie eine Dämonenmaske aus, das schwarze Haar, der schwarze Schnurrbart, die dunklen fanatischen Augen... ich hätte mich gar nicht gewundert, wenn auf seiner fliehenden Stirn, oberhalb der starken Augenwülste plötzlich ein paar Hörnchen erschienen wären. Sein Kompagnon Gamotta dagegen, ein blonder Boy von einer im Film serienweise vertretenen Männerschönheit, lehnte sich im Hintergrund auf eine Koksschaufel und sah mit der Miene prinzlicher Melancholie der Arbeit der anderen zu.

Alle drei Männer schwiegen und gaben dadurch der reinen Zweckmäßigkeitsmaßnahme der Verbrennung eine fast tragische Weihe. Schließlich konnte ich mich nicht enthalten, Herrn Mayr treuherzig zu fragen: „Was meinen Sie wohl, wieviel Jahre KZ da jetzt zum Schornstein hinausfliegen?"

Er hatte für diese Art von Humor offenbar kein Verständnis und schenkte mir zur Antwort nur einen stummen und finsteren Blick. Da ich's nicht unbedingt darauf abgesehen hatte, mir einen SD-Führer zum Feinde zu machen, lenkte ich ein und fragte sachlich: „Haben Sie eigentlich schon irgendwelche Anweisungen aus Berlin für die Weiterarbeit?"

Er wandte sich um: „Das nicht", sein Dialekt war unverkennbar bajuwarisch, „aber ich bleibe natürlich hier..."

„Und was machen Sie, wenn die Alliierten nach Teheran kommen?"

„Ich geh' in den Untergrund", sagte er lakonisch und wandte sich wieder dem Feuer zu.

Sein Plan war für mich eine Bestätigung der Ansicht, daß das Feld hier noch nicht abgegrast war, und daß es auch nach der Be= setzung Persiens Möglichkeiten zur politischen Weiterarbeit gab.

„Ich will mich nach Afghanistan durchschlagen", sagte ich laut, „ich denke, daß sich auch von dort aus etwas machen läßt." Die Bemerkung war mehr für Ettel als für Mayr bestimmt, und Ettel reagierte prompt: „Das ist ja Wahnsinn", sagte er heftig, „Sie ge= hören zum Personal des diplomatischen Corps und fahren natürlich mit uns über die Türkei zurück ..."

„Soviel ich sehe, Herr Minister, ist meine Funktion als Kon= sulatssekretär erledigt ... Ich habe jetzt nur noch Weisungen aus Berlin von Abwehr I entgegenzunehmen ..."

„Das werden wir sehen!" sagte er. Er wandte uns den Rücken und ging davon. Seine Absätze knallten auf dem Zement des Fuß= bodens.

Am nächsten Vormittag fuhren wir in die Stadt zum Reisebüro des Iran=Tour. Ich wollte unseren Fluchtplan mit dem jungen Wasiri besprechen.

Teheran bot jetzt einen ähnlichen Anblick wie Täbris in den auf= geregten Tagen nach dem deutsch=russischen Kriegsausbruch: Ge= schlossene Geschäfte, debattierende Menschengruppen auf den Straßen und Zeitungsjungen, die Extrablätter mit den neuesten persischen Heeresberichten ausschrien. Aber kaum jemand inter= essierte sich für diese Heeresberichte. Die Frage, die alle Gemüter beherrschte, war nur: Wer wird Teheran zuerst besetzen, die Rus= sen oder die Engländer? Und die Chronistentreue gebietet, zu sagen, daß die meisten, mit denen ich sprach, bereit waren, den Engländer als das kleinere Übel willkommen zu heißen.

Wasiri empfing uns mit zerstreuter Freundlichkeit und brachte uns sofort aus dem großen Schalterraum in sein Privatkontor. Er sah elend aus, blaß, soweit die Bräune seines Gesichts das über= haupt zuließ, und unter seinen Augen lagen dunkle Schatten. Sowie sich die Tür seines Büros hinter uns geschlossen hatte, brach er los:

„Ist das nicht ungeheuerlich! Da hat man von uns verlangt, wir sollen uns über die deutsche Besetzung Dänemarks und Norwegens entrüsten ... und wie viele von uns haben das ehrlich getan! ...

Und hier und jetzt? Was macht man denn mit uns anderes? Aber der Überfall auf Persien ist eine kriegsnotwendige Maßnahme ... und man ist noch empört, wenn wir diesen Raub unserer Freiheit nicht widerspruchslos schlucken ... die Moral der Herren in London und Moskau ist offenbar eingerichtet wie eine Zentralheizung, die man nach Belieben aufdrehen und abschalten kann ..."

Ich ließ ihm Zeit, seiner aufgestauten Empörung Luft zu machen. Dann setzte ich ihm unseren Plan auseinander. Er war sofort ganz bei der Sache.

„Den direkten Weg auf der nördlichen Route können Sie nicht mehr nehmen", sagte er, „bei Mesched laufen Sie den Russen direkt in die Arme ... Und südlich über Isfahan und Yasd? ..." Er senkte den Kopf und legte den Zeigefinger nachdenklich an die Nase ...

„Halt, ich hab's! Die Schwierigkeit liegt darin", erklärte er, „daß Sie die Wüste Lut überqueren müssen. Und das ist ohne einen Autolotsen, der die Furten kennt, unmöglich ... Sie bleiben mit Ihrem Wagen unweigerlich im Treibsand stecken ... Aber eben ist mir eingefallen, daß Dr. Eilers gerade in Tabbas war ... Dr. Eilers vom deutsch=persischen Institut in Isfahan ... Wenn der Ihnen hilft, haben Sie gewonnenes Spiel ... der kennt die Pilgerstraße durch die Lut ... zumindest bis Tabbas ... und wenn Sie erst in Tabbas sind, haben Sie das Schlimmste hinter sich."

Er setzte sich an seinen Schreibtisch und begann, eilig ein paar Zeilen zu kritzeln. „Ich gebe Ihnen eine Empfehlung an Dr. Eilers mit", sagte er während des Schreibens.

Er geleitete uns noch bis auf die Straße hinaus zu unserem Wa= gen. „Und was machen Sie jetzt?" fragte ich beim Abschied. „Wir warten ab und arbeiten weiter", sagte er. „Ein Gutes hat die jetzige Situation jedenfalls: unter dem Druck von außen verschwinden alle inneren Gegensätze ..."

Plötzlich lachte er völlig unmotiviert laut auf. „Ein Beispiel dafür kann ich Ihnen noch schnell erzählen: Gestern habe ich Oberst Schamil aus Täbris herausgeholt ... Er ist als meine Braut ver= kleidet mit mir gefahren ... süß sah sein Gesicht aus unter dem weißen Tschador, wie eine rosige Apfelblüte ... ein russischer Hauptmann in der Karawanserei, wo wir zu Mittag aßen, ging uns nicht von den Hacken ... ich glaube, er hätte zu gern einmal mit dem dicken Schamil geschlafen ..."

Am Nachmittag fuhren wir hinauf nach Schemiran. Ich wollte Thielicke auffordern, mit uns nach Afghanistan zu kommen. Aber er lehnte ab.

„Ich kann das Mädel nicht im Stich lassen", sagte er verlegen, „sie liegt da mit 39 Fieber ... und wenn ich mal fünf Minuten weg bin von ihrem Bett, stöhnt sie nach mir."

„Schade", sagte ich, leicht verärgert, „wir hätten gut einen zweiten Mann auf der Fahrt gebrauchen können ..."

„Oh, ich wüßte einen", Thielicke wurde eifrig, „Hirschauer heißt er, hat als Ingenieur am Bahnbau gearbeitet ... spricht persisch wie ein Eingeborener und versteht sich außerdem ausgezeichnet auf Automotoren ... Er hat, genau wie Sie, gesagt, er wollte nicht in dieser Mausefalle bleiben ... Wenn Sie's wünschen, kann ich ihn schnell mal holen ..."

Ich wollte, und Thielicke lief. Aber nach zehn Minuten kam er zurück, Hirschauer war nirgends aufzutreiben, wahrscheinlich war er in Teheran. „Ich werd's ihm ausrichten sowie er zurückkommt", sagte Thielicke.

„Gut, aber dann sagen Sie ihm auch, daß er jeden Moment startbereit sein muß. Ich habe in Berlin angefragt, und sobald die Genehmigung da ist, hauen wir ab nach Kabul."

Der Abschied von Thielicke war kurz und ziemlich kühl.

„Wußtest du eigentlich, daß er ein Mädel hatte", fragte ich meine Frau, als wir zur Stadt hinunterfuhren.

„Natürlich", sagte sie. Sie sah mich von der Seite an. „Typisch Mann", sagte sie nach einer Weile in dem sanften Ton, mit dem sie immer ihre kleinen Bosheiten anzubringen pflegte, „sieht von seinen Mitmenschen immer nur die Seiten, die er gebraucht. Und wenn der andere mal nicht funktioniert, weil er nebenbei noch ein Privatleben hat, ist man enttäuscht und beleidigt ..."

Innerlich mußte ich ihr recht geben, und halb amüsiert, halb ärgerlich stellte ich bei der Gelegenheit wieder fest, wie sicher sie meine schwachen Seiten in den Griff bekam. Nun ja, sie war von

Hause aus Bildhauerin, und an mir hatte sie fast auf den Tag genau 20 Jahre herummodelliert.

„Wir werden uns von Thielicke noch einmal verabschieden, ehe wir fahren", brummte ich.

„Genau das war's, was ich von dir hören wollte", sagte sie und lehnte sich in die Polster zurück. —

Der nächste Tag war ein Sonntag. Wir gingen zur Gesandtschaft, um nach dem Bescheid aus Berlin zu fragen. Doch die Gesandtschaft war geschlossen, die Fahnen auf den hohen Masten eingezogen, und ein alter Mann, der im Hof die Reste des großen Autodafés zusammenharkte, erzählte uns, gestern abend wäre der Gesandte und das gesamte Personal nach Schemiran übersiedelt.

Wir beschlossen, einen Bummel durch Teheran zu machen. Es war ein Gang durch eine tote Stadt. Die Straßen waren wie leer= gefegt, und schon von weitem hörte man die Schritte der Doppel= posten auf dem einsamen Pflaster hallen. Sie patrouillierten, immer zwei und zwei, ein Soldat in khakifarbener Uniform und ein Poli= zist in Graublau, auf den leeren Bürgersteigen hin und her, und an jeder Kreuzung standen auch zwei und musterten uns mit mißtraui= schen Blicken.

Wir kamen ins Regierungsviertel, wir standen vor dem Sonnen= palast Schems el Imerat und starrten zu den wuchtigen viereckigen Türmen empor.

Und da geschah's, so überraschend und so schnell, daß es vorüber war, noch ehe wir recht zur Besinnung kamen.

Ein Tor an der Seite des Palastes öffnete sich, mit gellendem Sirenengeheul schoß ein Polizeiflitzer heraus, und im nächsten Augenblick glitt lautlos eine Kolonne von großen Privatwagen an uns vorüber: Der Schah mit seinem Hofstaat.

Wir standen am Straßenrand, die Autos fuhren an uns vorbei, und in einem mächtigen dunklen Wagen saß, starr aufgerichtet, Rezah Schah, ohne rechts und links zu sehen, das gelbliche Gesicht mit dem scharfen Adlerprofil wie versteinert. Ein Imperator fährt ins Exil, empfand ich, und obwohl uns niemand von den Insassen des Wagens beachtete, hatte ich unwillkürlich vor der Majestät des Unglücks den Hut gezogen.

Ich sah zu meiner Frau hin. „Napoleon", flüsterte sie. Sie war blaß vor innerer Bewegung.

„Und für uns das Signal, schleunigst abzuhauen", sagte ich trocken.

Durch die leeren Straßen hasteten wir zur Pension zurück. Corell war inzwischen dagewesen und hatte einen Brief hinterlassen. Ich riß das Kuvert auf: Weißes Büttenpapier, links persische Schriftzeichen, rechts die deutsche Übertragung. Es war das Gedicht an den Mond von Omar Chajjam, das er am ersten Abend unserer Bekanntschaft rezitiert hatte. Sonst nichts, kein Gruß und keine Zeile. Ich steckte das Blatt in meine Brieftasche. Wir packten. Unten vor dem Haus wartete schon der Wagen, mit gefüllten Tanks. Fräulein Kraus weinte, als wir uns verabschiedeten.

* * *

Die Sommergesandtschaft war hell erleuchtet, als wir in Schemiran vorfuhren, und in der Zeltstadt brannten Lagerfeuer. Aber als wir ausstiegen, trat uns ein persischer Polizist entgegen und machte uns durch Zeichensprache verständlich, daß wir das Lager nicht betreten durften. Ich mußte erst einen Offizier kommen lassen, ehe es mir gelang, auf meinen Diplomatenpaß pochend, Zutritt zu erhalten.

Zuerst suchte ich Ettel auf. „Ich wollte zum letztenmal fragen, Herr Minister, ob ich nun endlich nach Kabul abfahren kann?"

„Von mir aus fahren Sie zum Teufel", knurrte er.

„Darf ich Ihrer freundlichen Aufforderung entnehmen, daß ein zusagender Bescheid von Berlin vorliegt?"

Er sah mich von unten herauf stumm an. Dann sagte er ganz knapp „ja", und ging. Ich wäre auch ohne seine Erlaubnis gefahren, aber so fühlte ich mich doch irgendwie erleichtert. Vielleicht haben die Russen wirklich recht mit der boshaften Behauptung, daß deutsche Revolutionäre erst eine Bahnsteigkarte lösen, ehe sie einen Bahnhof stürmen.

Thielickes Gesicht leuchtete freudig auf, als ich das Zimmer betrat. Die Kranke schlief, man hatte sie in einem Gastzimmer des Gesandtschaftsgebäudes untergebracht, und er saß an ihrem Bett.

Als ich eintrat, legte er warnend den Finger an die Lippen und kam auf Zehenspitzen mit mir hinaus auf den Flur.

„Wir fahren gleich los", sagte ich, „aber vorher wollte ich mich nochmal richtig verabschieden ... und Ihnen danken für die Wochen in Täbris ... und alles ... Sie haben großartig gearbeitet." Er lächelte verlegen und schlug in meine dargebotene Hand ein.

„Und nun will ich Hirschauer suchen gehen", sagte ich.

„Wenn's Ihnen recht ist, begleite ich Sie. Ich kenne sein Zelt."

„Wissen Sie", begann er stockend, während wir nebeneinander hergingen, „Sie dürfen mich nicht falsch verstehen. Sie", er deutete mit einer Kopfbewegung in Richtung des Krankenzimmers, „hat einen ‚Umschlag' gehabt ... von der Flucht her und den Aufregun= gen in den letzten Tagen ... Ich kann sie doch nicht allein lassen ... was soll denn aus ihr werden, wenn sie nach Deutschland kommt ... sie ist 25 Prozent nichtarisch ..."

Ich schwieg. Was hätte ich auch sagen sollen? Aber zum Abschied schüttelte ich ihm nochmals herzlich die Hand.

Hirschauer saß in einer Gruppe fröhlicher Kumpane am Lager= feuer. Sie brieten einen Hammel am Spieß, tranken und sangen. Er war ein untersetzter, blonder Mensch, offenbar immer vergnügt, von der dröhnenden Heiterkeit eines Landsknechts. Sein Gepäck, ein Rucksack und ein Handkoffer, war handfertig gepackt, und nach kurzem, burschikosem Abschied von seinen Gesellen folgte er mir zu unserem Wagen, wo meine Frau solange gewartet hatte.

Die Flucht begann. Wir fuhren zurück durch das nächtliche Tehe= ran auf die große Ausfallstraße nach Süden zu. Als wir aus der Stadt herauskamen, sahen wir, daß wir nicht allein waren. Vor uns leuchteten die Scheinwerfer fahrender Autos, rissen an jeder Weg= biegung ein Stück von der Landschaft aus der Finsternis und über= schütteten es sekundenschnell mit grellem Licht: Baumgruppen, Brückengeländer oder ein einzelnstehendes Haus. Und als wir uns umwandten, leuchteten hinter uns die scharfen Lichter einer ganzen Kette von Wagen auf. Augenscheinlich waren wir nicht die ein= zigen gewesen, die die Flucht des Schahs als Alarmsignal gedeutet hatten. Man hatte den Eindruck, daß hier der Reichtum Teherans nach Süden floh.

Die Straße war glatt und eben, erst weiter südlich wurde sie schlechter. Zuerst fuhr ich, dann löste mich Hirschauer am Steuer ab. Wir sprachen kaum, es war dunkel im Wagen, und draußen sang der Wind an der Schutzscheibe — ein einlullendes Geräusch. Plötzlich gab es ein Knacken, so als ob Eisen bräche. Hirschauer fuhr an den Straßenrand und hielt. „Panne", sagte er lakonisch. Wir stiegen aus. „Wahrscheinlich Achsenbruch", sagte Hirschauer und kroch mit seiner Taschenlampe unter den Wagen. Nach meiner Schätzung waren wir noch etwa 30 Kilometer von Ghum entfernt.

Wir standen auf der Landstraße, es war sehr dunkel, der Himmel war bedeckt und ein starker Wind wehte. Zwischen den treibenden Wolkenmassen wurde ab und zu eine schmale Mondsichel sichtbar. An uns vorüber aber rauschten in kurzen Abständen pausenlos die anderen Wagen, — eine stählerne Schlange, mit glühenden Licht= punkten besetzt und von den Dämonen der Angst gejagt.

Es dauerte ziemlich lange, bis Hirschauer wieder zum Vorschein kam. „Wie ich vermutet hatte", sagte er und klopfte sich den Staub vom Anzug, „die Schwingachse ... nicht gebrochen, aber ange= knackt ... Wenn wir Glück haben, kommen wir noch bis zur näch= sten Stadt ..."

„Das wäre Ghum", sagte ich, „aber wir müssen unbedingt bis Isfahan kommen ... sonst riskieren wir, daß Eilers weg ist ... viel= leicht will er ja auch ins Lager nach Schemiran." Hirschauer zündete sich eine Zigarette an und blies den Dampf in zwei Säulen durch die Nasenlöcher ab. „Manchmal", meinte er achselzuckend, „geht sowas ja gut ... In Halensee hat auch mal ein Mädchen mit 'nem Bruchband das Dauertanzturnier gewonnen ..."

Wir stiegen ein und fuhren weiter. Aber wir fuhren so langsam, daß uns die anderen Wagen alle überholten. Als wir in Ghum, der heiligen Stadt, ankamen, ging gerade die Sonne auf, und die gol= dene Kuppel der großen Moschee schwebte wie eine feurige Zwie= bel im blassen Blau des Morgenhimmels. Wir stiegen in einer Karawanserei ab, wuschen uns, frühstückten und fuhren wieder ab.

Es war eine gräßliche Fahrt. Der Himmel war überzogen mit einem milchigen Dunst, und in dem engen Kupee wurde es bald so heiß, daß man das Gefühl hatte, wegzuschmelzen. Auch der Fahrt=

wind brachte keine Erleichterung, denn als wir das Fenster öffne=
ten, peitschte ein feinkörniger Staub herein, der auf Gesicht und
Händen kleben blieb und sie im Nu mit einer fest haftenden
grauen Schicht überzog. Bald waren auch die Fenster mit einer
Staubschicht verklebt, und wir fuhren wie in einem Krankenwagen
mit Milchglasscheiben blicklos durch die Landschaft.

Da wir nur ein 40=Kilometer=Tempo riskieren konnten, wurde
es 10 Uhr abends, ehe wir in Isfahan anlangten. Die Hauptstraße
lag im kalkigweißen Licht einer Girlande von Bogenlampen. Es
war ein phantastischer Anblick. Der Riesenbau einer alten Mo=
schee, von Bogenlampen angestrahlt, wirkte fremd und geheim=
nisvoll wie ein gigantisches Greisengesicht, von unten her mit einer
nächtlichen Kerze beleuchtet, und rechts und links am Straßenrand
stand dicht bei dicht eine Kette von Autos, der Strom der Flucht,
der hier zum Stillstand gekommen war und auf dessen Oberfläche
von glänzendem Lack und blitzenden Nickelteilen sich der Schein
der Lampen tausendfach widerspiegelte.

Wir fragten uns nach dem Hause von Dr. Eilers durch, und eine
halbe Stunde später hielten wir vor einer hübschen, modernen Villa
in europäischem Stil. Eilers waren noch wach, und obwohl sie uns
nicht kannten, nahmen sie uns auf wie alte Freunde. Da sie sahen,
wie erschöpft wir waren, brachten sie uns gleich in ein Schlafzim=
mer, in dem zwei Betten mit weißen Moskitonetzen standen.

„Weißt du eigentlich, daß wir morgen unseren 20jährigen Hoch=
zeitstag haben", fragte meine Frau, als wir allein waren. Sie fragte
es unter einem Vorhang von weißem Tüll hervor, mit dem Stimm=
chen eines erschöpften Kindes, und schon im nächsten Moment
verrieten ihre tiefen und gleichmäßigen Atemzüge, daß sie ein=
geschlafen war, ohne meine Antwort abzuwarten.

Erst am anderen Morgen, beim Frühstück, lernten wir unsere
Gastgeber richtig kennen. Eilers war ein Mann von etwa 35, groß,
stämmig, militärisch knapp geschoren, aber von jener elementaren
Gutmütigkeit, die man bei Männern des athletischen Typs häufig
antrifft. Während von Frau Eilers, einer blonden Hamburgerin, bei
aller gesellschaftlichen Liebenswürdigkeit ein Hauch von Strenge

ausging, der mich an eine englische Gouvernante, das Schreck=
gespenst meiner Kindheit, erinnerte.

Es war mehr Instinkt als verstandesmäßige Überlegung, der mich
veranlaßte, mit meinem Vorschlag einer gemeinsamen Flucht nach
Kabul zu warten, bis Frau Eilers den Tisch verlassen hatte, um sich
ihrem Haushalt zu widmen. Dann legte ich die Karten offen auf
den Tisch. Ich sprach davon, daß nach meiner Ansicht alle deutschen
Männer in Persien mit Kriegsgefangenschaft durch die Alliierten
zu rechnen hätten, während Frauen und Kinder, als unnütze Esser,
wahrscheinlich nach Deutschland abgeschoben würden.

Eilers stimmte mir zu, und über das bevorstehende Abenteuer
einer Flucht nach Afghanistan geriet er in eine geradezu knaben=
hafte Begeisterung. Als seine Frau wieder ins Zimmer kam, begann
er sofort, ihr wortreich meinen Plan auseinanderzusetzen.

Sie streifte uns mit einem flüchtigen Blick, dann sah sie ihren
Mann lange an: „Ich hoffe, du denkst nicht im Ernst daran", sagte
sie, jedes Wort scharf artikulierend, „deine Frau und deine Kinder
in einer solchen Situation im Stich zu lassen."

„Na, ja ..." murmelte Dr. Eilers, „wenn du meinst, Liebling."
Die Frage war entschieden. Ich sah zu meiner Frau hin, ihre Lippen
formten lautlos ein Wort: „Divisor!" Ich verstand sie sofort. Es
war ein Wort aus dem intimen Sprachschatz der Familie. Wir
hatten die Beobachtung gemacht, daß viele Männer durch ihre
Frauen dividiert werden und hatten uns daran gewöhnt, solche
Damen unter uns einen Divisor zu nennen.

„Dann müssen wir eben eine andere Strecke fahren", sagte ich.
Ich sagte es möglichst leichthin, aber das Herz war mir schwer dabei
von dunklen Befürchtungen.

Hirschauer kam aus der Stadt zurück. Er hatte den Wagen in
eine Reparaturwerkstatt gebracht und den Bescheid erhalten, daß
die Überholung mindestens 24 Stunden dauern würde.

Wir hatten also einen ganzen Tag Zeit und beschlossen, uns Is=
fahan anzusehen. Dr. Eilers ging mit. Er war noch etwas bedrückt
und bemühte sich offenkundig, durch seine Liebenswürdigkeit als
Fremdenführer den peinlichen Eindruck der Familienszene am Kaf=
feetisch zu verwischen.

Wir sahen den Schahpalast mit dem ungeheuer weiträumigen Poloplatz davor, und mit einer gewissen Bewunderung spürte ich, welch ausgeprägtes Gefühl für die Technik der Macht diese alt= persischen Herrscher gehabt haben mußten. Sie hatten, lange vor Europas Königen, das Geheimnis vom Pathos der Distanz ver= standen. Wir sahen die zweistöckige, überdachte Brücke über den Sajandehfluß, deren dämmrige Wölbungen mit den hohen Spitz= bogenfenstern an den Kreuzgang eines mittelalterlichen Klosters erinnern. Wir sahen die riesige Freitags=Moschee mit den gen Him= mel gerichteten Lanzen der Minaretts über dem Portal, und wir sahen das farbenschimmernde Kleinod der Moschee des Scheichs Lutfullah. Hier zum erstenmal wurde mir klar, was ich vor den Bildern der abstrakten Kunst in Europa nie verstanden hatte —, daß es, unabhängig vom dargestellten Gegenstand, eine Sprache der Farben gibt, genau so wie eine Sprache der Töne. Und so ist ganz Isfahan mit seinen gelben und türkisfarbenen Kuppeln, den weißstämmigen Pappelalleen, den stillen Wassern des Sajandeh, in denen sich der Himmel spiegelt, und seinen rötlich schimmernden Bergen wie eine Farbenkantilene auf der Netzhaut meines Ge= dächtnisses haften geblieben.

Den Nachmittag verbrachten meine Frau und ich, zu zweit allein, im Palast der vierzig Säulen, einem Lustschlößchen des Schahs, etwas außerhalb des Stadtkerns. Wir saßen am Rande des großen Bassins, in dessen grünem Gewässer sich die schlanken Säulen des Vorbaus zu wiederholen schienen, und wir sprachen von dem, was in diesen zwanzig Jahren alles gewesen war. Die erste Begegnung im Lazarett ... ich war als Schwerverwundeter, frontverwildert und mit langem Vollbart, eingeliefert worden ... meiner Frau hatten zuerst Weib und Kind des armen Landsturmmannes leid= getan ... von den gemeinsamen Waldspaziergängen mit Roni, der Dobermannhündin ... von der Referendarsehe mit achtzig Mark Federgeld, über die die gesamte bürgerliche Verwandtschaft die Köpfe geschüttelt hatte ... die Kinder kamen, ein Mädchen und zwei Jungen ... die Zeit als Anwalt ... unsere gemeinsamen Rei= sen ... Und wie das Wasser die zwanzig Säulen des Palastes, so spiegelte die Erinnerung die zwanzig Jahre der Vergangenheit, die hinter uns lagen, wieder.

„Wir wollen an die Kinder schreiben", sagte meine Frau. Und wir schrieben, auf der Freitreppe des Schlößchens sitzend. Aber der magische Spiegel war zerbrochen.

Vollends auf den Boden der Wirklichkeit zurück brachte uns der Bericht Hirschauers am Abend. Er hatte sich nach der neuen Reise= route erkundigt. Wir mußten über Yasd, Kerman und Bam fahren, um die südliche Passage durch die Wüste Lut zu erreichen. Es war ein Umweg von rund zweitausendvierhundert Kilometern.

* * *

In Kerman wurden wir verhaftet. Wir waren im Hause eines deutschen Spinnerei=Direktors eingekehrt, an den uns Eilers emp= fohlen hatte. Dem Spinner war von der Kermaner Polizei Haus= arrest auferlegt worden, bis eine Verfügung aus Teheran über die weitere Behandlung der Deutschen eingetroffen wäre. Er war ein etwas cholerischer Herr und tobte in den vier Wänden seines Hauses herum wie ein Brummer im Einmachglas.

Wir waren kaum eine Stunde bei ihm, als ein Streifenwagen der Polizei erschien. Meine Frau, Hirschauer und ich wurden fest= genommen und mußten, von Polizei eskortiert, die Fahrt zum Gouverneur antreten.

Der Gouverneur, ein fetter Koloß in Uniform, thronte unbeweg= lich hinter seinem Schreibtisch und betrachtete uns mit verdrieß= lichen Blicken, offenbar durchaus ungehalten über diesen Zwischen= fall im normalen Dienstbetrieb. Da er nur persisch verstand, mußte Hirschauer die ganze Unterhaltung allein bestreiten. Er tat es mit großem Stimmaufwand und lebhafter Mimik. Er nahm unsere Diplomatenpässe und fuchtelte damit dem Polizeigewaltigen unter der Nase herum, er warf die Arme beschwörend gen Himmel und hämmerte mit geballten Fäusten auf den Schreibtisch. Aber dies Götzenbild der Bürokratie blieb unerschütterlich. Nur von Zeit zu Zeit öffnete er den Mund zu einem einzigen Wort, das wahrschein= lich „nein" hieß.

Schließlich wandte sich Hirschauer zu uns um und sagte mit ganz erschöpfter Stimme: „Er läßt uns nicht weiter fahren. Unter gar keinen Umständen. Ich habe gedroht, daß wir uns in Teheran über ihn beschweren ... ich habe mit diplomatischen Schritten gedroht, nichts half. Mit Not und Mühe habe ich erreicht, daß wir nach Teheran zurückfahren dürfen, um uns eine Sondererlaubnis vom Innenministerium zu holen." Er kniff flüchtig das linke Auge ein, während er den letzten Satz dolmetschte.

Wir fuhren also, rechts und links je einen Polizisten auf dem Trittbrett, durch die Stadt nach Norden, zur Landstraße nach Teheran. An der Stadtgrenze sprangen die Polizisten ab, und wir fuhren weiter auf der Landstraße, bis die letzten Häuser von Kerman außer Sicht waren. Dann hielt Hirschauer und setzte uns seinen Plan auseinander. Er wollte querfeldein, um die Stadt herum, die Chaussee nach Bam zu erreichen suchen.

Der Plan erwies sich als undurchführbar. In dem morastigen Grund der Reisfelder blieb der Wagen stecken, und zudem bildeten Wassergräben ein unüberwindliches Hindernis.

„Dann müssen wir eben einen Durchbruch riskieren", sagte Hirschauer entschlossen.

Wir setzten uns im Wagen zurecht, die rasende Fahrt begann. Mit hundertzwanzig Kilometer fegten wir durch die Stadt. Wir wurden auf den Sitzen hochgeschleudert, unsere Köpfe stießen schmerzhaft an die Decke des Wagens, und vor uns auf der Fahrbahn flohen Mensch und Tier. Eine Gruppe Polizisten, die vor dem Gouvernement stand, spritzte auseinander, als sei eine Granate zwischen ihnen hindurchgesaust.

Erst weit im Süden mäßigten wir das Tempo. „Das hätten wir geschafft", sagte Hirschauer befriedigt. Aber wir waren uns alle darüber klar, daß wir von nun an Verfolgte waren.

In Bam blieben wir darum außerhalb der Stadt. Nur Hirschauer ging hinein, um Spaten, starke Bretter und Decken zu kaufen. Denn hier in Bam begann die Wüste, und man hatte uns schon in Isfahan gesagt, daß wir diese Ausrüstung für die Fahrt durch die Lut unbedingt brauchten.

Um zehn Uhr abends starteten wir. Es war dunkel und heiß, der Mond war noch nicht aufgegangen, nur die Sterne standen hell und groß am Himmel, und der Sand der Wanderdünen schimmerte seltsam fahl durch die Finsternis. Wir fuhren über freies Gelände, eine Straße gab es nicht mehr, die Masten der indischen Telegraphenkompanie waren die einzige Wegmarkierung.

Im Anfang, auf steinigem Boden und Grasnarbe ging's noch leidlich, aber dann kam der Treibsand. Der Wagen geriet ins Schlingern, fuhr sich fest, und immer häufiger mußten Hirschauer und ich aussteigen, um das bis an die Radnaben im Sand steckende Auto freizuschaufeln.

Morgens um vier, nach sechsstündiger Schinderei, hatten wir knapp achtzig Kilometer geschafft, kaum ein Fünftel der vierhundert Kilometer langen Wüstenstrecke. Wir waren erschöpft wie abgetriebene Gäule, schweißnaß und mit zitternden Flanken hockten wir neben dem Wagen, der sich tief in den Sand eingewühlt hatte, und überlegten, was weiter zu tun wäre. Hirschauer riet, eine von den Gendarmeriestationen aufzusuchen, die in Abständen von etwa sechzig Kilometern an der Durchfahrtstraße lagen, und von dort aus einen Trecker oder einen starkmotorigen Lkw heranzutelephonieren. Er meinte, daß bei der Rivalität und der schlechten Zusammenarbeit zwischen städtischer Polizei und ländlicher Gendarmerie in Persien unsere Flucht aus Kerman in dieser Wüstenstation gar nicht bekannt wäre. Doch mir schien das Risiko zu groß.

Wir blieben also im Sand sitzen und warteten. Es war ein merkwürdiges Gefühl, plötzlich aus der harten Spannung der letzten Zeit herausgeschleudert zu werden in die Unendlichkeit des Raumes, wo man, ohne die Selbsttäuschung eigener Betriebsamkeit, den großen Gewalten der Natur ausgeliefert war.

Ich hatte, schon von Isfahan ab, meine Arbeit für die Abwehr wieder aufgenommen. Ich hatte Brücken und Wasserstellen, den Zustand der Straßen und Markierungspunkte im Gelände für die deutschen Flieger registriert, und insgeheim hatte ich dabei eine gewisse Genugtuung empfunden, gleichsam der weit vorgeprellte Kundschafter künftiger deutscher Armeen zu sein. Denn ich war dem indischen Freiheitskämpfer Bose in Berlin begegnet, zu einer

Zeit, als sein Double noch in Kalkutta im Gefängnis saß, ich wußte von seinen Gesprächen mit Hitler, und ich wußte auch, daß der Plan eines deutschen Aufmarsches an der indischen Nordwest= grenze zu den Konzeptionen gehörte, die als ernsthafte Möglichkeit im Führerhauptquartier erwogen wurden. Jetzt und hier, in der Stille der Wüste, erschienen solche Ideen fern und unwirklich wie Traumschemen, und zum erstenmal erkannte ich, wie tief das orientalische Lebensgefühl durch die Wüste bestimmt wird, das Gefühl, übermenschlichen Mächten ohne Rückhalt preisgegeben zu sein.

Der Wind sang in den Telegraphendrähten, ab und an drang aus der Finsternis das Gebell eines Hundewolfs oder das Falsett des Hyänengeheuls zu uns her. Hirschauer hatte sich eine Zigarette angesteckt und erzählte meiner Frau mit halblauter Stimme die Geschichte von einem deutschen Beachcomber, August dem Frem= denlegionär, der durch seine Eulenspiegeleien ganz Teheran er= heitert hatte.

Endlich sanken wir alle in einen unruhigen Halbschlummer. Die Morgenkühle weckte uns und zugleich ein fernes Glockengebimmel, das sich anhörte, wie das Läuten einer Kuhherde auf einer Alm.

Und dann erschienen, auf der Kuppe einer breiten Sanddüne, die grotesken Gestalten der ersten Kamele, im Grau der Morgendäm= merung riesengroß, wie urzeitliche Fabeltiere wirkend. Es war eine Teekarawane, die von Indien zurückkam, — für uns war es die Rettung.

Wir verhandelten mit den Treibern, schwarzhäutigen Belutschen mit ausrasierten Stirnglatzen, die persisch nur unvollkommen, da= für aber die internationale Sprache des Geldes um so besser ver= standen, und am Ende hatten wir zwei Treiber und acht Kamele als Begleitung bis zur Ostgrenze der Wüste gemietet.

Wir luden unser gesamtes Gepäck auf die Kamele, Hirschauer und ich bestiegen zwei Reittiere, und meine Frau, als die Leichteste von uns, blieb am Steuer des Wagens und folgte uns in Schlangen= linien durch den lockeren Sand.

Trotzdem dauerte es noch zwei volle Tage, bis wir die Lut durch= quert hatten und die schwarzen Nomadenzelte eines Belutschen=

stammes vor uns auftauchten, zu denen unser Treiber uns gebracht hatte.

Die Belutschen nahmen uns freundlich auf und bewiesen ihren natürlichen Takt als Gastgeber dadurch, daß sie uns erst einmal schlafen ließen. Wir schliefen volle 18 Stunden, einen totenähnlichen Schlaf.

Am nächsten Morgen fand dann eine gemeinsame Beratung statt. Aber nachdem Hirschauer mitgeteilt hatte, daß wir einen unbewachten Grenzübergang nach Afghanistan suchten, brauchten wir nichts mehr zu reden. Die Belutschen ereiferten sich für uns. Mit wildem Geschnatter fuhren sie aufeinander los, die Nasen- und Ohrringe der Frauen wackelten, und die Männer wischten sich mit den dunkelweißen Hemden, die sie über der Hose trugen, immer wieder die Stirnglatzen, die in der Hitze des Wortgefechts feucht geworden waren. Schließlich einigten sie sich auf die Gegend zwischen dem Helmandsee und dem Sumpfgebiet Good=i=Zirreh, etwas nördlich der Dreiländerecke von Hurmuk, wo Persien, Indien und Afghanistan zusammenstoßen.

Als wir abfuhren, winkte uns der ganze kleine Stamm zum Abschied. Wir hatten jetzt glatte Straße vor uns, die große Magistrale, die längs der persischen Ostgrenze von Zahidan im Süden bis hinauf nach Mesched führt. Wir fuhren im 60=Kilometer=Tempo, Hirschauer am Steuer sang, und ich machte mir wieder Notizen für die Abwehr. Die Wüste lag hinter uns, das Leben ging weiter, und wir fuhren der Freiheit entgegen. Rechts von uns standen die Berge Indiens, zum Greifen nahe und dennoch unerreichbar.

Doch als wir hinter Hormuk die Straße verlassen, den Grenzübergang nach Afghanistan versuchen wollten, trafen wir wieder auf einen Belutschenstamm. Und ein alter Herr, bei dem die Natur die Kahlschur des Kopfes übernommen hatte, warnte uns nachdrücklich. „Drüben Afghanistan ... böse Leute", sagte er und zog mit der unzweideutigen Bewegung des Halsabschneidens die flache Hand über die Kehle. Er riet uns, weiter nördlich, bei Schusp, den Übergang zu versuchen.

Aber als wir östlich Schusp an der Grenze standen, reckte sich pfadlos vor uns ein Gebirge auf. Wir hätten unseren Wagen hier zurücklassen und nur mit dem nötigsten Gepäck einen Hunderte von Kilometern langen Fußmarsch durch unbekanntes Land ris= kieren müssen. Wir kehrten also nach Schusp zurück. Hier riet man uns, nach dem Grenzstädtchen Tabbas zu fahren, von wo aus eine Karawanenstraße über die Grenze führen sollte.

Doch in Tabbas erfuhren wir, daß die Gebirgspässe der Straße beim jüngsten Erdbeben verschüttet und unpassierbar geworden wären. Wir kamen uns allmählich vor wie Feldmäuse, die um eine volle Scheune herumrennen und verzweifelnd nach einem Ein= schlupf suchen.

„Sie müssen an die Grenze nach Yasd fahren", sagte mit freund= licher Gelassenheit der Wirt in der Karawanserei. Das bedeutete einen viele hundert Kilometer langen Umweg zurück über Schusp und Birdschand. Aber wir fuhren.

Birdschand war, wie wir wußten, eine Garnisonstadt, von Militär und Polizei wimmelnd, für uns also eine Gefahrenzone erster Ord= nung. Wir beschlossen, das Experiment von Kerman zu wieder= holen und die Durchfahrt im 120=Kilometer=Tempo zu forcieren.

Aber ein Eselsgespann, das quer über die Straße stand, machte unsere Absicht zunichte. Hirschauer stoppte mit kreischenden Bremsen, und im nächsten Augenblick hatten zwei graublaue Poli= zisten die Trittbretter unseres Wagens geentert und forderten uns, freundlich aber bestimmt, auf, auszusteigen und ihnen zu folgen. Zwei Maschinenpistolen, deren dunkle Mündungen in häßlicher Weise unsere Nabelknöpfe anstarrten, verliehen der Einladung Nachdruck.

Wir wurden in den viereckigen Hof des Polizeigefängnisses ge= bracht, ein großes Tor schloß sich knarrend hinter uns, und von dem hölzernen Rundgang im ersten Stock sahen die Gefängnis= insassen, Männlein und Weiblein, neugierig und schadenfroh herab auf unsere kleine Gruppe.

Hirschauer tobte auf persisch, er drohte Beschwerden bis zu den höchsten Stellen an und verlangte, sofort vor den Gouverneur ge= führt zu werden. Das geschah.

Der Provinz=Gouverneur von Birdschand war ein ganz anderer Typ als sein Kollege in Kerman. Geschniegelt und aalglatt, mit Allüren wie der Empfangschef eines großen Riviera=Hotels.

„Oh, mille pardons, Madame, Messieurs", sagte er, sich vor jedem von uns einzeln verbeugend, und dann folgte in fließendem Französisch ein Schwall von wortreichen Entschuldigungen, der mich das Beste hoffen ließ. Aber als Hirschauer unsere Diplomaten= pässe wie Trumpfkarten auf den Schreibtisch knallte, raffte der Herr Gouverneur sie mit der Gewandtheit eines Croupiers an sich und ließ sie in der Schublade seines Schreibtisches verschwinden.

„Excusez=moi", sagte er, „aber es ist höhere Gewalt. Sehen Sie hier", er deutete mit seiner wohlmanikürten Hand auf einen Stoß Papiere, der auf seinem Schreibtisch lag, „Befehl vom Kriegsmini= sterium, Befehl vom Innenministerium, Befehl vom Kaiserlichen Hauptquartier und vom Hofmarschallamt. Und alle besagen das= selbe." Er nahm eines der Aktenstücke auf und las vor: „Der deutsche Konsulatsbeamte Schulze=Holthus aus Täbris, der sich mit zwei Begleitern... Pardon", er machte eine Verbeugung vor meiner Frau, „mit einer Dame und einem Herrn auf der Flucht be= findet, ist, notfalls mit Waffengewalt, sofort festzunehmen und bis zum Eintreffen weiterer Weisungen in Haft zu behalten. Meldung von erfolgter Festnahme unverzüglich an die endesunterzeichnete Dienststelle."

Er ließ das Papier sinken und sah uns mit einer Miene unend= lichen Bedauerns an. Ich entschloß mich, noch einen letzten Versuch zu unserer Befreiung zu wagen: „Sind Sie sich darüber klar, Exzel= lenz", sagte ich, „daß das da" — ich deutete mit einer verächtlichen Handbewegung auf den Papierstoß der Befehle — „auf Veranlas= sung der Besatzungsmächte geschieht?"

„Der Engländer", korrigierte er freundlich und brachte mich für einen Augenblick aus dem Konzept.

„Und daß unsere Festnahme eine völkerrechtswidrige Handlung darstellt, durch die das reine Schild des persischen Sonnenlöwen für immer befleckt wird?" Ich sah ihn scharf an. Mit meiner Frage hatte ich ihn am Portepee der nationalen Ehre fassen wollen, aber es war ein Griff ins Leere.

Er wiegte bedauernd den Kopf. „Ew. Gnaden verkennen leider die Situation", sagte er. „Mit der Besetzung Persiens sind die Besatzungsmächte auch de jure die Herren des Landes. Und wenn Ew. Gnaden sich einmal der Mühe unterziehen wollen, mit dem Kopfe der anderen zu denken", er lächelte mich süßlich an, „die Erfahrung, die die Engländer im vorigen Krieg mit dem deutschen Konsul Waßmuß gemacht haben, läßt ihr jetziges Vorgehen einigermaßen gerechtfertigt erscheinen. Auch der einzelne Deutsche bedeutet eine potentielle Gefahr, eine Dynamitbombe auf zwei Beinen, und ich entnehme der Aufmerksamkeit, die man Ew. Gnaden widmet" — diesmal deutete er auf die Papiere —, „daß in dieser Hinsicht auf englischer Seite eine für Ew. Gnaden durchaus schmeichelhafte Befürchtung besteht ..."

Ich gab es auf. Diesem glatten Fuchs da war nicht beizukommen.

„Und was wollen Sie weiter mit uns tun?" fragte ich.

„Oh", er war sichtlich erfreut über den Wechsel des Themas, „selbstverständlich wird es mein vornehmstes Bestreben sein, Madame und den beiden Herren den Aufenthalt so angenehm wie möglich zu machen. Leider haben wir keine entsprechenden Räumlichkeiten zur Verfügung ... unser schlichtes Polizeigefängnis ist für die Aufnahme so illustrer Gäste keineswegs vorgesehen ... aber Ew. Gnaden dürfen überzeugt sein, daß in meinem Institut ein durchaus humaner Geist herrscht ... Ich habe zwei Jahre in Europa studiert und bin überzeugter Anhänger des liberalen Strafvollzugs ..."

Und tatsächlich herrschte im Stadtgefängnis zu Birdschand ein merkwürdig freier Ton. Die Insassen waren nicht an ihre Zellen gebunden und durften sich jederzeit in allen Räumen und dem großen, viereckigen Innenhof frei bewegen. Es waren meist Schmuggler und Dirnen, die eine durchaus fröhliche Gesellschaft bildeten. Ja, ich hatte den Eindruck, daß sich einige von den Damen, die ihre Reize freigiebig zur Schau stellten, durch die Tatsache der Gefangenschaft in der Ausübung ihres Gewerbes keineswegs behindern ließen. Nur einige afghanische Häuptlinge, die wegen politischer Umtriebe saßen, hielten sich stolz und finster abseits von der munteren Kumpanei. Und natürlich auch wir, denn unsere Un=

kenntnis der persischen Sprache allein bildete ein unüberwind=
liches Hindernis.

Dafür widmete sich Hirschauer mit um so größerem Eifer folk=
loristischen Studien, wie er es nannte. Eines Abends kam er lachend
zu uns in die Zelle.

„Ich hab eben mal zugehört, was der Alte an der Mauer da im=
mer erzählt. Wahrhaftig, ein professioneller orientalischer Mär=
chenerzähler! Ich hätte nicht gedacht, daß es heutzutage sowas noch
gibt ..." Wir hatten selber die Gruppe öfters beobachtet. Sie
saßen abends im Halbkreis um einen verkümmerten Fliederbusch
herum, der an der Gefängnismauer stand, alle im Schneidersitz,
und in der Mitte hockte ein Alter mit weißem Patriarchenbart und
erzählte, immer wieder von Gelächter und Zurufen unterbrochen.

„Und was hat er erzählt?" fragte ich.

„Ach, ein Märchen ..." sagte Hirschauer ausweichend und
schickte einen unsicheren Blick zu meiner Frau hin.

Meine Frau lächelte. „Es gibt ordinäre Geschichten, und es gibt
derbe Geschichten", sagte sie sentenziös, „und im allgemeinen ist
das Volk derb, aber nie ordinär."

Hirschauer wußte anscheinend nicht, was er mit diesem delphi=
schen Orakel anfangen sollte. „Also, erzählen Sie schon", sagte ich
aufmunternd.

„Gut, aber auf Ihre Verantwortung", sagte er.

„Es war einmal ein Maler in Teheran", erzählte er, „der wenig
Talent und gar keinen Erfolg hatte. Da kam er eines Tages auf den
schlauen Einfall, sich als blind auszugeben. Was er erwartet hatte,
trat ein: Seine Bilder, die vorher niemand beachtet hatte, wurden
bekannt, ja berühmt, und bald wollte jedermann von dem blinden
Maler porträtiert werden.

Er spielte seine Rolle sehr geschickt. Er tastete mit den Finger=
spitzen die Gesichtszüge seiner Modelle ab, ließ sich dann von
einem Jungen zur Staffelei führen und malte so, wie er immer ge=
malt hatte. Aber natürlich: als Erzeugnisse eines Blinden wurden
seine Bilder wie Wunderwerke der Kunst bestaunt.

Auch der Schah hörte von dem blinden Maler, ließ ihn kommen,
und der Maler erhielt den Auftrag, den Schah zu porträtieren. Er

machte seine Sache, so gut er konnte, und er spielte das Spiel des Blinden so geschickt wie immer. Aber der Schah war mißtrauisch. Und so ließ er eines Morgens vor Beginn der Sitzung den Maler in den Baderaum seines Harems führen. Der Mann mußte sich nackt ausziehen und wurde allein gelassen. Doch vor dem Bassin hatten sich auf einem Teppich sechs der jüngsten und hübschesten Odalisken gelagert und trieben lautlos ihre reizenden Spiele..." Hirschauer stockte. „Sie hätten mal sehen sollen", sagte er, „wie der alte Rauschebart die Szene lebendig werden ließ. Man sah die Mädels förmlich vor sich. Wirklich, ein magisches Erzähler= talent..." Hirschauer verstummte schon wieder.

„Und was tat der Schah?" fragte meine Frau.

Hirschauer atmete auf. „Der Schah", erzählte er eifrig weiter, „hatte hinter einem Vorhang gesessen und durch ein Guckloch alles beobachtet. Jetzt trat er hinter dem Vorhang hervor, von zwei Färraschen begleitet. Ich sehe, sagte er zu dem Maler, daß du mich belogen hast. Und damit du nicht länger in einer Lüge lebst, die dir den Zugang zu Allahs Gärten auf ewig verwehrt, will ich deine Lüge in Wahrheit verwandeln. Er gab den Färraschen einen Wink, und sie stachen dem Maler die Augen aus."

„Und darüber haben Sie gelacht", fragte ich, leicht befremdet.

„Na, da war doch die Pointe", sagte Hirschauer. Er errötete.

Meine Frau rettete die Situation. „Ich finde diese Mischung von Erotik und Grausamkeit sehr typisch für gewisse alte Kultur= nationen, Chinesen, Perser und Franzosen", sagte sie. Und Hir= schauer meinte, gerade das hätte er auch sagen wollen, und eben dieses kulturelle Moment hätte er ausschließlich im Auge gehabt. Zum guten Ende beschlossen wir, uns die weiteren Tage der Ge= fangenschaft damit zu verkürzen, daß wir solche Volkserzählungen sammelten und aufschrieben. Vielleicht ergab das einen neuen Band orientalischer Erzählungskunst. „Tausend und ein Tag", schlug Hirschauer vor, aber wir brachten es glücklicherweise in Birdschand nur auf sieben Geschichten.

Am Vormittag des zehnten Tages erschien der Gouverneur in unserer Zelle und teilte uns mit, ein Polizeikommando aus Teheran wäre da, um uns abzuholen. Übrigens muß zur Ehre dieses Polizei=

humanisten gesagt werden, daß er täglich kam, mit uns plauderte, und unsere ständigen Beschwerden über die Wanzenplage in sei=
nem Etablissement mit freundlicher Geduld anhörte. Unternehmen tat er freilich nichts, denn offenbar dehnte er seinen Grundsatz „leben und leben lassen" auf alle Geschöpfe in seinem Macht=
bereich aus, selbst auf die Insekten.

Wir verabschiedeten uns also ebenso gern wie herzlich von ihm und traten die Rückreise nach Teheran an. Wir fuhren in unserem eigenen Wagen, nur der Führer der Eskorte, ein Oberst, saß bei uns, aber hinter uns her schaukelte ein Lkw, mit acht schwer be=
waffneten Gendarmen besetzt.

Wir reisten langsam, in kleinen Etappen. Tagsüber kehrten wir häufig in Karawansereien ein und speisten gut und ausgiebig, nachts jedoch mußten wir jedesmal im Polizeigefängnis der Stadt nächtigen, wo wir gerade hielten.

Der Oberst, ein jovialer Dicker mit Glatzkopf, ertrug unser Miß=
geschick mit heiterer Gelassenheit. „Gefangen oder nicht gefan=
gen", meinte er und kaute mit vollen Backen sein Mezé, „das ist alles eins: Wir sind immer Gefangene unseres Schicksals." Aber als wir in der Nähe von Gha'in einen russischen Panzerspähwagen sichteten, demonstrierte er uns augenfällig die Wahrheit des alten Satzes, daß es immer leichter ist, weise Sprüche zu machen, als selber danach zu leben. Er rutschte unruhig auf seinem Sitz hin und her, und sein Knopfnäschen wurde weiß vor Erregung bei dem Gedanken, nun vielleicht selber Gefangener zu werden.

In Isfahan, wo wir diesmal im Gefängnis logierten, besuchte uns Frau Eilers. Sie war völlig verändert, wie versteinert vor Schmerz. Wenige Tage nach unserer Abfahrt war englische Polizei da=
gewesen und hatte ihren Mann verhaftet. Es hieß, er wäre schon auf ein Schiff gebracht, um nach Australien deportiert zu werden. „Ach, hätte ich doch..." sagte sie und starrte mit dem Ausdruck tränenlosen Jammers vor sich hin.

* * *

Es dunkelte schon, als wir bei der deutschen Sommergesandt=
schaft in Schemiran vorfuhren. Der Kreis hatte sich geschlossen,

wir waren wieder zum Ausgangspunkt unserer Flucht zurückgekehrt.

Auch in Schemiran hatte sich das Bild verändert. Der Autopark vor dem Gebäude stand leer und verlassen, und auf dem Fahnenmast wehte, von einem Scheinwerfer angestrahlt, die schwedische Flagge. Das Gesandtschaftsgebäude selber aber lag völlig verödet da, nur in der Halle brannte Licht, und der fröhliche Lärm, der einem einst aus dem Zeltlager schon von weit her entgegenschallte, war verstummt. Geblieben waren lediglich der Stacheldraht und die beiden persischen Polizeiposten am Eingang.

Der dicke Oberst, unser Transportführer, brachte uns selbst in die Halle. "Sie unterstehen von jetzt ab dem Schutz der schwedischen Gesandtschaft", erklärte er, "Schweden hat die Wahrung der deutschen Interessen in Persien übernommen."

Ein dürres, altes Männchen tauchte im Hintergrunde der Halle auf und kam auf uns zu. Er ging langsam, mit gemessenen Schritten, und sein schwarzer Anzug, der schwarze lang ausgewirbelte Schnurrbart und seine starr aufgerichtete Haltung gaben ihm das Aussehen einer gewissen grotesken Feierlichkeit. "Das ist Herr Kasim Beg, der Ökonom der deutschen Gesandtschaft", stellte der Oberst vor, "er wird von nun an für Ihr leibliches Wohl Sorge tragen." Kasim Beg verbeugte sich tief.

Während wir uns dann von dem Oberst verabschiedeten, stand er in abwartender Haltung beiseite.

"Wo ist Ettel und die anderen Herren", fragte ich, als der Oberst gegangen war.

"Der Herr Minister und die Herren vom Gesandtschaftspersonal sind nach Deutschland abgereist, Herr Konsul", sagte Kasim Beg. Er sprach deutsch mit einem leicht sächsischen Akzent.

"Und die anderen?"

"Die Damen und Kinder sind gleichfalls nach Deutschland abtransportiert worden, Herr Konsul", sagte er, "und von den Herren sind 330 an die Engländer und 104 an die Russen ausgeliefert worden. Nur einige von den älteren Herrschaften sind noch hier geblieben, im ganzen elf an der Zahl."

Ich tauschte einen stummen Blick mit meiner Frau.

„Darf ich die gnädige Frau und den Herrn Konsul jetzt auf ihr Zimmer führen?" fragte er. Und schon hatte er unsere Koffer ergriffen und ging vor uns her, einen langen, teppichbelegten Flur entlang. Trotz der Last der Koffer ging er noch immer straff aufgerichtet, nur der leicht watschelnde Gang seiner müden Beine verriet, daß er ein alter Mann war. „Ich werde den Herrschaften sofort ein Bad richten lassen", sagte er, während er die Zimmertür aufschloß.

Es war ein großes, elegantes Schlafzimmer mit breiten Betten, seidenen Steppdecken und strahlend heller Beleuchtung. Wir genossen die Rückkehr in die Zivilisation. Nachdem wir gebadet und uns umgezogen hatten, aßen wir zu Abend in dem pompösen Speisesaal, ganz allein, die anderen hatten schon vorher gegessen.

Kasim Beg bediente uns. Er schob meiner Frau den Stuhl unter, er legte uns den Braten vor, und während des Essens stand er mit einer Miene diskreter Teilnahmslosigkeit etwas seitab von unserem Tisch, doch immer bereit, uns mit seinen Diensten zur Hand zu sein. Seine Haltung hätte dem Butler eines englischen Herzogs Ehre gemacht.

Ich fragte ihn nach Thielicke.

„Herr Thielicke ist, soviel ich weiß, mit nach Australien abtransportiert worden, Herr Konsul." Er antwortete mit leichter Verbeugung.

„Und Thielickes Freundin?"

„Ist mit nach Deutschland gefahren, Herr Konsul."

Ich bat ihn, mich nicht immer Herr Konsul zu nennen.

Zum erstenmal bemerkte ich eine Bewegung in seinem Gesicht. Die schwarz gefärbten Augenbrauen hoben sich wie in schmerzlichem Erstaunen, und die gewichsten Schnurrbartspitzen, Embleme fremder Jugendlichkeit in dem gelblichen, verschrumpelten Zitronengesichtchen, vibrierten leise:

„Ich habe unter Seiner Exzellenz dem Grafen Rex=Zehista im Jahre 1898 in Teheran meinen Dienst angetreten, ich habe unter Seiner Durchlaucht Prinz Reuß und dem Grafen von der Schulenburg gedient. Es ist, verzeihen Ew. Gnaden, immer üblich gewesen,

Herren, die auch nur zeitweilig mit der Führung eines deutschen Konsulats betraut waren, Herr Konsul zu titulieren."

Zu spät erkannte ich, was ich angerichtet hatte. Ich hatte den Stolz einer treuen Dienerseele verletzt, und ich hatte den Adel verkannt, der darin lag, daß er uns, gefangene Flüchtlinge ohne Stellung und Beruf, behandelte, als wäre ich noch in Amt und Würde. „Oh, das wußte ich nicht", sagte ich entschuldigend, „also dann bitte weiter Herr Konsul."

„Jawohl, Herr Konsul", sagte er. Sein Gesicht war schon wieder zur Maske erstarrt, nur die Hand, mit der er die Kompotteller vor uns hinstellte, zitterte leicht.

Ich fragte ihn, ob er etwas aus Täbris gehört hätte, und es erwies sich, daß er erstaunlich gut unterrichtet war.

„Das Haus vom Herrn Konsul ist vollständig demoliert worden", erzählte er. „Noch vor der Besetzung der übrigen Stadt kam ein russischer Panzer vorgefahren, und unter Führung eines Zivilisten drangen die Soldaten in das Haus ein, durchsuchten alles, und dann sollen sie das ganze Mobiliar zerschlagen und verbrannt haben."

„Nasarow", sagte meine Frau halblaut.

Ich fragte ihn nach dem Schicksal von Schwester Elisabeth. „Sie war Leiterin des Blindenheims für armenische Kinder", ergänzte ich, da er offenbar zunächst nicht wußte, wer gemeint war.

„Ach, Fräulein Garms", sagte er, „sie ist tot ... im NKWD= Gefängnis in Täbris gestorben..."

„Mein Gott!" sagte meine Frau. Es wurde sehr still an unserem Tisch. Nach einer langen Weile sagte ich: „Wollen wir vor dem Schlafen noch ein kleines Stück spazierengehen?"

Meine Frau nickte.

„Verzeihung, Herr Konsul", Kasim Beg mischte sich ein, „ich möchte die Herrschaften bitten, recht vorsichtig zu sein. Die Posten haben Anweisung, sofort zu schießen, wenn jemand versuchen sollte, das Drahtverhau zu überschreiten."

Draußen war es inzwischen vollends Nacht geworden. Ein kalter Wind kam von den Bergen herab und strich durch die leeren Gassen des Zeltlagers. Lose Leinwände knatterten, Papiere wurden emporgewirbelt und überall lagen leere Konservendosen herum und andere Überreste des großen fröhlichen Picknicks von einst. Aus einem Zelt schimmerte Licht. Wir gingen darauf zu, und ich klopfte gegen die Zeltstange am Eingang. Leises Tuscheln drin, dann antwortete eine brüchige Stimme: „Herein!" Es war ein altes Ehepaar, er sicherlich weit über siebzig. Wie verflogene Vögel hockten sie nebeneinander auf dem Rand eines schmalen Feldbetts. Wir machten uns bekannt, er war ein emeri= tierter Lehrer, und sie waren nur zurückgeblieben, weil er zur Zeit des Abtransportes krank war. Ich erkundigte mich nach der Ab= reise der anderen.

„Ach, es war furchtbar", sagte die alte Frau. „Ettel hat uns alle zusammengetrommelt und eine Rede gehalten. Die Männer müß= ten sich opfern, hat er gesagt, und freiwillig in englische oder russische Gefangenschaft gehen, um Frauen, Kinder und Alten den Abzug nach Deutschland zu erkaufen. Szenen hat das ge= geben...", sie schüttelte den Kopf, es sah aus, als würde sie im nächsten Moment anfangen, zu weinen... „wahrhaftig, ich möchte das nicht noch einmal erleben..."

Der alte Mann räusperte sich: „Aber die Jungens haben sich großartig gehalten", fiel er mit einer überraschend starken, voll= tönenden Stimme ein, „vorgestern ging der letzte Transport ... da sind sie mit dem Autobus durch Teheran gefahren und haben das Engelland=Lied gesungen ... und haben ihr letztes Geld mit vollen Händen zum Fenster hinausgestreut..."

Viertes Kapitel

Der lange schwedische Legationsrat mit dem kleinen flachs= blonden Kopf – er sah aus wie eine Schaufensterpuppe aus einem großstädtischen Warenhaus – beugte sich zum Kuß über die Hand meiner Frau: „Verzeihung, gnädige Frau, Sie dürfen die Dinge nicht so schwarz sehen ... Sie stehen hier unter dem Schutz der Schwedischen Krone ... wir werden jederzeit bemüht sein, alle Ihre Wünsche zu erfüllen ... und, bitte, denken Sie daran, daß zum Beispiel im vorigen Krieg der deutsche Konsul Sommer vier

Jahre so in Schemiran überdauert hat ... bei bester Gesundheit und in einem dolce farniente, um das ich ihn manchmal beneide..."
Er seufzte leicht auf und tätschelte meiner Frau nochmal die Hand. Vor mir machte er eine formvollendete Verbeugung: „Herr Konsul!" und schritt, ein Athlet voll heiterer Gelassenheit, davon.

In einem hatte er recht: Es ging uns nichts ab hier oben. Kasim Beg betreute uns aufs beste, und was ich nicht im Hause vorfand, besorgte er uns in der Stadt, da er als Perser die Postenkette jederzeit passieren durfte. Und doch: Zwei Dinge fehlten uns, die wir mit der Zeit immer schmerzlicher entbehrten, die Freiheit und mir im besonderen: eine Aufgabe.

Zwar hatte ich mich darangemacht, meine Notizen von der mißglückten Flucht nach Afghanistan zu einem langen Reisebericht an unsere Kinder zu verarbeiten. Ich beschrieb darin Land und Leute mit der epischen Breite eines Reiseschriftstellers aus der vorigen Generation, aber ich hatte gleichzeitig acht darauf, die eingestreuten Positionsmeldungen militärisch wichtiger Objekte möglichst so genau anzugeben, daß eine kartographische Festlegung möglich war. Am Schluß bat ich die Kinder, den Brief auch Onkel Berger lesen zu lassen, womit Major Berger, mein Nachfolger im Amt am Tirpitz=Ufer, gemeint war. Ich hoffte, sie würden mich verstehen.

Im ganzen war's ein recht reizvolles Spiel, in Form einer poetischen Scharade so eine Abwehrmeldung zu verfassen, und ich kam mir manchmal dabei vor wie ein Spion aus dem Biedermeier. Aber es war doch eben nur ein Spiel, denn bei der scharfen Postzensur der Alliierten war es zweifelhaft, ob ich Gelegenheit finden würde, den Bericht überhaupt abzusenden, und noch zweifelhafter, ob er je sein Ziel erreichen würde.

In der neunten Nacht unserer Gefangenschaft gab es, früh gegen vier, eine Schießerei im Garten der Gesandtschaft. Scheinwerfer blitzten auf, Gewehrschüsse bellten, und dazwischen klang das nervensägende Rattern der Maschinenpistolen. Aber schon nach fünf Minuten versank alles wieder in Dunkelheit und Schweigen.

Morgens, als er das Frühstück servierte, berichtete Kasim Beg, daß eine starke Truppenabteilung unbekannter Nationalität ver=

sucht hätte, vom Garten her in die Gesandtschaft einzudringen, aber von der persischen Wachtmannschaft abgeschlagen wäre. Kasim Beg war sehr aufgeregt und berichtete mit sichtlicher Genugtuung über diesen lokalen Sieg der persischen Waffen. Die Perser hatten keine Verluste gehabt, aber die Gegner sollten eine Menge Tote verloren haben, die freilich am Morgen wieder verschwunden waren, auf rätselhafte Weise und ohne die geringste Spur zu hinterlassen.

„Glaubst du das?" fragte meine Frau, als sich die Tür hinter dem erregten kleinen Mann geschlossen hatte.

Ich schüttelte den Kopf. „Nein. Wenn eine reguläre Truppe angerückt wäre, mit dem Befehl, die Gesandtschaft zu besetzen, hätte sie sich von der Handvoll persischer Polizisten nicht so schnell in die Flucht schlagen lassen. Wenn's überhaupt Uniformierte gewesen sind, dann kann es sich nur um eine verbrecherische Aktion plündernder Soldateska handeln. Aber..."

Und damit begann ich, meiner Frau den Plan auseinanderzusetzen, der mir während Kasim Begs Erzählung gekommen war. Der nächtliche Überfall, geschickt ausgenutzt, bot die Möglichkeit, von Schemiran wegzukommen, wo wir völlig isoliert und von allen Verbindungen in Teheran abgeschnitten waren.

Eine halbe Stunde später rief ich den schwedischen Legationsrat in der Stadt an und bat ihn, sofort zu uns hinauf nach Schemiran zu kommen. „Es ist etwas passiert", sagte ich, „was ich Ihnen am Telefon unmöglich erklären kann."

Er kam, und ich schilderte ihm, Kasim Begs Bericht mit dramatischen Glanzlichtern aufputzend, den Überfall. „Es ist klar", schloß ich, „daß das Unternehmen uns gegolten hat... man wollte uns hier herausholen..."

Er protestierte heftig, amüsanterweise mit genau den gleichen Argumenten, die ich eben meiner Frau gegenüber gebraucht hatte.

Ich war also auf diese Einwände gefaßt und erinnerte ihn daran, was er uns selbst erzählt hatte: Daß nämlich die Russen an der türkischen Grenze aus dem Konvoi der deutschen Gesandtschaft einen Mann verhaftet und mitgeschleppt hatten, obwohl er durch seinen Paß als Angehöriger des Gesandtschaftspersonals ausge=

wiesen war. „Schon das beweist", sagte ich, „daß wir hier aufs höchste gefährdet sind..."

Der lange Blonde wurde nachdenklich. „Und was kann ich dagegen tun?" fragte er zögernd.

„Wir möchten in die Stadtgesandtschaft nach Teheran übersiedeln", sagte ich, „in der Stadt sind wir besser geschützt gegen solche Übergriffe..."

„Ach, bitte", sagte meine Frau. Sie hatte bisher nur als stumme Statistin im Hintergrund der Szene mitgewirkt.

Der blonde Legationsrat nagte an seiner Unterlippe: „In zwei bis drei Tagen kommt mein Gesandter aus Stockholm zurück", sagte er, „könnten wir die Entscheidung nicht bis dahin vertagen?"

„Und wenn bis dahin etwas passiert?" fragte ich zurück.

„Ach, bitte", zirpte meine Frau, mit der Monotonie einer Grille.

Der Legationsrat gab sich sichtbar einen Ruck. „Also gut", sagte er plötzlich entschlossen, „ich werde die Verantwortung tragen. Ich werde Sie mitnehmen in die schwedische Gesandtschaft. Nur müssen Sie mir Ihr Ehrenwort geben, daß Sie keinen Versuch machen, zu fliehen... und auch keine Verbindung mit der Außenwelt aufnehmen, solange ich für Sie verantwortlich bin..."

Wir versprachen's und haben unser Wort treulich gehalten. Nach herzlichem Abschied von Hirschauer, der in Schemiran bleiben wollte, fuhren wir nach Teheran hinunter.

Am dritten Tag kam der schwedische Gesandte zurück. Kurze Zeit nach seiner Ankunft ließ er mich holen. Es war ein kleiner, magerer Mann mit scharf geschnittenem Gesicht, der mich mit betonter Reserve empfing.

Vermutlich hegte er starke Zweifel an meiner Zugehörigkeit zum Auswärtigen Amt, denn unsere Unterhaltung artete bald in ein Examen aus. Er fragte mich nach den Dienststellen, bei denen ich bisher gearbeitet hätte, und es war mein Glück, daß ich Geheimrat Gauß kannte und in der Rechtsabteilung des Auswärtigen Amtes so gut Bescheid wußte. Und noch günstiger traf es sich, daß ich über ein völkerrechtliches Thema promoviert hatte, denn wie ein schwacher Kandidat im Examen lenkte ich beharrlich das

Gespräch auf das eine Thema, das wie eine einsame Insel aus dem Meer meiner Unwissenheit herausragte.

Nach zwei Stunden ließ die Schärfe des Examinators nach, ich hatte den Eindruck, die Prüfung bestanden zu haben. Er gab uns die Erlaubnis, in das Gebäude der ehemaligen deutschen Gesandt= schaft in Teheran überzusiedeln, und er versicherte mir, daß ich als Mitglied des deutschen Konsulatsdienstes selbst von einem englischen Auslieferungsantrag nichts zu befürchten hätte. „Ihre Frau Gemahlin und Sie stehen unter dem Schutze Schwedens", erklärte er mit einem Pathos, das bei seiner sonstigen Trockenheit so fremdartig anmutete, als wenn ein Stockfisch angefangen hätte, Verse zu deklamieren.

Wir zogen also wieder um in den Prunkbau im Gesandtschafts= viertel, den ich von Ettels Zeiten her kannte. Äußerlich war die Veränderung gegenüber dem Leben in Schemiran nicht groß. Wir waren nach wie vor Gefangene, das Gebäude wurde von Militär und persischer Polizei streng bewacht, und der kleine Gesandt= schaftsgarten, unter dessen mageren Kiefern wir uns frei ergehen durften, war von einer mindestens drei Meter hohen Mauer umgeben.

Ich entsinne mich deutlich: Es war an einem Mittwochmorgen, ich saß allein auf einer Bank in diesem Garten, als ich plötzlich wußte: Am Sonnabendmorgen um neun werdet ihr an die Engländer aus= geliefert. Ich hatte keine Stimme gehört, auch keine Erscheinung gehabt, und es wäre eine Übertreibung, zu behaupten, daß diese Erkenntnis wie eine blitzartige Erleuchtung in mich eingeschlagen wäre. Ich wußte eben nur, genau so deutlich, als wenn mir's jemand gesagt hätte: Am Sonnabend um neun werdet ihr ausgeliefert.

Ich ging ins Haus zurück und erzählte meiner Frau davon. Sie nahm meine Eröffnung durchaus ironisch auf. „Ich habe ja in unserer zwanzigjährigen Ehe allerlei überraschend neue Seiten an dir entdeckt", sagte sie, „aber daß du jetzt auf deine alten Tage noch den Ehrgeiz entwickeln willst, hellzusehen, überrascht mich doch..."

Sie lachte — und ich lachte auch. Doch insgeheim beschloß ich, alle Vorbereitungen für unsere Flucht zu treffen. Ich war selber sehr skeptisch gegenüber meiner „Privatoffenbarung", aber es erschien mir richtig, auch für den schlimmsten Fall gerüstet zu sein. Zunächst war es notwendig, Helfer zu gewinnen.

Unter dem Personal der Gesandtschaft, das die Schweden zum Teil von den Deutschen übernommen hatten, war mir ein junger persischer Chauffeur aufgefallen. Er war von einer Dienstbereit= schaft, die über das normale Maß hinausging. Er hatte gelegentlich kleine Besorgungen für uns in der Stadt erledigt, und als ich ihm ein Trinkgeld anbot, hatte er, beinahe entrüstet, abgelehnt. „Trau= rig genug, daß Sie gefangen sind", hatte er gesagt und meine Frau mit einem Blick angesehen, in dem sich Mitleid, Ergebenheit und Bewunderung mischten.

Er hieß Akbar Niri. Ich lauerte ihm auf, als er von einer Aus= fahrt zurückkam und verwickelte ihn vor der Garage in ein längeres Gespräch. Mein Instinkt hatte mich richtig geleitet. Akbar Niri war ein Mann von der Milli Mudafai, er kannte Wasiri gut, und er hatte bei der Brautfahrt Oberst Schamils aus Täbris heraus am Steuer gesessen. Auch den Abtransport der deutschen Frauen und Kinder zur türkischen Grenze hatte er mitgemacht, und er erzählte mir, flammend vor Empörung, wie russische Flintenweiber die Autokolonne angehalten und die Insassen ausgeplündert hatten.

Nach dieser so günstig verlaufenen Sondierung des Terrains hatte ich keine Hemmungen mehr, meine Karten offen auf den Tisch zu legen.

„Meine Frau und ich sollen am Sonnabend früh den Engländern ausgeliefert werden", sagte ich. „Wir wollen vorher fliehen. Kön= nen Sie uns behilflich sein?"

Er schüttelte energisch den Kopf. Ich erschrak, und erst Sekunden später fiel mir ein, daß Kopfschütteln in der persischen Mimik ein „ja" bedeutet. Im gleichen Augenblick sagte Akbar auch schon: „Sie können sich vollständig auf mich verlassen ... Was soll ich tun?" Man sah es seinen Augen an und hörte es an seinem Ton, daß er darauf brannte, uns zu helfen.

„Sie müßten Wasiri verständigen", sagte ich, „er kennt uns gut ... vielleicht, daß er eine Zuflucht für uns weiß."

„Gemacht", sagte er und schickte sich an, sofort wieder in seinen Wagen zu steigen. Ich hielt ihn zurück. „Und dann", sagte ich, „müßte man versuchen, unseren Wagen wiederzukriegen. Er steht oben in Schemiran, auf dem Autofriedhof vor der deutschen Sommergesandtschaft." Ich nannte ihm die Fabrikmarke und die Nummer.

„Gemacht", sagte er wieder und tippte an die Mütze. „Sie können sich vollständig auf mich verlassen." Sein Herz war offen= bar größer als sein deutscher Wortschatz. Er gab Gas, und ich sah dem großen Diplomatenwagen nach, wie er langsam durch das geöffnete Gittertor hinausglitt. Der persische Militärposten präsen= tierte, als er vorbeifuhr. Dann kehrte ich ins Haus zurück und berichtete meiner Frau von dem Gespräch mit Akbar Niri.

Den nächsten Tag verbrachten wir in nervöser Hochspannung. Aber es geschah nichts. Einmal sah ich Akbar Niri, doch er befand sich in Begleitung des Gesandten und nickte mir nur von weitem mit dem Lächeln eines Verschwörers zu.

„Hältst du es wirklich für richtig, daß wir lediglich auf Grund deiner inneren Stimme das Risiko einer Flucht auf uns nehmen?" fragte meine Frau. Ich zuckte die Achseln. Ich war selbst unsicher geworden. Wir waren beide Menschen, die fest mit ihren Beinen auf dieser Erde standen, und ich hatte bisher immer Spiritismus, Telepathie und alles, was damit zusammenhing, als faulen Zauber abgelehnt. Der Tag — es war der Donnerstag — verlief also ohne jegliches Ereignis.

Am Freitagmorgen saßen wir gerade beim Frühstück in der großen Halle, als Akbar Niri erschien. Er kam an unseren Tisch heran, in seiner schmucken, deutschen Chauffeursuniform und sagte laut: „Hier bringe ich das Konfekt für die gnädige Frau und die Zigaretten für Herrn Konsul." Aber während er uns mit einer Verbeugung die beiden Päckchen über den Tisch zureichte, flüsterte er: „Heute abend um sechs ... an der Ecke Rezah=Schah und Firdusi=Straße ... Ihr Wagen wartet..."

„Und eine Bleibe für uns?" fragte ich ebenso leise zurück.

„Ist besorgt", murmelte er.

Eine Tür öffnete sich, der blonde Legationsrat kam auf unseren Tisch zu. Akbar Niri richtete sich auf und sagte laut, im Ton eines Soldaten, der einen soeben erhaltenen Befehl wiederholt: „Also ... eine Leibbinde für den Herrn Konsul, ein halbes Dutzend Taschentücher, Nivea=Seife und Eau de Cologne 4711 für die gnädige Frau." Er salutierte stramm und trat ab.

Schien mir's nur, oder war es wirklich so, daß der Legationsrat zögernd herankam und uns verlegen musterte?

„Ich muß Ihnen eine bedauerliche Mitteilung machen", sagte er, an unseren Tisch herantretend, ohne uns anzusehen, „der Herr Gesandte hat sich leider genötigt gesehen, dem Auslieferungs= begehren Englands stattzugeben. Sie werden morgen einer briti= schen Kommission übergeben."

„Wann?" fragte ich. Meine Stimme kam rauh aus enger Kehle.

Der Legationsrat sah mich erstaunt an. „Morgen früh um neun", sagte er.

Ich blickte zu meiner Frau hin, unsere Augen begegneten sich. Im Raum lastete schweres Schweigen. „Es ist mir natürlich sehr fatal", sagte der Schwede halblaut. Er fing an, nervös in der Halle auf und ab zu wandern...

Plötzlich sagte meine Frau, und ihre Worte klangen hell und hart in den Raum, fast wie ein Befehl. „Ich werde meinen Mann begleiten ... auch in die Gefangenschaft."

Sie wandte sich an den Legationsrat: „Ich habe eine Bitte an Sie ... da wir doch wahrscheinlich nach Australien verschifft wer= den, möchte ich vorher meine Zähne in Ordnung bringen lassen... Ich will nicht riskieren, daß man mich eines Zahnes wegen als nicht tropenfähig zurückweist... Darf ich also gleich jetzt einen Zahnarzt aufsuchen?"

Der Legationsrat zögerte.

„Mein Mann bleibt ja hier in Ihrem Gewahrsam", die Ironie ihres Tones war unverkennbar, „und außerdem können Sie mir noch einen Polizisten zur Begleitung mitgeben, wenn Sie das beruhigt."

Offenbar fühlte der Schwede sich beschämt.

„Aber selbstverständlich, gnädige Frau", sagte er, mit etwas überstürzter Höflichkeit, „ich werde sofort Dr. Stumpf anrufen... einen ausgezeichneten Schweizer Zahnarzt... er wohnt nicht allzu weit von hier."

„Danke", sagte meine Frau. Der Legationsrat telefonierte, und dann ließ er einen uniformierten Diener kommen. „Der Mann wird Sie begleiten, gnädige Frau", sagte er, „Sie können bei Dr. Stumpf sofort ankommen." Wir standen auf und verabschiedeten uns knapp und kühl.

„Heute abend Nachbehandlung", flüsterte meine Frau, während ich sie zur Haustüre brachte. Der Diener, ein graues Männchen in Livree, ging drei Schritte hinter uns.

Sobald meine Frau fort war, suchte ich Akbar Niri in der Garage auf. Wir verabredeten, daß er unser Fluchtgepäck, zwei kleine Handkoffer, bei der nächsten Fahrt in die Stadt im Wagen des schwedischen Gesandten mitnehmen sollte. Ich erkundigte mich nach unserem Zufluchtsort. „Wasiri hat alles geordnet", sagte er, „Ihr Fahrer Hamdullah weiß Bescheid." Ich entsann mich, daß Wasiri beim Abschied in Täbris Hamdullahs Namen genannt hatte. „Auch ein Mann von der Milli Mudafai?" fragte ich. „Natürlich", sagte Akbar und grinste.

Es kam jetzt alles darauf an, zu erkennen, wie die Lage in der Gesandtschaft am Nachmittag sein würde. Ich ging wieder vor in die Halle und holte mir aus der Handbibliothek ein paar Bücher über Völkerrecht. Damit setzte ich mich an einen Tisch, die Bücher lagen aufgeschlagen vor mir. Als der blonde Legationsrat durch die Halle eilte, hielt ich ihn an.

„Verzeihung, Herr Legationsrat, ich bin gerade dabei" — ich deutete auf die Bücher —, „mich über die rechtlichen Grundlagen unserer Auslieferung zu unterrichten. Wäre es möglich, daß mir der Herr Gesandte über diesen Gegenstand heute nachmittag eine kurze Aussprache gewährt?"

Er war sichtlich unangenehm berührt. „Ich werde fragen", sagte er und verschwand in Ettels Zimmer. Er kam sehr schnell wieder. „Leider unmöglich", sagte er, „der Gesandte ist heute nachmittag beim persischen Innenminister eingeladen."

„Und Sie?"
„Ich bin leider auch dienstlich verhindert ... auch eingeladen."
Er stotterte etwas, und die milchige Haut seines Gesichts rötete sich leicht. „Und im übrigen", setzte er hastig hinzu, „würde eine solche Aussprache an den Tatsachen auch nichts mehr ändern können..."
Ich bemühte mich, bitter aufzulachen. „Also Macht geht vor Recht", sagte ich und klappte ostentativ meine Bücher zu.
Nach zwei Stunden kam meine Frau wieder. Sie hielt ein blut= getränktes Taschentuch an den Mund gepreßt, und auf dem taubengrauen Stoff ihres Kleides waren ein paar dunkle Flecken sichtbar. Wir zogen uns sofort in unser Zimmer zurück.
„Da", sagte sie und hielt mir auf der offenen Handfläche einen Zahn hin, „das erste Opfer auf dem Altar unserer Freiheit." Sie lächelte mit schiefem Munde, und ich gab ihr einen Kuß. Dann erzählte ich ihr, was ich inzwischen erkundet hatte. „Wir müssen jetzt gleich nach vorn gehen", sagte ich, „und du mußt den Lega= tionsrat fragen, ob du heute abend den Zahnarzt zur Nachbehand= lung nochmal aufsuchen darfst. Und dabei müssen wir's unbedingt so einrichten, daß der erste Sekretär das Gespräch mithört. Es ist ein Perser, Meikadeh, und wenn der Gesandte und der Legations= rat nicht da sind, führt er hier das Regiment..."
Wir gingen also in Meikadehs Büro und verlangten, den Lega= tionsrat zu sprechen. Herr Meikadeh war sofort erbötig, ihn zu suchen, aber ich sagte: „Oh, wenn wir dürfen, warten wir hier ... meine Frau ist ziemlich angegriffen ... und als Gefangene haben wir ja viel Zeit."
Herr Meikadeh schenkte uns einen mitleidigen Blick und ge= stattete uns, zu bleiben.
Wir warteten. Es dauerte etwa eine halbe Stunde, bis der Lega= tionsrat auftauchte. Ich erhob mich und trug ihm die Bitte meiner Frau vor. Sie selbst saß, das blutige Taschentuch an die Lippen gepreßt, ein Bild stummen Schmerzes, im Hintergrund.
„Aber das ist doch ganz selbstverständlich, gnädige Frau", der Legationsrat überschlug sich förmlich vor Liebenswürdigkeit, „wenn Sie wünschen, können wir Sie im Wagen hinbringen

lassen." „Oh, danke, das ist nicht nötig", murmelte meine Frau. Auch ich bedankte mich gemessen. Wir gingen. Wir waren wirklich dankbar, und das beste war, Herr Meikadeh hatte alles mit angehört.

Der Nachmittag verging qualvoll langsam. Um drei Uhr fuhr der Gesandte weg, um halb vier der Legationsrat. Wir schrieben einen Brief an unsere Kinder, und dann entwarf ich eine Dankadresse an den schwedischen Gesandten.

„Als Dank für die gewährte Gastfreundschaft", schrieb ich, „wollen wir Ew. Exzellenz die Schande ersparen, Schutzbefohlene der schwedischen Krone unter Bruch des Völkerrechts ihren Feinden ausgeliefert zu haben." Meine Frau fand das zwar ziemlich gemein, aber ich konnte mir diese kleine Genugtuung nicht versagen.

Kurz vor sechs gingen wir wieder nach vorn, in Herrn Meikadehs Büro. Wir hatten unsere Regenmäntel in eine Aktentasche gepackt, um schnell einen oberflächlichen Kostümwechsel vornehmen zu können. Unser Zimmer blieb leer zurück, nur der Brief an den Gesandten lag, aufreizend weiß, auf der gelbseidenen Steppdecke des einen Betts.

Es dämmerte schon, als wir Meikadehs Büro betraten. Eine Lampe mit grünem Schirm brannte. Meine Frau hatte ihren Kopf an meine Schulter gelehnt und stöhnte leise.

„Meine Frau muß unbedingt noch einmal den Zahnarzt aufsuchen", sagte ich. „Die Wunde hat wieder angefangen zu bluten und muß frisch tamponiert werden."

Meikadeh war sofort bereit. Er klingelte, und ein Gesandtschaftsdiener erschien, es war dasselbe graue Männchen, das meine Frau schon am Vormittag begleitet hatte. Meikadeh sprach persisch mit ihm.

„Würden Sie gestatten", fragte ich, „daß ich meine Frau begleite? ... Sie sehen ihren hilflosen Zustand ... ich fürchte, daß sie unterwegs kollabiert ..."

Meikadeh sah mich an. Das Licht der Schreibtischlampe beleuchtete von unten her sein Gesicht, und mit einem gewissen Erschrecken erkannte ich am Blick seiner klugen dunklen Augen, daß er unser Spiel durchschaut hatte.

„Sie sind ja gedeckt durch die Erlaubnis des Legationsrats", sagte ich schwach.

Er machte eine abwehrende Bewegung. Er sah stumm von meiner Frau zu mir. Ich spürte, wie meine Frau anfing, zu zittern. Dann, nach langen, bangen Sekunden, öffnete Herr Meikadeh seinen Mund und sagte: „Gehen Sie ... und Gott möge Sie beschützen!" Er wandte sich wieder seiner Arbeit zu, als wenn wir nicht mehr vorhanden wären.

„Dank, tausend Dank", sagte ich bewegt. Aber Herr Meikadeh schrieb weiter, ohne aufzublicken. „Adieu", murmelte er.

Links von mir, rechts von dem Gesandtschaftsdiener gestützt, ging meine Frau, an den Wachen vorbei, hinaus auf die Straße. Solange die Gesandtschaft in Sicht war, behielt sie die Pose der Hilflosigkeit bei, aber hinter der nächsten Straßenecke erholte sie sich zusehends, und wir schritten munter aus.

Das Haus, in dem Dr. Stumpf wohnte, war ein altes, europäisches Etagenhaus. Stumpf praktizierte im ersten Stock. Der Gesandt= schaftsdiener und ich warteten unten im Hausflur und ließen meine Frau allein die Treppe hinaufgehen. Sie hatte es so gewollt, und der Diener hatte nicht widersprochen.

Wir hörten, wie die Schritte meiner Frau sich nach oben ent= fernten, eine Tür klappte, wir standen allein in dem halbdunklen, steingepflasterten Flur. Es war kühl und roch ein bißchen moderig. Oben, hinter dem ersten Treppenabsatz stand meine Frau auf der Lauer, das wußte ich.

Ich bot dem kleinen Mann eine Zigarette an. „Können Sie eigentlich boxen", fragte ich nebenbei.

„Nein", sagte er und brannte sich die Zigarette an.

„Ich kann's", sagte ich. „Aber es wäre kein fairer Kampf. Ich bin mindestens zwanzig Jahre jünger und bringe fünfzig Pfund mehr in den Ring."

Ich konnte sein Gesicht in der Dunkelheit nicht erkennen, aber das Leuchtpünktchen seiner Zigarette machte plötzlich ein paar merkwürdig zittrige Bewegungen wie ein betrunkenes Glüh= würmchen.

"Sehen Sie", sagte ich, "meine Frau und ich sollen morgen an die Engländer ausgeliefert werden. Das ist eine große Schweinerei. Denn wir haben Diplomatenpässe. Und Sie, ein freier Perser, geben sich als Helfershelfer her für so eine Gemeinheit. Wie lange haben Sie eigentlich in deutschen Diensten gestanden?"
"Zwölf Jahre", stammelte es aus der Dunkelheit zurück. Der alte Mann fing an, mir leid zu tun, und ich beschloß, das rohe Spiel abzukürzen.

"Also gut", sagte ich, "ich sehe natürlich ein, daß Sie uns nicht einfach laufen lassen können. Aber ich mache Ihnen einen Vor= schlag: Wir gehen jetzt — und wenn wir weg sind, geben Sie sich selber einen Kinnhaken. Und nachher erzählen Sie, ich hätte Sie niedergeschlagen. Ein kleines Schmerzensgeld habe ich gleich mit= gebracht." Ich griff in meine Jackettasche, wo ich fünfhundert Toman für diesen Fall bereit hielt. Eine Hand kam aus der Dunkel= heit und ergriff die Scheine.

"Es sind fünfhundert Toman", sagte ich. Dann rief ich halblaut nach meiner Frau. Sie kam sofort die Treppe heruntergehuscht. Wir zogen uns die Regenmäntel über. "Vielen Dank, und leben Sie wohl", flüsterte meine Frau.

"Leben Sie wohl, Madame", sagte er. Seine Stimme klang schon wieder ganz normal. Wir traten hinaus ins Freie. Als wir ein paar Schritte gegangen waren, hörten wir aus dem Hausflur hinter uns einen dumpfen Fall und lautes Stöhnen. "Der brave Alte verdient sich sein Schmerzensgeld redlich", sagte meine Frau.

Wir schlenderten Arm in Arm die Straße entlang. Ab und zu blieben wir vor einem erleuchteten Schaufenster stehen. Ich sah mich vorsichtig um, niemand folgte uns. Wir sprachen russisch miteinander, wir sprachen laut, belangloses Zeug, und manchmal lachten wir ganz unmotiviert.

An der Ecke der Firdusi= und Rezah=Schah=Straße wartete mit abgeblendeten Lichtern unser Wagen. Ich konnte ihn schon von weitem erkennen. Daneben auf dem Bürgersteig standen zwei Männer, dunkle Schattengestalten. Wir kamen näher — und siedend heiß durchfuhr mich der Schreck: Der eine von den beiden war ein persischer Polizist. War das Verrat? Im gleichen Augenblick zuckte der Arm meiner Frau in meinem, sie blieb stehen. Wir waren etwa dreißig Meter von den beiden entfernt.

„Nicht stehen bleiben", raunte ich ihr zu. Wir gingen weiter, mit schweren Füßen, die Steine des Bürgersteigs schienen sich in einen zähflüssigen Brei verwandelt zu haben. Ich erzählte einen armenischen Witz aus Thielickes Vorrat auf russisch: „Lache!" zischte ich meiner Frau zu, und sie lachte, laut und lange.

Wir gingen an den beiden vorbei. Der eine, kleinere, der Zivilist, starrte mir unter dem Rand seiner grauen Schiebermütze mit frechen schwarzen Augen gerade ins Gesicht, der Polizist hatte uns den Rücken zugekehrt. Wir gingen geradeaus, immer die Firdusistraße entlang. Hinter uns hörten wir, wie ein Wagen anfuhr. Er wendete, er fuhr hinter uns her. „Nicht umgucken", sagte ich zwischen den Zähnen, dann hatten seine Scheinwerfer uns erreicht, und dann schob sich die dunkle Karosserie langsam dicht neben uns an der Bordschwelle entlang.

Der Mann in der grauen Schiebermütze streckte den Kopf heraus. „Schnell einsteigen", sagte er. Er sprach russisch und — Hoffnung flammte auf — er saß allein im Wagen. Wir stiegen ein, meine Frau in den Fond, ich vorn neben dem Führersitz. Der Fahrer gab Gas, der Wagen schoß davon.

„Sie sind ...?" fragte ich.

„Hamdullah von der Milli Mudafai", sagte er. „Und Sie sind Wasiris Freund, der deutsche Major aus Täbris?"

„Ja", sagte ich.

„Dem da", er deutete mit dem Daumen rückwärts nach der Stelle, wo er mit dem Polizisten gestanden hatte, „war die Nummer aufgefallen. Diplomatenwagen. Gehört dem schwedischen Gesandten, habe ich gesagt." Er grinste.

Im Schein der vorüberhuschenden Straßenlaternen sah ich sein Gesicht. Es war von erschreckender Häßlichkeit. Pockennarbig, und als er lachte, sah man, daß ihm die vorderen Zähne fehlten und die Eckzähne wie zwei lange, spitze Hauer herausragten. Eine wahre Wolfsschnauze.

„Und wo bringen Sie uns hin?" fragte ich.

„Zu Freunden ... ins Gebirge", sagte er. „Asgard ist Wilderer,

aber ein feiner Kerl. Sie können sich unbedingt auf ihn verlassen
... sprechen Sie persisch?"

„Nein."

„Das ist schlimmer", sagte er, „denn Asgard versteht keine andere Sprache."

Wir waren aus der Stadt heraus, und der Wagen begann, in Serpentinen die Hänge des Elbrus=Gebirges emporzuklimmen. Hamdullah fuhr wie der Leibhaftige selber. Gleich einem Renn= fahrer weit nach vorn über das Steuerrad gebeugt, nahm er die Kurven mit einer Geschwindigkeit, daß ich hinten aus dem Fond, wo meine Frau saß, manchmal ein gepreßtes Aufseufzen hörte.

Wir waren allein auf der Straße. Da tauchte vor uns in einer Kurve Licht auf, die grellen Scheinwerfer eines Autos, unabge= blendet, von der Höhe des Berges auf uns zukommend, und gleich dahinter eine ganze Kette von Fahrzeugen. Russische Lkw's — in langer Kolonne. Hamdullah mäßigte die Geschwindigkeit, und wir hörten unverkennbar das rasselnde Geräusch von Panzern.

Wie eine Herde riesiger zyklopischer Ungetüme schoben sich die grauen Wagen an uns vorbei. In der nächsten Straßenkehre gab es einen Aufenthalt. Der Panzer, der die Nachhut bildete, hatte die Kurve nicht richtig nehmen können und blockierte die Durch= fahrt. Um ein Haar wären wir mit ihm zusammengerannt.

Hamdullah beugte sich zum Wagenfenster hinaus und begann zu schimpfen. Ein ganzer Sturzbach von russischen Flüchen und Verwünschungen entströmte hemmungslos seinem zahnlosen Munde. Ich zupfte ihn am Ärmel, aber über die Schulter weg flüsterte er mir zu: „Wenn ich nicht schimpfe, machen wir uns verdächtig", — und brüllte weiter.

Dicht vor uns ragte die stählerne Wand des Kolosses auf. Ein Soldat war ausgestiegen und winkte den Fahrer ein, der vorsichtig das schwere Fahrzeug rückwärts manövrierte. Als Hamdullah immer weiter schimpfte, wandte der Soldat sich um: „Setz deinen Hintern in den Schnee, Väterchen", schrie er, „das zieht die Wut aus dem Kopp!" Dann kletterte er lachend durch die Seitentür in sein stählernes Gehäuse zurück, der Panzer fuhr weiter, die Passage war frei.

„Das hätte auch anders auslaufen können", sagte ich vorwurfs=
voll. Aber Hamdullah schüttelte grinsend den Kopf. „Ich kenne
die Russen", sagte er. „Wer sich's leisten kann, zu schimpfen, hat
ein gutes Gewissen, denken die ..."
Der Wagen hatte die Paßhöhe erklommen. Die Straße lag glatt
und eben und völlig leer vor uns. Nach etwa drei Kilometern
begann Hamdullah, die Geschwindigkeit zu mäßigen. Und beinahe
in demselben Augenblick erhob sich aus dem Straßengraben eine
lange dürre Gestalt, trat auf die Mitte der Chaussee und winkte uns.
Es war Asgard.

Im Licht unserer Scheinwerfer sah er verwegen genug aus. Un=
rasiert, mit langen, graumelierten Bartstoppeln, die runde persische
Filzkappe weit in den Nacken geschoben, starrte er, vom Licht
geblendet, mit zusammengekniffenen Augen ins Wageninnere,
was seinem Gesicht einen listigen und ziemlich bösartigen Aus=
druck verlieh.

Hamdullah stieg aus und sprach persisch mit ihm, dann winkte
er uns. Als wir auf der Straße standen, verbeugte sich Asgard vor
uns, vor jedem dreimal, tief, mit über der Brust gekreuzten Händen.

Es wehte kalt hier oben, und die Nacht war dunkel und sternlos.
„Der Aul, in dem Asgard wohnt, liegt ungefähr dreihundert Meter
unterhalb der Straße", erklärte Hamdullah, „ich bringe Sie noch
hin." Er ergriff unsere beiden Koffer, und dann begann der Abstieg.

Es war eine steile, ziemlich glatte Rasenböschung. Asgard ging
voran, er half meiner Frau, dann folgte ich, und nach mir kam
Hamdullah mit den Koffern. Wir sprachen nicht, man mußte die
ganze Aufmerksamkeit darauf konzentrieren, auf dem glatten
Hang nicht ins Rutschen zu kommen. Der Abstieg in die finstere
Schlucht erschien mir endlos.

Endlich standen wir auf ebener Erde. Ich stampfte ein paarmal
kräftig auf, um die Lehmbrocken von meinen Schuhsohlen zu ent=
fernen. Aber schon ließ Asgard ein warnendes Zischen hören,
und Hamdullah dolmetschte: „Vorsicht! Leise auftreten! Wir
stehen auf dem Dach eines Hauses ..." Für eine Sekunde knipste
ich meine Taschenlampe an. Sie beleuchtete eine bizarre Kulisse:
Über uns, treppenförmig an den Steilhang geklebt, aufeinander=

getürmte Häuschen, und auch nach unten schien sich dieses Trep=
pendorf noch tief in den Abgrund hinabzuziehen.

„Licht aus", warnte Hamdullah. Schweigend, auf Zehenspitzen,
schlichen wir hinter Asgard her. Vor einer verhängten Glastür,
durch die ein schwacher Lichtschimmer drang, machte er Halt,
klopfte. Leise klirrend öffnete sich die Tür, eine Frau in Kasak und
langem Rock erschien auf der Schwelle. Sie hielt einen Zipfel ihres
Tschadors, des weißen, schleierartigen Kopftuches der Perserinnen,
mit den Zähnen fest, wohl eine Art symbolischer Verhüllung. Wir
traten ein, zwei kleine Räume, Bodenkammern ähnlich, nur der
vordere war von einer Kerze dürftig erhellt, der hintere versank
in Dunkelheit. Asgard sagte im Flüsterton etwas zu seiner Frau,
und sie verbeugte sich schweigend vor uns, Stirn, Mund und Herz
mit der rechten Hand berührend.

„Ihr Asyl", raunte Hamdullah. Wir sahen uns um. Die Ein=
richtung war mehr als dürftig. Ein alter Tisch, zwei schiefe Stühle,
ein paar dünne Schlafteppiche, sonst nur nackte Lehmwände und
die breite Glastür, durch die wir hereingekommen waren und die
mit einem alten Kelim verhängt war.

Asgard sagte etwas zu Hamdullah, und Hamdullah dolmetschte
wieder. „Sie dürfen bei Tage diesen Raum nie verlassen", sagte
er, „und Sie müssen sehr vorsichtig sein. Nicht husten, nicht niesen
und nicht laut sprechen. Der Fußboden ist dünn, und ins Haus
kommen Leute, die nichts von Ihrer Anwesenheit ahnen dürfen.
Asgard und seine Frau bringen Ihnen alles, was Sie brauchen."

Hamdullah verabschiedete sich. „In ein paar Tagen komme ich
wieder", sagte er. „Ja, kommen Sie bald!" sagte meine Frau.
Asgard schloß vorsichtig hinter ihm die Glastür.

Dann standen wir uns gegenüber, zwei wildfremde Menschen=
paare, die kein Wort miteinander reden konnten. Wir standen da
und starrten uns mit verlegenem Grinsen an. Schließlich verbeugte
ich mich und berührte mit der Rechten Stirn, Mund und Herz.
Meine Frau machte es mir nach, und das Ehepaar Asgard tat das
gleiche mehrfach, wobei sie sich unter Verbeugungen in den zwei=
ten dunklen Raum zurückzogen.

Hier hoben sie einen Lukendeckel auf und verschwanden über eine Leiter in der Tiefe, sie ging voran, er hinterher. Noch einmal grinste uns sein Gesicht in Fußbodenhöhe freundlich an, dann schloß sich der Lukendeckel über ihm.
Wir waren allein, allein und frei.

* * *

Das Leben, das nun begann, war so seltsam und unwirklich wie im verdunkelten Zuschauerraum eines leeren Theaters. Da Asgard offenbar befürchtete, daß uns Dorfbewohner vom Flachdach aus sehen könnten, blieb die Glastür auch tagsüber verhängt, und so herrschte in unserem kleinen Raum immer ein magisches Halb= dämmer. Ein Glück für uns, daß die Kelims so alt und faden= scheinig waren, sonst hätten wir völlig im Finstern gesessen.

Nur durch ein Guckloch in unserem Vorhang konnten wir an dem teilnehmen, was draußen, auf der Bühne der Welt, vor sich ging. Es war ein bukolisches Schauspiel. Uns gegenüber reckte sich mächtig der Nordhang des Dotschal empor, bis zur halben Flanke bedeckt mit einer Schabracke von dunklem Gehölz und smaragd= grünen Almen. Dorthin wurden morgens mit Geblök und Glocken= gebimmel die Herden des Dorfes getrieben, und von dort her kehrten sie abends heim, ein grauer Strom von Schafen und Ziegen, der sich am Dorfeingang teilte und in einzelnen dünnen Rinnsalen in die heimatlichen Ställe floß. Wir sahen die Bauern mit ihren primitiven Geräten in Feldern und Gärten arbeiten, wir sahen das Licht der Sonne über das riesige graue Zifferblatt des Berghangs wandern, und abends flammten auf allen Dächern des Auls Feuer auf und wurden wie glühende Räder im Kreise geschwungen. Aber niemand konnte uns erklären, was das war. Unser Wirt, dem wir uns durch Zeichen verständlich zu machen suchten, begriff ent= weder unsere Frage nicht, oder, wenn er sie verstanden hatte, konnten wir aus seiner Antwort, aufgeregtem Geschnatter und wilden Gestikulationen, nicht klug werden.

Er besuchte uns fünfmal am Tage. Morgens brachte er uns Waschwasser in einer Kupferkanne, gerade genug, um Gesicht und

Hände zu benetzen. Dann kam das Frühstück, bestehend aus trok=
kenem Fladenbrot, sechs hartgekochten Eiern und einem Samowar
mit Tee. Mittags gab es wieder Tee, sechs hartgekochte Eier und
trockenes Fladenbrot und abends sechs hartgekochte Eier, Fladen=
brot und Tee. Ich suchte ihm begreiflich zu machen, daß uns eine
Abwechslung des Speisezettels erwünscht wäre, aber er lachte nur
und sagte: „Ramasan", und mir fiel ein, daß dies der islamische
Fastenmonat war.

Nachts, zwischen elf und zwölf, wenn alle Bewohner des Auls
schon schliefen, erschien er dann nochmals und geleitete uns, fünf=
zig Meter weit über die Flachdächer, zur Toilette. Diese Toilette
war offenbar ein Gemeinschaftsunternehmen des Dorfes, an dem
wir nur heimlich, als stille Gesellschafter, teilhaben durften. Auf
Zehenspitzen schlichen wir hin, atmeten tief die klare, kalte Nacht=
luft ein, suchten unsere eingerosteten Glieder durch ein paar Frei=
übungen wieder gelenkig zu machen und kehrten wieder in unsere
Grotte der Dämmerung und des Schweigens zurück, in der, außer
den Geräuschen der Außenwelt, dem monotonen Murmeln eines
Bergbachs, den Stimmen der Familie unter uns und gelegentlich
unserem eigenen Gewisper, nichts zu hören war.

Am zweiten Tage nach dem Mittagessen — es gab Eier, Fladen=
brot und Tee —, als Asgard erschien, um das Geschirr abzuräumen,
hielt ich ihn an einem Zipfel seiner Jacke zurück. Ich deutete auf
den Samowar in seinen Händen, auf den Tisch, die Stühle und
den Teppich und nannte jedesmal das deutsche Wort für den Ge=
genstand, auf den ich hinwies. Er begriff erstaunlich schnell, was
ich wollte. Er stellte das Geschirr ab, ließ sich im Schneidersitz auf
dem Teppich nieder, und nannte flüsternd die entsprechende per=
sische Bezeichnung, die wir gedämpft im Chorus wiederholten,
und die ich dann dem Klang nach in deutschen Buchstaben auf=
schrieb. So begann unser persischer Unterricht, der etwas Ab=
wechslung in die Monotonie unseres Tagesablaufs brachte. Auch
Asgard schien Spaß daran zu finden, denn er dehnte die Lektion
täglich länger aus.

Endlich, am Nachmittag des fünften Tages, besuchte uns Ham=
dullah. Noah kann die Taube mit dem Ölzweig im Schnabel nicht

freudiger empfangen haben, als wir das pockennarbige Gesicht begrüßten, das sich da grinsend durch den geöffneten Lukendeckel zu uns hereinschob.

Wir fielen sofort mit Fragen über ihn her, und glücklicherweise hatte er einen Sack voll Nachrichten aus Teheran gebracht. Unsere Flucht hatte viel Staub aufgewirbelt, englische und persische Polizei suchten uns gemeinsam, Razzien wurden veranstaltet, und überall in den persischen Polizeiwachen hing jetzt neben Mayrs Steckbrief, der gleichfalls auf rätselhafte Weise verduftet war, mein Bild. Zu meiner Genugtuung das vergrößerte Paßphoto des Konsulatssekretärs aus Täbris, mit schwarzem Haar und Hornbrille, während ich die Brille längst abgelegt hatte und schon wieder anfing, zu erblonden.

Auch über das, was sich nach unserem Abschied in der Gesandtschaft ereignet hatte, wußte Hamdullah Bescheid. Akbar Niri hatte ihm alles erzählt. Der schwedische Gesandte hatte das gesamte Personal antreten lassen und ein langes Verhör angestellt. Der alte Gesandtschaftsdiener war aufgetreten mit geschwollener Nase und blutbefleckter Livree, und hatte eine dramatische Schilderung gegeben von dem rohen Überfall, den ich auf ihn verübt hatte. Unter meinen Faustschlägen war er ohnmächtig zusammengebrochen und erst nach Stunden wieder zum Bewußtsein erwacht.

Schließlich wurden der Legationsrat, der erste Sekretär, die Torwachen und der Gesandtschaftsdiener für schuldig befunden. Aber da jeder einzelne nur einen Bruchteil der Verantwortung trug und jedem Kulpanten nur Fahrlässigkeit und kein Vorsatz nachzuweisen war, rauschte die Untersuchung mit einem majestätischen Donnerwetter vorüber.

Wir hätten Hamdullah gern noch länger bei uns behalten, aber da sein Wagen herrenlos oben auf der Chaussee stand, drängte er zur Abfahrt. Wir gaben ihm Grüße mit an Wasiri und Akbar Niri, wir bestellten persische Fibeln und Schiefertafeln und wir baten um Zeitungen, englische, russische, türkische und französische Zeitungen, denn wir lebten abgeschnitten von der Welt wie noch nie, und wir waren ausgehungert nach Nachrichten. Vor allem aber baten wir ihn, bald wiederzukommen. Er versprach alles und ging.

Unser Leben begann jetzt bei aller Eintönigkeit feste Formen anzunehmen. Morgens hörten wir uns gegenseitig persische Vo= kabeln ab und malten mühsam die Striche, Häkchen und Pünktchen des persischen Alphabets auf unsere Schiefertafeln. Das ging so drei Stunden lang bis zum Mittag, und nachmittags hatten wir zwei Stunden Unterricht bei unserem Lehrer Asgard. Nach vier Wochen waren wir soweit, daß wir uns im Stil dreijähriger per= sischer Kinder unterhalten und einfache Meldungen in persischen Zeitungen übersetzen konnten.

Hamdullah hielt sein Versprechen. Er kam zweimal in der Woche und brachte Zeitungen und mündliche Nachrichten aus der großen Welt mit. Der Schah war abgesetzt und sollte von den Engländern auf eine einsame Insel deportiert werden. In Teheran waren Hungerunruhen ausgebrochen, Wasiri hatte das zerrissene Netz der Milli Mudafai wieder geflickt und war so eifrig wie kaum je zuvor —, und für uns das Wichtigste: der deutsche Vormarsch in Rußland hatte das Tempo des Blitzkrieges angenommen, und überall in den Kreisen der persischen Patrioten begann man, die Lage zu diskutieren, die sich aus einem deutschen Vorstoß bis zum Kaukasus und dem nachfolgenden Einmarsch der Deutschen in Persien ergeben könnte.

Ich drängte auf Rückkehr nach Teheran, aber Hamdullah ver= tröstete mich mit der alten orientalischen Spruchweisheit:

Alles, ihr Freunde, hat seine Zeit,
Tätig sein, ruhen, Freude und Leid.

Doch dann kam, uns selbst überraschend, die Stunde, die das Gleichmaß dieses schattenhaften Daseins jählings unterbrach.

Eines Nachmittags — es war in der fünften Woche unserer frei= willigen Gefangenschaft — hörten wir in der Wohnung unter uns ungewohnte Bewegung. Türen klappten, die Tritte und das dumpfe Gemurmel vieler Stimmen wurden hörbar, und dann ein Weinen, das, von hohen, spitzen Schreien unterbrochen, zu einem langen eintönigen Geheul anschwoll und wie die Ahnung kommenden Unheils an unseren Nerven riß.

Das Schlimmste für uns war, daß wir nicht erfahren konnten, was geschehen war, und so unseren ungewissen Befürchtungen ausgeliefert blieben. Endlich, mit Einbruch der Dämmerung, schienen die meisten Leute unten das Haus zu verlassen, und wenige Minuten später öffnete sich der Lukendeckel und in dem dunklen Spalt tauchte der Kopf unserer Wirtin empor. „Mord ast", sagte sie und verschwand wieder. Hieß das: Gestorben oder ermordet? und wer war's? Asgard selber? Und was würde dann aus uns werden? Noch leiser als gewöhnlich tauschten wir unsere bänglichen Vermutungen aus.

Doch zur Stunde des Abendbrots erschien Asgard. Mit einem von Weinen verschwollenen Gesicht stammelte er: „Mader — am mord ast." Seine Mutter war also gestorben, und mit einer gewissen egoistischen Erleichterung kondolierte ich ihm.

Die Tote wurde noch am gleichen Abend beerdigt. Da das Trauergefolge sich in Asgards Haus versammelte, mußten wir ohne Kerze im Dunkeln sitzen. Von unten herauf erscholl das taktmäßige Geschrei der professionellen Klageweiber, in kurzen Intervallen aussetzend, um dann erneut mit grellem Fortissimo anzuheben. Es war erschütternd und abstoßend zugleich, und wir waren froh, als der geräuschvolle Trauerzug sich entfernte und die Stimmen, langsam schwächer werdend, in der Ferne verklangen.

Doch unsere selbstsüchtige Freude war verfrüht gewesen. Wie ein Stein, ins stille Wasser geworfen, zog dieser Todesfall Kreise, die auch unser geruhiges Leben hier berührten und uns schließlich wieder in den Strom des Geschehens hinaustreiben sollten.

Am Nachmittag des nächsten Tages hörten wir auf dem Dach vor unserer Glastür einen heftigen Wortwechsel. Mehrere Männer schienen sich zu streiten, ein paarmal fiel das Wort „pul — i — siad" — „viel Geld", übersetzte flüsternd meine Frau — dann kam jemand auf die Tür unseres Verstecks zu und rüttelte an der Klinke, daß die Fensterscheiben klirrten.

Wir glaubten, Asgards wütende Stimme aus dem Gezänk herauszuhören, aber wir wagten nicht, unser Guckloch in dem Kelim zu benutzen. Ganz still, ohne uns zu rühren, hockten wir in dem dunklen Hintergrund der Dachkammer.

Dann entfernten sich die Streitenden, und gleich darauf tauchte Asgard aus der Luke empor. Sein Gesicht war rotfleckig vor Er=

regung, und es dauerte beträchtliche Zeit, bis wir aus seinem wil=
den Wortschwall entnehmen konnten, was geschehen war. Es ging
um das Erbe der toten Mutter. Asgards Brüder waren dagewesen
und hatten verlangt, er sollte sie in unsere Dachkammer hinein=
lassen. Sie hatten ihn im Verdacht, daß er die Ersparnisse der Alten
beiseite gebracht hätte und in diesem geheimnisvollen, immer ver=
schlossenen und mit Teppichen verhängten Raum versteckt hielte.
Jetzt waren sie zum Kadchoda, dem Ortsvorsteher, gelaufen, um
zu beantragen, daß eine Kommission der Gemeindeältesten eine
Haussuchung bei Asgard vornehmen sollte.

„Sie müssen weg sein heute abend", sagte er.

Sobald es dunkel geworden war, schlichen wir einzeln, als Perser
verkleidet, zur Toilette, und hier übernahm Asgard die Führung.
Er brachte uns in seinen Garten, ein umzäuntes Grundstück mit
Obstbäumen, das sich, steil abfallend, an der Berglehne hinzog.

„Hier warten!" befahl er, „ich komme wieder und hole Sie,
wenn der Kadchoda weg ist."

Wir blieben allein. Wir setzten uns auf den taufeuchten Rasen
und blickten auf den Aul hinunter, wo gerade wieder das Schau=
spiel der kreisenden Feuerräder begann. Wir wußten jetzt, was
es war: Kleine Drahtkörbe, mit Holzkohle gefüllt, wurden ange=
zündet und an Ketten so lange im Kreise geschwungen, bis die
Kohle durchgeglüht war, um dann im eisernen Becken des Mangal
die Nacht hindurch weiterglühend das Haus zu wärmen.

Wir fröstelten. Der Anblick der wärmenden Herdfeuer dort
unten brachte uns die kühle Feuchte der Nacht und die Verlassen=
heit unserer Lage besonders deutlich zum Bewußtsein.

„Ich glaube, unsere Zeit hier ist bald um", sagte ich.

Meine Frau nickte. Sie saß, in den grauen Tschador gehüllt,
neben mir am Boden und starrte schweigend ins Tal hinunter. Der
Mond stieg hinter uns empor, und aus dem Talgrund dampfte
Nebel auf. Wir sahen, wie das Dorf schlafen ging, Fenster um
Fenster erlosch, und dann leuchteten nur noch Mond und Sterne.

Erst kurz vor Mitternacht kam Asgard zurück. Die Kommission
war noch nicht dagewesen. Aber er hatte den Gemeindeschreiber
mit dem Versprechen einer Steinbockleber bestochen und heraus=

gekriegt, daß sie in drei Tagen „überraschend" bei ihm einfallen würden, wenn der Vorsitzende aus Teheran zurückgekehrt war.

„Dann müssen wir hier weg sein", sagte ich.

Asgard widersprach nicht.

„Sie müssen morgen mit dem Autobus nach Teheran hinunter= fahren, zu Hamdullah. Vielleicht kann er Rat schaffen." Da mein Persisch nicht ausreichte, ihm das deutlich zu machen, mußte ich Zeichensprache zu Hilfe nehmen. Trotzdem verstand er mich über= raschend schnell.

„Ja", sagte er lakonisch.

Am nächsten Morgen in aller Frühe fuhr er los, und am späten Abend war er wieder da. Hamdullah war sofort bereit gewesen, uns zu helfen. Morgen abend, nach Einbruch der Dunkelheit, würde er mit dem Wagen kommen und uns abholen. Wohin er uns brin= gen würde, hatte er Asgard noch nicht sagen können, er mußte erst ein neues Quartier für uns finden.

„Schade", sagte Asgard, wie mir schien, ehrlich betrübt, „aber wenn man Familie hat, ist es sehr schwer, ein guter Freund zu sein."

Fünftes Kapitel

Das neue Asyl, das Hamdullah für uns besorgt hatte, war ein ehemaliges Freudenhäuschen. Es lag in der Schapur=Straße, am Nordrande der Stadt, in einem verrufenen Viertel, das selbst die Polizei ungern betrat, vor allem an Freitagabenden, wenn die spär= lich beleuchtete Straße von den Damen, ihren Freunden und ihrer betrunken randalierenden Kundschaft wimmelte.

Für unsere Zwecke aber war dieser Aufenthalt wie geschaffen. Der Hof und das winzige Gärtchen waren von einer fast vier Me= ter hohen Mauer umgeben, die uns hermetisch gegen die Außen= welt abschloß. Nachbarhäuser aber, von deren Dächern aus man unser Lustgärtchen hätte einsehen können, gab es nicht, so daß wir uns also, nach der wochenlangen Zimmerhaft, zum erstenmal wieder im Freien bewegen und die blassen Strahlen der Novem= bersonne genießen konnten.

Wir bewohnten das kleine Haus, das nur zwei Zimmer und eine gedeckte Halle enthielt, nicht allein. Hamdullah hatte zwei Freunde aus Täbris, den Maurer Mehemed und seinen sechzehnjährigen Sohn Seyfullah, bei uns einquartiert. Sie bildeten eine Art Schutz= garde für uns und traten auch nach außen hin dem Hauswirt gegen= über als Mieter auf, da ich, als steckbrieflich gesuchter Flüchtling, natürlich keinen Kontrakt abschließen konnte.

Mehemed war ein magerer, älterer Mann, der einen verschlos= senen und immer versorgten Eindruck machte. Wir bekamen ihn kaum zu Gesicht. Morgens ging er schon früh zur Arbeit, abends kam er abgemattet heim, wusch sich, aß, was meine Frau gekocht hatte, und ging schlafen.

Dafür widmete sich uns Seyfullah um so intensiver. Er gehörte zur Gilde der Teheraner Schuhputzer, aber jetzt hatte er seinen Beruf aufgegeben. „Uns zuliebe", wie er mit einem treuherzigen Augenaufschlag erklärte. Da wir uns tagsüber auf der Straße nicht sehen lassen konnten, hatte er die Besorgungen für den gemein= samen Haushalt übernommen.

Dies geschah in der Weise, daß er vom Markt zwei Pfund Ham= melfleisch und ein Pfund Reis für die Küche und einen neuen An= zug für sich selber mitbrachte. Oder wenn er Streichhölzer holen sollte, kam er mit ein paar neuen Schuhen an den Füßen wieder. Selbstverständlich geschah das alles auf unsere Kosten.

„Wenn man mit so hochgestellten Herrschaften befreundet ist, will man doch nicht leben wie ein Hund", erklärte er mit entwaff= nender Harmlosigkeit, als ich ihm Vorhaltungen machte. Ich war geneigt, ihn für einen kleinen Lumpen zu halten, der unsere be= drängte Lage ausnutzte, aber wie sich später erwies, tat ich ihm unrecht mit diesem Verdacht. Er war einfach ein Pflänzchen des Teheraner Großstadtpflasters, das unbedenklich seine Nahrung dort sog, wo sie gerade zu finden war.

Typisch für ihn war die Haltung zu seinem Vater. „Mein hoch= verehrter Herr Vater ist ein Trottel", erklärte er mir eines Tages mit einem Gemisch von Pietät und Frechheit. „Er heiratet jedes Weib, mit dem er mal ins Bett geht. Auf diese Weise hat er jetzt drei Frauen am Halse. Wenn ich jede heiraten wollte, die ... na", er blies den Rauch seiner Zigarette durch weit geblähte Nüstern ab... „ein Harem wie Salomon seiner würde nicht reichen..."

Wir lebten, äußerlich betrachtet, genau so abgeschnitten von der Außenwelt wie in dem Aul bei Asgard. Und doch waren wir dem Strom der Ereignisse um vieles nähergerückt. Es war an manchem zu spüren.

Täglich kamen Zeitungen ins Haus, Seyfullah brachte von seinen Ausgängen politischen Klatsch und Basargerüchte mit, Hamdullah besuchte uns fast täglich, wenn auch nur „auf einen Sprung", und eines Abends erschien auch Wasiri im Freudenhäuschen.

Er sah noch nervöser und abgehetzter aus als damals, vor un= serer mißglückten Flucht nach Afghanistan, als wir uns zum letz= ten Mal getroffen hatten.

Ich dankte ihm für alle seine Unterstützung in der Zwischenzeit, aber er wehrte mit einer ungeduldigen Handbewegung ab.

„Ich hoffe, Sie können sich bald wieder in die Arbeit einschalten", sagte er. „Wir bilden jetzt illegale Kampfgruppen an den Tech= nischen Hochschulen ... in Täbris, Teheran, Isfahan und Me= sched... Der Geist ist gut, nur die Bewaffnung ist noch ziemlich kläglich... einstweilen haben wir nur Pistolen, aber zu gegebener Zeit sollen wir Waffen von der Armee kriegen ... Mayr hat uns das ganz bestimmt zugesichert..."

Ich horchte auf. „Mayr?" fragte ich, „ist das der Mayr vom deutschen SD in Teheran?"

Wasiri bejahte lächelnd: „Er hat drei Monate lang als Totengrä= ber auf dem armenischen Friedhof gelebt", sagte er, „aber jetzt ist er wieder aufgetaucht und hat die Drähte zu den höchsten militä= rischen Stellen in der Hand."

Ich konnte diese Leistung nur mit einem bewundernden Zun= genschnalzen honorieren. „Können Sie eine Verbindung zwischen Mayr und mir herstellen?" fragte ich.

„Mit dem größten Vergnügen", sagte Wasiri, „ich werde ihm bei unserem nächsten Treffen erzählen, daß Sie auch wieder in Teheran aufgekreuzt sind."

Er verabschiedete sich bald und ließ mich in einer zwiespältigen Stimmung zurück. Kein Zweifel, der SD hatte in diesem Fall die

Abwehr überrundet, und die Gerechtigkeit gebot, zum mindesten mir selber einzugestehen, daß Mayrs Erfolg verdient war. Er hatte das höhere Risiko des Bleibens auf sich genommen, während ich versucht hatte, nach Afghanistan auszuweichen. Gewiß, ich konnte mancherlei Entschuldigung für mich geltend machen. Mayr kannte die Verhältnisse in Teheran schon seit über einem Jahr, er hatte alte Verbindungen hier und sprach fließend persisch, während wir fremd waren und damals, als wir flohen, noch kein Wort von der Landessprache verstanden. Aber trotz aller Selbstbeschönigung: ein kleiner Stachel blieb. Die Frage war nun, ob die alte Rivalität zwischen SD und Abwehr hier erneut aufbrechen würde, oder ob es im Interesse der gemeinsamen Sache zu einer loyalen Zusammenarbeit kam. Die Entscheidung darüber lag bei Mayr, denn zweifellos hatte er im Augenblick alle Trümpfe in der Hand.

Zwei Tage später überbrachte mir Hamdullah einen Brief, den ihm Wasiri mitgegeben hatte. Der Brief kam von Mayr.

„Lieber Freund", schrieb er, „ich freue mich, Sie wieder als Mitarbeiter begrüßen zu dürfen. Ich habe inzwischen manches hier erreicht, was äußerlich vielleicht noch nicht sichtbar ist, was sich aber zu gegebener Zeit zum Vorteil unserer Sache auswirken dürfte. Doch habe ich, bevor wir in den Untergrund gingen, ausdrücklichen Befehl vom Führer erhalten, alle Aktionen, auch die von unseren persischen Freunden geplanten, solange abzubremsen, bis direkte Weisung von Berlin vorliegt. Ich bitte Sie also, auf die Kreise, mit denen Sie etwa Kontakt halten sollten, im gleichen Sinne einzuwirken.

Um keine Mißverständnisse aufkommen zu lassen: Den politischen Sektor bearbeite ich ausschließlich und allein, für militärische Aufgaben werde ich Sie zu gegebener Zeit heranziehen."

Er unterschrieb, mit den verbindlichsten Empfehlungen an meine Frau, als „Ihr Rabbi".

Das war unmißverständlich. Ich blieb ausgeschaltet, bis es ihm gefiel, mir das Stichwort für meinen nächsten Auftritt auf der politischen Bühne zu geben. Es hieß also weiter: Warten!

Dafür, daß uns die Zeit nicht lange wurde, sorgten die Span=

nungen der großen Politik und die kleinen Emotionen unseres Alltags.

So wurde eines Nachts stürmisch an unserer Haustür gepocht. Seyfullah öffnete, und aus dem erregten Wortwechsel, der sich in der Halle entspann, hörten wir heraus, daß der nächtliche Besucher ein Stammkunde jener Dame war, die vor uns das Häuschen bewohnt hatte. Mit einer instinktiven Schlauheit, die mir Bewunderung abnötigte, machte Seyfullah gar nicht erst den Versuch, den offenbar Betrunkenen davon zu überzeugen, daß das Freudenhaus seine Mieter gewechselt hatte, sondern er sagte nur: „Ein englischer Colonel ist für die nächsten drei Monate auf meine Schwester abonniert ... er ist gerade drin bei ihr ...", worauf der enttäuschte Liebhaber brummend abzog.

Noch kitzliger war die Situation, als einige Tage später eine behördliche Kommission erschien, die Zuckerkarten verteilte und dazu in den Häusern herumging, um eine Liste der Bewohner anzulegen. Wir hatten uns in unser Zimmer eingeschlossen, einer der Beamten rüttelte an der Tür, und wir hörten, wie Seyfullah sagte: „Da drin schläft mein altes Muttchen."

„Dann weck sie doch", sagte der Beamte.

„Das geht nicht ... sie ist taubstumm."

In das Schweigen offenkundiger Ratlosigkeit tönte wieder Seyfullahs Stimme: „Aber wenn Sie warten wollen ... Mutti geht jeden Abend gegen sechs über den Hof zur Toilette ...", und dann honigsüß: „Vielleicht können wir den Fall erst mal besprechen ... bei einem Gläschen Tee und kandierten Früchten ... eine kleine Erfrischung dürfte den Herren sowieso gut tun in ihrem anstrengenden Dienst..." Wir hörten sie in den Raum gehen, den Seyfullah und sein Vater bewohnten, und als sie eine Stunde später das Haus verließen, hatten sie Zuckerkarten nicht nur für Mehemed Vater und Sohn, sondern auch für die taubstumme Mama dagelassen.

Sorgte schon der Nervenkitzel solcher Episoden dafür, daß uns das Leben im Freudenhaus nicht langweilig wurde, so taten das in noch höherem Maße die Ereignisse der Politik. Ganz Teheran glich damals einem Papinschen Topf, der unter dem Überdruck der

Empörung gegen die Besatzungsmächte und die Regierung des Kollaborateurs Foroughi zitterte. Ich beherrschte die Sprache nun soweit, daß ich auch persische Zeitungsartikel ohne Mühe lesen konnte, und was ich da las, erinnerte mich im Pathos des Tons und in der politischen Moral des Inhalts an die Reden und Aufsätze deutscher Patrioten zur Zeit der Napoleonischen Besetzung. Vor allem die Parlamentsreden des Abgeordneten Nobacht waren Aus= brüche, die ahnen ließen, was in der Seele des stumm leidenden Volkes wirklich vor sich ging.

Eines Abends besuchte mich Wasiri in Begleitung eines Fremden. Wasiri war sehr aufgeregt. „Ein Freund von mir", stellte er seinen Begleiter vor, ohne den Namen zu nennen. „Können wir Sie eine Viertelstunde allein sprechen?" Meine Frau verließ schweigend den Raum.

Als wir allein waren, sagte Wasiri ohne Umschweife: „Wir beabsichtigen, Foroughi zu erschießen. Es ist alles bis ins kleinste vorbereitet. Beim Verlassen des Parlaments kriegt er den Fang= schuß. Was halten Sie davon?"

Ich war so überrumpelt von dieser Eröffnung, daß ich im ersten Augenblick nur stammeln konnte: „Wie? Sie selber wollen...?"

„Nein, hier mein Freund", sagte er. Eine nervöse Ungeduld vi= brierte in seinem Ton.

Ich sah mir den jungen Mann näher an. Er hatte ein merkwür= dig enges Gesicht, so, als sei sein Kopf zwischen den Kinnbacken eines Nußknackers zusammengequetscht worden, eine spitze Nase und engstehende schwarze Augen. Meine musternden Blicke ertrug er mit ironischem Gleichmut.

„Und was bezwecken Sie damit?" Meine Frage war eigentlich an den Fremden gerichtet, aber Wasiri antwortete: „Wir wollen die Regierung der Kollaborateure beseitigen... und Platz schaffen für ein Nationales Kabinett Nobacht."

„Weiß Nobacht davon?"

„Ja", sagte Wasiri, und fügte zögernd hinzu: „Aber er billigt un= seren Plan nicht."

„Humanitätsdusel!" sagte Wasiris Freund verächtlich. Er hatte eine helle, hohe Knabenstimme.

Jetzt begann ich, die Situation zu überschauen. Die jugendlichen Desparados, durchaus bereit, ihr Leben einzusetzen, brauchten eine politische Sanktion für ihre Tat. Und da sie in den Kreisen persischer Politiker offenbar keine Gegenliebe gefunden hatten, wandten sie sich an mich. Nicht an mich als Privatmann, nein, so grotesk es war: Ich, illegaler Bewohner eines Freudenhäuschens in der Schapur=Straße, repräsentierte für sie in diesem Augenblick Deutschland.

Ich dachte an das, was Mayr mir geschrieben hatte, und was sich in diesem Fall vollkommen mit meinen eigenen Anschauungen deckte. Ich sagte eindringlich:

„Was würden Sie mit Ihrer Tat erreichen? Überlegen Sie das, bitte, genau! Der Effekt wäre doch nur, daß an Stelle Foroughis ein neuer Mann von den Alliierten eingesetzt würde ... wahrscheinlich einer aus sehr viel härterem Holz als eine so labile Gestalt wie Foroughi..."

„Den würden wir auch wieder umlegen!" sagte der junge Mann mit der Knabenstimme. Und Wasiri ergänzte heftig: „Es muß dieser Sorte von Verrätern zum Bewußtsein gebracht werden, daß jede Kollaboration mit Lebensgefahr verbunden ist." Er sah mich mit zornigen Augen an, und ich spürte, daß in diesem Augenblick unsere Freundschaft auf dem Spiele stand.

Ich wandte mich deshalb ausschließlich an ihn. „Ich will Ihnen jetzt nicht mit einem moralischen Traktat über die Berechtigung des individuellen Terrors kommen, Herr Wasiri", sagte ich, „ich spreche jetzt lediglich als ein Politiker zum anderen: Denken sie an den Aufstand im Irak ... was hat Raschid Gailani damit erreicht? Daß Irak heute unterworfen, geknebelt und aus dem großen Spiel der Kräfte ausgeschaltet ist. Intakt geblieben, so wie es vor dem Abenteuer des Aufstandes war, hätte das Land weiterhin eine potentielle Drohung dargestellt und damit viel stärkere Kräfte des Gegners gebunden, als das jetzt geschieht.

Ihre Ungeduld macht Ihrem Herzen alle Ehre, aber ich appelliere an Ihren politischen Verstand, den ich während unserer Zusam=menarbeit in Täbris schätzen gelernt habe. Persien kämpft gegen dieselbe Koalition wie Deutschland, und wenn wir unsere gleich=

gerichteten Kräfte nicht koordinieren, spielen wir dem Gegner nur die Trümpfe in die Hand. Ich habe Nachricht" — du schmückst dich mit Mayrs Federn, schoß es mir flüchtig durch den Kopf —, „daß man in Berlin die persische Résistance als künftigen Bundesgenos=
sen sehr hoch einschätzt. Aber diese Partnerschaft legt jedem der Teilnehmer die Verpflichtung auf, seine eigene Lage im Rahmen der Gesamtkonzeption zu sehen. Und ein verfrühtes Vorprellen in die Aktion, wie Sie es geplant haben, würde sich in diesem Augen=
blick nicht nur für Persien, sondern auch für Deutschland zum Schaden auswirken..."

Während ich sprach, hatte Wasiri den Kopf gesenkt. Jetzt blickte er auf, sein Gesicht zeigte einen nachdenklichen und bekümmerten Ausdruck. Ich hatte das Gefühl, daß meine Argumente nicht ohne Wirkung geblieben waren.

Die beiden standen auf, wir verabschiedeten uns förmlich. An der Tür wandte sich Wasiri noch einmal um: „Übrigens soll ich Ihnen von Mayr bestellen, daß er Sie erwartet... heute abend um neun auf der Landstraße nach Schemiran... ungefähr einen Kilometer von der Stadtgrenze entfernt... Er meint, Sie würden am besten in der Tracht eines Molla kommen, als Geistlicher wir=
ken Sie am unverfänglichsten..."

Dann gingen sie. Draußen, in der Halle, sagte die hohe Knaben=
stimme noch ein paar persische Worte, die ich nicht verstand. Aber Seyfullah, der gleich nach dem Weggang der Besucher ins Zimmer schlüpfte, dolmetschte ungefragt: „Alter Kacker, hat er gesagt", erklärte er mir russisch, und sah mich mit boshaft glitzernden Augen an.

Die zwei Stunden, die mir noch verblieben bis zur Begegnung mit Mayr, brachte ich damit zu, mich unter Assistenz meiner Frau und Seyfullahs als persischer Molla herzurichten. Der Vollbart, den ich mir inzwischen hatte wachsen lassen, wurde rund gestutzt und mit Henna rot gefärbt, ebenso Haare und Augenbrauen. Ich zog weiße Giwehs an, dunkle Seidenhosen und einen langen, schwar=
zen, talarähnlichen Umhang, der bis auf die Fußspitzen hinab=
reichte. Dazu setzte ich die typische runde Filzkappe der Perser auf. Trotz dieser Maskerade und Seyfullahs munteren Scherzen bei der

Verkleidung war mir nicht gerade heiter zumute, als ich ein Viertel vor neun unser Häuschen verließ. Die Unterredung mit Wasiri schwang noch in mir nach, und der Begegnung mit Mayr sah ich mit einer Art Premierenfieber entgegen.

Die lange Schapur=Straße, in weiten Abständen von Laternen erhellt, ging nach Norden zu in eine Chaussee über, die in die win= terlich kahle Ebene hinausführte. Ich schritt mit der Würde, die mir meine Amtstracht gebot, die Straße entlang, die um diese Stunde öde und verlassen dalag. Ein kleines Dirnchen, das wie eine verlaufene Katze an den Häusern vorbeistrich, grüßte mich ehrerbietig, und ich erwiderte huldvoll seinen Gruß.

Draußen auf der Landstraße war es völlig dunkel und menschen= leer. Der Wind, der vom Dotschal herüberwehte, griff ins nackte Geäst der Chausseebäume und riß und zerrte an meinem Talar. Die Nacht war mondlos, und nur die Sterne und der helle Schein über der Stadt hinter mir gaben ein seltsam diffuses Licht.

Ich war schon ungefähr zweitausend Meter gegangen, als aus den Feldern rechts von der Chaussee eine Stimme ertönte, die auf Persisch sagte: „Allah schirme die Pfade des einsamen Wanderers." Gleichzeitig erhob sich eine große, dunkle Gestalt und kam auf mich zu. Es war Mayr.

Wir begrüßten uns mit Handschlag. Ganz nebenbei stellte ich fest, wie glänzend seine Verkleidung gelungen war. Während mir meine eigene Maskerade irgendwie theatralisch erschien, wirkte er vollkommen unauffällig. Mit seinen Giwehs, dem Käppchen und dem verschlissenen Anzug mit aufgenähtem weißem Kragen= schoner hätte ihn jedermann für einen persischen Arbeiter gehalten.

Mit preußischer Nüchternheit, die einen seltsamen Kontrast zu seinem gemütlichen bayerischen Dialekt bildete, kam er sofort zur Sache. „Ich hatte Sie wissen lassen", sagte er, „daß ich Sie in die militärischen Verhandlungen einschalten wollte. Jetzt ist es soweit. Vor drei Tagen hatte ich eine Besprechung mit General Zahidi, dem Korpskommandeur von Isfahan. Große Teile der persischen Wehr= macht sind bereit, auf ein deutsches Signal hin loszuschlagen. Bei unserer Besprechung hatte ich den Eindruck, daß Zahidi nicht bloß für sich selber redet, sondern daß noch höhere Instanzen hinter ihm stehen: Wahrscheinlich das Kriegsministerium und eventuell sogar der neue Schah..."

Mayr machte eine Pause, wohl um mir Zeit zu lassen, die Bedeutung dieser Nachricht voll zu erfassen. Es war wirklich eine Sensation, vielleicht einer der größten Erfolge, die die getarnte Diplomatie des Dritten Reiches überhaupt zu verzeichnen hatte.

„Ich gratuliere", sagte ich, und bemühte mich, eine leise Anwandlung von Neid in mir niederzukämpfen.

„Danke", sagte er knapp.

„Die Schwierigkeit ist nur", fuhr er dann fort, „diese Nachricht sicher nach Berlin zu bringen. Ich habe versucht, über die japanische Botschaft eine verschlüsselte Meldung nach Gatow zu funken, aber die Verbindung ist nicht zustande gekommen. Auch mit einem Kurier über Ankara hat es nicht geklappt, die Russen haben die Westgrenze hermetisch geschlossen..."

Er schwieg und zündete sich eine Zigarette an.

„Und was wollen Sie weiter unternehmen", fragte ich und wartete, in einer mir selbst unerklärlichen Spannung, auf seine Antwort.

„Ich hatte an Ihre Frau gedacht", sagte er.

Nein, wollte ich sagen, aber ich brachte keinen Ton heraus.

„Es ist in vieler Hinsicht vorteilhaft", fuhr er fort in einem leidenschaftslos dozierenden Ton, „erstens ist eine Frau..."

Ich unterbrach ihn: „Und weshalb könnte ich nicht selber...?"

Mit einer schroffen Handbewegung schnitt er meinen Einwand ab. „Sie sind genau so wenig geeignet wie ich", sagte er. „Wir werden beide steckbrieflich gesucht ... Es hieße, den russischen Geheimdienst unterschätzen, wenn wir annehmen wollten, die Burschen würden uns in diesem billigen Mummenschanz nicht erkennen..."

Ich schwieg. Es war auch kaum etwas zu sagen gegen das, was er da vorgebracht hatte.

„Ich habe auch an einen Perser gedacht", sagte er, „irgendeinen zuverlässigen Mann aus der persischen Résistance, der bereit wäre, die Sache zu übernehmen. Aber das Schlimme ist: Wenn der Mann durchkäme, würde er in Berlin keinen Glauben finden. Sie kennen

ja selbst die Mentalität der Leute in Berlin ... Bei Ihnen in der Ab=
wehr dürfte es genau dasselbe sein wie bei uns im SD: sie sind alle
mißtrauisch wie die Pfandleiher. Und wenn da irgend so'n Perser
aufkreuzt mit einer solchen Bombenmeldung, halten sie ihn ent=
weder für einen Agent provocateur, oder, wenn sie ihm schon
abnehmen, daß er von mir kommt, dann glauben sie, daß ich von
den Engländern oder Russen gefangen und umgedreht worden bin.
Denn wer kann zu Hause davon wissen, daß wir hier in Freiheit
leben?"

Er hatte recht mit allem, was er sagte. Und doch ... meine Frau?
Ich schwieg weiter.

„Sehen Sie", fuhr er eindringlich fort, „all diese Bedenken fallen
weg, wenn Ihre Frau Gemahlin die Sache übernimmt. Sie ist in
Berlin ohne weiteres akkreditiert. Und außerdem kommt sie als
Frau überall leichter durch als irgendein Mann. Sie spricht doch
persisch?"

„Ein bißchen", sagte ich.

„Na also", sagte er so befriedigt, als ob die Angelegenheit damit
bereits in Ordnung wäre.

Weit vor uns auf der Chaussee tauchten im Dunkeln die Lichter
eines Autos auf. „Wir müssen uns jetzt trennen", sagte er, „es ist
besser, wenn man uns nicht zusammen sieht." Er hielt mir die
Hand hin: „Also — abgemacht?"

„Ich muß erst mit meiner Frau darüber sprechen", murmelte ich
ausweichend, „schließlich kann ich doch nicht einfach über ihren
Kopf hinweg eine solche Entscheidung für sie treffen ..."

„Die Sache drängt ... das sehen Sie ja selber", sagte er in un=
willigem Ton, „ich werde die Meldung zusammenstellen, die Ihre
Frau auswendig lernen muß ... Papier dürfen wir nicht gebrauchen
bei einer solchen Nachricht."

„Ich werde Ihnen Bescheid zukommen lassen über Hamdullah-
Wasiri", sagte ich. Das Auto war näher gekommen, gleich mußte
es in die Gerade einbiegen, direkt auf uns zu. Es schien ein Polizei=
flitzer zu sein. „Also — dann auf bald", sagte er hastig, und im
nächsten Augenblick war er im Straßengraben untergetaucht, spur=

los verschwunden, wie weggewischt von der dunklen Hand der Nacht.

Mit aufgeblendeten Lichtern fuhr der Wagen an mir vorbei. Sekundenlang mußte ich die Augen schließen. Dann wandte ich mich um und ging zur Stadt zurück.

Ich war voll von bitteren Gedanken: Das also war's! Dazu gebrauchte er mich! Meine Frau ... ich stellte sie mir vor, klein und zart, wie sie durch das kurdische Hochgebirge ritt, womöglich allein ... sie mußte durch Kurdistan, das war der nächste Weg zur Türkei, und vielleicht der einzige, der noch eine Chance bot, durchzukommen ...

Aber welche Gefahren lauerten auf diesem Wege: Hochgebirge ... winterlich verschneite Pässe ... Lawinenstürze ... und schlimmer noch: die Menschen. Die Russen an der Grenze ... sibirische Regimenter lagen dort ... und die Flintenweiber, von denen Akbar Niri erzählt hatte ... dazu die Kurden selber, die als räuberisch bekannt waren.

Nein, mit dieser Aufgabe waren wir überfordert ... niemand konnte uns das zumuten ... ihr nicht und mir auch nicht ... denn nie zuvor hatte ich so tief im Innersten gespürt, was sie mir bedeutete.

Und doch: Da war die Aufgabe! Groß und wichtig genug, um ein Leben daran zu wagen. Die deutschen Armeen standen an der Schwelle des Kaukasus ... die Meldung von so weitgehenden militärischen Vorbereitungen eines Aufstandes in Persien konnte die strategischen Entscheidungen der obersten Führung entscheidend beeinflussen ... Es war schon wichtig, daß die Nachricht nach Berlin kam ... aber warum gerade durch meine Frau? ... gab es nicht noch andere Möglichkeiten?

Und wenn jeder so dachte? Setzte nicht jeder andere auch sein Leben ein bei diesem Spiel? Ach, warum hatte ich sie mitgenommen und in diesen Kampf der Männer hineingezogen?

Je näher ich der Stadt kam, um so langsamer ging ich. Dann kehrte ich noch einmal um und trottete auf die dunkle Landstraße hinaus. Aber ich kam mit meinen Überlegungen nicht zu Ende. Ein kalter Wind wehte von den Bergen, und ich fröstelte bis ins Mark. Schließlich kehrte ich ratlos und verfroren ins Haus zurück.

Meine Frau hatte heißen Tee für mich bereitgestellt. „Ein Wahnsinn", sagte sie, „dich so lange in dem dünnen Zeug auf der Landstraße herumzutreiben. Du hättest wenigstens wollene Unterwäsche anziehen sollen..."

Ich setzte mich und umklammerte mit beiden Händen das heiße Teeglas. „Was ist dir? Ist dir nicht gut?" fragte sie. Ihre warmen braunen Augen forschten mit dem Ausdruck zärtlicher Besorgnis in meinem Gesicht.

Da erzählte ich ihr alles, was inzwischen geschehen war.

Sie setzte sich stumm aufs Bett. Eine lange Stille entstand, in der nur das leise Summen des Samowars zu hören war und das Rauschen des Nachtwindes draußen vor den Fenstern.

„Glaubst du auch, daß es notwendig ist?" fragte sie.

Ich nickte.

„Gut, dann will ich's versuchen", sagte sie. „Aber kann ich dich denn hier so allein lassen?"

* * *

Der Schmuggler, den Hamdullah als Begleiter über die kurdischen Grenzpässe angeheuert hatte, erklärte kategorisch, daß ein Übergang vor Mitte März unmöglich sei. Des Schnees wegen. Außerdem lag er selber mit einer Lungenentzündung in einem Teheraner Krankenhaus und mußte sich erst auskurieren. Wir bekamen also noch eine Galgenfrist von fünf Wochen.

Dafür trat ein anderes Ereignis ein, das uns mit den schlimmsten Befürchtungen erfüllte und sogar die Reise meiner Frau zu gefährden drohte. Eines Tages hatten wir kein Geld mehr. Der Dispositionsfonds der Abwehr war aufgebraucht, die Spesen in Täbris, die Flucht nach Afghanistan und nicht zuletzt Seyfullahs Besorgungen hatten den Vorrat erheblich früher erschöpft, als wir eigentlich berechnet hatten.

Wir berieten, ziemlich niedergeschlagen, unsere Lage und beschlossen, Hamdullah ins Vertrauen zu ziehen. Als er abends vorbeikam, machte ich ihm die traurige Eröffnung. Er nahm sie mit erstaunlicher Gelassenheit hin. „Nun, dann pumpen wir eben", sagte er munter.

„Aber wer wird uns Kredit geben — in dieser Lage?"

Er reckte sich: „Ihnen vielleicht nicht — aber mir", sagte er. „Wir Teheraner Chauffeure halten zusammen und lassen keinen Kolle= gen vor die Hunde gehen." Und tatsächlich brachte er schon am nächsten Vormittag fünfzig Toman, legte sie meiner Frau auf den Küchentisch, tippte an die Mütze und entzog sich durch eiligen Ab= gang ihrem Dank.

Übrigens schien er auch Mehemed und Seyfullah eingeweiht zu haben. Denn abends übergab Mehemed meiner Frau die Hälfte vom Inhalt seiner Lohntüte mit der Bemerkung: „Mein Kostgeld", und am nächsten Tag schleppte Seyfullah zwei fette Hühner an. „Geschenk einer Freundin", sagte er, und wir waren taktvoll genug, ihn und uns nicht durch weitere Fragen in Verlegenheit zu bringen. Das Rührende war die selbstverständliche Art, mit der diese doch selber in Armut lebenden Menschen uns beisprangen: Kein Schuld= schein, keine Frage nach Rückerstattung, und unseren Dank wehr= ten sie jedesmal mit verlegenem Grinsen ab. So war das Leben im Freudenhäuschen zwar ärmlich geworden — es gab nur noch einmal in der Woche Fleisch —, aber wir wurden immer alle satt, und die Harmonie der Bewohner schien durch den Druck äußerer Not eher zugenommen zu haben.

Schwieriger freilich als die Besorgung der täglichen Nahrung war die Frage zu lösen, wie das Reisegeld für meine Frau beschafft werden sollte. Denn hier handelte es sich um eine Summe, für die weder Hamdullahs Kreditoperationen noch Seyfullahs Fingerfertig= keit ausreichten.

Wir hatten inzwischen den Reiseplan genau festgelegt. Hamdullah hatte am Basar den Paß einer Perserin gekauft. Seyfullahs Einfall von der taubstummen Mutter war wieder zu Ehren gekommen, und so hatten wir beschlossen, daß meine Frau, als taubstumme Braut des Maurers Mehemed, zunächst mit dem Autobus nach Schapur fahren sollte, wo Mehemeds alte Mutter lebte. Hamdullah, Seyfullah und der Schmuggler sollten sie begleiten und gegen

lästige Fragen und unvorhergesehene Zwischenfälle abschirmen.
In Schapur aber, das am Urmia=See, dicht an der türkischen Grenze, lag, wollte man Reittiere kaufen. Und auf Schmuggler=pfaden wollten die vier gemeinsam im Hochgebirge den Grenz=übergang wagen. Die drei Männer sollten so lange bei meiner Frau bleiben, bis sie in der Türkei in Sicherheit und die Verbindung mit der deutschen Botschaft in Ankara hergestellt war.

Es war ein abenteuerlicher Plan, und vor allem der jugendliche Seyfullah war Feuer und Flamme. Er nannte meine Frau jetzt im=mer „Mutti vier", allerdings nur, wenn sein Vater nicht zugegen war, da der alte Mehemed solche Anspielungen auf seinen drei=köpfigen Harem keineswegs liebte.

Die größte Schwierigkeit des Unternehmens lag, wie gesagt, in seiner Finanzierung, denn wir hatten ausgerechnet, daß zur Durch=führung — Bestechungsgelder und etwaige Zwischenfälle einkalku=liert — etwa fünfzehnhundert bis zweitausend Toman nötig wären. Und woher sollten wir in unserer Lage eine solche Summe auf=treiben?

Die Milli Mudafai als Geldgeberin schied aus, denn ihre Mit=glieder waren fast alle jüngere Leute, vielfach deklassierte Studen=ten, die selbst in größter Armut lebten und deshalb die Welt ändern wollten, in der ihnen ein Dasein ohne Geld nicht behagte.

Eines Abends machte mir Hamdullah den Vorschlag, an Kasim Beg heranzutreten. „Der alte Hamster hat in seinen fünfzig Dienst=jahren bei den Deutschen so viel zusammengescharrt, daß er ohne weiteres in der Lage wäre, das Geld auszuspucken", sagte Ham=dullah. Ich hatte Hemmungen. Schließlich waren das die sauer ver=dienten Spargroschen eines alten Mannes — und bei der Unsicher=heit der politischen Lage war es zweifelhaft, ob und wann wir ihm die Summe je zurückgeben konnten. Aber nach ein paar Tagen weiteren ratlosen Grübelns war ich so weit, diesen peinlichen Weg anzutreten.

Hamdullah holte mich abends im Auto ab und brachte mich in eine Gartenvorstadt, eine ärmliche Gegend, die an das Schreber=gartenmilieu in der Umgebung europäischer Großstädte erinnerte. Um kein Aufsehen zu erregen, stiegen wir schon ein paar Straßen

vorher aus. Hamdullah brachte mich zur Tür eines winzigen Häus=
chens und kehrte dann zum Wagen zurück.

Ich klopfte. Kasim Beg selber öffnete mir. „Guten Abend, Herr
Kasim Beg", sagte ich auf deutsch.

Er hob die Petroleumlampe, die er in der Hand hielt, und
leuchtete mir ins Gesicht. „Oh, Herr Konsul", stammelte er,
„welche Überraschung ... nein, welche Ehre ..." Die Lampe in
seiner Hand zitterte. „Darf ich bitten ... es ist ... ich bin ... wenn
der Herr Konsul vorlieb nehmen wollen ... es ist sehr bescheiden
bei mir ..."

Ich trat ein.

Es war ein großer Raum, der die ganze Grundfläche des Häus=
chens einzunehmen schien. Persisch möbliert mit Diwan, Sitz=
kissen und einem niedrigen Rauchtischchen, alles von spartanischer
Einfachheit. Auffallend war die peinliche Ordnung und Sauberkeit.
Durch einen Vorhang war eine Schlafnische abgeteilt, in der ein
schmales europäisches Feldbett stand. Mit der Schamhaftigkeit
einer alten Jungfer schloß er, gleich nach meinem Eintritt, diesen
Vorhang und entzog damit seine Interieurs meinen Blicken.

Dann nötigte er mich, auf dem Diwan Platz zu nehmen, und
setzte sich selbst mir gegenüber, steif aufgerichtet, auf ein Kissen.

„Nein, welche Überraschung und welche Freude!" wiederholte
er. „Befinden der Herr Konsul und die Frau Gemahlin sich wohl?"

„Den Umständen nach ja", sagte ich.

Ein Lächeln vertiefte die Runzeln auf dem verschrumpelten Alt=
männergesicht: „Wie ich mich gefreut habe, als ich das hörte von
der Flucht des Herrn Konsul, kann ich gar nicht sagen. An dem
Mittag habe ich zwei Gläschen Likör getrunken, oben in Schemiran,
auf das Wohl der Herrschaften." Er ließ ein heiseres Kichern hören:
„Ich denke, der Prophet wird mir diesen Fehltritt verzeihen ...
Aber die Verkleidung ist auch zu prächtig. Als persischer Molla ...
nein, wer hätte das gedacht ... ich selber hätte den Herrn Konsul
beinahe nicht wiedererkannt ..."

Es war schwer für mich, so den Absprung zu finden. Hier, in
seinen eigenen vier Pfählen, entwickelte er eine Geschwätzigkeit,

die ich im Dienst nie bei ihm beobachtet hatte. Ich beschloß, ohne Umschweife auf mein Ziel loszugehen.

„Herr Kasim Beg", sagte ich feierlich, „mich führt eine An= gelegenheit von großer politischer Tragweite zu Ihnen. Wir müssen einen Kurier mit einer äußerst wichtigen Nachricht nach Berlin schicken — und uns fehlt einfach das Reisegeld. Ich hatte ge= dacht..."

Während ich sprach, hatte sein Gesicht wieder den kalten, unbewegten Ausdruck angenommen, den es wie eine Livree im Dienst immer trug. Und als ich jetzt stockte, machte er keine An= stalten, mir zu helfen. Ich sprach ohne Hoffnung weiter:

„Ich hatte gedacht, ob Sie vielleicht einspringen könnten...?"

Er schüttelte den Kopf und stand auf. Ich wollte mich gleichfalls erheben. Doch er sagte: „Einen Augenblick, bitte, Herr Konsul..." und watschelte auf seinen Plattfüßen zu dem Vorhang, der die Bettnische von dem übrigen Raum trennte. Ich hörte, wie hinter dem Vorhang eine schwere Kiste gerückt wurde ... Schlösser schnappten ... sollte er doch? ... und dann fiel mir ein, was ich in der Spannung des Augenblicks wieder einmal vergessen hatte: daß Kopfschütteln hierzulande Zustimmung bedeutete.

Gleich darauf kam er wieder zum Vorschein, eine eiserne Kassette mit beiden Händen vor sich hertragend. Er stellte sie auf das Rauchtischchen, schloß auf und holte eine abgewetzte rotlederne Brieftasche heraus, die dick geschwollen und mit einem Gummi= band zusammengehalten war.

„Mein Haus ist Ihr Haus", sagte er und überreichte mir die Brieftasche mit einer tiefen Verbeugung. Das Pathos seiner Worte und die feierliche Pantomime seiner Bewegungen wirkten so be= fremdlich, daß ich die Brieftasche einen Augenblick unschlüssig in der Hand hielt. Übrigens mußten nach meiner Schätzung minde= stens 6000 Toman darin sein.

„Bitte, Herr Konsul, nehmen Sie heraus, was Sie brauchen", wiederholte Kasim Beg in nüchternem Alltagsdeutsch seine Auf= forderung.

„Zweitausend Toman?" sagte ich und sah ihn fragend an.

„Bitte", sagte er.

Ich nahm das Geld heraus, es waren alles Hunderter, zählte zwanzig Scheine ab und schob sie in die Tasche meines schwarzen Mollamantels. Dann bat ich ihn um Schreibzeug und Papier für eine Quittung.

„Ich brauche keine Quittung", sagte er, während er seine Brieftasche bedächtig wieder in die Kassette einschloß.

„Ja, aber Mann!" sagte ich beinah grob, „Sie müssen doch irgendeinen Beleg haben ... nehmen Sie an, mir passiert was ... wie wollen Sie dann wieder zu Ihrem Gelde kommen?"

Er richtete sich auf. „Ich bin jetzt 51 Jahre und 7 Monate Kammerdiener bei deutschen Gesandten gewesen", sagte er. „Wenn der Herr Konsul in der Lage ist, gibt er's mir wieder, das weiß ich auch ohne Schuldschein. Und wenn nicht ... dann hat der Herr Konsul wahrscheinlich mehr Unglück gehabt als ich ..." Damit klemmte er die Kassette unter den Arm und verschwand watschelnd auf seinen müden Beinchen hinter dem Vorhang.

Das war alles. Als ich ihm danken wollte, wehrte er beinahe heftig ab. Er brachte mich dann noch bis zur Tür seines Vorgärtchens und verabschiedete sich mit einer zeremoniellen Verbeugung. Ich habe ihn nie wiedergesehen; zwei Jahre später, als ich im Süden bei den Boirachmadis war, ist er in einem Teheraner Krankenhaus gestorben. —

Es schien, als hätten die Ereignisse ein schnelleres Gefälle angenommen, nachdem das Haupthindernis, unsere Mittellosigkeit, beseitigt war. Und eines Tages war es dann wirklich soweit.

Hamdullah hatte einen ganzen Autobus gemietet und die Fahrkarten an zuverlässige Täbris=Türken verteilt, Seyfullah hatte auf dem Basar einen großen Stör besorgt, und Mehemed, der ein ausgezeichneter Koch war, hatte ihn selber zubereitet, genau nach dem Rezept seines Hochzeitsmenus.

Wir saßen zum letzten Male beisammen in dem kleinen Stübchen, das uns fünf Monate lang Obdach und Zuflucht gewesen war, der alte Mehemed und Seyfullah, Hamdullah, meine Frau und ich. Wir saßen im Kreis mit gekreuzten Beinen am Boden, und in der Mitte stand auf weißem Tischtuch der gebratene Stör und eine dampfende Reisschüssel, aber niemand wollte recht zulangen.

Draußen war ein heller Frühlingstag mit Sonne und Wind. Schließlich ging Hamdullah hinaus, um eine Pferdedroschke zu besorgen. Meine Frau sollte nicht zu Fuß zur Autobusgarage gehen. „Es ist besser so", erklärte Mehemed weitschweifig, „Ihre Frau hat sich nie sehen lassen in der Schapur=Straße, und es könnte doch sein, daß neugierige Nachbarn sie unterwegs anhalten und ansprechen..." Ich nickte ihm zu. „Ich verstehe nicht, daß keiner von Euch essen will", sagte Seyfullah, „ich finde, mein Alter hat den Fisch großartig gebraten." Er saß da und stopfte große Fisch= stücke ohne Reis in sich hinein.

Wir beobachteten eine Amsel, die schwarz und glänzend in der braunen feuchten Erde des Lustgärtchens herumpickte. Bäume und Sträucher standen prall im Saft, und das Gebüsch an der südlichen Mauer war schon von einem zartgrünen Schleier überhaucht.

Dann kam der Wagen. Auf dem holprigen Kopfsteinpflaster hörten wir ihn schon von fern heranrollen. Mehemed stand auf. „Ich gehe mit Seyfullah voraus zur Garage", sagte er, „ich will unterwegs noch ein paar Besorgungen machen."

„Aber das kannst du doch auf dem Rückweg", widersprach Seyfullah. Die Trennung von dem Stör schien ihm schwer zu fallen.

„Komm jetzt", sagte der Alte und warf ihm einen drohenden Blick zu. Seyfullah erhob sich mißmutig. Er verabschiedete sich nur flüchtig von mir, und dann gingen sie. Wie ein Jungtier trottete Seyfullah hinter dem Alten her.

Dann kam Hamdullah mit dem Droschkenkutscher. Sie holten das Gepäck ab und verstauten es in der Droschke. Und dann standen wir allein in der kleinen Halle zwischen den beiden Zim= mern. Die Tür zur Straße hatte Hamdullah beim Hinausgehen hinter sich zugezogen.

„Paß gut auf dich auf", sagte ich. „Und wenn du in Schwierig= keiten kommst, machst du von deinem Diplomatenpaß Gebrauch." Sie trug ihn, in ihrem Schlüpfer eingenäht, bei sich.

Sie nickte.

„Und grüß die Kinder, wenn du nach Berlin kommst", sagte ich. Plötzlich warf sie mir die Arme um den Hals, ich spürte ihre zuckenden Lippen auf meinen und den salzigen Geschmack ihrer Tränen auf meinem Munde.

Dann riß sie sich los und rannte hinaus. Die Tür fiel hinter ihr ins Schloß.

Ich kniete hinter der Tür nieder und sah durch den Briefkasten= schlitz hinaus. Ich sah sie einsteigen, Hamdullah half ihr dabei, sie war als Perserin gekleidet, und offenbar machte es ihr noch Schwierigkeiten, sich in der fremden Tracht zu bewegen.

Dann fuhr der Wagen an. Er wendete vor dem Haus und fuhr die Schapur=Straße hinunter, der Stadt zu. Sie drehte sich nicht um. Nur ihr weißer Tschador wehte hinter ihr her.

Es war ein heller Frühlingstag mit viel Wind und Sonne. Der Wind wirbelte den Straßenstaub in schimmernden Wolken auf, auch durch den engen Briefkastenschlitz wehte Staub herein, so daß meine Augen anfingen, zu tränen.

* * *

Es war gut, daß Mehemeds Ältester, der Feldwebel Lutfullah, in der übernächsten Woche aus russischer Kriegsgefangenschaft zurückkam. Denn das Alleinsein in dem Freudenhäuschen mit all den Erinnerungen war schrecklich. Mehemed ging morgens zur Arbeit und kam abends wieder, Hamdullah und Seyfullah be= gleiteten meine Frau, und so war ich den ganzen Tag über mir selbst überlassen.

Von meiner Frau waren nur zwei Karten gekommen, eine aus Täbris und acht Tage später eine aus Schapur. Sie waren persisch geschrieben und an den Maurer Mehemed adressiert, und sie ent= hielten, außer der Nachricht über die glückliche Ankunft bei der Schwiegermutter in Schapur, nur kurze Grüße an mich, deinen Freund „Saba" schrieb sie. Das war der Deckname, den ich schon in Täbris im Verkehr mit den persischen Maquisards gelegentlich gebraucht hatte.

So war ich sehr froh über Lutfullahs Eintreffen, obwohl er ein ziemlich trübsinniger Gesellschafter war. Er war zum Skelett ab= gemagert, hustete viel, schwitzte nachts und spuckte manchmal

Blut. Die Russen hatten ihn mit seiner Kompanie gleich beim Einmarsch gefangen genommen und nach Turkestan in ein Lager gebracht. Dort hatten sie die Gefangenen hungern lassen.

Aber nicht das war's, was den dürren Feldwebel mit so wildem Ingrimm erfüllte. Bevor man sie entließ, hatte man die persischen Soldaten gezwungen, an einem russischen Dokumentarfilm über die Schlacht von Mesched als Komparsen mitzuwirken. Da hatten sie dann die Waffen wegwerfen und den russischen Befreiern jubelnd in die Arme fallen müssen. Lutfullahs Mund krümmte sich bitter, wenn er von dieser Demütigung erzählte.

Er war zur Wiederherstellung seiner Gesundheit drei Monate von der persischen Wehrmacht beurlaubt worden, und der Arzt hatte ihm geraten, viel in frischer Luft spazieren zu gehen. Auf seinen abendlichen Gängen begleitete ich ihn, vorsichtig anfangs, später immer kühner werdend. Denn wer sollte schließlich Verdacht schöpfen, wenn die Stützen des Staates, Wehrmacht und Geistlichkeit — ich trug noch immer meine Molla=Tracht —, Arm in Arm durch die Straßen Teherans promenierten?

Wir politisierten viel auf solchen Spaziergängen, und durch Lutfullah gewann ich Einblick in das Denken einer großstädtischen Mittelschicht, die, zu skeptisch, um an Parteiprogramme zu glauben, einzig den gesunden Menschenverstand als Richtschnur durch das Labyrinth innen= und außenpolitischer Wirrnisse ansah. So war Lutfullah persischer Patriot, ohne den wilden Fanatismus der Freiheitskämpfer, und der Gedanke vom Nutzen und der Notwendigkeit internationaler Zusammenarbeit war ihm ebenso geläufig wie nur irgendeinem europäischen Großstädter. Der Unterschied bestand einzig darin, daß bei ihm die Vorstellung von der Kraft der Moral im politischen Geschehen lebendiger war als beim durchschnittlichen Bürger des Westens.

„Sehen Sie sich einen Mann an wie den Amerikaner Shuster", sagte er. „Der hat Persien selbstlos gedient, er hat Finanzen und Zölle bei uns in Ordnung gebracht, ohne für sich selber mehr zu verlangen als ein normales Gehalt. Und was war der Erfolg? Er mußte gehen ... Auf Druck der Anglo=Iranischen Ölgesellschaft.

Gewisse Leute sind eben an der Mißwirtschaft bei uns interessiert, um weiter im Trüben zu fischen..."

Übrigens sympathisierte er auch mit Deutschland, ohne jedoch an einen deutschen Endsieg zu glauben. Selbst die Tatsache, daß die deutschen Armeen jetzt im Kaukasus standen, konnte seine skeptische Haltung nicht erschüttern. „Deutschland übernimmt sich", sagte er, „die geographische Grundlage ist zu schmal für eine solche Machtentfaltung."

Wir diskutierten manchmal stundenlang über derartige Fragen. Denn ihn zu überzeugen, war im Augenblick die einzige politische Aufgabe, die ich sah. Mayr hatte nichts mehr von sich hören lassen, Hamdullah kam nicht mehr, und auch Wasiri war seit der Abreise meiner Frau nicht mehr dagewesen. Zuweilen hatte ich den Eindruck, daß ich, vom Strom des Geschehens abgetrieben, nun endgültig ins Brackwasser der Stammtischpolitik geraten war.

Bis eines Tages Wasiri wieder auftauchte. Er war fieberhaft erregt und von einem ansteckenden Optimismus erfüllt. „Ich habe ganz sichere Nachrichten", sagte er, „daß die Engländer die Stellung am Paitag=Paß befestigen. Das kann doch nur soviel heißen, daß der deutsche Einmarsch unmittelbar bevorsteht?" Er sah mich fragend an, ich nickte.

„Wollen Sie nicht jemanden hinschicken?" drängte er weiter. Ich überlegte. Gewiß, die Erkundung der Paitagstellung war eine lohnende, wenn auch gefährliche Aufgabe. Denn der Paitag=Paß war die Schlüsselstellung auf der Straße nach Bagdad, hatte man ihn, dann lag der Weg nach Westen in den Irak offen da. Doch unser Draht nach Berlin war gerissen, und solange keine Möglichkeit bestand, die Ergebnisse solcher Erkundungen weiterzugeben, war das Ganze ein Spiel im luftleeren Raum, für das der Einsatz eigentlich zu hoch war. Außerdem waren, was Wasiri nicht wußte, meine geldlichen Mittel nach der Abreise meiner Frau völlig erschöpft.

„Wüßten Sie denn jemanden, der die Aufgabe übernehmen könnte?" fragte ich in der Absicht, die Sache zunächst dilatorisch zu behandeln.

Zu meiner Überraschung bejahte Wasiri: „Ich habe gleich zwei Bewerber", sagte er eifrig. Aus seiner Brieftasche brachte er eine verblaßte Photographie und ein Schreiben zum Vorschein. Das Bild stellte einen Wachtmeister der alten deutschen Armee dar, in Husarenuniform und mit dem eisernen Kreuz erster Klasse dekoriert, und der begleitende Brief war ein förmliches Bewerbungsschreiben: ‚Ich, Endesunterzeichneter Wilhelm Schwarzkopf', begann es ... und dann bewarb sich Wilhelm Schwarzkopf in kaufmännisch einwandfreien Formen um eine Stellung als deutscher Spion. ‚... selbstverständlich würde ich meine Dienste unentgeltlich zur Verfügung stellen', schloß er, ‚denn, obwohl Jude und seit 20 Jahren in Teheran lebend, habe ich mich immer als Deutscher gefühlt.'

„Ein seltsamer Vogel", sagte ich. „Und der andere?"

„Der andere ist der Geologe Dr. Kümmel", sagte Wasiri. „Er hat sich vor dem Abtransport der deutschen Männer aus Schemiran in einem leeren Brunnen verkrochen und wochenlang unter der Erde gelebt. Jetzt wohnt er illegal in Teheran, genau wie Sie, und hat Verbindung mit der Milli Mudafai aufgenommen, um mit uns politisch zusammenzuarbeiten. Ich würde Dr. Kümmel auf die Paitag=Stellung ansetzen", riet Wasiri.

„Gut, wir können's ja mal versuchen", sagte ich, ohne allzuviel Überzeugung. Wir besprachen noch die Einzelheiten des Auftrags, den Wasiri an Dr. Kümmel weiterleiten sollte, und dann ging Wasiri. Ich hatte den Eindruck, daß er von der Begegnung mit mir diesmal enttäuscht war, und ich selber spürte, daß mir die harte Spannung des Auftrags fehlte, die unserem Leben in Täbris Schwung und Auftrieb gegeben hatte. Vielleicht lag's auch daran, daß ich seit vier Wochen nichts mehr von meiner Frau gehört hatte ...

Indessen, wenige Tage später, trat ein Ereignis ein, das mich jählings aus dieser passiv=elegischen Stimmung herausriß. Auf dem üblichen abendlichen Spaziergang waren wir an einer Gruppe armenischer Kinder vorbeigekommen, die, im Straßenstaub hockend, mit Glaskugeln spielten. Plötzlich sprang ein kleines Mädel auf, deutete mit ausgestrecktem Zeigefinger auf mich und schrie mit greller Kinderstimme: „Ein Nazi ... ein Hitler, ich hab's gehört ..." Ich war so perplex, daß ich im ersten Augenblick die Situation gar nicht erfaßte, denn Lutfullah und ich hatten, wie immer, persisch gesprochen.

„Halt dein Maul, dumme Kröte", knurrte Lutfullah im Vorbei=
gehen. Doch das kleine Ding ließ sich nicht irre machen. Sie rannte zu dem Doppelposten, der an der nächsten Straßenecke stand, deutete aufgeregt schnatternd auf uns, und im nächsten Augenblick setzten sich die beiden Polizisten in Trab, auf uns zu.

„Wir müssen laufen", zischte Lutfullah, und dann liefen wir. Ich hatte meinen Talar hochgerafft und rannte, was die Beine her=
gaben. Neben mir keuchte Lutfullah mit rasselnden Bronchien.

„Hier herein!" röchelte er, und wir bogen in eine enge dunkle Gasse ein, die zwischen hohen Gartenmauern entlang führte. Es war eine Sackgasse. Als wir's entdeckten, war es zu spät zur Um=
kehr. Wir preßten uns in die dunkle Nische einer Gartentür und hörten, wie unsere Verfolger laufend in die Gasse einbogen. Einen Moment lang blieben sie unschlüssig stehen. Da ging, irgendwo am Ende des Gäßchens, eine Tür. Es war unser Glück. Die beiden Polizisten liefen in der Dunkelheit an uns vorbei und begannen, unter lautem Schimpfen an eine hölzerne Gartenpforte zu trom=
meln. Die Schläge dröhnten durch die abendliche Stille. Wir schli=
chen, an die Mauer gedrückt, auf die Hauptstraße zurück. Die armenischen Kinder waren verschwunden, und wir gingen, atem=
los zwar, aber in der Haltung unbeteiligter Passanten zu unserem Häuschen in der Schapur=Straße zurück.

Mehemed empfing uns mit dem Abendbrot. Doch wir hatten uns kaum zum Essen niedergesetzt, als draußen stürmisch an die Haustür geklopft wurde. Lutfullah ging hinaus, wir hörten einen heftigen Wortwechsel, in dem offenbar von mir die Rede war, denn ein paarmal glaubte ich, das Wort Molla zu verstehen. Dann wurde die Haustür geschlossen, Lutfullah kam wieder herein.

Er war blaß vor Erregung. „Wir müssen sofort hier weg", sagte er. „Der Armenier, das Schwein, das gegenüber wohnt, wollte den Molla aus unserem Hause unbedingt sprechen. Ich habe gesagt, Sie wären jetzt nicht da, aber er war kaum abzuschütteln. Kurz

vor zehn will er nochmal wiederkommen . . . er hat Verdacht ge=
schöpft, der Bursche, das war deutlich zu merken."
Ich sah nach der Uhr. „Noch knapp zwei Stunden", konstatierte
ich. Ich wandte mich an Lutfullah: „Bitte, nehmen Sie eine
Droschke und fahren Sie zu Herrn Wasiri ins Irantour . . . wenn
Sie ihn dort nicht antreffen, erfragen Sie seine Adresse . . . erzählen
Sie ihm, was hier passiert ist, und sagen Sie, man möchte uns
schleunigst irgendwo anders unterbringen . . ."
Noch während ich sprach, hatte Lutfullah umgeschnallt und
seine Mütze aufgestülpt. Dann ging er und ließ Mehemed und
mich allein zurück.
Der alte Maurer machte sich sofort ans Packen. Er holte aus
einem Verschlag zwei geflochtene Schließkörbe heraus und be=
gann, ruhig und methodisch seine wenigen Habseligkeiten zu ver=
stauen. Ich glaubte, mich bei ihm entschuldigen zu müssen, denn
schließlich hatte ich ihn in diese Situation gebracht. Aber er mur=
melte nur: „Inschallah", und packte weiter. „Vielleicht kriegen
wir ja ein besseres Quartier", suchte ich ihn zu trösten. Er richtete
sich auf: „Wir müssen uns jetzt trennen", sagte er, „wenn wir
zusammenbleiben, gefährden wir uns gegenseitig." Es war richtig,
was er sagte, trotzdem fühlte ich mich durch seine nüchterne Fest=
stellung etwas verletzt, denn ich hatte den stillen, einfachen Mann
auf meine Weise gern.
Ich ging hinüber in mein Zimmer und packte gleichfalls. Es war
schnell geschehen. Ein Coupeeköfferchen mit etwas Wäsche und
ein paar Toilettensachen war alles, was ich besaß. Die Mollatracht
legte ich ab und zog den letzten europäischen Anzug an, der mir
noch verblieben war, und auch der verräterische rote Bart fiel der
Schere zum Opfer. Mehemed hatte inzwischen einen Handwagen
aus dem Geräteschuppen in die Halle gefahren und seine Körbe
darauf verladen.
Um halb neun saßen wir startfertig in der zugigen Halle und
warteten. „Und wo wollen Sie jetzt hin?" fragte ich ihn. Er zuckte
gleichgültig die Achseln: „Wir kommen schon unter", sagte er,
„bei irgendeinem Arbeitskollegen von mir . . . für Sie dürfte es
schwieriger sein . . ." Er schwieg und rauchte. „Wenn Post kommen

sollte von meiner Frau", sagte ich, „über Wasiri können Sie mich immer erreichen." Er schüttelte zustimmend den Kopf. „Sobald ich weiß, wo wir bleiben, melde ich auf der Post meine neue Adresse an", sagte er.

Die Minuten schlichen träge, mit bleiernen Füßen, vorüber. Es war jetzt neun, und Lutfullah war noch nicht zurück.

„Tut's Ihnen eigentlich gar nicht leid, daß unser Leben hier so schnell zu Ende geht?" fragte ich. Er sah mich an, und zum ersten= mal glaubte ich, auf dem Grunde seines Blicks so etwas wie Traurigkeit zu entdecken. Aber er sagte nur: „Wenn man eine Frau und drei Kinder begraben hat, ist man ans Abschiednehmen gewöhnt", und rauchte weiter.

Kurz vor halb zehn wurde leise und hastig an die Haustür ge= pocht. Ich zog mich eilends in mein Zimmer zurück. Aber es war Lutfullah. „Wir müssen uns sputen", sagte er, kaum daß die Tür sich hinter ihm geschlossen hatte. „Der Wagen für Sie", er wandte sich an mich, „wartet schon, zwei Straßenkreuzungen südlich. Wir beide gehen voraus und sehen zu, ob die Luft rein ist. Drei Minu= ten später folgen Sie. So ist's mit Herrn Wasiri verabredet."

Ein kurzer, überstürzter Abschied. Dann gingen die beiden, den Leiterwagen mit ihrer Habe hinter sich herziehend. Ich wartete noch drei Minuten in dem leeren Haus, dann löschte ich alle Lichter und ging auch. Die Haustür schloß ich hinter mir ab und warf den Schlüssel über die Gartenmauer.

Wasiri selber saß am Steuer des Wagens. „Schnell einsteigen", raunte er mir zu. Ich saß kaum, als das Auto anfuhr.

Auf der Schapur=Straße überholten wir Mehemed und Lutfullah, die mit ihrem Leiterwagen an der Bordschwelle entlang trotteten. Ich winkte ihnen zu, aber sie hielten die Köpfe gesenkt und grüß= ten nicht zurück.

„Wo wollen Sie mich diesmal hinbringen?" fragte ich Wasiri.

„Direkt zur Polizei", sagte er und lachte.

* * *

Es war wie im Märchen: Wir klopften an eine schmale Pforte, sie wurde aufgemacht, und im Türrahmen erschien ein langer dürrer

Mann, der ein Windlicht in der Hand trug. Er begrüßte uns mit ein paar stimmlosen Zischlauten, und im Schein des Windlichtes sah ich, daß eine silberne Kanüle aus seinem Kehlkopf herausragte.

Er ging vor uns her, über einen kleinen dunklen Hof, öffnete vor uns eine Tür, und plötzlich standen wir in der rosigen Helle eines üppig ausgestatteten Zimmers, mit herrlichen Teppichen, breiten Lederklubsesseln, rotseidenen Vorhängen an den Fenstern und einer Fülle von Licht, das aus rosagetönten Ampeln von der Decke herabstrahlte.

Aus der Tiefe eines Klubsessels erhob sich ein großer schwerer Mann, der seltsamerweise gleichfalls ganz in Rosa gekleidet war. Ein Hemd, offen über der mächtigen Brust, das in den Tönen der Morgenröte schimmerte und über die Hose herabfiel, und die Hose selber, aus rosa Seide und an den Knöcheln in zwei Manschetten auslaufend, die mit goldenen Knöpfen zusammengehalten wurden. Er kam mit ausgestreckter Hand auf mich zu.

Wasiri stellte vor: „Major Esfendiari von der Teheraner Polizei."

„Willkommen, Herr Konsul", sagte der Major und für einen Augenblick versank meine Hand in den Fleischmassen seiner kolossalen Rechten, „ich freue mich, daß unser junger Freund Wasiri mir Gelegenheit geboten hat, einem Vertreter des Deut= schen Reiches unter meinem bescheidenen Dach Aufnahme zu ge= währen. Es ist zwar nicht angemessen für einen so hohen Gast, zwei kleine Räume nur" — mit einer weit ausholenden Handbewegung deutete er auf eine geöffnete Schiebetür, durch die die rosaseidene Steppdecke eines breiten französischen Betts herüberschimmerte —, „aber dafür ist's wenigstens eine sichere Bleibe". Er lachte, ein glucksendes Lachen, das tief aus dem Leibesinnern zu kommen schien und die gesamte Masse seines Körpers in zitternde Be= wegung brachte. „Alle Nachrichten über etwaige Polizeiaktionen gegen steckbrieflich gesuchte Personen erhalten Sie hier aus erster Hand."

Ich dankte ihm, doch er wehrte ab. „Leider kann ich mich selber nur zu wenig um Ihr Wohlergehen kümmern, Herr Konsul", sagte er, „ich bin tagsüber immer im Dienst. Aber ich hoffe, meine Fami=

lie wird da nichts versäumen. Meine Frau führt eine leidliche Küche, und meine beiden Söhne, Achmed und Rezah, werden sich ein Vergnügen daraus machen, Ihnen Gesellschaft zu leisten. Falls Sie irgend welche Wünsche haben, brauchen Sie's nur einem von den beiden Schlingeln zu sagen..."
Er hatte eher zu wenig versprochen. Die Tage in seinem Hause, die nun folgten, glichen einem Dasein im Schlaraffenland. Hier lernte ich zum erstenmal den Gaumenkitzel der feinen persischen Küche kennen, die der französischen in nichts nachsteht, und die beiden Söhne Esfendiaris, zwei reizende Jungen von achtzehn und neunzehn Jahren, wetteiferten miteinander, mir die Zeit zu vertreiben. Sie waren beide Studenten, ganz bürgerlich erzogen, und an den neugierig glänzenden Augen, mit denen sie mich bis= weilen betrachteten, konnte ich erkennen, daß ich für sie eine Art Fabeltier aus der Wunderwelt des Abenteuers darstellte.

Sie waren unersättlich in ihren Fragen und wollten alles wissen über Deutschland, über die anderen Länder, die ich gesehen hatte, und vor allem über die Arbeit der Abwehr, von der sie sich offen= bar wildromantische Vorstellungen machten. Zum Dank für meine Erzählungen gaben sie mir persischen Unterricht, und ich entdeckte bald, daß meine bisherigen Kenntnisse, die ich dem Wilderer As= gard, dem Maurer Mehemed und seinen Söhnen verdankte, an= scheinend für den Umgangston in gebildeten Kreisen ziemlich kor= rekturbedürftig waren.

Auch meine persischen Tischsitten besserten sich unter diesem Einfluß. So lernte ich das wunderbare Universalinstrument des dünnen Fladenbrots handhaben, das zuerst als Gabel, dann als Serviette dient und zum Schluß verspeist wird.

Die oberflächliche Änderung meines Äußeren, die ich bei der Flucht aus dem Freudenhäuschen in letzter Minute vorgenommen hatte, wurde jetzt zu einer gediegenen neuen Maske ausgestaltet. Ich ließ mir einen schwarz gefärbten Schnauzbart stehen, trug einen kurzgeschnittenen, gleichfalls pechschwarzen Bürstenkopf und, da ich unter dem Einfluß des geruhigen Lebens und der Wir= kung von Frau Esfendiaris guter Küche aufging wie ein Hefekloß, sah ich, abgesehen von meinen blauen Augen, bald aus wie der Obereunuch aus einem türkischen Serail.

Einen ähnlichen Eindruck mußten jedenfalls die drei persischen Generalstabsoffiziere von mir bekommen haben, die mich auf Veranlassung von Mayr eines Tages zu einer Lagebesprechung in Esfendiaris Haus aufsuchten. Als ich ihnen im blauseidenen, gesteppten Archalog und mit einem gestickten Käppchen aus Goldbrokat entgegentrat, fragten sie mich persisch nach dem deutschen Major, bei dem sie gemeldet wären.

Meine Aufklärung nahm der Führer der Delegation, ein magerer kleiner Oberst, mit leichtem Stirnrunzeln zur Kenntnis. Wir besprachen dann mehrere Stunden lang die militärische Lage, die sich bei einem deutschen Einmarsch ergab.

Die Perser hatten mit erstaunlicher Präzision alle Eventualitäten vorausberechnet. Nach ihrem Dafürhalten sollten die Deutschen von den drei möglichen Einfallstraßen im Norden den Weg über Baku—Lenkoran—Astara wählen, um so schnell wie möglich in den Besitz von Kaswin zu kommen und damit die Ausgangsposition für die Eroberung Teherans zu schaffen.

Gleichzeitig sollten kleine deutsche Verbindungsstäbe aus der Luft an den Standorten der persischen Divisions= und Brigadestäbe abgesetzt werden, um die Operationen der persischen Befreiungsarmee mit dem Vorgehen der deutschen Truppen zu koordinieren. In Isfahan aber, wo der persische Generalstab bei Beginn der Operationen sein Hauptquartier aufschlagen wollte, sollte auch die deutsche Leitung des Feldzugs in Persien stationiert sein.

Alles wurde bis in die kleinsten Einzelheiten besprochen. Die Raketensignale, durch die Luftlandeplätze für die deutschen Flieger kenntlich gemacht werden sollten, und die Abwurfplätze für Paks, panzerbrechende Munition, leichte Flak und Granatwerfer.

Die besondere Sorge der Perser galt der Erhaltung der Transiranischen Eisenbahn, die das Land von Nord nach Süd durchquerte und mit ihren Tunnels und Viadukten ein Milliardenobjekt von höchster volkswirtschaftlicher Bedeutung darstellte. Es wurde beschlossen, deutscherseits beim Einmarsch auf die Benutzung dieser Bahn tunlichst zu verzichten und den Schutz der Anlagen im

Norden den Freischärlern der Milli Mudafai und anderer Gruppen, im Süden dem Kaschghai=Fürsten Nasr Khan und den mit ihm ver= bündeten Khanen freiheitlich gesinnter Nomadenstämme zu über= lassen. Indem man so die Bahn beim Kampf der regulären Truppen gleichsam aussparte, bestand eine, wenn auch nur geringe Hoff= nung, das kostbare Objekt unversehrt zu erhalten.

Es ging schon auf Mitternacht, als die drei Herren mich verließen. Gleich nach ihrem Weggang machte ich mich an die Abfassung eines Gedächtnisprotokolls, indem ich Punkt für Punkt den Inhalt unserer Unterredung festlegte. Die Arbeit hielt mich wach bis in die frühen Morgenstunden, aber ich brauchte keinen Schlaf. Der Einbruch der großen Politik in die Stille meines Serails hatte mich elektrisiert, und das Bewußtsein, wieder eingeschaltet zu sein in das große Spiel der Kräfte und eine Aufgabe zu haben, wirkte belebender als alle künstlichen Stimulantia. Und selbst als ich dann gegen Morgen in einen unruhigen Halbschlummer verfiel, klang in meine Träume hinein noch das Dröhnen deutscher Flugzeug= motoren und das stählerne Rattern anrückender Panzerverbände.

Gleich am nächsten Vormittag erschien Mayr, diesmal im Kostüm eines persischen Monteurs, um sich über die Ergebnisse unserer nächtlichen Besprechung zu unterrichten. Ich übergab ihm das fer= tige Protokoll, er überlas es flüchtig, pfiff ein paarmal durch die Zähne und versprach, die Meldung so schnell wie möglich nach Berlin weiterzuleiten. Über das Wie schwieg er sich diskret aus, und ich war nicht taktlos genug, ihn danach zu fragen.

Meine Hoffnung aber, daß sich an diese erste militärische Be= sprechung weitere anschließen würden und daß ich in Zukunft gleichsam als inoffizieller deutscher Militärberater an dem per= sischen Befreiungskrieg teilnehmen könnte, erwies sich als trü= gerisch. Ich habe die drei Offiziere nach jenem Nachtbesuch nie= mals wiedergesehen.

Statt dessen kam einige Tage später Major Esfendiari zu mir ins Zimmer, wo ich gerade mit seinen Söhnen beim Trick=Track=Spiel saß. Der Major, der wie immer nach dem Dienst seine Uniform mit der bequemen persischen Haustracht vertauscht hatte, war äußerst aufgeräumt.

„Heute habe ich einen Spaß erlebt", begann er händereibend gleich nach der Begrüßung. „Ein englischer Offizier war bei mir, um über polizeiliche Quarantänemaßnahmen gegen die Polen mit mir zu verhandeln. Sie wissen doch, die Polen, die anno 39 in rus= sische Gefangenschaft gekommen sind und jetzt, hier in Teheran, zu einer neuen Armee zusammengestellt werden. Sie sitzen überall im Basar und in den Kaffees herum und erzählen Schauderdinge über ihre Erlebnisse in Sibirien. Und nun befürchtet man plötzlich, daß sie unsere brave Teheraner Bevölkerung anstecken könnten... Womit eigentlich? habe ich ganz dumm gefragt, denn sie kommen doch gerade aus dem Quarantänelager und sind dreimal nach= geimpft... Man hat selten das Vergnügen, einen Engländer ver= legen zu sehen, ... na, ich hab's jedenfalls gehabt. Der Sir lief röt= lich an und murmelte etwas von frischaufgetretenen Fleckfieber= erkrankungen..."

Esfendiari kniff listig die Äuglein ein und blinzelte mich an: „Wäre das nichts für Sie? Ich meine, solche Berichte aus sowjeti= schen Gefangenenlagern müßten doch auch in Deutschland inter= essieren..."

Ich überlegte. Den Abwehrapparat für Greuelgeschichten ein= spannen? Nein! Aber war es nicht möglich, daß die Polen Nach= richten über den Neuaufbau der sibirischen Industrie mitbrachten, die wichtig waren für uns? ... „Kennen Sie eigentlich in Teheran einen gewissen Wilhelm Schwarzkopf?" fragte ich.

Trotz des scheinbaren Gedankensprungs verstand mich Esfen= diari sofort: „Den deutschen Juden, der das Ledergeschäft in der Lalezarstraße hat? Ein einwandfreier Mann! Wenn der für Sie arbeiten will, werden Sie bestimmt bestens bedient..."

Als mich Wasiri das nächste Mal besuchte, besprach ich mit ihm den Einsatz Schwarzkopfs. Er sollte sich an die Polen heranmachen, vor allem an solche, die während ihrer Gefangenschaft in der rus= sischen Kriegsindustrie gearbeitet hatten, und alles Wissenswerte herausholen. Sein Bericht sollte an Wasiri gehen.

Es waren, im Jargon der Abwehr gesprochen, alles kleine Fische, aber die Ausübung der gewohnten Tätigkeit, selbst wenn sie sich im Augenblick im luftleeren Raum abspielte, trug mich hinweg über das schreckliche Gefühl der Nutzlosigkeit und des Ausgeschaltetseins.

Wenige Tage später ließ sich ein Perser bei mir melden, er wollte Saba persönlich sprechen. Er nannte dem Diener einen mir gänzlich unbekannten Namen und fügte hinzu: „Ich bin Dr. Kümmels Hauswirt." Ich ließ ihn hereinkommen. Es war ein persischer Kleinbürger mit grauem Bart und schütterem grauem Haar. Dr. Kümmel war von seiner Reise zum Paitag=Paß zurück, und der Alte überbrachte mir, vorn in seinen Hosenlatz eingeknöpft, eine Mappe mit seinen Meldungen.

Während ich den Bericht überprüfte –, es war eine ausgezeichnete Arbeit, durch kartographisches Material und Geländecroquis wirkungsvoll unterstützt –, saß der Wirt auf der Kante eines Klubsessels und beklagte sich in weinerlichem Ton über Dr. Kümmel. „Der Herr Doktor ist zu unvorsichtig", zeterte er, „hundertmal habe ich ihn schon gewarnt... Aber er setzt sich am hellichten Tage auf den Balkon, der nach der Straße hinausgeht und nimmt Sonnenbäder ... kein Perser tut das ... und dann geht er tagsüber aus und bleibt manchmal stundenlang weg ... er bildet sich ein, niemand würde ihn erkennen ... aber neulich hat mich der Bäcker an der Ecke gefragt, weshalb der Deutsche nicht mit abtransportiert ist, der bei mir wohnt ... und ich hab gesagt, es wär ein Jude ... und dann hab ich's Dr. Kümmel erzählt, aber der hat nur gelacht... Und dann sein Verkehr mit den Kurden ... die Kurden sind alle falsch, habe ich ihm gesagt, aber er sagt, das sind meine Freunde ... und die werden mir helfen, wieder nach Deutschland zu kommen..."

Ich horchte auf. „Dr. Kümmel will wieder nach Deutschland zurück?"

„Ja", sagte er und fügte mit einem langen Seufzer hinzu: „Ich wäre froh, wenn er schon weg wäre ..."

„Gut, Sie sollen Ihren Willen haben", sagte ich, „ich werde an Dr. Kümmel schreiben, Sie können den Brief gleich mitnehmen."

Ich schrieb also an Kümmel und schlug ihm vor, seinen Bericht vom Paitag=Paß selber nach Deutschland zu bringen. Er sollte die

Kartenzeichnung mit sympathetischer Tinte auf ein Taschentuch übertragen und den dazu gehörigen Text auswendig lernen. Wenn es ihm gelang, über die türkische Grenze zu kommen, sollte er sich bei der Abwehrstelle der deutschen Botschaft in Ankara melden, dort seinen Bericht abgeben und gleichzeitig mitteilen, daß Mayr und ich in Teheran weiterarbeiteten und auf Verbindung mit Berlin warteten.

Während ich das schrieb, dachte ich an meine Frau. Wo mochte sie jetzt sein? Die letzte Nachricht von ihr aus Schapur lag zwei Monate zurück ... und seitdem hatte ich nichts mehr gehört ... und kein Anzeichen ließ darauf schließen, daß eine Meldung von Mayrs und meiner Existenz nach Deutschland gelangt war.

Ich versiegelte den Brief zusammen mit Kümmels Bericht und übergab das Kuvert dem Hauswirt, der es, offensichtlich erfreut, entgegennahm. „Ich warte auf Bescheid", sagte ich beim Abschied, aber eine Antwort erhielt ich nie. —

Am 13. Mai feierte ich im Hause Esfendiaris meinen sechsundvierzigsten Geburtstag. Es war ein Tag, der von allen festlich begangen wurde. Am Morgen schon war der Major mit seinen Söhnen zur Gratulationscour bei mir erschienen, und am Abend sollte ein gemeinsames Essen stattfinden, an dem sogar die Hausfrau mit ihren beiden Töchtern teilnehmen sollte, eine Ehre, die ich wohl zu schätzen wußte. Schon am Mittag, als ich über den Hof ging, stiegen mir die Düfte von Gebackenem und Gebratenem lockend in die Nase.

Das Essen war für sechs Uhr angesetzt. Ich hatte mich mit den Resten meiner europäischen Garderobe so festlich wie möglich herausstaffiert und wartete mit den beiden Jungen in meinem Zimmer.

Doch die siebente Stunde verging und auch die achte —, und der Major war noch nicht vom Dienst zurück.

Endlich, um halb neun, kam er. In Uniform, so wie er war, kam er in mein Zimmer, und schon beim Eintritt sah ich ihm an, daß er schlechte Nachrichten brachte. Sein rundes, rotes Gesicht wirkte blaß und verfallen, und unter seinen Augen lagen bleifarbene Schatten.

„Der englische Geheimdienst hat heute abend Dr. Kümmels Wohnung ausgehoben", sagte er, „Kümmel ist entkommen, aber seinen Hauswirt haben sie verhaftet."

Ich begriff sofort, was auf dem Spiel stand. „Ich muß hier weg", sagte ich mit einer beinah schon stereotyp gewordenen Wendung. Er schüttelte traurig den Kopf. „Ich habe alles schon organisiert", sagte er, „der Wagen für Sie wartet unten."

Offenbar hatte sich die Hiobsbotschaft im Hause verbreitet. Es klopfte, und herein kam die Frau des Hauses, mit ihren beiden Töchterchen an der Hand. Ich sah Frau Esfendiari bei dieser Gelegenheit zum erstenmal. Sie war eine bräunliche, etwas rundliche Schönheit mit großen, dunklen, sanften Augen.

Während ich packte, umstanden mich alle, sprachen tröstend auf mich ein, halfen mir mit kleinen Handreichungen und steckten mir Sachen zu, die ich mit einpacken sollte. Mein kleiner Coupeekoffer wurde bald so voll, daß ich ihn kaum schließen konnte.

Der Major drängte zum Aufbruch. „Erst wollen wir unseren Gast noch aussegnen", sagte Frau Esfendiari. Und dann traten sie, immer zwei und zwei, einander gegenüber, hoben die Hände hoch, und unter ihren hocherhobenen Händen mußte ich gebückt hindurchgehen. Es war ein kindliches Spiel, ähnlich dem, das man in deutschen Kindergärten „eine Brücke machen" nennt, aber ich spürte, hier war es mehr.

Dann verabschiedete ich mich von allen. Frau Esfendiaris Augen schwammen in Tränen, und die Blicke, mit denen sie mich ansah, glichen denen, die eine mitleidige Seele einem armen Sünder auf seinem letzten Gang nachschickt.

Ich stand schon an der Tür, als sie mich noch einmal zurückrief. Sie hatte von ihrem Oberarm ein winziges Büchlein losgenestelt, das an einem Band hing, jetzt schlang sie das Band um meinen Arm. „Das soll Sie immer begleiten und schützen", sagte sie mit einer dunklen warmen Altstimme, die nach unterdrücktem Schluchzen klang.

„Am besten tragen Sie's unter dem Hemd, auf der bloßen Haut", ergänzte der Major, der immer praktisch veranlagt war.

Erst in meinem neuen Quartier betrachtete ich das Büchlein genauer. Es war eine kostbare Miniaturausgabe des Koran, auf Pergament geschrieben und mit zierlichen Initialen geschmückt, ein Wunderwerk persischer Kleinkunst.

* * *

Das neue Quartier, das ich nun bezog, lag wie ein Raubvogelhorst hoch über der Stadt Teheran. Ich war in einem winzigen Gartenhäuschen untergebracht, dicht unterhalb einer grasbewachsenen Hügelkuppe und umgeben von der Blumenpracht eines großen, verschwenderisch blühenden Gartens. Es war eine alte Gärtnerei, in die man mich gebracht hatte, und ich wohnte da oben ganz allein.

Freilich, das Milieu war mehr als primitiv. Das Häuschen glich eher einem Geräteschuppen als einer Wohnung, und ein Feldbett, ein wackliger Tisch und ein Holzschemel waren das einzige Mobiliar. Die erste Nacht verbrachte ich in einem wilden Kampf mit unzähligen Wanzen, den ich erst mit einem Waffenstillstand beenden konnte, als ich eine Petroleumkanne fand, die Bettstelle mit Petroleum abrieb, die Matratze hinauswarf und die Füße des Betts in Konservendosen stellte, die mit Petroleum gefüllt waren.

Dafür entschädigte mich am Tag die herrliche Aussicht. Im Süden tief unter mir lag die Stadt, und dahinter dehnte sich, im blauen Dunst der Ferne verschwimmend, die Ebene. Im Norden aber reckte sich, mir zu Häupten, das gewaltige Massiv des Dotschal auf, die dunkle Stirn von den zackigen Schneefirnen des späten Frühjahrs gekrönt.

Ich blieb den ganzen Vormittag allein, und die Vögel waren meine einzige Gesellschaft. Weißköpfige Geier rauschten mit schweren Flügelschlägen über mir dahin, Schwärme blauschimmernder Mandelkrähen strichen schreiend vorbei, und hoch über mir, im blassen Blau des Frühlingshimmels, zogen zwei Steinadler ihre mächtigen Kreise.

Gegen Mittag kam dann der Gärtner, ein mürrischer alter Mann, und brachte mir in einem Henkelkorb das Essen für den ganzen

Tag. Ich wollte wissen, wer mir's geschickt hatte, aber es erwies sich, daß eine Verständigung mit ihm unmöglich war. Er war taub. „Morgen komme ich wieder um dieselbe Zeit", bellte er mit rauher Stimme, nahm den leeren Henkelkorb mit sich und tappte auf dem schmalen Fußsteig talabwärts. Ich blieb allein, viele Tage lang, und allmählich gewann der ungewohnte Zustand der Ruhe und Entspannung immer mehr Reiz für mich. Stundenlang lag ich nackend in der Sonne, sah dem Spiel der Vögel zu und träumte in den Himmel hinein. Nur, wenn, was freilich selten genug geschah, Ausflügler auf der Höhe der Graskuppe erschienen, um die Aussicht zu genießen, zog ich meine Badehose an, setzte einen breitrandigen Strohhut auf und fing an, die Blumen im Garten zu begießen. Meist waren es englische Sol= daten, die heraufkamen, und ein paarmal kauften mir welche Blumen ab. Ich sprach nur persisch und zwang sie so, sich durch Zeichensprache mit mir zu verständigen. Einmal hörte ich, wie beim Weggehen einer zum anderen sagte: „Total verdoft, versteht nicht mal englisch, der Alte ..."

Ich dachte viel an meine Frau in dieser Zeit. Und manchmal kam mir, wie eine Anfechtung, der Gedanke, daß ich ihr den schwereren Teil unserer Aufgabe überlassen hatte. Konnte sie nicht, wenn sie gescheitert war und vielleicht von den Russen an der Grenze gefan= gen, einen Mangel an Liebe in meinem Verhalten sehen? Und hatte ich sie denn nicht wirklich einer politischen Aufgabe geopfert? Das waren quälende Gedanken, und ich suchte sie mit aller Kraft von mir wegzuschieben. Aber sie kamen immer wieder, und immer häufiger wiederholte sich auch nachts ein Traum, der typisch ist für unterdrückte Schuldgefühle: Ich stand im Examen und ver= sagte ...

So war ich ganz froh, als nach einiger Zeit Freunde und Bekannte aus Teheran bei mir auftauchten. Die ersten, die mich in meiner Klause besuchten, waren die beiden Söhne Esfendiaris. Sie brach= ten mir Kuchen und Zeitungen mit, die sie von ihrem Taschengeld gekauft hatten, und dazu eine Menge guter Nachrichten.

Kümmel war, trotz fieberhafter Nachstellung, nicht gefangen worden, und auch der verhaftete Hauswirt hatte offenbar dicht ge=

halten, denn die befürchtete Haussuchung bei den Esfendiaris war bisher noch nicht erfolgt. Die Meldungen von den Kriegsschauplätzen aber lauteten gleichfalls günstig: Die Kesselschlacht von Charkow war in vollem Gange, und selbst aus den gegnerischen Heeresberichten war die Besorgnis herauszuspüren, daß dies den Genickfang für den russischen Koloß bedeuten könnte. Und Rommel stand in Afrika.

Mag sein, daß in der Heimat das Gefühl für die schicksalhafte Bedeutung, die das kriegerische Geschehen für das Leben des einzelnen besaß, mit der Dauer des Krieges etwas abgestumpft war, wir hier draußen hatten, vielleicht gerade durch die räumliche Trennung verstärkt, das intensive Gefühl, Teile eines Ganzen zu sein.

Deshalb schöpfte ich auch in meiner jetzigen Lage Mut und Zuversicht aus diesen militärischen Erfolgsmeldungen, und im übrigen belehrte mich die Haltung der Perser darüber, daß ich, selbst in der Armseligkeit meines gegenwärtigen Zustandes, als Repräsentant Deutschlands betrachtet wurde und daß die Siege der deutschen Waffen ihren verklärenden Schimmer auch auf mich ausstrahlten.

So brachte der junge Wasiri bei seinem ersten Besuch den Abgeordneten Nobacht mit. Nobacht stand damals im Zenith seines Ruhms, er war in jenen Tagen vielleicht der populärste Mann des Landes. Denn er war gleichsam der Mund des stummen und gequälten Volkes, der im Parlament den Siegern den Haß und die Verachtung Persiens über ihre scheinheilige Politik ins Gesicht schrie. Ich schmeichelte mir nicht, daß er aus persönlichem Interesse für mich gekommen war, und unser Gespräch bewies mir die Richtigkeit meiner Annahme.

Er unterzog mich einem förmlichen Verhör über die Stellung Deutschlands zu den nationalen Aspirationen Persiens, und ich stand ihm Rede und Antwort, so gut es ging. Freilich war es nicht immer leicht, vor diesen scharfen Augen zu bestehen, und ich fürchte, ich habe ihm damals viel mehr die Grundsätze der deutschen Jugendbewegung als den zynischen Machiavellismus der Hitlerischen Machtpolitik entwickelt. Denn ich fühlte instinktiv: der Mann, der mir da auf dem schmalen Feldbett gegenübersaß, war ein politischer Moralist. Schon sein Äußeres verriet das. Ein kleiner dürrer Mensch mit einem mageren Asketengesicht, wie ausgedörrt vom Feuer des politischen Ehrgeizes. Beim Abschied gab er mir die kleine, knochige Hand mit festem Druck. „Ich hoffe, wir werden bald Gelegenheit haben, enger zusammenzuarbeiten", sagte er.

Als Wasiri das nächste Mal kam, war er in Begleitung eines persischen Artilleriemajors. Außerdem brachte er den Bericht Schwarzkopfs über seine Recherchen bei den Polen mit.

Der Major war ein ganz anderer Typ als Nobacht. Groß, schlank, elegant, mit einem weltstädtischen Lebemannsgesicht, aber munteren, immer etwas ironisch blickenden Augen. Er hieß Kermanschahi.

Nach dem üblichen Teschrifat bat ich die Herren um Entschuldigung, um Schwarzkopfs Bericht zu prüfen, den ich, wenn er etwas taugte, Wasiri gleich zur Weiterleitung an Mayr mitgeben wollte.

Doch Schwarzkopf hatte eine typische Dilettantenarbeit geliefert. Mit bemerkenswertem Fleiß hatte er alle möglichen Episoden aus den sibirischen Gefangenenlagern zusammengetragen. Tatsachen aber, die die Abwehr interessieren konnten, waren kaum dabei. Immerhin ergab sich ein Stimmungsbild vom Leben der polnischen Gefangenen in Rußland, das in seinen düsteren Farben sehr eindrucksvoll war.

Um meine Besucher nicht zu sehr zu vernachlässigen, las ich ihnen einige Stellen aus dem Bericht in persischer Übersetzung vor.

Plötzlich schlug sich der Major auf die Schenkel: „Ich hab's", sagte er mit spitzbübischem Gesicht, und dann setzte er uns seinen Plan auseinander. Die nächste halbe Stunde glich unsere Zusammenkunft einem geheimen Schülerkonventikel, in dem ein gemeinsamer Streich ausgeheckt wird. Jeder brachte noch irgendeinen Einfall bei, der den Plan zur vollen Wirkung abrundete.

Zwei Tage später holte mich Wasiri abends im Wagen ab. Er brachte die komplette Uniform eines polnischen Oberstleutnants mit, die ich gleich im Gärtnerhäuschen anzog. Sie war etwas eng, aber Wasiri meinte, ich sollte das mit der guten Bewirtung im gastfreien Persien begründen.

Dann fuhren wir zur Stadt hinunter. Kermanschahis Haus, eine moderne elegante Villa im Gesandtschaftsviertel, war hell erleuch= tet, davor parkten eine Reihe von Wagen. Im Vestibül nahm mir ein Diener Mütze, Koppel und Handschuhe ab und geleitete mich in einen europäischen Salon, der von einem Kristallkronleuchter strahlend erhellt war.

Bei meinem Eintritt erhoben sich etwa zwanzig Herren in Uni= form, die auf Stühlen, drei Reihen tief hintereinander, dagesessen hatten. Vor den Stuhlreihen stand ein Tisch mit einer Wasser= karaffe darauf, das Ganze machte den Eindruck eines Vortrags= saals.

Major Kermanschahi kam auf mich zu und begrüßte mich in russischer Sprache. Dann stellte er mich vor: Oberstleutnant Raz= cinski von den Warschauer Ulanen.

Die Herren verbeugten sich. Soweit ich die Situation überblicken konnte, waren es alles persische Stabsoffiziere, ein General und drei Obristen saßen vorn in der ersten Reihe.

Kermanschahi geleitete mich zum Vortragstisch, er blieb links von mir stehen:

„Herr General, meine Herren!" Er sprach persisch. „Ein beson= ders glücklicher Zufall hat es gefügt, daß heute abend ein Kame= rad von der polnischen Armee zu uns sprechen kann. Herr Oberst= leutnant Razcinski hat sich liebenswürdigerweise bereit erklärt, uns über seine Eindrücke aus dem Feldzug im Jahre 39 und über seine Erlebnisse in der russischen Gefangenschaft zu berichten. Da er leider nicht persisch spricht, wird er sich der russischen Sprache bedienen, die ja einige von unseren Herren auch verstehen. Für diejenigen, die dem russischen Vortrag nicht folgen können, werde ich übersetzen.

Herr Oberstleutnant Razcinski!" Er trat mit einer Verbeugung zurück, die Offiziere klatschten, und ich begann.

Über den heiklen Punkt des deutschen Einmarschs glitt ich schnell hinweg, um dann desto länger bei der Schilderung der Schlacht in der Tucheler Heide und der Beschreibung der furcht= baren deutschen Kriegsmaschinerie zu verweilen, und ganz aus= führlich schilderte ich die grausame Enttäuschung, die uns Polen das Verhalten der Alliierten bereitet hatte. Man hatte uns die Landung einer englischen Armee im Danziger Korridor versprochen, sie blieb aus, man hatte uns Lieferung von Panzern und Artillerie versprochen, und wir erhielten nichts, und man hatte uns den Einsatz der englischen Luftwaffe zugesagt, und unsere Städte wurden von den Deutschen zerbombt, ohne daß ein einziger englischer Jäger am Himmel über Polen erschien.

All das waren Tatsachen, deren Kenntnis ich meiner früheren Tätigkeit bei der Abwehr verdankte. Denn ich mußte gleich nach Abschluß des Polenfeldzuges eine Reihe von gefangenen Offizieren vernehmen, und der gleichbleibende Refrain ihrer Klagen war: sie fühlten sich enttäuscht, verraten und im Stich gelassen von ihrem westlichen Bundesgenossen.

Dann ging ich zur Schilderung meiner Erlebnisse in russischer Gefangenschaft über, wobei ich mich zum Augenzeugen der meisten Episoden ernannte, die ich dem Bericht Schwarzkopfs entnommen hatte.

Major Kermanschahi stand neben mir und übersetzte Satz für Satz. Anscheinend ging alles gut, die persischen Offiziere waren sichtlich beeindruckt.

Ich schloß mit einer Schilderung des Lebens in den sibirischen Lagern. Dabei hütete ich mich, meine Hörer mit Greuelberichten zu überfüttern. Im Gegenteil, ich hob scheinbar anerkennend hervor, daß die russische Bevölkerung womöglich in noch größerem Schmutz und Elend gelebt hätte als wir. Auch ein paar humoristische Glanzlichter versuchte ich, meinem Bericht aufzusetzen: Ich erzählte, Schwarzkopfs Meldungen folgend, wie wir in einem Lager Eisenbahnschwellen als Brennholz an die Bauern verkauft und den Gewinn mit den russischen Bewachungsmannschaften geteilt hätten. Und an einer anderen Stelle hatten wir sogar mit dem Lagerkommandanten halbpart gemacht und eine Kanalisation angelegt, von der nur vier Röhren, die ersten und die letzten, in den Boden kamen, während alle Zwischenglieder unter der Hand verschoben wurden. Meine Absicht war, auf diese Weise meinen Hörern ein Bild von der Desorganisation der russischen Wirtschaft vor Augen zu führen.

Als ich geendet hatte, gab es Beifall. Der General kam auf mich zu, schüttelte mir die Hand und dankte in gebrochenem Russisch für meine instruktiven Ausführungen.

Kermanschahi forderte die Anwesenden auf, Fragen an mich zu richten. Ein kleiner Major mit Stupsnase in dem frischen Jungensgesicht stand auf: „Es würde mich interessieren, zu erfahren, wie Herr Oberstleutnant Razcinski die militärischen Aussichten der Deutschen beurteilt."

Zu meinem Glück hatte er persisch gesprochen, so daß einige Zeit zur Überlegung blieb, während Kermanschahi die Frage ins Russische übersetzte. Es war eine gefährliche Frage, denn als polnischer Offizier durfte ich keinesfalls die Sache der Alliierten verloren geben. Ich holte tief Atem, alle starrten mich erwartungsvoll an:

„Im Augenblick sehe ich noch keine Macht", sagte ich, „die der furchtbaren deutschen Kriegsmaschinerie Einhalt gebieten könnte. Doch wir Polen haben schließlich zweihundert Jahre für unsere Freiheit gekämpft, und wir werden, wenn es nötig ist, noch weitere zweihundert Jahre dafür kämpfen..."

Ich bemerkte, wie mehrere der jungen Offiziere bedeutungsvolle Blicke tauschten, und in den hinteren Stuhlreihen war ein leises Tuscheln zu hören.

Da offiziell keine weiteren Fragen gestellt wurden, schloß Kermanschahi die Versammlung, und die Zuhörerschaft löste sich in einzelne Gesprächsgruppen auf. Mehrere Offiziere, die russisch sprachen, umdrängten mich und erkundigten sich, gleichsam inoffiziell und gesprächsweise, nach weiteren militärischen Tatsachen. Dabei war zu spüren, daß sie vor allem darauf brannten, Näheres über die deutsche Strategie und das deutsche Kriegspotential zu erfahren, und ich bediente sie nach besten Kräften.

Mitten in der Unterhaltung wurde Kermanschahi abgerufen. Er kam zurück und sagte zu mir: „Herr Oberstleutnant, der Wagen steht draußen, der Sie in Ihr Quartier zurückbringen soll." Ich sah nach der Uhr, ich hatte mit Wasiri verabredet, daß er mich nach drei Stunden wieder abholen sollte. Und es waren kaum anderthalb Stunden vergangen. Etwas beunruhigt verabschiedete ich mich schnell.

Kermanschahi gab mir das Geleit. „Ist was passiert?" fragte ich flüsternd, während ich in der Garderobe umschnallte. „Ich weiß nicht", antwortete er ebenso leise, „ich glaube, Wasiri hat eine wichtige Nachricht für Sie." Und da der Diener wartend an der Haustür stand, fügte er laut hinzu: „Es war wirklich ein gelungener Abend, Herr Oberstleutnant!", wobei er mich pfiffig lächelnd anblinzelte.

An der Gartentür drehte ich mich zufällig um, ein paar von den jüngeren Offizieren standen am Fenster und winkten mir, und ich winkte zurück. Wasiri saß allein am Steuer des Wagens. „Guten Abend", sagte er einsilbig, als ich mich neben ihn setzte. Dann fuhren wir. Nach wenigen hundert Metern wandte sich Wasiri mir zu, sein Gesicht war eine bleiche Scheibe im Dunkel des Wagens.

„Dr. Kümmel ist verhaftet", sagte er, „die Kurden haben ihn an der Grenze den Engländern ausgeliefert. Er ist vom Secret Service verhört worden, man hat das Taschentuch mit der Paitag=Paß=Stellung bei ihm gefunden. Es heißt, er soll als Spion erschossen werden..."

Wasiri hatte leise gesprochen, aber jeder Satz traf mich wie ein Hammerschlag. Die Schwankstimmung des Auftritts eben war verflogen, der bittere Bodensatz des munteren Spiels war sichtbar geworden, und dieser Bodensatz war der Tod.

* * *

Der Abgeordnete Nobacht hatte mich als Gast zu sich ins Haus geladen, und ich war seiner Einladung gefolgt. Es waren diesmal nicht Gründe der Vorsicht, die mich veranlaßten, mein Refugium in der Gärtnerei aufzugeben, denn ein besseres Versteck als dort oben hätte ich kaum finden können. Aber ich wollte in diesen bewegten Zeiten dem Zentrum der Ereignisse näher sein —, und wo hätte ich näher sein können als in Nobachts Haus?

Es war ein dreiteiliges, altpersisches Haus, in einer Geschäftsstraße nahe dem Bahnhof gelegen. Vorn, nach der Straße zu befanden sich die Repräsentationsräume und üblicherweise die Wohnung des Hausherrn, dann folgte, durch einen Hof getrennt, der

Mittelbau, in dem die Dienerschaft hauste, und hinter einem zwei=
ten Hof folgte der Harem, von dem aus ein kleines Pförtchen in
eine stille Seitengasse hinausführte.

Aus Sicherheitsgründen hatten wir diese natürliche Ordnung
durchbrochen. Nobacht und ich bewohnten gemeinsam zwei große
Zimmer im Harem. Das hatte den einen Vorteil: wenn uner=
wünschte Besucher kamen, bot sich die Möglichkeit, durch das Hin=
terpförtchen in die stille Seitengasse zu entweichen.

Der Stil unseres gemeinsamen Lebens war eine komische
Mischung von Männerkloster und englischem Herrenklub. Nachts
schliefen wir zusammen in einem Raum, dann frühstückten wir
gemeinsam, und dann ging Nobacht seiner Arbeit nach. Wenn er
dann abends zurückkehrte, brachte er fast immer Gäste mit. Und
oft hielten uns politische Gespräche bis tief in die Nacht beisam=
men.

Auf diese Weise lernte ich eine Anzahl von den prominenten
Mitgliedern der persischen Freiheitsbewegung kennen. Es waren
viele Offiziere darunter, und manchmal hatte ich das Gefühl, Mit=
spieler in einem historischen Stück aus den deutschen Freiheits=
kriegen zu sein. Es war derselbe lodernde Haß gegen die Tyrannei
der Fremden, dieselbe jugendlich schwärmerische Begeisterung für
ein „neues Persien", und dieselbe wilde Tatbereitschaft, die die
älteren und besonnenen Elemente nur schwer von unüberlegten
Aktionen zurückhalten konnten.

Tagsüber aber war ich allein, ganz mir selber überlassen. Es
waren keine angenehmen Stunden. Teheran ist im Sommer eine
glühendheiße, staubige Stadt, und obwohl wir zum Schutz gegen
die Sonne die Läden meist geschlossen hielten, herrschte in den bei=
den Räumen eine Backofenglut, die mir den Schweiß aus allen
Poren trieb.

Um mich zu zerstreuen, saß ich den ganzen Tag am Radio und
hörte Nachrichten aus aller Welt. Abends gab ich dann Nobacht
und den Gästen ein kurzes Resumé des Gehörten, und allmählich
wurde es zur ständigen Gewohnheit, daß jede unserer Zusammen=
künfte mit einem solchen Lagebericht begann.

Eines Abends machte mir dann Major Mahmudi, der Adjutant der Teheraner Division, der zu den Intimen des Nobacht=Kreises gehörte, den Vorschlag, ich sollte diese Berichte aufschreiben. Er wollte sie dann hektographieren lassen und unter den Offizieren der Teheraner Garnison verbreiten. Von da ab hatte ich endlich wieder eine geregelte Tätigkeit. Ich war Redakteur. Und allmählich erfaßte ich immer besser die Pointe dieses Metiers, die darin besteht, durch geschickte Gruppierung des Stoffs, mit dem Schein völliger Objektivität, dem Leser un= merklich eine Tendenz zu infiltrieren. Mein Blättchen gewann rasch an Auflage, der Kreis der Leser dehnte sich aus, sogar bis Isfahan, und Mahmudi schmeichelte mir, daß mein Deckname Saba, auf deutsch Morgenwind, schon fast so populär in der persischen Frei= heitsbewegung sei wie der meines Gastgebers.

Und dann fand Mahmudis Ansicht eines Tages eine über= raschende Bestätigung. Nobacht war allein und später als sonst aus dem Parlament zurückgekommen. „Heut hab ich eine Nachricht für Sie", begann er gleich beim Eintritt, „Nasr Khan hat Sie zu sich eingeladen. Sie sollen als sein militärischer Berater den ganzen Krieg über bei ihm bleiben ..."

Ich sah ihn erstaunt an. Dunkel entsann ich mich, daß in der Besprechung mit den Generalstabsoffizieren von Nasr Khan die Rede gewesen war. Es war einer der Khane des Südens, der im Fall des deutschen Einmarsches die südliche Trasse der Transirani= schen Bahn schützen sollte.

„Sie scheinen nicht zu wissen, wer Nasr Khan ist?"

„Ein Nomadenhäuptling ... einer der Khane des Südens", sagte ich zögernd.

Nobacht lachte: „Einer der Khane ist gut!" Er baute sich vor mir auf und schlug in der Erregung mit der geballten rechten Faust in seine geöffnete linke Hand: „Er ist d e r Khan des Südens ... wahrscheinlich der reichste und mächtigste Mann in ganz Persien nach dem Schah ... unumschränkter Herr über 600 000 Kasch= ghais ... Befehlshaber einer Privatarmee von 20 000 ausgezeichnet bewaffneten Reitern ... den besten Soldaten, die wir in Persien

überhaupt haben ... und nebenbei eine der interessantesten Ge=
stalten auf der politischen Bühne der Gegenwart ..."

„Und wie ist er gerade auf mich verfallen?" fragte ich, eine Atempause seiner Begeisterung benutzend.

„Wahrscheinlich hat er in Isfahan von Ihnen gehört", sagte Nobacht. Er runzelte die Stirn, offensichtlich ungehalten über die Unterbrechung. „Jedenfalls stand in dem Brief, den der Kurier mir überbrachte, etwas von dem deutschen Generalstäbler, der bei mir im Hause wohnt, und auch Ihr nom de guerre ‚Saba' war erwähnt."

Der Diener kam und brachte das Abendbrot. Während des Essens wollte ich mich näher nach den Aufgaben erkundigen, die ich dort unten im Süden zu übernehmen hätte, doch Nobacht kam anscheinend von der Persönlichkeit Nasr Khans so schnell nicht wieder los.

„Ich glaube, für einen modernen Europäer ist solch ein Mensch kaum mehr zu erfassen", sagte er nachdenklich, „Ihr seid zu glatt, abgeschliffen wie Bachkiesel durch Eure Zivilisation ... dem Pathos großer Leidenschaften steht Ihr verständnislos gegenüber, oder Ihr zersetzt es mit der kalten Lauge Eurer Ironie."

„Dank für die gute Meinung", sagte ich betont ironisch.

Er lenkte sofort ein: „Bitte, verstehen Sie mich nicht falsch! Wenn ich von Europa sprach, habe ich damit genau so gut Teheran, Isfahan oder Täbris gemeint ... Der Prozeß der Verstädterung ist nicht geographisch beschränkt ... die Geschichte von der Toten= feier im Mausoleum Ismail Khans beweist das..."

„Und wer war Ismail Khan?"

„Nasr Khans Vater", erklärte er. „Reza Schah lud ihn und sechs Stammesfürsten der Kaschghais nach Teheran ein. Und hier hat er sie verhaften lassen. Auf Wunsch der Engländer, sagt man. Auch Ismails Familie mußte nach Teheran ziehen. Die alte Bibi hat hier jahrelang mit ihren Söhnen in einer Villa gelebt, in einer Art Ehrenhaft. Sie durften sich nicht aus der Bannmeile der Stadt fortbewegen.

Und dann starb der alte Ismail im Staatsgefängnis. Man mun= kelte damals, der Secret Service hätte sein Rasiermesser vergiftet und ihn so umgebracht. Nasr Khan glaubt noch heute daran und hegt seitdem einen abgrundtiefen Haß gegen die Engländer. Als die Meldung von der Vernichtung der englischen Armee bei Dünkirchen kam, ist er in das Mausoleum gegangen, wo die Leiche seines Vaters lag, und hat dem Toten mit lauter Stimme den deutschen Heeresbericht vorgelesen.

Die Sache hat sich, ich weiß nicht wie, herumgesprochen und ist in den intellektuellen Cafés und im Basar von den städtischen Kleinbürgern ironisch glossiert worden. Ich aber kann nichts Komisches dabei finden", schloß Nobacht.

„Ich auch nicht", sagte ich und stellte mir das Bild vor, wie ein Mann, im Dämmergewölbe der Gruft stehend, den Manen seines toten Vaters die Botschaft der Rache überbringt. Etwas von der fernen Größe antiker Tragödien lag für mich über dieser Szene.

„Und wie ging's weiter?" fragte ich nach einer Weile.

„Als Reza Schah gestürzt war, ist Nasr Khan aus Teheran geflohen und zu seinen Stämmen heimgekehrt. Mit nur zwanzig Reitern ist er aus dem Gebiet der Kaschghulis losgeritten, und kaum drei Monate später war er wieder Herr in seinem angestammten Land. Kaschghais und Kaschghulis verbrannten ihre eigenen Häuser, in denen man sie auf Wunsch Englands hatte ansiedeln wollen, und sind zu ihrem Nomadenleben und in ihre schwarzen Zelte zurückgekehrt. Gendarmeriestationen wurden entwaffnet und persisches Militär, das man den Aufständischen entgegenschickte, in die Flucht geschlagen. Übrigens ist Nasr Khan ein Fuchs", sagte Nobacht lächelnd, „er hat die gefangenen Soldaten mehr als anständig behandelt, ihnen den rückständigen Sold ausbezahlt und sie aus dem Militärdienst entlassen. Wozu er, rein formal, sogar ein gewisses Recht besitzt. Denn in seinem Gebiet hat er auch militärisch die Autonomie und ist nach dem Schah der höchste militärische Befehlshaber."

„Und wozu braucht er mich dann noch?" fragte ich.

„Es wird Krieg geben dort unten", sagte Nobacht ernst. „Die Engländer werden die nationale Insel freier Nomadenstämme in unmittelbarer Nähe des Ölgebiets nicht dulden. Spätestens im nächsten Frühjahr wird es losgehen, wenn der große Treck aus der Ebene von Gärmesir ins Gebirge beginnt..."

Mir war, als ob plötzlich die engen Wände unseres Teheraner Harems vor mir aufrissen und das Panorama einer wilden, freien und abenteuerlichen Zukunft sich auftat. Welch berauschende Möglichkeiten boten sich da! Ich mußte an Waßmuß denken, den Mann, der allein drei Jahre lang einen Krieg gegen England in Südpersien geführt und zwei englische Armeen in Atem gehalten hatte, einen Mann, den die Heimat zu Unrecht vergessen hatte, von dem aber die Engländer selber sagten, Waßmuß hätte den Lorbeer von Lawrence gepflückt, wenn die Deutschen im ersten Weltkrieg Sieger geworden wären...

Ich sah zu Nobacht hinüber, er sah mich lächelnd von der Seite an. „Na, wollen Sie die Einladung von Nasr Khan annehmen?"

„Ja", sagte ich aus tiefster Brust.

Am nächsten Morgen schon ließ ich Mayr über Nobacht=Wasiri dringend um eine Unterredung bitten. Es galt, vor meiner Abreise unsere künftige Arbeit aufeinander abzustimmen. Denn wenn ich erst dort unten im Süden saß, war ich von aller Welt abgeschnitten, und die einzige Möglichkeit, Kontakt mit Berlin zu bekommen, bot die Verbindung mit Mayr.

Er kam gleich am nächsten Nachmittag, in demselben schäbigen Anzug mit aufgenähten Kragenschonern, den er schon beim letzten Besuch getragen hatte. „Armut ist die beste Tarnung", erklärte er. Und dann erzählte er mir, wohl um kein falsches Mitleid aufkommen zu lassen, daß ihm Frau Pirajesch zehntausend Toman zur Weiterführung seiner Arbeit gestiftet hätte.

Wir setzten uns, der Diener brachte Tee, Pistazien und Melonenkerne.

„Ich muß Ihnen eine Eröffnung machen", begann ich, „ich habe ein Engagement als militärischer Berater angenommen... unten in der Provinz Fars... beim Großfürsten Nasr Khan..."

Die Hand, mit der er einen Melonenkern zum Munde führen wollte, blieb in der Luft stehen. „Und wozu das?" fragte er lauernd.

Ich kannte das Berliner Konzept und antwortete prompt: „Eine militärische Konzentration kriegerischer Nomadenstämme bedeutet eine potentielle Drohung und ist geeignet, gegnerische Kräfte zu binden..."

„Hmm", brummte er und begann zu kauen.

„Und außerdem", fuhr ich fort, „könnte eine solche freie Insel im besetzten Persien für den Fall eines deutschen Einmarschs von größter strategischer Bedeutung werden. Man könnte schon jetzt Flugplätze dort anlegen lassen... kaum zehn Flugminuten vom Zentrum des südpersischen Ölgebiets entfernt..."

Er hob den Kopf: „Das Ölgebiet ist meine Domäne", sagte er scharf.

Das war unverkennbar eine Kampfansage. „Und was verlangen Sie sonst noch?" fragte ich.

Einen Augenblick zögerte er, von meiner direkten Frage überrascht, aber dann beschloß er offensichtlich, aufs Ganze zu gehen. Sein Gesicht nahm einen verbissenen Ausdruck an: „Selbstverständlich die politische Führung in ganz Persien, die Verbindung zum Hof und zur Regierung, und außerdem müßte, da ich ja die Beziehung zu General Zahidi hergestellt habe, auch der Verkehr mit der persischen Wehrmacht in meiner Hand bleiben..."

„Und was würden Sie mir überlassen?"

„Sie", einen Augenblick stotterte er, „Sie könnten ganz Südpersien übernehmen, mit Ausnahme des Ölgebiets selbstverständlich... und des Landes der Bachtiaren in der Nähe von Isfahan, wo ich bereits gearbeitet habe..."

Für einen Moment kam mir die Komik der Situation zum Bewußtsein. Da saßen wir, zwei arme Schlucker, steckbrieflich verfolgt, fern der Heimat, und verteilten Persien unter uns. Aber dann erbitterte mich die Arroganz seiner Forderung: „Also – der Norden für Sie, der Süden für mich", sagte ich.

„Mit Ausnahmen des Ölgebiets", wiederholte er hartnäckig.

Ich überlegte. Unsere Auseinandersetzung war in diesem Stadium rein theoretisch, ein Streit um des Kaisers Bart. Von dem Augenblick aber, wo der Draht mit Berlin stand, hatte er den längeren Hebelarm in der Hand. Denn mit einem Mann, der es ungestraft wagen konnte, an Himmler zu telegraphieren: „Leck mich am A...!", konnte ich nicht in Konkurrenz treten. Ganz insgeheim tröstete mich dabei der Gedanke, daß in der Politik immer die

Realitäten entscheiden, und zwanzigtausend bewaffnete Nomaden unmittelbar an der Peripherie des Ölgebiets waren eine Realität.

„Also abgemacht, das Ölgebiet an Sie", sagte ich.

Das triumphierende Aufblitzen seiner Augen war nicht zu übersehen. Er wurde sofort sehr aufgeräumt, und unsere weiteren Abmachungen über die Einrichtung eines Kurierverkehrs und die Verschlüsselung der Nachrichten wickelten sich in konziliantesten Formen ab. Zum Schluß versprach er, mir noch einen Funksender mitzugeben, den ihm die Japaner überlassen hatten und der zwar jetzt nur als Empfangsgerät verwendbar war, unter der Hand eines geschickten Technikers aber wieder zum Sender werden könnte.

Als Nobacht abends heimkam, berichtete ich ihm ganz offen von dem Gespräch. „Was halten Sie davon?" fragte ich. „Mir scheint", sagte er trocken, „bei diesem Gentlemen agreement haben Sie den Sperling in der Hand und Herr Mayr hat die Taube auf dem Dach erhalten." Eine Beurteilung, die für mich ungemein beruhigend war.

* * *

Wir hatten beschlossen, die Reise nach Süden zu viert anzutreten. Nobacht und der Divisionsadjutant Mahmudi wollten mich begleiten, und außerdem sollte noch ein Bekannter Mahmudis mitfahren, ein junger Kriegsschüler, der ein glühender Verehrer Nasr Khans war und die Gelegenheit wahrnehmen wollte, sein Idol von Angesicht zu Angesicht zu sehen.

Ich äußerte Mahmudi gegenüber mein Erstaunen, daß er als persischer Offizier einen Rebellenführer besuchen wollte, der gegen reguläre Truppen gekämpft hatte und vielleicht bald wieder im Kampf gegen die persische Wehrmacht stehen würde. Doch er schob meine Bedenken mit einer Handbewegung lächelnd beiseite: „Nasr Khan ist ein Patriot, wie wir wenige haben", sagte er, „bei seinen Autonomiebestrebungen hat er nie vergessen, daß er Perser ist. Im Grunde genommen führt er als Enkel der Hassaniden und direkter Nachkomme von Schah Abbas einen Kampf für altver=

briefte Rechte. Und die Regierung befindet sich ihm gegenüber moralisch in der schwächeren Position, wenn sie sich zum Büttel Englands macht. Ich glaube, wenn General Zahidi die Operationen leitet..." Er brach plötzlich ab, als hätte er schon zuviel gesagt.

Die Vorbereitungen zur Fahrt waren schnell getroffen. Ich selbst hatte nur wenig Gepäck, und für die drei anderen war's ohnedies nur eine Reise von wenigen Tagen. Das Wichtigste war die Besorgung von falschen Pässen, die Nobacht übernommen hatte. Ich erhielt Papiere, die mich als Teheraner Bauunternehmer Schahriar auswiesen, und die drei fuhren als Architekten und Ingenieure meiner Firma mit.

Unsere Geduld wurde auf eine harte Probe gestellt, aber endlich war es doch soweit. Eines Morgens wurde Nobacht vom Frühstückstisch weg ins Vorderhaus gerufen. Er kam zurück und erzählte mir, Nasr Khans Sekretär Mehemed wäre dagewesen, er würde uns am gleichen Nachmittag zwischen vier und fünf mit dem Wagen vom Hause abholen.

Schon ab vier warteten wir startbereit mit gepackten Koffern. Um halb fünf kam ein Diener von Major Mahmudi mit einer eilig hingekritzelten Botschaft: „Polizei bei mir. Abreise verschoben. Abfahrt erst abends acht Uhr. Treffpunkt Ghumer Tor. Würde raten, Zeit bis dahin außer Hause zu verbringen."

Wir verließen die Wohnung sofort durch den Hinterausgang und fuhren mit unserem Gepäck zur Villa Kermanschais, wo wir den Nachmittag zubrachten.

Abends um acht fanden wir uns dann pünktlich am Ghumer Tor ein. Es war eine dunkle, windige Nacht. Nobacht und ich waren die ersten am Platz. Wir stellten unsere Koffer in einen Hausflur und promenierten, scheinbar in angeregtem Gespräch, hin und her. Die Straßenlaternen gaben einen kümmerlichen Schein, und hinter uns reckte sich dunkel und drohend die Silhouette des alten Stadttors auf.

Etwa zehn Minuten später schob sich aus der Dunkelheit langsam ein großer silberglänzender Chrysler heran. Ein Herr stieg aus und kam auf uns zu. Es war Mehemed, Nasr Khans Sekretär. Die erste Begegnung mit einem Vertreter der freien Nomaden war für mich in gewisser Weise enttäuschend. Ich hatte mir eine Art Scheich vorgestellt, mit flatterndem Burnus, Dolch und Pistolen im Gürtel, und sah mich einem jungen Herrn im englischen Reiseanzug mit Knickerbockern und karierter Mütze gegenüber, der uns mit dem klassischen Französisch der Comédie française formvollendet und ohne die mindeste Befangenheit begrüßte. Auch der Chauffeur in seiner schmucken Livree sah so städtisch aus wie nur irgendein Fahrer eines Teheraner Großkaufmanns.

Auf Mahmudi und den Kriegsschüler wartend, gingen wir noch eine Weile plaudernd auf und ab, und dabei erfuhr ich, daß Monsieur Mehemed die Rechte studiert und sein Referendarexamen gemacht hatte. Auch im Ausland war er viel gereist, so hatte er zwei Semester an der Pariser Sorbonne zugebracht. Nur die finanzielle Lage seiner Familie hatte ihn gezwungen, einen Sekretärsposten bei Nasr Khan anzunehmen, von dem er übrigens, ohne den mindesten Byzantinismus, im sympathischen Ton aufrichtiger Verehrung sprach.

Dann kamen Mahmudi und der Kadett. „Glücklicherweise blinder Alarm", sagte Mahmudi, etwas atemlos vom schnellen Gehen, „sie haben Nasr Khan gesucht. Sein Wagen ist irgendeinem Polizeiagenten aufgefallen, und sie fürchteten, er wäre nach Teheran zurückgekehrt, um hier zu putschen."

Wir stiegen ein, Nobacht und ich als die Ältesten in den Rücksitz, vor uns Mahmudi und der Kriegsschüler, ganz vorn saß Mehemed neben dem Chauffeur. Aber an der Stadtgrenze gab es noch einmal einen Aufenthalt, der uns beinahe zum Verhängnis geworden wäre.

Die Pässe wurden geprüft, und der kontrollierende Polizeioffizier begnügte sich nicht mit der Visitation unserer Papiere, sondern stellte mir die verfängliche Frage, wo sich mein Büro in Teheran befände.

„Lalezarstraße 104", antwortete Nobacht mit verstellter Stimme statt meiner aus der Dunkelheit des Wagens. Es war psychologisch, was die Schnelligkeit der Reaktion angeht, und zugleich schauspielerisch eine Meisterleistung. Denn als er gleich darauf selber gefragt wurde, antwortete er in seinem normalen Ton.

Die Prüfung war beendet, der Schlagbaum, der die Straße vor der Polizeiwache absperrte, hob sich, und unser Wagen schoß hinaus in die Nacht, dem freien Süden entgegen.

* * *

Es wurde ein Hindernisrennen in die Freiheit. Offenbar hatten alle Polizeistationen an der Straße Anweisung zu verschärfter Kontrolle erhalten. Nirgends begnügte man sich mit der bloßen Prüfung der Papiere, sondern überall stellten die Beamten zugleich peinliche Fragen nach dem Woher und Wohin, nach Zweck und Ziel der Reise.

Beim nächsten Kontrollpunkt, einer Gendarmeriestation in den Bergen, half ich mir damit, den Taubstummen zu spielen. Aber wir waren uns alle darüber klar, daß dies Verfahren nicht überall, vor allem nicht gegenüber den viel gewitzteren städtischen Polizei= beamten anwendbar sein würde, denen mein ausländischer Akzent und meine blauen Augen verdächtig erscheinen mußten. So ent= schloß ich mich notgedrungen zu der gleichen Taktik, die wir schon bei der Flucht nach Afghanistan mit Erfolg angewendet hatten: Vor jeder größeren Ortschaft stieg ich aus, umwanderte in weiten Geländemärschen durch Felder und Gärten den Ort und kehrte erst weit hinter der Stadtgrenze auf die Landstraße zurück, wo der Wagen auf mich wartete.

Allerdings war dies Verfahren nicht an jedem Ort möglich. So mußte ich mich vor Abadeh — einem langgestreckten Gebirgs= städtchen in einem von hohen Kalkbergen umsäumten Tal — in den Kofferraum unseres Wagens einschließen lassen, aus dem meine Begleiter mich, halbgedünstet von der furchtbaren Hitze, erst wieder befreiten, als Abadeh weit hinter uns lag. Sie taten das mit viel Munterkeit und Scherzen, in die ich, um das Gesicht zu wahren, einstimmte, obwohl dieser Humor auf meine Kosten nicht ganz nach meinem Geschmack war.

Da auf diese Weise die markanten Punkte der Städte überall ausgespart wurden, ist mir von dieser Fahrt in den persischen Süden nur ein bunter Teppich von Landschaftsbildern in der Er=

innerung geblieben. Ebenen, im Gold des reifenden Getreides und dem Giftgrün der Reisfelder leuchtend, gelbe Lehmdörfer, an Berg= hänge geschmiegt und ins stumpfe Grün von Granatäpfeln und Feigenbäumen eingebettet, einsame Hochtäler, mit borstigem Step= pengras bewachsen, hie und da unterbrochen von dem Gesträuch blühenden Kameldorns oder einer dunklen, einsam ragenden Tamariske, blühende Oleanderbüsche an den Wasserläufen der Gebirgsbäche und vor allem der Himmel, dieser weite klassische Himmel des Südens mit den endlosen Horizonten, dem harten klaren Licht am Tage und dem unwahrscheinlichen Farbenspiel am Abend. Nie werde ich diese Sonnenuntergänge vergessen: eine Palette von brennenden Farben, die allmählich in ein durchsichtig leuchtendes Türkisgrün überging, während die Landschaft langsam in einem dunklen Violett verglühte.

Kurz vor Schiras gab es dann noch einen Zwischenfall. Wir fuhren auf einer frisch geschotterten Straße, als plötzlich mit lautem Knall beide Hinterreifen platzten. Wir mußten aussteigen, und da nur ein Reservereifen vorhanden war, machte sich der Chauffeur daran, an Ort und Stelle den Schaden zu reparieren.

Wir standen wartend am Straßenrand, als hinter uns ein kleines offenes Sportkabriolett die Paßstraße hinaufgerattert kam. Kaum hatte Mehemed den Wagen gesehen, als er mir zuraunte: „Agent des Secret Service." Ich kletterte schnell in den Chrysler, drückte mich in die dunkelste Ecke, zog den Hut übers Gesicht und stellte mich schlafend.

Dann hörte ich, wie das Kabriolett hielt, und eine Stimme fragte mit unverkennbar englischem Akzent: „Ein Unfall? Kann ich den Herren irgendwie behilflich sein?" Mehemed lehnte dankend ab, aber der Fremde blieb. Er entschuldigte sich wegen des schlechten Zustandes der Straßen, und aus seinen Worten entnahm ich, daß es ein englischer Straßenbauingenieur aus Schiras war. Ich saß da und schnarchte aus Leibeskräften. Mit der selbstverständlichen Arroganz, die das Auftreten mancher Engländer im Ausland kenn= zeichnet, öffnete er die Tür unseres Wagens und schaute zu mir herein. Anscheinend hatte er die Absicht, mich zu wecken, denn Mehemed sagte scharf: „Bitte, lassen Sie den alten Herrn schlafen."

Die Tür wurde nicht gerade sanft zugeschlagen, ein paar Worte noch, dann sprang der Motor des fremden Wagens an — er fuhr ab. Doch er fuhr nur etwa zweihundert Meter weit ... dann hielt er mitten auf der Chaussee. Seine Absicht war kaum zu verkennen, der Engländer wollte uns unter Kontrolle halten. Und wenn wir im geringsten Zweifel darüber gewesen wären, hätte uns sein weiteres Verhalten eines Besseren belehrt. Sobald wir endlich wieder anfuhren, fuhr auch er an, steigerten wir das Tempo, tat er das gleiche, fuhren wir langsamer, mäßigte er auch seine Geschwindigkeit ... und immer hielt er sich auf der Straßenmitte, so daß wir ihn nicht überholen konnten.

Schnell trafen wir eine Verabredung, und an der nächsten Kurve, als der Engländer einen Augenblick außer Sicht gekommen war, stiegen Nobacht und ich aus, während Mahmudi und der Kadett, die weniger gefährdet waren, erst dicht vor Schiras den Wagen verlassen wollten.

Wir gingen sofort ab von der Landstraße und stiegen einen Berg hinauf, der von der Grabmoschee eines Heiligen gekrönt war.

Es war ein mühsamer Aufstieg, aber oben belohnte uns eine herrliche Aussicht. Der weite Talkessel von Schiras lag vor uns, im Vordergrund die Stadt, schimmernd weiße, würfelförmige Häus= chen, von der schweren Wucht der Moscheekuppeln und den schlanken Lanzen der Minarette überragt, und überschäumt von der grünen Laubflut üppiger Gärten, in der Umgebung grauweiße Kalksteinhügel mit Gruppen schwarzer Zypressen und im Hinter= grund in Blau und Purpur das Gebirge, das im weiten Halbkreis im Süden das Tal abschloß und über dessen dunkle Vorberge die weißen Schneefirne ferner Gletscher herüberglänzten.

„Dort müssen wir hin", sagte Nobacht und deutete nach Süd= westen, wo sich zwirnsfadendünn das helle Band der Straße in die dunklen Vorberge hineinzog.

Es wurde ein stundenlanger Marsch in sengender Mittagsglut durch Weingärten und Feigenplantagen, Melonenfelder und Gur= kenpflanzungen. Als wir endlich, völlig erschöpft, die Landstraße erreichten, waren die anderen schon längst da. Der Chauffeur wiederholte nochmals vor uns seinen Bericht.

Der Engländer hatte ihn tatsächlich bis zur Polizeiwache in Schiras eskortiert und dort den leeren Wagen anhalten lassen. Er hatte geschimpft und getobt, aber Nasr Khans Fahrer hatte in aller Harmlosigkeit erklärt, seine Fahrgäste wären vor der Stadt ausgestiegen, um das Grab eines Heiligen zu besuchen. Und da es sich um Gäste Nasr Khans handelte, hatte sich die Polizei in Schiras, trotz des englischen Protestes, mit dieser Erklärung zu= friedengegeben.

Auch wir waren, trotz der ausgestandenen Strapazen, jetzt durch= aus bereit, den kleinen Zwischenfall humoristisch zu nehmen. Nur Mehemed zog die fleischige Nase kraus und sagte: „Ich weiß nicht, ich hab so'ne Ahnung, als ob die Sache noch ein übles Nachspiel haben würde."

Siebentes Kapitel

Wir fuhren nach Süden, durch ein weites flaches Tal, vom Kara= Agadsch und seinen Nebenflüssen durchströmt.

Eine steinerne Brücke, aus grauen Quadern gefügt, schwang sich über einen Bach, und am anderen Ufer führte die Straße talauf. Der Wagen war mitten auf der Brücke, als Mehemed plötzlich ausrief: „Da sind sie!" Er deutete nach vorn, und im nächsten Augenblick sahen wir's alle.

Etwa dreißig Reiter, die abgesessen an einer Straßengabelung gewartet hatten, schwangen sich gleichzeitig in den Sattel und sprengten uns entgegen, aus dem Stand zum Galopp ansetzend.

Ja, das waren die freien Nomaden, wie ich sie mir vorgestellt hatte! Eine bunte Kavalkade in blauen und braunen, gelben und grünen kaftanähnlichen Archalogs, weiße Kollahs mit hochgeschla= genen Ohrenklappen keß aufs Ohr gerückt, die silberbeschlagenen Karabiner auf den Sattelknopf gestemmt, so galoppierten sie uns entgegen, und ihre staubgrauen Tschog'äs flatterten im Winde hinter ihnen drein.

Kaum drei Meter vor uns parierte der Anführer sein Pferd zum Stande durch, legte den Karabiner quer über den Sattel und verneigte sich tief, die Hände über der Brust gekreuzt. Es war ein junger Mann von höchstens 25 Jahren, und wie er so dasaß auf dem edlen hochbeinigen Hengst, bot er das vollendete Bild kraftvoller männlicher Anmut.

„Ibrahim, ein Prinz aus dem Stamme der Farsimadan", flüsterte Mehemed, und ich versuchte, so gut es ging, im Wagen sitzend, seine Begrüßung zu erwidern. Dann fuhr das Auto, das einige Augenblicke gehalten hatte, wieder an, und die Reiter galoppierten vor uns und hinter uns, rechts und links der Straße nebenher. „Ihr Ehrengeleit", kommentierte Mehemed.

An der Kreuzung verließen wir die große Chaussee und fuhren einen schmalen Weg bergan, der auf Firuzabad zuführte. Wir fuhren langsam, und die Reiter ritten jetzt rechts neben uns in einer Linie am Rande einer Schlucht entlang. Ich war in einer Stimmung wie ein Kind im Theater, bevor der Vorhang aufgeht.

Und dann war die Höhe erreicht, — der Vorhang ging auf: Vor uns lag ein langgestrecktes Hochtal, im Hintergrund, weit auseinandergezogen, ein paar kleine Siedlungen, vorn aber, dicht neben einem Wäldchen von silberglänzenden Weiden und Oliven, eine Gruppe von Zelten, etwa zwanzig an der Zahl, große viereckige schwarze Nomadenzelte, ein paar weiße Rundzelte dazwischen. Sie standen auf einem grünen Wiesenplan verstreut, auf dem, in der Sonne glänzend, eine Herde von Pferden weidete.

Die Reiter neben uns stießen ein kurzes wildes Geschrei aus, und einzelne preschten in voller Karriere den Berg hinunter. „Nasr Khans Hauptquartier", erklärte Mehemed mit weitausholender Geste.

Wir fuhren langsam talwärts und hielten auf der Chaussee, etwa 200 Meter von einem großen schwarzen Zelt entfernt. Steifbeinig von der langen Fahrt, stiegen wir aus, — und im gleichen Augenblick tauchte drüben im Dunkel des Zelteingangs eine hohe Gestalt auf. Nasr Khan, gefolgt von zwölf Bewaffneten, kam uns entgegen.

Nobacht und Mahmudi nahmen mich in die Mitte, und so formiert schritten wir aufeinander zu. Im langsamen Näherkommen hatte ich ausreichend Gelegenheit, das Bild von diesem Khan des Südens in mich aufzunehmen.

Es war ein ungewöhnlich großer Mann — eines Hauptes länger als alles Volk, mußte ich unwillkürlich denken —, aber trotz seiner Größe wirkte er mit dem breiten, hochstirnigen Kopf, den mächtigen Schultern und den schmalen Hüften durchaus wohlproportioniert. Gekleidet war er mit einer Art salopper Eleganz: Weißes offenes Hemd, khakifarbene Reithosen, weiße Giwehs an den Füßen. Die Kaschghai=Kollah hatte er weit auf den Hinterkopf zurückgeschoben, so daß die hohe, durch eine Vorderglatze noch vergrößerte Stirn frei dalag.

Das Gesicht war beherrscht von einer mächtigen Hakennase und einem stark ausgeprägten, etwas brutal wirkenden Kinn, während die dunklen Augen unter den vorgewuchteten Stirnwülsten und den hohen Backenknochen etwas zurücktraten. Im ganzen war es ein mächtiges Gesicht, das auch in einem anderen Milieu, etwa unter der Dutzendware europäischer Großstadtphysiognomien, unbedingt aufgefallen wäre.

Schon im Näherkommen streckte er mir die Hand entgegen. „Saba?" sagte er mit einer merkwürdig hohen, metallisch klingenden Stimme.

Ich verbeugte mich. „Ich danke Ew. Durchlaucht für die Ehre dieser Einladung."

„Die Ehre, einen Vertreter des deutschen Generalstabes hier zu sehen, liegt ganz bei mir." Er schüttelte mir kräftig die Hand. Dann begrüßte er Nobacht, den er offenbar von früher her kannte, und danach stellte Nobacht Major Mahmudi vor. Einen Moment zogen sich die dunklen Augenbrauen wie im Unmut zusammen, aber Nobacht erklärte sofort eilig: „Ein zuverlässiger Freund unserer Sache", worauf sich Nasr Khans Stirn sofort entwölkte und eine betont herzliche Begrüßung sich anschloß.

Nebeneinander her gingen wir auf das schwarze Zelt zu, aus dessen dunklem Inneren inzwischen eine ganze Reihe von malerisch aussehenden Gestalten aufgetaucht war und im Halbkreis vor dem

Eingang Aufstellung genommen hatte. Im Gehen deutete Nasr Khan nach links, wo, etwas abseits von den übrigen, ein kleineres, orangefarbenes Zelt stand. „Das ist Ihr Quartier", sagte er. „Es wird Ew. Gnaden hoffentlich nicht stören, daß es sich um ein eng= lisches Beutestück handelt." Er entblößte lächelnd ein wahres Wolfsgebiß.

Eine allgemeine Vorstellung folgte. Es erwies sich, daß die zwan= zig Herren in den bunten Archalogs und breiten braunen Leib= schärpen durchweg Fürsten und Scheichs benachbarter, mit Nasr Khan verbündeter oder ihm höriger Stämme waren. Von der Fülle der Namen und Gesichter prägten sich mir nur vier im Augenblick ein: Abdullah und Kambudsch, die beiden Söhne Nasr Khans, der ältere ein etwa fünfzehnjähriger junger Mann von einem bemer= kenswert sicheren und zugleich bescheidenen Auftreten, das rei= zende Lausbubengesichtchen des fünfjährigen Kambudsch, Elias Khan, der Fürst der Kaschghulis, der mir als Onkel präsentiert wurde, als einziger einen europäischen Anzug trug und darin wie ein soignierter Pariser Lebemann wirkte, und schließlich noch Ibrahim Khan, Prinz der Farsimadan, der Anführer meines Ehren= geleits, den ich schon kannte, und der es sich, wie Nasr Khan sagte, auch fürderhin zur Ehre anrechnen würde, mir als Kommandeur meiner Leibwache zu dienen.

Die Vorderwand des Zeltes war hochgeschlagen, und während wir plaudernd und unermüdlich Teschrifats tauschend vor dem Eingang standen, beobachtete ich, wie drin im Zelt die Diener den Tisch deckten. Ein großes Tischtuch von kostbarem Damast wurde auf dem teppichbelegten Fußboden ausgebreitet, Bestecke und Teller daraufgelegt. Sie schimmerten gelblich im Dämmer des Raums, und als ein Diener einen Stoß Teller dicht an mir vorbei= trug, sah ich, daß sie von purem Golde waren. Genau so Messer, Gabeln und Löffel, wie ich später beim Essen entdeckte.

Nasr Khan bat zu Tisch. Er ließ mich, Nobacht und Mahmudi vorgehen ins Zelt, dann folgte er selbst, und erst hinter ihm her kamen die anderen Khane. Auch bei Tisch herrschte offenbar eine strenge Ordnung. Der Khan saß im Schneidersitz an der Stirnseite des Tafeltuchs, rechts von ihm Nobacht, links ich. Dann folgten die

Khane von den sechs Stämmen der Kaschghais und der befreun=
deten Fürstentümer, und den Beschluß bildeten Abdullah und
Kambudsch.

Hinter dieser ersten Reihe aber hockten auf einem Knie, wie
in Anschlagstellung beim Schießen, die Scheichs, die Hofbeamten
und andere Größen der zweiten Rangklasse, und in einer dritten
Reihe dahinter stand das Volk, Diener und Soldaten der Leibwache.
Drei von den Dienern reichten kupferne Wasserkannen, Wasch=
schüsseln und Handtücher herum. Man wusch sich, indem man sich
von den Dienern das Wasser über die Hände gießen ließ. Sich im
stehenden Wasser der Waschschüssel zu waschen, war verpönt und
galt als unrein. Auch fiel mir auf, daß alle am Tisch nur die rechte
Hand gebrauchten, während die linke auf dem Rücken gehalten
wurde. Später erfuhr ich, daß die linke als „Toilettenhand" gleich=
falls unrein war.

Dann wurde das Essen gebracht. Zwei Diener schleppten eine
wagenradgroße Platte herein, bedeckt mit einem Gebirge von Pilo,
in Butter gedünstetem Reis, und rings um den Reisberg stellten sie
auf den Rand der Platte kleinere Schüsseln, in denen Fleischstücke
der verschiedensten Art lagen, Kapaunenbrüste und Hammel=
keulen, geröstete Lammdärme, Gänse, Enten, Truthühner und
allerlei Wildbret.

Nasr Khan verteilte eigenhändig das Fleisch auf die Teller der
Gäste, die um das Tischtuch herumhockten, während sich mit Reis
und Fladenbrot jeder selber bediente. Und nun beobachtete ich
etwas höchst Merkwürdiges: Von den Fleischstücken aß jeder nur
ein paar Bissen und reichte dann über die Schulter hinweg den viel
größeren Teil an den hinter ihm knienden Scheich oder Hof=
beamten, der auch nur ein paar Happen nahm und das Fleisch an
die Diener weitergab. Der magere Rest landete schließlich bei der
männlichen Dorfjugend und den Hunden, die sich vor dem Zelt=
eingang um die Beute balgten.

Als ich länger bei den Kaschghais gelebt hatte, wurde mir klar,
daß diese Tischsitte ein Sinnbild ihrer sozialen Ordnung überhaupt
war. Es war eine hierarchische Ordnung, ähnlich der im mittelalter=
lichen Feudalstaat: Der Herr sorgte für Notdurft und Nahrung des

Lehnsmannes, und die Verachtung, die den traf, der zu wenig weitergab, war zugleich ein Korrektiv gegenüber der Habsucht und dem Egoismus der Herrenschicht —, eine Gesinnung, die ich übrigens bei den Fürsten der Nomaden niemals wahrgenommen habe.

Auch die Unterhaltung bei Tisch mutete durchaus patriarchalisch an. Nasr Khan allein sprach, die anderen aßen schweigend und antworteten nur, wenn sie von ihm ins Gespräch gezogen wurden. Bei dieser ersten Begegnung unterhielt er sich fast ausschließlich mit mir, und zwar über die Verhältnisse in Deutschland. Er war erstaunlich gut informiert, und im Verlauf des Gesprächs stellte sich heraus, daß seine beiden jüngeren Brüder Malek Mansur und Hussein in Berlin studierten, dort anscheinend über ausgezeichnete Verbindungen verfügten und ihren fürstlichen Bruder im Süden bis zur Besetzung Persiens laufend über alle Ereignisse in der Reichshauptstadt unterrichtet hatten.

Das Essen war beendet, verschiedene Teilnehmer hatten schon durch lautes Rülpsen zu erkennen gegeben, daß sie satt und von dem Gebotenen befriedigt seien. Nasr Khan ließ seinen Blick an der Tafel herumgehen: „Hat es den Herren geschmeckt, sind Sie alle satt?" fragte er. Ein nochmaliges vielstimmiges Rülpsen war die Antwort, einzelne besonders Eifrige klopften sich mit der flachen Hand auf den Magen und stießen einsilbige Töne aus, die wie „bach, bach, bach" klangen.

Nasr Khan erhob sich, und alle anderen standen gleichfalls auf. Er wandte sich an Nobacht, Mahmudi und mich: „Darf ich Ew. Gnaden noch zu einem Gläschen Tee in mein Wohnzelt bitten?"

Zu viert gingen wir hinüber zu einem weißen Rundzelt, das wesentlich kleiner war. Nur Mehemed folgte uns, eine Schreibmappe, Federhalter, Taschentintenfaß tragend.

Hier, im kleinen Kreise, zeigte der Khan ein völlig anderes Gesicht. Während er drüben an der größeren Tafel die Unterhaltung im persischen Stil geführt hatte, mit schmeichelhaften Wendungen und schwungvollen Anreden garniert, sprach er hier nüchtern, knapp und klar, mit der kalten Präzision eines Generalstäblers.

Erstaunlich war vor allem die Illusionslosigkeit, mit der er seine bisherigen Erfolge und seine jetzige Lage beurteilte. „Das von den

Kaschghais beherrschte Gebiet ist mit zwei schweren Hypotheken belastet", begann er. „Die Städte Schiras, Kaserun und Ardakan sind in der Hand der Regierung verblieben. Die dortigen Garni=sonen werden von englandhörigen Offizieren befehligt..."

Er sah Major Mahmudi scharf an. Mahmudi senkte den Kopf und murmelte, daß man versuchen würde, von Teheran aus dort personelle Veränderungen vorzunehmen.

„Die zweite, noch schwerere Belastung", fuhr Nasr Khan fort, „ist die Nord=Süd=Straße Isfahan — Schiras — Buschehr. Die Eng=länder haben auf dieser Straße einen ständigen Patrouillendienst mit Panzerspähwagen eingerichtet. Das führt praktisch dazu, daß unser Gebiet in zwei Teile zerschnitten wird, das südliche Gärmesir und das nördliche Särhäd."

Er ließ sich von Mehemed ein Blatt des Schreibblocks reichen und skizzierte mit schnellen Strichen die Lage.

„Da wir gezwungen sind, die Straße jährlich zweimal mit rund zwei Millionen Schafen zu passieren — im Winter nach Gärmesir, im Sommer auf die Bergweiden von Särhäd —, hat es der Gegner in der Hand, durch verstärkten Panzereinsatz diese lebenswichtige Kommunikation jederzeit zu unterbrechen.

Mit den vorhandenen Machtmitteln sind wir nicht in der Lage, einem solchen Vorgehen wirksam zu begegnen. Ich verfüge zur Zeit über 8000 Waßmußgewehre aus dem vorigen Weltkrieg... und 12 000 Flinten noch älteren Datums. Dazu kommen ungefähr zwanzig leichte MGs. Das ist absolut unzureichend, um im Ernst=fall den Straßenübergang gegen feindliche Panzer zu forcieren, ge=schweige denn, um einen Angriff auf Kaserun oder Schiras zu wagen."

Bei den letzten Worten hatte er sich an mich gewandt, und wäh=rend er weitersprach, behielt er mein Gesicht fest im Auge.

„Was wir brauchten, wären: panzerbrechende Waffen, Granat=werfer, schwere MGs und dann Gewehre und Munition, viel Muni=tion", sagte er. Er schwieg. Aber in seinem stummen Blick lag eine deutliche Frage. Ich zögerte mit der Antwort. Durfte ich ihm jetzt Versprechungen machen, deren Erfüllung völlig außerhalb des Bereichs meiner Macht lag? Offenbar deutete er mein Zögern falsch, denn beinah heftig fuhr er fort: „Mein Wert als Bundesgenosse Deutschlands hängt schließlich davon ab, daß ich das Gebiet hier unten fest in der Hand habe. Ich nehme an, daß eine sichere Luft= landebasis in Südpersien in den strategischen Überlegungen des deutschen Generalstabs ein nicht unerhebliches Aktivum darstellen dürfte..."

Insgeheim staunte ich darüber, wie richtig er seine potentielle Bedeutung für die deutsche Kriegführung einschätzte, aber vor= sichtigerweise sagte ich nur: „Ich werde die Wünsche von Ew. Durchlaucht nach Berlin weiterleiten... Wenn Ew. Durch= laucht gestatten, werde ich sie sofort zu Papier bringen... Mein Freund Nobacht wird vielleicht die Güte haben, einen Brief gleich nach Teheran mitzunehmen..."

Nobacht schüttelte zustimmend den Kopf.

„Sie schreiben an Mayr vom SD?" fragte Nasr Khan.

Wieder staunte ich darüber, wie gut er informiert war. „Ich habe zur Zeit keine andere Verbindung", sagte ich.

„Das wußte ich", sagte er und lächelte.

Während ich schrieb, unterhielten sich die anderen halblaut weiter. Ich hörte mit halbem Ohr zu. Nobacht sprach seine Ver= wunderung darüber aus, daß Reza Schahs gute Absicht, die Kasch= ghais anzusiedeln, auf so viel Unverständnis gestoßen sei. Nasr Khan widersprach lebhaft: „Der Staat überschreitet seine Kompe= tenzen", erklärte er, „wenn er das Volk in eine Lebensform pres= sen will, die den spezifischen Glücksvorstellungen dieses Volks nicht gemäß ist. Man kann ebenso wenig einen Nomaden zum Bauern machen, wie man einen Steinbock zum Haustier machen kann..."

Es war inzwischen dunkel geworden, Diener brachten Wachs= kerzen... und Nobacht drängte zum Aufbruch. Er wollte die Nacht durchfahren, um so schnell wie möglich wieder in Teheran zu sein.

Es gab einen herzlichen Abschied. Nasr Khan umarmte Nobacht und schüttelte Mahmudi kräftig die Hand. Auch von mir verab= schiedete er sich mit festem Händedruck. „Ich will nochmal nach meiner Mutter sehen, sie hat sich heute nicht wohl gefühlt", sagte er wie zur Entschuldigung, „wir sehen uns ja morgen gleich nach dem Frühstück wieder."

Ich brachte Nobacht und Mahmudi noch bis zur Landstraße, wo das Auto stand, und kehrte allein zurück zu meinem Zelt. Es war eine kühle, windige Nacht, und während ich so allein durch die Dunkelheit ging, die von fremdartigen Geräuschen erfüllt war, — dem weichen Hufschlag und dem Schnauben grasender Pferde, fernem Hyänengeheul und dem Gebell der Lagerhunde —, über= kam mich plötzlich ein Gefühl tiefer Verlassenheit. Mit der Ab= fahrt von Nobacht und Mahmudi waren die letzten Pfeiler der Brücke abgebrochen, die zu meinem vergangenen Leben führte, und ich stand fremd und allein in einem fremden Volk.

Vor meinem Zelt brannte ein kleines Lagerfeuer, und als ich näherkam, erhoben sich fünf Gestalten mit weißen Kollahs und hellen Tschog'äs. Der Schein des Feuers spiegelte sich im Silber= beschlag ihrer Gewehrschäfte. Es war meine Leibwache.

Ibrahim, der junge Fürst der Farmisadan, trat auf mich zu und begrüßte mich stumm mit tiefer Verbeugung. Als ich ins Zelt ging, folgte er mir.

Drin brannten auf einem Tisch neben dem Bett zwei Wachs= kerzen, und das Bett mit gelbseidener Steppdecke war frisch be= zogen und glänzte in reinstem Weiß.

„Kann ich Ew. Gnaden noch irgendwie behilflich sein", fragte Ibrahim.

„Ich danke Ew. Gnaden für das liebenswürdige Angebot, ich brauche wirklich nichts mehr ..." Ich war jetzt nicht in der Stim= mung zu Teschrifats ... auch der Zwang zur permanenten Höflich= keit konnte einem mal zuwider werden ... wie der Genuß von allzuviel und allzusüßem türkischem Honig.

Merkwürdigerweise blieb Ibrahim, an die Zeltplane gelehnt, stehen. „Wenn Ew. Gnaden nicht zu müde sind", er sprach stok= kend und unsicher, „möchte ich Ew. Gnaden etwas zeigen ..."

„Oh, ich bin gar nicht müde", log ich.

Er begann, seinen blauseidenen Archalog über der Brust zu öffnen. Ein abgewetzter Lederbeutel kam zum Vorschein: „Ich trage es immer bei mir", erklärte er, „schon seit über 20 Jahren ..."

Er nestelte den Brustbeutel auf und überreichte mir ein zusammen=
geknifftes Stück Papier, gelb und brüchig vor Alter, ich entfaltete
es vorsichtig und auf dem Bettrand sitzend las ich:
> Nur der verdient die Freiheit wie das Leben,
> Der täglich sie erobern muß!

Es war deutsch geschrieben in einer großen charaktervollen
Handschrift, und darunter stand die persische Übersetzung.

„Es ist von Waßmuß", erklärte er feierlich, mit einer Stimme,
die vor Bewegung vibrierte. „Er hat sechs Wochen bei meinem
Vater im Zelt gelebt, damals, als er von den Räubern überfallen
und verwundet worden war ... und als er wegritt, hat er mir das
geschenkt ... das und ein richtiges Mausergewehr, obwohl ich zu
der Zeit erst fünf Jahre alt war ..."

Er verstummte, aber was er nicht aussprach, war an den Blicken
abzulesen, mit denen er mich ansah. Er war bereit, seine jugend=
liche Verehrung für Waßmuß auf mich zu übertragen, mich, der
für ihn aus dem gleichen sagenhaften Lande stammte, aus dem sein
Held Waßmuß gekommen war. Meine niedergeschlagene Stim=
mung war verflogen. Ich stand auf und streckte ihm die Hand hin:

„Waßmuß war ein großer Mann", sagte ich, „aber wir wollen
gute Freunde werden, Ibrahim Khan."

Er sagte nichts. Aber wieder sah er mich mit einem so hem=
mungslos bewundernden Blick an, daß ich die Augen abwenden
mußte. Es ist schwer, das zu halten, was sich die Jugend von einem
Helden verspricht ...

* * *

Ich saß in meinem weitgeöffneten Zelt beim Frühstück. Es gab
Tee, Fladenbrot und frische Schafsbutter, und dazu hatte mir der
Diener heute gebratene Steinhühner gebracht, leckere kleine Tiere
mit roten Schnäbeln und Füßen, die wie junge Rebhühner schmeck=
ten. Es war der dritte Tag meines Hierseins, und ich hatte allen
Grund, mit meinem Los zufrieden zu sein.

Vor mir, auf der grünen Wiese, tummelten sich die hochbeinigen
Kaschghai=Pferde, und die Weiden und Oliven des Wäldchens
schimmerten silbern im hellen Morgenlicht. Von Nasr Khans wei=

ßem Rundzelt her kam Mehemed mit einer Aktentasche unterm Arm auf mein Zelt zu.

Wir begrüßten uns, und dann richtete er seine Bestellung aus: „Seine Durchlaucht lassen den Herrn Major bitten, heute vormittag im Zelt zu bleiben. Besuch aus Teheran ist angekommen, und seine Durchlaucht halten es für besser, wenn der Herr Major hier nicht gesehen werden."

Ich erkundigte mich, was für ein Besuch das wäre, aber Mehemed wußte nicht Bescheid. „Vor einer halben Stunde kam der Wagen an", berichtete er, „ein großer Packard. Er hält drüben auf der Chaussee ... wegen der Bäume können Sie ihn von hier aus nicht sehen..." Und dann schlug er mir vor, zum Zeitvertreib eine Partie Trick=Track zu spielen. Er hatte das Spiel in seiner Aktentasche gleich mitgebracht.

Wir spielten also Trick=Track. Aber ich konnte mich nur schwer auf das Spiel konzentrieren, wir kamen ins Plaudern, und ich lenkte das Gespräch auf den Gegenstand, der mich vor allem interessierte: die Persönlichkeit Nasr Khans.

„Seine Macht über die Nomaden hier" — es war zu spüren, daß sich der verstädterte Mehemed innerlich von seinen Stammesgenossen distanzierte — „stützt sich auf drei Eigenschaften: seinen Reichtum, und ich möchte Reichtum in diesem Zusammenhang eine Eigenschaft nennen, da er den Charakter nachhaltig beeinflußt... oder sind Sie anderer Meinung?"

Ich nickte, und Mehemed fuhr mit einer gewissen Selbstgefälligkeit in seinem französischen Exkurs fort: „Hinzu kommen seine intellektuelle Überlegenheit und seine moralische Autorität.

Von seinem Reichtum können Sie sich nur schwer eine Vorstellung machen. Denn, juristisch betrachtet, ist er der Grundeigentümer von Gärmäsir und Särhäd, einem Gebiet von der Größe der ganzen Provence, und außerdem besitzt er riesige Latifundien im Norden und Häuser in Teheran, Schiras und Firuzabad.

Seine intellektuelle Überlegenheit aber gründet sich auf eine umfassende Bildung, die er sich, größtenteils autodidaktisch, in den Jahren des Exils in Teheran angeeignet hat. Er hat die europäische Kriegsgeschichte wirklich studiert, er kennt alle deutschen und französischen Theoretiker, und ich halte ihn für fähig, an jeder Militärakademie eine Abschlußprüfung mit Auszeichnung zu be= stehen. Trotzdem glaube ich, daß die eigentliche Grundlage seiner Macht auf seiner moralischen Autorität beruht.

Sehen Sie, natürlich könnte Nasr Khan wie viele seinesgleichen ein ganz anderes Leben führen: den Sommer in Cannes, Nizza oder Biarritz, den Winter in St. Moritz oder irgendeinem anderen mon= dänen Winterkurort. Statt dessen lebt er hier, im Zelt unter seinen Nomaden. Mag sein, daß manche von den Kaschghais das nicht begreifen, aber instinktiv fühlen's wohl die meisten. Und im übrigen sehen alle, wie er lebt: Der Koran erlaubt dem Gläubigen vier Frauen, um der Schwachheit des Fleisches willen" — Mehemed grinste flüchtig — „und er hat sich zeitlebens mit einer Frau begnügt. Ehen auf Zeit, wie die Mollas sie manchmal gestatten, hat er grundsätzlich verboten, und ich möchte meine Hand dafür ins Feuer legen, daß er nie im Leben einen Seitensprung gemacht hat. Wenn sein Jähzorn nicht wäre, würde ich sagen, ein Mann ohne Leidenschaft. Trinkt keinen Tropfen Wein, raucht nicht, kurz, er ist von einer Härte gegen sich selbst, die ihm die Berechtigung gibt, auch hart gegen andere zu sein. Und das ist er — oder besser ge= sagt, das kann er sein ..."

Ich hätte gern noch mehr über Nasr Khan gehört, aber Mehemed hielt das Thema entweder für erschöpft, oder er wollte nicht mehr sagen. Wir trennten uns erst kurz vor Tisch, aber die sonst übliche Einladung zum gemeinsamen Essen in Nasr Khans Zelt blieb aus. Diener brachten die Speiseplatten in mein Zelt, und ich aß allein.

Am frühen Nachmittag hörte ich dann den Wagen von der Chaussee abfahren, und gleich darauf kam ein Bote und bat mich ins Zelt des Khans.

Ich traf ihn, auf seinem Feldbett sitzend, im Zustand nervöser Gereiztheit. Unablässig spielten seine Finger mit den Kugeln seines Tasbihs und beim Sprechen wippte er mit der Fußspitze ruhelos auf und nieder.

„Die Situation ist sehr ernst, Major", eröffnete er ohne Um= schweife das Gespräch. „Eben war der persische Direktor der Anglo=

Iranian=Oil bei mir ... als Abgesandter der Regierung. Man ver= langt Ihre Auslieferung ..." Er holte tief Atem:

„Offenbar hat der Secret Service einmal wieder ausgezeichnet funktioniert. Die Engländer haben aus Schiras Meldung gekriegt, daß fünf deutsche Generalstabsoffiziere zu mir gefahren wären. Wahrscheinlich hat der Bursche, den Sie vor Schiras getroffen haben, in seiner Meldung Sie alle als Deutsche deklariert ... und da Nobacht und seine Freunde auf der Rückfahrt andere Pässe be= nutzt haben, heißt es jetzt, bei mir säßen fünf deutsche Offi= ziere ..."

„Wenn Ew. Durchlaucht das wünschen, kann ich ja nach Teheran zurückkehren", sagte ich kalt.

Ich bemerkte, wie eine Röte langsam sein braunes Gesicht dunk= ler färbte: „Ich halte Ihnen zugute, daß Sie kein Perser sind", sagte er. „Sonst würden Sie wissen, welche Beleidigung Ihre Unterstel= lung bedeutet, ich könnte die Gebote der Gastfreundschaft so ver= letzen ..."

Wir sahen uns eine Weile stumm an, und schließlich sagte ich:

„Ich habe nicht die Absicht gehabt, Ew. Durchlaucht zu ver= letzen ..."

Plötzlich lachte er: „Nein, Major", sagte er, „Sie sind von ganz falschen Voraussetzungen ausgegangen. Ich habe Sie eingeladen als Freund und Berater, und zu einer solchen Vertrauensstellung gehört, daß ich alle Dinge offen mit Ihnen besprechen kann ... auch die Dinge, die Sie selbst betreffen ...

Es dürfte Sie zum Beispiel interessieren, wie hoch man auf sei= ten des Gegners Ihre Persönlichkeit einschätzt. Man hat mir fünf Millionen Toman geboten ... außerdem Anerkennung der Auto= nomie des Kaschghai=Gebiets durch die Regierung in Teheran, unter Garantie Englands, wenn ich Sie ausliefere ..."

„Und wenn nicht?"

Sein Gesicht verdüsterte sich jäh. „Dann Krieg", sagte er. „Und zwar einen erbarmungslosen Vernichtungsfeldzug. Man hat mir gedroht, Flugzeuge einzusetzen und durch Splitterbomben unsere Schafherden restlos zu dezimieren ..."

„Und was haben Ew. Durchlaucht geantwortet?"

Ganz überraschend lächelte er wieder: „Ich habe dem Herrn eine Geschichte erzählt, die ihm und seinen Auftraggeber ein paar schlaflose Nächte bereiten dürfte. Natürlich konnte ich nicht abstreiten, daß fünf Herren in meinem Wagen zu mir gekommen sind. Aber ich habe gesagt, das wären Russen gewesen. Wahrscheinlich russische Offiziere in Zivil mit gefälschten Papieren. Sie hätten meinen Wagen, der leer von Teheran zurückfuhr, angehalten, und mein Fahrer hätte sie mitgenommen. Hier bei mir wären sie nur ein paar Stunden gewesen, sie hätten Pferde gekauft und wären weitergeritten ins Ölgebiet. Ich konnte dem Herrn förmlich vom Gesicht ablesen, mit welchen Gefühlen er den Besuch seiner treuen Bundesgenossen in seinem Reservat zur Kenntnis nahm ..."

Trotz der harmonischen Auflösung der anfänglichen Spannung blieb ein Stachel in mir zurück. Ich kannte die Mentalität des Ostens genau genug, um zu wissen, daß eine Beleidigung nie vergessen wurde. Und wie mußte mein Verdacht, er wolle mich abschütteln, einen Mann gekränkt haben, der bereit war, für die Heilighaltung des Gastrechts solche Opfer zu bringen? Obwohl ich mir, zu meiner Beruhigung, sagte, daß Nasr Khan wahrscheinlich bei seiner Haltung gegenüber England alle Angebote abgelehnt haben würde, die auch indirekt von dieser Seite an ihn herangetragen wurden.

Doch schon am nächsten Morgen wurden meine Besorgnisse zerstreut. Ich war noch beim Waschen — ein Diener goß mir aus einer Kupferkanne warmes Wasser über Hals und Rücken — als Abdullah Khan, Nasr Khans Kronprinz, vor meinem Zelt erschien. Er führte einen Schimmelhengst am Halfter, ein herrliches Tier mit kleinem edlem Kopf, der die arabische Abkunft verriet, fertig gesattelt und mit silberbeschlagenem Zaumzeug.

Ich warf meinen Bademantel über und trat vors Zelt. Der Prinz verneigte sich mit über der Brust gekreuzten Händen.

„Mein Vater beehrt sich, Ew. Hochwohlgeboren dieses Pferd als Gastgeschenk zu schicken", sagte er. „Und dann läßt Vater Ew. Hochwohlgeboren bitten, sich in einer Stunde bereitzuhalten. Wir wollen auf Gazellenjagd reiten ..."

Für Jagdliebhaber mag's ein herrliches Schauspiel gewesen sein. Wir jagten zu Pferde, mit Hunden und Falken. Wenn ein Gazellen=

rudel ausgemacht war, wurden die Tazis, kurzhaarige arabische Windhunde, losgelassen, und wunderbar war's, durch das Fernglas zu beobachten, wie die Hunde ihre Sache machten. In gestrecktem Lauf jagten sie dahin über das borstige Steppengras, aber wenn sie in die Nähe des Wildes kamen, verhielten sie plötzlich. Pirschten sich langsam heran, mit gesenktem Kopf scheinbar äsend, sprangen, genau wie die Gazellen, mit allen Vieren in die Luft, um dann, jählings losstürmend, sich in ihre Beute zu verbeißen. Dann setzten die Jäger ihre Pferde in Galopp und gaben vom Sattel aus den Fangschuß.

Ästhetisch noch eindrucksvoller, aber zugleich noch grausamer, erschien mir die Jagd mit Falken. Der Vogel wurde in die Luft geworfen, immer höher seine Kreise ziehend, und stürzte dann pfeilschnell auf das Wild herab. Dort krallte er sich in der Stirn zwischen den Hörnern fest und blendete durch seine Flügelschläge die Gazelle, bis sie taumelnd zu Boden sank. Darauf sprengten die Jäger heran, einer stieg vom Pferde und gurgelte das Tier mit dem Jagdmesser ab.

Am imponierendsten freilich war die Schießkunst der Kaschghais. Ich selbst war Zeuge, wie Nasr Khan im vollen Galopp aus einer Entfernung von über 200 Meter einen Bock mit Blattschuß niederstreckte.

Als wir uns am Nachmittag sammelten, lag eine Strecke von 14 Gazellen im Steppengras. Ich selbst hatte nicht geschossen.

„Schießen Sie nicht, Major?" fragte Nasr Khan.

„Ich töte grundsätzlich kein Tier", sagte ich. Ich beobachtete, wie ein paar Jäger aus dem Gefolge verstohlen grinsten. Aber Nasr Khan richtete sich in den Bügeln auf und sagte laut und in scharfem Ton: „Ich achte jeden Mann, der nach seinen Grundsätzen lebt, selbst wenn ich diese Grundsätze nicht teile." Er sah sich im Kreise um, und niemand lächelte mehr.

Am Abend, als ich mit Mehemed über den Vorfall sprach, meinte der: „Nasr Khan hat Ihnen heute das Gesicht gerettet, Ew. Hochwohlgeboren."

* * *

Den ganzen Tag über hatte ein Gewitter gedroht. Der Himmel war bedeckt mit bleifarbenem Dunst, hinter dem die Sonne nur wie eine blaß leuchtende Scheibe erschien, und aus den Bergen tönte zuweilen das dumpfe Grollen ferner Donnerschläge herüber. Die Luft war geladen mit einer unerträglich schwülen Spannung, und selbst der Abend brachte keine Abkühlung. In meinem Zelt herrschte zur Schlafenszeit eine Temperatur von 45 Grad, und ich ließ mein Feldbett hinaustragen und neben meiner Leibwache aufstellen, um vielleicht durch den Nachtwind etwas Kühlung zu haben.

Es war eine finstere Nacht, ohne Mond und Sterne, nur ab und an zuckte ein Wetterleuchten hinter der Wolkengardine auf, und die Wachen hatten, trotz der Hitze, ein kleines Feuer angezündet, wohl um etwas Beleuchtung zu haben. Ich plauderte noch eine Weile mit Ibrahim Khan und schlief spät ein.

Mitten in der Nacht wurde ich durch einen Schuß in nächster Nähe aufgeschreckt, und als ich von meinem Bett hochfuhr, sah ich gerade noch die hellen Tschog'äs meiner Leibwache aus dem Bereich des Feuerscheins in der Dunkelheit verschwinden.

Im nächsten Augenblick war die schweigende Finsternis in einen tobenden Höllenkessel verwandelt. Gewehrschüsse knatterten, wütendes Hundegebell erscholl, und dazwischen klang nah und fern Geschrei und Rufe von Menschenstimmen.

„Ein Überfall auf Ew. Gnaden", sagte eine Stimme dicht neben mir. Jetzt erst bemerkte ich, daß einer von meinen Leibwächtern zurückgeblieben war. Er lag in Anschlagstellung neben dem Feuer und starrte in die Dunkelheit hinaus, in die Richtung, wo Schüsse und Lärm langsam verebbten.

„Was war denn?" fragte ich schlaftrunken.

„Jemand war im Zelt", sagte der Wächter, ohne seine Stellung zu ändern.

Ich stand auf, nahm ein brennendes Holzscheit aus dem Feuer und leuchtete in das Zelt hinein. In der hinteren Zeltwand klaffte ein großes, schwarzes Loch, offenbar mit einem scharfen Messer hineingeschnitten, denn die Ränder der dreieckigen Öffnung waren glatt und ohne Fransen. Das Tischchen, das neben meinem Bett

gestanden hatte, war umgeworfen, der Leuchter mit den beiden Kerzen lag auf der Erde. Sonst war keine Spur mehr von den Tä=
tern zu sehen.

Ich ging zum Feuer zurück und legte mich neben dem Posten auf die Erde hin. „Ibrahim Khan hat ihn zuerst gesehen und geschos= sen", berichtete er. Aber weiter wußte er auch nichts zu sagen. Er war, genau wie ich, durch den Schuß aus dem Schlaf geweckt worden. Allmählich verzog sich die wilde Jagd in immer weitere Ferne, und schließlich verstummten die Geräusche ganz. Nach einer Stunde etwa kamen Ibrahim Khan und seine drei Begleiter zurück, schweiß= triefend und mit keuchenden Lungen.

„Es waren drei", berichtete Ibrahim, „leider sind uns alle ent= wischt. Es war eben zu dunkel", fügte er entschuldigend hinzu. „Wenn ich bloß besseres Büchsenlicht gehabt hätte, den Kerl im Zelt hätte ich bestimmt getroffen ..."

Er warf sich neben dem Feuer zu Boden und starrte, an seiner Unterlippe nagend, mit finsterem Gesicht in die Flammen. Irgend= eine boshafte Regung trieb mich, zu fragen: „Und was wäre ge= wesen, wenn ich drinnen im Zelt geschlafen hätte?"

Er blickte auf und sah mich mit großen Augen an. Sein braunes Gesicht im Feuerschein erschien ernst und edel wie eine antike Bronze. „Dann würde Allah eine andere Möglichkeit gefunden haben, Ew. Gnaden zu schützen", sagte er. —

Am nächsten Morgen war das ganze Lager ungewöhnlich früh auf den Beinen. Neugierige, vor allem Jugendliche, versammelten sich hinter meinem Zelt, betrachteten das Loch und besprachen aufgeregt die Ereignisse der Nacht. Um nicht selber zum Schau= stück zu werden, ließ ich die Öffnung mit Teppichen abdichten. Plötzlich ertönte ein wildes Geschrei. Ich trat hinaus und sah, wie die Kaschghaijugend über einen kleinen älteren Mann hergefallen war, der sich verzweifelt der rabiaten Bengels zu erwehren suchte. Zwei von meinen Wächtern liefen hin, es gab einen aufgeregten Wortwechsel, und dann zog der ganze Schwarm schreiend und ge= stikulierend ab in Richtung auf Nasr Khans Zelt. Meine beiden Wächter hatten den Mann in die Mitte genommen und eskortierten

ihn wie einen Gefangenen. Er sah bejammernswert klein und dürf=
tig aus, wie er so zwischen ihnen dahinschritt.

Wenig später kam Mehemed zu mir, ich sah ihn schon von wei=
tem über den Wiesenplan auf mein Zelt zulaufen. „Ein englischer
Spion, Ew. Gnaden", berichtete er atemlos, „der Khan hat ihn
gerade im Verhör. Er hat schon gestanden, daß letzte Nacht ein
Mordanschlag auf Ew. Hochwohlgeboren geplant war. Der Secret
Service hatte drei Tadschiken angeworben, die Sie umlegen soll=
ten ... Einer davon stammte aus seinem Dorf. Er selbst bestreitet
noch, letzte Nacht dabei gewesen zu sein. Ich soll nur schnell die
Färraschen holen."

Schon im Weglaufen wandte er sich noch einmal um und rief mir
zu: „Ich komme gleich wieder und erzähle Ew. Gnaden, wie's weiter
geht."

Doch es dauerte eine ganze Weile, bis er zum zweiten Male kam:
„Ausgerechnet Bülbül — Nachtigall — heißt das Schwein", berich=
tete er." Er ist Gemeindevorsteher aus einem Dorf bei Muk ... und
sollte auskundschaften, was seine Spießgesellen in der Nacht aus=
gerichtet hätten ... und ob die deutschen Generalstäbler noch am
Leben wären ... Nasr Khan wird ihn wahrscheinlich zum Tode ver=
urteilen ..."

Mehemed befand sich in leidenschaftlicher Erregung. Offenbar
war er im Bann derselben Gefühle, die zu allen Zeiten und an allen
Orten gewisse Teile des Volkes in die Gerichtssäle und an die
Schauplätze von Hinrichtungen treiben, Gefühle, denen die Zei=
tungen im zivilisierten Europa durch eine ausführliche Bericht=
erstattung über Mordaffären und Kriminalprozesse Rechnung tra=
gen. „Wollen Ew. Gnaden nicht mitkommen", fragte er, „ich glaube,
gleich wird das Urteil gefällt."

Ich zögerte. Aber dann siegte auch bei mir die Neugier, zu er=
fahren, wie sich die Justiz bei den Kaschghais vollzog, und zugleich
schmeichelte ich mir mit der Vorstellung, durch ein Plädoyer in den
Gang der Ereignisse eingreifen zu können.

Vor dem Zelt des Khans wartete in weitem Halbkreis eine Men=
schenmenge, und im Mittelpunkt des Halbkreises stand Bülbül.
Man hatte ihm die Füße zusammengebunden und die Hände auf

dem Rücken gefesselt. Er stand da in speckigen schwarzen Tuch=
hosen, einem löcherigen Jackett und weißen Giwehs, aus denen vorn
die Zehen herausschauten, selber ein Tadschik, ein armer persischer
Bauer. Die Mütze war ihm vom Kopfe gefallen und eine Strähne
von dem dünnen graumelierten Haar hing ihm übers Gesicht. Er
hielt den Kopf hartnäckig gesenkt und bewegte unablässig die
Lippen zu einem tonlosen Gemurmel. Er schien zu beten.

Gerade als wir ankamen, wurde der Eingang zu Nasr Khans Zelt
hochgeschlagen. Nasr Khan trat heraus, gefolgt von vier oder fünf
anderen Khanen. Auch Ibrahim bemerkte ich im Gefolge und Molla
Haider, der eine Art Hauspriester in der Familie des Khans war.

Der Delinquent hatte den Kopf gehoben und starrte den Khan
mit halboffenem Munde an. Sein mageres Spitzmausgesicht mit
den vorstehenden Raffzähnen sah vor Spannung völlig leer, fast
idiotisch aus.

Nasr Khan räusperte sich. „Tod durch den Strang", verkündete
er. Er hatte nicht besonders laut gesprochen, aber im Kreise war es
so still, daß seine Worte weithin zu hallen schienen.

Plötzlich brach Bülbül in die Knie, und am Boden kroch er zu
Nasr Khans Füßen hin. „Gnade", wimmerte er, „Ew. Durch=
laucht ... Allah möge Ew. Durchlaucht Gesundheit und langes
Leben schenken ... und Sieg über alle Eure Feinde ... ich habe
eine Frau zu Hause ... und fünf kleine Kinder ..." Seine Worte
erstarben in einem rauhen Schluchzen.

Nasr Khan hatte die Arme über der Brust gekreuzt und starrte
mit finsterem Gesicht auf das wimmernde Häufchen Elend zu sei=
nen Füßen. „Gut", sagte er dann, „ich will dein erbärmliches Leben
in Allahs Hand legen." Er wandte sich um und winkte mit einer
Kopfbewegung zwei Männer heran, die wartend neben dem Zelt=
eingang gestanden hatten. Ich bemerkte sie erst jetzt, es waren die
beiden Färraschen.

Sie kamen heran, packten den Delinquenten an Arm= und Bein=
fesseln und trugen ihn in die Mitte des Kreises zurück. Dort legten
sie ihn bäuchlings auf den Boden, und während der eine sich da=
mit zu schaffen machte, die Fesseln strammer anzuziehen, ging der

andere weg und kam gleich darauf mit zwei armdicken Knüppeln wieder.

Nasr Khan hob den Arm, die Menge wich ein paar Schritte zurück, der Arm des Khan fiel wie ein Signalhebel herab, und im gleichen Augenblick begann die Exekution. Es war furchtbar anzusehen. Gleichmäßig wie Dreschflegel sausten die Knüppel auf den Körper herab, der durch die Fesseln verkrümmt zuckte wie ein Fischleib unter dem Schlachtmesser. Dazu ein unaufhörliches ohrenzerreißendes Geschrei: „Allah, der Barmherzige ... Allah, der Erbarmer ..."

Ich fühlte, wie mir der Schweiß am ganzen Körper ausbrach, ich wollte dazwischentreten und diesem unmenschlichen Schauspiel ein Ende machen. Aber Mehemed, der neben mir stand, schien meine Absicht erraten zu haben. Ich fühlte mich am Ärmel gepackt, und Mehemeds Stimme raunte dicht an meinem Ohr: „Um Himmels willen nicht ... ein Gottesurteil ... "

Das Geschrei wurde schwächer, ging in ein unartikuliertes Wimmern über. Nasr Khan hob wieder den Arm, die Exekution war zu Ende. Der Khan wandte sich um und ging mit finsterem Gesicht, ohne jemanden anzusehen oder mit jemandem zu sprechen, in sein Zelt zurück. Die beiden Färraschen durchschnitten die Fesseln des Delinquenten und trugen ihn, der wie ein lebloses Kleiderbündel in ihren Armen hing, durch die Menge, die schweigend eine Gasse bildete, aus dem Kreis heraus.

Die Zuschauer zerstreuten sich, und auch ich ging wieder in mein Zelt hinüber. Mehemed blieb an meiner Seite. Ich spürte einen bitteren Geschmack auf der Zunge vor Ekel und Widerwillen. „Und was wird weiter aus dem armen Kerl", fragte ich nach einer Weile.

Mehemed gab bereitwillig Auskunft. „Die Färraschen tragen ihn jetzt ins Wäldchen", sagte er. „Dort bleibt er drei Tage liegen, Reis und Wasser wird neben ihn gestellt. Nach drei Tagen können ihn seine Verwandten holen. Kommt er durch, dann hat ihn Allah begnadigt, wenn nicht ..." Mehemeds Kommentar endete in einem Achselzucken.

„Eine abscheuliche Sitte!" brach ich aus — und stockte. Mehemed war mir in den Weg getreten und starrte mir mit zornfunkelnden Augen ins Gesicht.

„Halten Sie die europäische Justiz etwa für humaner?" fragte er mit einer Stimme, die vor Erregung zitterte. Zum erstenmal sprach er persisch mit mir. „Haben Sie in Europa mal bei einer Hinrichtung zugesehen ... mit dem Fallbeil ... oder dem Strang ... oder auf dem elektrischen Stuhl?"

„Nein", sagte ich verdutzt, denn gerade von ihm hätte ich eine solche Reaktion nicht erwartet.

„Oder halten Sie es für humaner, Menschen einzusperren, jahrelang, jahrzehntelang, manchmal fürs ganze Leben? Und haben Sie nie gelesen, was in solchen Zuchthäusern vor sich geht ... in Amerika, wie es Jack London beschrieben hat ... oder in den Kellern der GPU ... und was die Engländer in Indien getrieben haben oder hier bei uns ... und sollte es der Aufmerksamkeit von Ew. Gnaden gänzlich entgangen sein" — seine Stimme wurde schneidend vor Ironie —, „was in den deutschen Konzentrationslagern geschieht? Nein, ehe uns Europa Humanität predigt, sollte es versuchen, die bessere Menschlichkeit vorzuleben ..."

„Jetzt ist's aber genug!" unterbrach ich ihn schroff, schob ihn mit einer Handbewegung zur Seite und setzte allein den Weg zu meinem Zelt fort. Es war eine Flucht in die Grobheit, mit der ich meine innere Unsicherheit zu tarnen suchte. Denn was hätte ich ihm schon Stichhaltiges erwidern können?

So war es mir leicht, ihm zu verzeihen, als er einige Minuten später bei mir erschien und um Entschuldigung bat. „Ich habe Ew. Gnaden nicht verletzen wollen", sagte er, „aber in solchen Momenten merke ich erst, wie sehr ich trotz meiner Pariser Jahre Kaschghai geblieben bin."

Für mich freilich ging die Rechnung auch mit Mehemeds Entschuldigung nicht auf. Der unbekannte Rest blieb das Verhalten Nasr Khans. Ich hatte mich daran gewöhnt, in ihm eine Art von letztem Ritter zu sehen, und nun war unter der Oberschicht eine Grundierung von orientalischem Despotismus zum Vorschein gekommen, die dieses Bild sehr fragwürdig machte. Ich beschloß, mir auf jede Gefahr hin Klarheit zu verschaffen.

Schon am Nachmittag des gleichen Tages bot sich Gelegenheit dazu. Mittags war ein Kurier von Mayr gekommen, der die Nachricht brachte, daß Mayr demnächst nach Isfahan übersiedeln wollte. Um General Zahidi und dem militärischen Zentrum der Freiheitsbewegung näher zu sein, schrieb er. Gleichzeitig teilte er mir mit, daß es ihm leider noch nicht gelungen wäre, eine Verbindung mit Berlin herzustellen.

Ich schickte einen meiner Leibwächter zum Khan hinüber und ließ um eine Audienz bitten. Er empfing mich sofort.

„Sie haben Post vom SD=Mayr", begann er, wohl um mir zu beweisen, wie gut er über alle Vorgänge in seinem Herrschaftsbereich unterrichtet war.

Ich bejahte und las ihm das Schreiben Mayrs vor.

Als er hörte, daß Mayr noch keine Verbindung mit Berlin hatte, preßte er ärgerlich die Lippen zusammen. „Das bedeutet also", unterbrach er mich, „daß wir vorerst mit deutschen Waffenlieferungen nicht rechnen können?"

„Jawohl, Ew. Durchlaucht", sagte ich. Ich war entschlossen, ihm gegenüber immer rückhaltlos ehrlich zu sein.

Er legte die Hände auf den Rücken und begann, schweigend in dem winzigen Raum des Zeltes auf und ab zu gehen, immer drei Schritte hin — drei Schritte her. Wie ein Löwe im Käfig, mußte ich unwillkürlich denken.

Dann blieb er vor mir stehen und sah mich eine Weile stumm und nachdenklich an: „Wir müssen eben versuchen" — er sprach halblaut wie zu sich selber —, „uns die Waffen auf andere Weise zu beschaffen. Ich sehe im Augenblick drei Möglichkeiten: Überfälle auf Gendarmeriestationen, wie wir es schon früher gemacht haben. Das bedeutet jedesmal 20 bis 30 Infanteriegewehre und im günstigsten Falle ein leichtes MG. Dann haben uns arabische Händler von jenseits des Golfs britische Gewehre angeboten, die der englische Geheimdienst an die Grenzstämme verteilt hat, um Ibn Saud in Schach zu halten, falls er ausspringen will. Und schließlich können wir noch, allerdings sehr teuer, panzerbrechende Munition von den indischen Truppen kaufen, die jetzt frisch ins Ölgebiet gekommen sind. Welche Möglichkeiten würden Sie wählen, Major?"

„Alle drei", sagte ich.

Er lachte. „Dasselbe habe ich mir auch gedacht", sagte er. Ich erinnerte ihn daran, daß wir mit Nobacht und Mahmudi besprochen hatten, daß es zweckmäßig wäre, schon jetzt Flugplätze in seinem Gebiet anlegen zu lassen. Einmal in Hinblick auf die späteren deutschen Waffenlieferungen, und dann als Luftlandebasis für die Deutschen im Falle des Einmarsches.

„Schon in Arbeit", sagte er gutgelaunt. „Bei Färaschband sind sie schon 14 Tage am Schanzen ... Übrigens, wie wäre es", er tippte mir mit der Spitze des Zeigefingers freundschaftlich auf die Brust, „wenn Sie selbst mal hinritten ... Sie könnten sich persönlich vom Stande der Arbeiten überzeugen ... Sie wären hier für eine Weile verschwunden, was auch ganz günstig wäre ... und außerdem ... Wissen Sie", unterbrach er sich, „der Leiter der Arbeiten dort ist ein etwas undurchsichtiger Bursche ... er kam hier an aus Teheran, angeblich auf der Flucht vor den Russen ... und hat sich als deutscher Ingenieur Jakob ausgegeben ... aber er spricht Russisch, völlig akzentfrei ... Elias Khans Frau, die selber Russin ist, behauptet sogar, mit einem typischen Moskauer Akzent ... vielleicht wäre es ganz gut, Sie würden den Herrn einmal kritisch unter die Lupe nehmen."

„Hören heißt gehorchen, Ew. Durchlaucht", sagte ich und verneigte mich, die Hände über der Brust gekreuzt.

Er lachte wieder. „Sie haben schon allerlei bei uns gelernt", sagte er. Plötzlich schlug er sich mit der flachen Hand vor die Stirn: „Ah, Verzeihung, jetzt verstehe ich erst die Korrektur ... ich hatte ganz vergessen, Ew. Gnaden Platz anzubieten, aber das kommt von der dummen Geschichte heute morgen." Er klatschte in die Hände und bestellte bei dem eintretenden Diener Tee und Gebäck.

Wir setzten uns. „Gerade über diese dumme Geschichte hätte ich gern einmal mit Ew. Durchlaucht ganz offen gesprochen", sagte ich.

Er hob den Kopf und sah mich erstaunt an. Langsam verfinsterte sich sein Gesicht. „Bitte", sagte er knapp.

Ich holte tief Atem, ich spürte, wir waren an einem kritischen Punkt unserer Beziehungen angelangt, doch ich konnte nicht mehr zurück. „Ich hätte als deutscher Jurist gern gewußt", sagte ich, „auf welcher Rechtsgrundlage das Urteil heute morgen beruhte?"

Er sah mich lange an, und ich hatte das peinliche Gefühl, daß er mir auch die unausgesprochenen Gedanken von der Stirn ablas.

„Haben Sie bei unserem Jagdausflug die beiden kleinen Gips=haufen bemerkt", fragte er unvermittelt, „in der Nähe unserer Sammelstelle?"

„Ja", sagte ich unsicher.

„Das waren Ehebrecher", sagte er. „Sie wurden eingegipst ... langsam von den Füßen her ... es ist eine Vollstreckung, an der sich der ganze Stamm beteiligt ... und es dauert manchmal stun=denlang, bis der Verurteilte im Gips erstickt ist ...

Oder sind Ihnen einmal Leute mit abgehauener rechter Hand begegnet?" fragte er.

Ich schüttelte den Kopf, ohne daran zu denken, daß das im Per=sischen eine Bejahung bedeutet.

„Das sind Diebe", fuhr er fort, „mein Vater bestrafte sie so ... und ich bin willens, das gleiche zu tun, wenn ich die Macht in mei=nem Lande wieder fest in den Händen habe."

Ich spürte, wie mir ein kalter Schauer über den Rücken rann.

„Sie sind entsetzt", sagte er, „Sie brauchen das gar nicht abzu=streiten. Auch bei mir hat es lange gedauert, bis ich zu meinem jetzigen Standpunkt gekommen bin. Aber heute bin ich davon überzeugt, daß sich der Humanismus der europäischen Aufklärung auf einem Irrweg befindet. Es gibt keine von Menschen verhängte Strafe, die fähig wäre, einen anderen Menschen zu bessern. Bes=sern kann Allah allein, und es ist nackter menschlicher Hochmut, hier die Rolle Gottes zu übernehmen.

Nein, der einzige Zweck der Strafe, die menschliche Macht ver=hängen kann, ist die Abschreckung, und deshalb müssen die Stra=fen drastisch sein und öffentlich vollzogen werden. Wäre ich der Schah, würde ich zum Beispiel ein paar hundert Beamte hängen lassen, öffentlich auf den Marktplätzen der Städte, um so endlich Schluß zu machen mit der Korruption, die unser Land innerlich zer=frißt ..."

Er hatte in steigender Erregung immer lauter gesprochen.

„Und die Gnade?" wagte ich einzuwenden.

„Ich habe Bülbül begnadigt", sagte er hart, „wenn Sie genau zugesehen hätten, würden Sie bemerkt haben, daß die Färraschen weder seinen Kopf, noch Hände und Füße zerschlagen haben. Und Rückgrat und Nieren waren geschützt durch die auf den Rücken gebundenen Arme ..."

Ich hielt es für besser, das Thema zu wechseln. Ich erkundigte mich noch einmal näher nach dem Flugplatzleiter Jakob. Aber Nasr Khan war offensichtlich verstimmt und gab nur einsilbige Antworten. So verabschiedete ich mich bald.

Nachdenklich ging ich zu meinem Zelt zurück. Die Flecken roher Tyrannis auf dem Bild meines Helden waren getilgt, aber es war ein ganz anderes Bild zum Vorschein gekommen.

Übrigens kam Bülbül mit dem Leben davon. Aber die zerschlagenen Knochen wuchsen schief zusammen, und er blieb ein Krüppel zeitlebens.

Achtes Kapitel

Der Ritt übers Gebirge nach Färaschband dauerte vier volle Tage. Ibrahim Khan, Mehemed, Nasr Khans Sekretär, und fünfzehn Bewaffnete begleiteten mich.

Wir überquerten den Kamm und ritten dann an der westlichen Flanke des Gebirgszuges entlang, immer bergauf, bergab, quer durch die flachen Hochtäler, die wie die Hohlräume zwischen den Rippen einer mageren Brust in den gewaltigen, langgestreckten Körper des Gebirges eingesunken waren.

Für mich war dieser Ritt wie eine Erfüllung der Jugendträume, die wir als Wandervögel geträumt hatten. Nachts schliefen wir am Lagerfeuer unter freiem Himmel, in Teppiche gewickelt, und nie waren mir die Sterne so groß und so nah erschienen. Tagsüber war um uns her eine ungeheure Bergeinsamkeit, weg- und pfadlos, und keine Spur verriet, daß je vor uns hier Menschen geweilt hatten. Wildschafe und Steinböcke strichen in Rudeln vorbei, und manchmal brachen dicht vor uns aus dem Weidengestrüpp hochbeinige Wildschweine heraus und rannten grunzend davon. Über uns aber hoch im klaren Blau zogen mächtige Raubvögel ihre Kreise.

Wir ritten durch Täler, die wie ein einziger Garten von blühen=
dem Oleander waren, und wir überquerten riesige weiße Gips=
felder, auf denen die Hufe unserer Pferde hohl dröhnten und wo
Wolken von Gipsstaub um uns her aufdampften, uns jede Sicht
versperrten und Tier und Mensch mit einer dicken Puderschicht be=
streuten. Wir tranken aus Bergquellen, und wir schossen nur, was
wir zu unserer Nahrung brauchten, und brieten abends am Spieß
im offenen Lagerfeuer.

Am vierten Tag ritten wir in die Ebene hinab, in eine ganz süd=
liche Landschaft, mit gelbem Wüstensand, Palmenhainen und
Lehmdörfern, die, fast wie mittelalterliche Städte in Deutschland,
von hohen Mauern umschlossen waren.

Den Flugplatz von Färaschband konnten wir schon von weitem
ausmachen. Ein großes Areal, flach wie eine Kuchenplatte, von rund
10 qkm Umfang. Mitten auf dem steinhart gedörrten Lehmboden
eine Gruppe heller Gestalten. Im Näherreiten erkannten wir, daß
es Arbeiter waren, damit beschäftigt, Steine wegzuräumen. In ihrer
Mitte aber stand ein Mann, groß und barhäuptig, sein blonder
Schopf leuchtete in der Sonne.

Ich ritt auf ihn zu. „Herr Jakob?" sagte ich. „Ich komme von
Nasr Khan, um die Arbeiten hier zu inspizieren." Ich hatte mit
Absicht Russisch gesprochen.

Er humpelte, auf einen Stock gestützt, dicht an mein Pferd heran
und sah lachend zu mir auf. „Sie können ruhig deutsch mit mir
reden, Herr Landsmann", sagte er. „Sie sind doch der sagenhafte
Major, das militärische Maskottchen von unserem Alten ..."

Ich stieg ab, und wir machten uns miteinander bekannt. „Kon=
stantin Jakob", sagte er, „von meinen vielen Freundinnen und mei=
nen wenigen Freunden Conny genannt ... und bei den Persern
hier Iskender Khan ... Phonetischer Adel ... denn Konstantin ist
für sie ein Zungenbrecher ..."

Ich deutete auf den Stock mit der Gummizwinge, den er in der
Hand hielt. „Haben Sie einen Unfall gehabt?"

„Oh", sagte er leichthin, „nur 'ne kleine Betriebsstörung ... beim
Pissen zugezogen ..."

Ich glaubte mich verhört zu haben: „Wie bitte?"

„Beim Pissen", wiederholte er. „P ... i ..." und er buchstabierte das Wort mit offensichtlichem Behagen über mein erstauntes Gesicht.

Es gibt eine gewisse Sorte von aggressiven Spaßmachern, auf deren Ton ich mich nicht gleich einstellen kann. „Vielleicht können Sie mir das einmal etwas näher erklären", sagte ich und ärgerte mich selbst darüber, wie steif und schulmeisterlich meine Worte klangen.

Statt einer Antwort sah er auf seine Armbanduhr. „Feierabend!" schrie er auf persisch, und im gleichen Moment ließen die Arbeiter die Steine fallen, als ob sie plötzlich glühend geworden wären, und gingen in schwatzenden Gruppen quer über den Platz auf ein Dorf zu, das, von grünen Gärten umgeben und von Palmenwipfeln überragt, am Rande des Flugplatzes lag.

„Wenn Ew. Exzellenz die erhabene Liebenswürdigkeit haben würden, mit der bescheidenen Hütte von Ew. Exzellenz untertänigstem Diener vorliebzunehmen, so würde es sich das Häuschen Jakob zur Ehre anrechnen, Ew. Exzellenz heute nacht in seinen Mauern zu wissen." Er kopierte täuschend echt in Tonfall und Mimik die Teschrifat der feinen Teheraner Gesellschaft. „Freilich das Gefolge von Ew. Exzellenz..." und er warf einen zweiflerischen Blick auf meine Begleitung, die in einigem Abstand mit ihren Pferden hielt.

„Das ist keine Schwierigkeit", sagte ich, „wir sind es gewöhnt, im Freien zu schlafen."

Er hatte allerdings nicht zuviel gesagt, wenn er von seiner Hütte sprach. Das Häuschen im Dorf, das er bewohnte, glich einer Ruine, Türen und Fenster waren durch fadenscheinige Kelims ersetzt, und der Raum, in dem er hauste, war dürftiger möbliert als eine Gefängniszelle. Ein eisernes Feldbett, ein paar Nägel in der Wand an Stelle eines Schranks und ein abgetretener Teppich auf dem Fußboden bildeten das gesamte Mobiliar.

„Für Kalt= und Warmverpflegung sorgt der Ortsschulze auf Befehl Nasr Khans", sagte er. „Ich lebe hier wie eine Blume auf dem Felde ... Lilie möchte ich nicht sagen, das wäre etwas zu hoch gestiegen in der Botanik..."

Noch während wir sprachen, kam ein schmutziger kleiner Junge und brachte eine große Schüssel mit dampfendem Reis, Schaschlyk und geschmorten Gurken. Dazu einen Stoß von dünnem Fladenbrot. Wir setzten uns auf den Fußboden und fielen schweigend über das Essen her, offenbar waren wir beide gleich hungrig.

„Ja, also die Sache mit meinem Hinkepot", nahm er das Gespräch wieder auf, nachdem er sich kunstgerecht mit dem Fladenbrot den Mund gewischt und die Serviette verspeist hatte, „das ist so ge= kommen:
Ich saß im Autobus und fuhr hier herunter. Politischer Klima= wechsel, wissen Sie!" Er blinzelte mir bedeutungsvoll zu. „Ich hatte tadellos gefärbte Haare, tadellos gefälschte Papiere, ich fühlte mich so sicher, als ob ich wirklich Ali Ibrahim Schadi hieße und sech= zehn persische Großväter hätte.

Aber da war so'n Armenier mit im Autobus und das Aas fing an, zu stänkern. Von wegen deutscher Agent und so ... Ich weiß nicht, wie das kommt, aber manchmal habe ich schon gedacht, wir müssen eine besondere Ausdünstung haben, denn was ein richtiger Armenier ist, der riecht einen Deutschen heraus unter einem Dutzend parfümierter Archalogs.

Ich sage also zu dem Chauffeur, Freundchen, sage ich, ich muß mal ... und steige aus. Und dabei ist es dann passiert...

Ich war kaum eine halbe Stunde weit gegangen, da tritt aus einem Gebüsch so'n lurischer Vetter vor mich hin — Sie wissen ja, die Luren sind nach Adolfs Rassegotha unsere arischen Brüder — und verlangt die Abgabe meiner Garderobe. Na, ich lasse den Knaben an meiner Knospe riechen" — er hielt mir eine seiner großen Pranken, zur Faust geballt, unter die Nase —, „aber da wachsen plötzlich lauter Gewehrläufe aus den Oleanderbüschen heraus.

Und dann haben sie mich eben gesteinigt, um Munition zu sparen, mich ausgeplündert bis auf Hemd und Unterhose, und mich für tot liegen lassen. Schade, daß mir damals nicht die Ge= schichte vom Propheten und dem Ungläubigen eingefallen ist. Sie kennen die Geschichte doch?"

„Nein", sagte ich.

„Na", sagte er, „das war so: Der Prophet verfolgt einen Un=
gläubigen mit dem Schwert in der Hand. Er hat ihn schon fast
erwischt, da dreht sich der Mann um und läßt die Hosen runter.
Der Prophet aber wandte sich ab und ergriff die Flucht vor diesem
Anblick. In dieser Beziehung sind die Brüder nämlich empfindlich
wie die Vorsteherin eines Mädchenpensionats..."

Er schien willens, sich noch weiter über die persische Schamhaf=
tigkeit zu verbreiten. Doch ich unterbrach ihn mit der Frage: „Und
was wurde weiter mit Ihnen?"

„Nun, mich haben dann Nomaden vom Stamm der Farsimadan
aufgelesen und in ihren Zelten leidlich kuriert. Und dann habe ich
mich bei Nasr Khan gemeldet. Als der hörte, daß ich Deutscher
wäre, hat er mir sofort den Job hier verschafft. Wissen Sie", sagte
er, „es ist geradezu erstaunlich, was wir seit Waßmuß hier für
einen Kredit haben ... leider kann jeder Lump davon zehren..."

Ich fragte ihn, ob er Reichsdeutscher wäre.

„Selbstverständlich", sagte er, „Hummel — Hummel, Mors —
Mors ... seit 1926 Bürger der Freien Hansestadt Hamburg." Und
dann erzählte er mir seine Geschichte.

Es war ein typisches Schicksal aus unserer Zeit der modernen
Völkerwanderung. Seine schwäbischen Vorfahren waren nach Ruß=
land ausgewandert und hatten auf großen Höfen in der Wolga=
niederung gesessen. Sein Vater hatte studiert und war Leiter eines
Elektrizitätswerkes in Turkestan gewesen. Die Sowjets hatten ihn
1918 erschlagen. Die Mutter war mit ihren beiden Söhnen nach
Persien geflüchtet.

Conny hatte das amerikanische Kolleg in Teheran absolviert,
war dann zum technischen Studium nach Deutschland gegangen
und hatte sich in Hamburg repatriieren lassen. In Hamburg hatte
er sich auch mit einer Deutschen verheiratet und war mit Frau und
Kind nach Persien zurückgekehrt, wo er die Leitung einer Fabrik
des Schahs in Masanderan übernahm. Der Einmarsch der Russen
hatte ihn zur Flucht gezwungen.

Ich fragte ihn nach Frau und Kind.

Für einen Augenblick verdüsterte sich sein heiteres Gesicht. „Sie
sind nach Hamburg zurückgekehrt", antwortete er einsilbig. Ich

mochte ihn nicht weiter fragen, aber als wir abends beim Schein einer persischen Lampe beisammen saßen, sagte er ungefragt: „Manche deutsche Frauen haben eine zu enge Seele. Sie wollen immer Sicherheit ... und begreifen nicht, daß der Sinn des Lebens darin besteht, sich ohne Eigenwillen der Führung Gottes zu über= lassen. Wenigstens haben unsere Heiligen alle so gedacht..."
„Sie sind Katholik?"
„Ja", sagte er ernst. Dann wechselte er schnell das Thema.

Nasr Khans Mißtrauen war unberechtigt, Jakob war Deutscher, ohne allen Zweifel. Und ich hielt es schon um seinetwillen für richtig, diese Tatsache auch vor den Persern dadurch offenkundig zu machen, daß ich ihn für die deutsche Wehrmacht verpflichtete.

„Ich werde Sie jetzt als deutschen Soldaten vereidigen", sagte ich und stand auf. Er erhob sich gleichfalls. Ich sprach ihm die Eidesformel vor, er wiederholte sie und am Schluß bekräftigten wir durch Handschlag seine Verpflichtung.

Für mich war es immerhin ein feierlicher Akt, hier, fern der Heimat, in einem weltentlegenen persischen Dorf einen deutschen Soldaten für die Sache des Vaterlandes in Dienst zu nehmen. Des= halb brachte mich seine nächste Frage etwas außer Fassung: „Bitte Herr Major gehorsamst einmal austreten zu dürfen." Ich nickte nur, und es dauerte eine Weile, bis ich ihm nachrufen konnte: „Aber bitte nicht wieder unter die Luren..."

Am nächsten Morgen ritten wir zum Flugplatz hinaus, um die Anlagen zu inspizieren. Und hier bekam ich ehrliche Achtung vor diesem seltsamen Spaßvogel. Er hatte hervorragende Arbeit ge= leistet. Die Kavernen, die er in die Felsen am Nordrand des Platzes hatte einsprengen lassen und die zur Aufnahme von Treibstoff und Munition dienen sollten, waren vorbildlich angelegt. Auch auf dem Platz selber war Erstaunliches geleistet worden, wie die hohen Steinhaufen an den Rändern bewiesen. Sogar ein Mast mit Luft= sack stand schon da, und ich konnte nicht umhin, meinem einzigen Soldaten Anerkennung zu zollen.

Wir hatten beschlossen, im Anschluß an die Inspektion gleich weiter zu reisen und uns wieder auf den Rückweg zum Zeltlager Nasr Khans zu machen. Auch Jakob drängte uns zum Aufbruch.

„Punkt drei Uhr setzt hier ein Sandsturm ein", sagte er, „und der dauert auf den Schlag genau zwei Stunden. Es ist ein Phänomen an Pünktlichkeit, man könnte die Uhr danach stellen..."

Wir verabschiedeten uns also von ihm und ritten wieder das Tal hinauf. Um drei, auf halber Höhe der Vorberge, wandten wir uns um. Es war, wie er gesagt hatte. Von Westen her dampfte eine schwarze Wolke auf, rollte über die Steppe dahin, und bald war das helle Tal von Färaschband in einem undurchsichtigen schwarzen Schleier verschwunden.

* * *

Merkwürdig! Als das kleine Wäldchen mit seinen Weiden und dem silbrig glänzenden Laubwerk der Oliven vor uns auftauchte, als wir die schwarzen und weißen Zelte auf dem grünen Wiesen= plan wiedersahen und etwas abseits von den übrigen mein orange= farbiges Beutezelt, da hatte ich ganz intensiv das Gefühl, nach Hause zu kommen.

Im Lager herrschte ungewöhnliches Leben. Eine Kamelkarawane war angekommen. Vor dem Zelt des Khans lagerten die Tiere, und neben ihnen, in helle Zelttücher eingeschlagen, lagen ihre Trag= lasten am Boden. Nasr Khan stand vor seinem Zelt und um ihn herum bewegten sich, aufgeregt gestikulierend, einige Araber. Kleine Gestalten, mit schwarzbraunen Gesichtern, langen weißen Kopftüchern und dunkelblauen Archalogs. Der Khan ragte unter ihnen auf wie ein Riese unter Pygmäen.

Er winkte mir freundlich zu und rief: „Ist das nicht eine Schande! Diese Hundesöhne verlangen zwölfhundert Toman für ein Gewehr, das ihnen Seine Britische Majestät umsonst geliefert hat."

Sofort gab es ein wildes Geschnatter bei den Arabern. Und einer, mit einer hohen Kastratenstimme, schrie, die anderen über= tönend: „Und unser Risiko? Zehn Tage sind wir mit unseren Dhaus über den Golf gesegelt... und wenn uns die Engländer ge= schnappt hätten..."

Nasr Khan gebot ihnen lachend Ruhe, und wieder zu mir gewandt, sagte er: „Übrigens ist Besuch für Sie angekommen,

Saba... Schon vor zwei Tagen... er wartet drüben in Ihrem Zelt..." und damit fuhr er in seinem dramatischen Handel fort. Ich saß ab und warf dem Diener die Zügel zu. Sicher wird's Mayr sein, dachte ich, während ich eilig auf mein Zelt zuging. Aber als ich eintrat, erhob sich ein kleiner, vierschrötiger Mann vom Teppich, wo er vor einer großen Portion Schaschlyk gesessen hatte, schluckte hastig den Bissen herunter, an dem er gerade kaute, und grinste mich mit zahnlosem Munde an.

„Hamdullah!" rief ich, und „Herr Konsul!" sagte er. Und dann — ich konnte nicht anders — umarmte ich ihn und klopfte immer wieder seinen breiten Rücken.

„Und wo ist meine Frau?" fragte ich, nachdem die erste Über= raschung und Freude sich gelegt hatte.

„In der Türkei", sagte er.

„Ihr seid also gut rübergekommen?"

„Oh", sagte er, „leicht war das nicht. Das Gebirge war ganz verschneit und wir mußten einen großen Umweg machen... der Russen wegen... und dann der Ritt über die Schneefelder... immer zu zweit auf einem Pferd... nein, ein Spaß war das nicht."

„Aber warum habt Ihr denn nicht mehr Pferde gekauft? Ihr hattet doch Geld genug..."

„Schmugglerpferde sind teuer", sagte er bedächtig. Dann grinste er wieder: „Aber alles was recht ist, Herr Konsul, Madame hat sich großartig verhalten... manchmal saß sie ganz hinten, beinahe auf dem Pferdeschwanz... und dann der Gletscherbrand, uns allen hing die Haut in Fetzen von Gesicht und Händen... aber Madame .. keine Klage und kein Gezeter... wahrhaftig, Herr Konsul, das ist 'ne Frau, aus der man zwei Männer machen könnte..."

Ich schluckte eine naheliegende Bemerkung hinunter und fragte: „Und wo habt Ihr Euch getrennt?"

„In Baschkaleh."

„Und was hat sie da gemacht? In welcher Situation habt Ihr sie da verlassen? Mensch, Hamdullah, lassen Sie sich doch nicht jedes Wort aus den Zähnen ziehen..."

„Oh, sie hatte es sehr gut da", sagte er. „Sie war beim Kaimakam untergebracht... weißbezogenes Bett, prima Essen, sogar ein Bad hat sie genommen, um ihre Läuse loszuwerden ... und die Alte, die ihr der Kaimakam zur Bedienung gestellt hatte, war furchtbar freundlich ... sie hat Madam immerzu am Kopf gestreichelt und gesagt: Totschießen ... nichts tut weh ..."

„Wie denn? Was denn? Ist meine Frau denn verhaftet?"

„Naja", sagte er pomadig, „sie haben doch bei der Leibesvisi=
tation die Sachen gefunden, die Madame in ihrem Unterrock ein=
genäht hatte ... Den Paß ... und die Blätter in der komischen Krakelschrift, die niemand lesen konnte ..."

Mit Entsetzen dachte ich daran, daß meine Frau unsere Beobach=
tungen von der Reise nach Afghanistan und Meldungen über alli=
ierte Truppenbewegungen in Persien, in ihre Privatstenografie übertragen, bei sich gehabt hatte. Ich selbst hatte sie dazu animiert. Es war mein verfluchter Ehrgeiz gewesen, neben Mayrs Sensations=
meldung über die Kampfbereitschaft der persischen Armee auch von mir aus noch Material für die Abwehr mitzuschicken.

„Und was wurde weiter?" fragte ich mit enger Kehle.

„Och ... als wir wegritten, hat mir Madame noch Grüße für Sie aufgetragen, Herr Konsul. Sie winkte durch das Gitterfenster und rief hinter uns her: Grüßen Sie meinen Mann!"

Ich mußte mich auf mein Feldbett setzen. Ich kam mir vor wie der König im Märchen, dem man stückweise den Tod seiner Familie mitgeteilt hat. Mit einem zerbrochenen Teller fing es an ... ich stützte den Kopf in beide Hände. Nie, das spürte ich gewiß, würde ich das je wieder vergessen können: den Arm, der aus einem ver=
gitterten Fenster herauswinkte und die Stimme, die rief: Grüßen Sie meinen Mann.

Unhörbar auf seinen weißen Giwehs war Hamdullah neben mich getreten. Plötzlich spürte ich seine Hand auf meiner Schulter: „Herr Konsul", sagte er, „Sie dürfen nicht verzweifeln ... wir stehen doch alle in Allahs Schutz ..." Ich blickte auf. Seine treuen braunen Hundeaugen waren auf mich gerichtet, besorgt und voller Mitleid. Ich gab mir Haltung und sagte:

„Und was willst du jetzt machen?"

„Wenn's Ihnen recht ist, Herr Konsul, bleibe ich hier", sagte er.

„In Teheran ist doch nichts mehr los für uns ... die Wehrmacht hat den ganzen Laden übernommen."

* * *

Wenige Tage später wurde ich in Nasr Khans Zelt geholt, morgens in aller Frühe, zu einer ganz ungewöhnlichen Zeit. Schon als ich bei ihm ankam, merkte ich, daß sich Schlimmes ereignet haben mußte. Der gedeckte Frühstückstisch stand draußen vor dem Zelt, und davor lief Nasr Khan mit großen Schritten auf und ab, die hohlen Spitzen seiner Giwehs bei jedem Schritt mit der Reitpeitsche traktierend. Am Tische selber, auf einem Feldstühlchen, hockte Mehemed mit dem bekümmerten Gesicht eines alten Affen. Das Frühstück selbst war noch völlig unberührt.

„Nehmen Sie Platz, Major", sagte Nasr Khan. „Wir haben soeben eine Nachricht aus Isfahan bekommen, die ich Ihnen nicht vorenthalten möchte. Bitte, Mehemed, lesen Sie vor."

Der Sekretär räusperte sich und las: „Ew. Durchlaucht! Mit aufrichtigem Bedauern sehe ich mich genötigt, Ew. Durchlaucht von einer Tatsache Kenntnis zu geben, deren politische Folgen für die weitere Entwicklung des persischen Freiheitskampfes und auch für Ew. Durchlaucht eigene Aspirationen unter Umständen von weitreichender Bedeutung werden könnten.

Der Vertreter des deutschen SD in Isfahan, ein Herr Mayr, hat mit einem seiner engsten Mitarbeiter, einem Armenier namens Musa, ein Zerwürfnis gehabt, in dessen Verfolg Musa den englischen Konsul Gauth aufgesucht und ihm das Versteck deutscher Geheimdokumente verraten hat. Es soll sich um einen in einer Hausruine eingemauerten Koffer handeln, in dem sich unter anderem ein Dossier mit den Namen sämtlicher in der persischen Freiheitsbewegung aktiv tätiger Offiziere befunden haben soll. Mr. Gauth soll den Koffer mit dem gesamten Inhalt ins englische Konsulat gebracht haben. Der deutsche Agent ist seit dem Vorfall verschwunden, man nimmt an, daß er nach Teheran geflüchtet ist.

Der General ist in begreiflicher Erregung und befürchtet sehr ernsthafte Nachwirkungen dieses Ereignisses. Ich bedaure, daß ich Ew. Durchlaucht..."

Nasr Khan unterbrach die Verlesung mit einem pfeifenden Luft=
hieb seiner Reitpeitsche und sagte heftig: „Der Brief stammt von
General Zahidis Adjutanten. Und was sagen Sie dazu?" Er war
vor mir stehen geblieben und sah mich mit beinahe drohenden
Blicken an.

„Das ist leider die Kehrseite der deutschen Akuratesse", sagte
ich im Bestreben, Mayr zu entschuldigen, „nur was man schwarz
auf weiß besitzt..."

Aber offenbar hatte ich mich im Ton vergriffen. „Eine Idiotie
ist das!" brauste Nasr Khan auf, „konspirative Stümperarbeit...
ich hätte den Deutschen eine solche Saudummheit nie zugetraut..."

„Es werden Dummheiten gemacht von Deutschen, und es werden
Dummheiten gemacht von Persern, Ew. Durchlaucht", sagte ich.

Er starrte mich entgeistert an, ich erwiderte seinen Blick, äußer=
lich ruhig, doch mit nicht gerade behaglichen Gefühlen einen neuen
Ausbruch erwartend. Plötzlich aber entspannte sich sein Gesicht,
und in beinahe versöhnlichem Ton fragte er: „Sie geben also zu,
daß es eine Dummheit war?"

„Aber selbstverständlich", sagte ich, „es ist nur zu fragen, wie
wir uns vor den möglichen Folgen schützen können."

Er setzte sich, und wir besprachen in aller Ruhe das Notwendige.
Und wie immer, wenn wir über politische oder militärische Dinge
sprachen, bewunderte ich den nüchternen Realismus und die illu=
sionslose Klugheit, mit der er seine eigene Situation betrachtete.
Freilich — über die Folgen der Ereignisse in Isfahan täuschten wir
uns beide —, aber wer hätte damals voraussehen können, zu wel=
cher Lawine dieser Schneeball einmal anwachsen würde?

Schon zwei Tage darauf kam ein Kurier von Conny Jakob. Er
kam sofort zu mir ins Zelt, es war ein ganz junger Bursche, und
er glühte vor feuriger Begeisterung: „Ein deutsches Flugzeug war
da, Ew. Gnaden", berichtete er übersprudelnd, „ganz niedrig ist's
über unseren Platz geflogen... wohl eine halbe Stunde lang...
man hätte es beinahe mit den Händen greifen können... wir
haben geschrien und gewinkt und den Luftsack aufgezogen...
aber leider ist es wieder nach Norden abgeflogen, ohne zu lan=
den..."

Der Brief von Conny, den er mitbrachte, lautete freilich ganz anders: Eine Maschine ohne Abzeichen ist dagewesen, meldete er, ich nehme an, ein Apparat vom Secret=Service. Der Flieger hat in niedriger Höhe unsern Platz umkreist und wahrscheinlich Auf= nahmen gemacht. Ich habe es für richtig gehalten, für meine Leute die Parole auszugeben, daß es sich um einen deutschen Flieger handelt. Erbitte weitere Instruktionen.

Noch während ich die Lage überdachte, betrat Nasr Khan mein Zelt. Es war das erstemal, daß er mich in meinen vier Leinwänden aufsuchte, und noch dazu kam er unangemeldet und allein. Mit einer Handbewegung entfernte er den Boten.

„Das war kein deutsches Flugzeug!" eröffnete er abrupt die Unterhaltung. „Sicher ist es ein britischer Aufklärer gewesen, der Aufnahmen gemacht hat..."

Statt jeder Antwort übersetzte ich ihm Connys Brief.

Ein Lächeln flüchtiger Genugtuung glitt über sein Gesicht, das sofort wieder einem grimmigen Ernst Platz machte: „Wir müssen natürlich die Version von Jakob aufrechterhalten", sagte er, „für meine Kaschghais war das ein deutsches Flugzeug! Am besten lassen wir die Meldung als eine Art Siegesbulletin durch Kuriere unter den Khanen des Südens verbreiten. Was meinen Sie dazu?"

Ich muß eine etwas skeptische Miene gemacht haben, denn er sagte unvermittelt in einem beinahe tragischen Ton: „Das ist das Geheimnis der Macht ... wir müssen unser Wissen allein mit uns herumschleppen, das die anderen nicht tragen können."

In den nächsten Tagen erschienen noch mehr „deutsche Flug= zeuge" am Horizont. Auch über uns flogen sie hinweg. Offenbar sollte das ganze Gebiet der Kaschghais kartographisch aus der Luft erfaßt werden. Glücklicherweise flogen die Maschinen so hoch, daß selbst die scharfen Augen der Nomaden die Hoheitsabzeichen nicht ausmachen konnten. Und so erreichte die Begeisterung der Bevöl= kerung Siedegrade. Nasr Khan aber ließ die Arbeit an den Flug= plätzen einstellen, denn außer in Färaschband waren in letzter Zeit auch Anlagen bei Firuzabad und an der Grenze des Daschti=Gebiets in Angriff genommen worden. Conny Jakob wurde ins Haupt= quartier zurückbeordert. Er kam, so heiter und unbeschwert wie eh und je und meinte nur mit krauser Nase: „Finden Herr Major nicht, daß es in dieser Gegend etwas stark nach Pulver riecht?" Wir lebten jetzt zu dritt in meinem Zelt. Nach außen hin bezeichneten wir uns mit einem Anflug von Selbstironie als „deutsche Militärmission am Hofe Nasr Khans". Und im internen Verkehr nannten wir uns Conny, Hamdullah und Saba. Wir verkehrten in drei Sprachen miteinander. Persisch wurde gesprochen, wenn die Diener zugegen waren und unverfängliche Themen zur Debatte standen. Russisch, wenn wir militärische oder politische Fragen behandelten, wobei die Diener nicht zuhören durften, und nur, wenn Conny und ich allein waren, redeten wir deutsch miteinander. Doch sowie Hamdullah eintrat, wechselten wir, oft mitten im Satz, ins Russische über, denn nie sollte bei ihm auch nur einen Augenblick das Gefühl aufkommen, nicht vollberechtigtes Mitglied unserer Gemeinschaft zu sein. Es war ein Akt jener Herzenshöflichkeit, die den Adel echter Männerkameradschaft ausmacht, und der kleine Chauffeur aus Teheran vergalt uns diese Haltung, ohne daß je ein Wort darüber fiel, mit einer geradezu rührenden Anhänglichkeit.

Im übrigen waren wir, ähnlich wie ich in meiner letzten Teheraner Zeit, damit beschäftigt, den ganzen Tag Rundfunknachrichten zu hören. Nasr Khan hatte uns seinen Apparat zur Verfügung gestellt, und wir faßten die Meldungen zu einer Art politischem Informationsdienst zusammen, der durch Kuriere an die Khane des Südens verschickt wurde, freilich in viel größeren Abständen als meine täglich erscheinende Teheraner Zeitung.

Problematisch war zunächst unser Verhältnis zu Nasr Khan. Denn eine so enge Lebensgemeinschaft, wie wir sie bildeten, trägt den Charakter der Ausschließlichkeit in sich, und der Außenstehende erhält leicht den Eindruck, fünftes Rad am Wagen zu sein oder gar einer geschlossenen Fronde gegenüberzustehen. Conny Jakob gelang es, dieser Gefahr zu begegnen. Er steckte voller Schnurrpfeifereien, konnte persische Dialekte täuschend kopieren und war imstande, eine ganze Gesellschaft stundenlang mit Zauberkunststückchen zu unterhalten. Der Khan ließ ihn manchmal in sein Zelt kommen, um sich von ihm in dieser Weise ablenken zu lassen, und Conny pflegte sich, bevor er ging, bei mir abzumelden: „Der Knabe David zum Harfeschlagen bei König Saul kommandiert." Hamdullah dagegen verstand ausgezeichnet, Beziehungen zu den unteren Organen, Sekretären und Dienern, zu pflegen, und hauptsächlich durch ihn waren wir jederzeit über die Stimmung bei Hofe bestens informiert.

Der Khan war in dieser Zeit ziemlich nervös, er schlief schlecht, magerte ab und wurde nachts von schweren Träumen geplagt. Wahrscheinlich war es der „cauchemar des coalitions", der schon Bismarck die Nachtruhe geraubt hatte.

Morgens erzählte er dann diese Träume seiner Umgebung, und Mehemed hinterbrachte uns vielfach solche Botschaften aus dem Unterbewußtsein Seiner Durchlaucht. Wir machten uns gemeinsam darüber her, eine Deutung zu versuchen, die manchmal Mehemed, manchmal aber auch Conny dem fürstlichen Träumer zur Begutachtung vorlegte.

Dieses Geschäft der Traumdeutung wurde in der Militärmission als eine Art spaßiges Gesellschaftsspiel betrieben, zumindest von Conny und Hamdullah, die als Kinder eines rationalistischen Zeitalters diese Dinge für baren Humbug nahmen, während ich, von C. G. Jung herkommend und vielleicht aus einer tieferen Kenntnis von Nasr Khans Persönlichkeit, zu verstehen glaubte, daß dieser dem Urgrund seines Wesens nach religiös=magische Mensch in seinen Träumen eine Botschaft Gottes erblickte, deren Deutung für ihn alles andere als ein munteres Spielchen war.

So ist mir einer dieser Träume, den Mehemed erzählte, noch in Erinnerung geblieben. Der Khan ging eine steile Bergschlucht hinan, als plötzlich von oben her, brüllend und tosend, eine viele Meter hohe Flutwelle auf ihn zugestürzt kam, wie sie beim Hochwasser im Frühjahr hier tatsächlich häufig genug auftreten. Er rettete sich den Steilhang hoch und hatte sich gerade an eine dürre Bergkiefer geklammert, die seitlich aus dem Felsen herauswuchs, als ihn die Woge erreichte. Bis zur Brust hing er in der strudelnden Flut. Als er versuchte, mit einer Hand das Treibholz von sich wegzustemmen, bekam er einen Fisch zu fassen. Es war ein mächtiger Fisch, der Khan konnte ihn nur an der Rückenflosse halten. Aber das Tier wurde, während er es festhielt, in seiner Hand kleiner und kleiner. Und als das Wasser sich verzogen hatte, hielt er nur noch einen Fisch von der Größe eines mittleren Hechts in seiner Hand.

Mehemed, der in Paris aus den Töpfen von Freuds sexualpsychologischer Hexenküche genascht hatte, meinte, dieser Fisch sei ein eindeutiges Symbol schwindender Manneskraft. Aber diese Deutung wurde allgemein abgelehnt, und wir einigten uns, nach langem Palaver, auf eine politische Sinngebung des Traumes. Schwere Zeiten würden kommen, dem Khan würde ein ungeheures Glück in die Hand fallen, den großen Fisch deutete Conny kühn als die Schahkrone, aber am Schlusse aller Fährnisse würde der Khan das angestammte Land seiner Väter fest in der Hand behalten.

Conny übernahm es auch, Nasr Khan diese Deutung als Morgengabe unserer pythischen Konferenz auf den Frühstückstisch zu legen. Er stolzierte, ziemlich geschwollen, hinüber zu Nasr Khans Zelt, aber schon nach einer halben Stunde kam er zurück und sagte kläglich: „Es war das reinste Katze=und=Maus=Spiel. Nur weiß ich nicht recht, wer Katze und wer Maus war." Und obwohl ich selber als Traumdeuter mitgewirkt hatte, freute ich mich insgeheim, daß der Khan hinter dem Visier der Ironie diesen indiskreten Einbruch in seinen persönlichsten Bereich abgewehrt hatte.

*　*　*

Es liegt in der Natur des Menschen, selbst an den Hängen eines Vulkans seine Hütte zu bauen und die trügerische Sicherheit, die eine zeitweilige Ruhe der Naturkräfte ihm gewährt, als Dauerzustand zu betrachten. Bis ein plötzlicher Ausbruch solche Illusionen jäh zerstört. In ähnlicher Lage befand sich die deutsche Militärmission am Hofe Nasr Khans.

Eines Nachts wurde ich mitten aus dem Schlaf geweckt. Ein Diener des Khans stand an meinem Bett und sagte flüsternd, wohl um die beiden anderen Schläfer nicht zu stören: „Der Khan läßt Ew. Gnaden bitten, sofort hinüber in sein Zelt zu kommen." Ich zog mich schnell an und ging hinüber.

Im Zelt Nasr Khans brannten zwei Windlichter, er selbst saß im Hemd und Unterhose auf der Kante seines Bettes, und als ich eintrat, starrte er mich von unten herauf mit einem Blick an, den ich nicht enträtseln konnte. Groll und Verzweiflung lagen darin, und zugleich eine dumpfe Trauer. Endlich sagte er halblaut, in einem seltsam kehligen Ton:

„General Zahidi ist verschwunden..."

Ich begriff nicht sogleich: „Wie soll ich das verstehen, Ew. Durch=laucht?"

„Lassen Sie sich's von dem da erzählen!" Nasr Khans deutete mit einer Handbewegung zum Eingang, und jetzt erst sah ich, daß neben mir, regungslos wie eine Bildsäule, mit über der Brust gekreuzten Händen, ein Bote stand, der jetzt, auf den Wink des Khans, sofort mit monotoner Stimmer einen offenbar auswendig gelernten Text herunterzuleiern begann:

„Seine Durchlaucht, Habibullah Khan, Fürst der Dereschuri, lassen Seiner Durchlaucht Nasr Khan, Großfürsten der sechs freien Kaschghaistämme, seinen untertänigsten Gruß entbieten. Seine Durchlaucht Habibullah Khan beehren sich, folgendes mitzuteilen: In der vergangenen Woche hat der englische Brigadegeneral Wilson Seine Exzellenz General Zahidi in seinem Hauptquartier in Isfahan aufgesucht. Nach der Besprechung, die kaum fünf Minuten dauerte, hat Seine Exzellenz General Zahidi zusammen mit dem englischen Brigadier sein Hauptquartier verlassen und den vor dem Tor der Kaserne haltenden englischen Dienstwagen be=stiegen. Der Wagen hat, gefolgt von zwei verdeckten Lkw, die Stadt in schneller Fahrt in Richtung nach Nordwesten verlassen. Seither ist Seine Exzellenz General Zahidi verschwunden. Der Posten am Kasernentor behauptet nachträglich, bemerkt zu haben, daß einer der Begleiter General Wilsons beim Verlassen des Ge=bäudes eine Maschinenpistole auf den Rücken Seiner Exzellenz General Zahidis gerichtet hielt. Die Stadt Isfahan ist in höchster Aufregung. Telegramm= und Telefonverkehr sind unterbrochen."

Während der Bote seinen Bericht herunterschnatterte, beobach=tete ich Nasr Khan. Er saß da, die starken braunen Hände lagen, zu Fäusten geballt, auf seinen Knien, und der mächtige Körper zitterte wie ein Kessel unter überhöhtem Dampfdruck.

„Begreifen Sie den Bubenstreich!" fuhr er jetzt auf. „Da besucht ein britischer Brigadier einen persischen General und fällt unter Bruch des Gastrechts wie ein Gangster über ihn her ... und läßt ihn von seinen Bravos abschleppen ... Aber das werden wir Perser nicht vergessen, nie, nie, niemals!"

Er ließ seine Faust wie einen Schmiedehammer auf das Bett niedersausen, daß die eiserne Bettstelle in allen Fugen krachte. Der Ausbruch schien seine Wut erschöpft zu haben, denn er fuhr in einem heiser gedämpften Ton fort:

„Für uns hier aber bedeutet das Krieg. Denn eine englandhörige persische Armee wird natürlich schießen!"

Seine düstere Perspektive schien nur allzu schnell Wirklichkeit zu werden. Der Nachrichtendienst der Stämme und dem Khan ergebene Bürger aus Schiras meldeten, daß die große Nord=Süd= Straße, die das Kaschghaigebiet in zwei Teile zerschnitt, von star= ken Kontingenten neuer Truppen besetzt würde, die aus Nord= persien herangeführt waren. Ebenso wurde über eine verstärkte Tätigkeit der englischen Panzerverbände berichtet, die mit ihrem Patrouillendienst diese strategisch lebenswichtige Verbindungslinie unter Kontrolle hielten, und fast gleichzeitig traf die Meldung ein, daß mehrere hundert der nationalen Sache ergebene persische Offiziere von den Engländern verhaftet und in ein englisches Kon= zentrationslager bei Sultanabad verbracht worden wären. Das bedeutete, zusammen mit der Verschleppung Zahidis, nicht weniger als die Liquidierung der persischen Widerstandsbewegung, und zwar im entscheidenden militärischen Sektor.

Angesichts dieser Sturzflut von Hiobsbotschaften war es schwer, den anfänglichen Optimismus bei den Kaschghais aufrechtzuer= halten. Zum Glück lauteten die Rundfunknachrichten, die von den deutschen Kriegsschauplätzen kamen, immer günstiger. Die deut= schen Truppen standen im Herzen des Kaukasus, auf dem Gipfel des Elbrus wehte die deutsche Fahne, und Rommel hielt, nach sei= nem historisch gewordenen Ausspruch, die Türklinke Ägyptens fest in der Hand. Unter diesen Umständen konnte ich im politischen Informationsdienst der deutschen Militärmission, übrigens durch= aus gutgläubig, darauf hinweisen, daß sich hier der Anfang einer

ungeheuren Zangenbewegung abzuzeichnen beginne. Und es er=
schien mir durchaus nicht utopisch, wenn ich den Persern ein Vor=
dringen Rommels von Süden her und einen gleichzeitigen Ein=
marsch der für diesen Zweck bereitgestellten Armee Felmy in
Nordpersien und damit eine Umklammerung der in Persien statio=
nierten alliierten Besatzungstruppen von zwei Seiten her in Aus=
sicht stellte.

Eines Morgens ließ mich der Khan zu einem Ausritt einladen.
Wir ritten, nur von acht oder zehn Bewaffneten begleitet, bergan,
und wie immer überwältigte mich die Größe und Weite dieser
Landschaft, die, wie kaum eine andere, beherrscht wird von der
Totalität einer ungeheuren Himmelskuppel, neben der Häuser,
Bäume und Menschen winzig erscheinen. Und selbst die hoch=
ragenden Pappeln, die hie und da zum Himmel emporstoßen, wir=
ken nur wie ein kindischer Versuch, in der großen monotonen
Melodie der himmlischen Weite kleine irdische Pausenzeichen
anzubringen.

Am Fuß eines Hügels, dessen Gras schon herbstbraune Töne zu
zeigen begann, gab Nasr Khan dem Gefolge einen Wink, zurück=
zubleiben. Wir ritten allein den Hang hinauf. Nasr Khan schwieg,
und er schwieg auch noch, als wir dicht nebeneinander auf der
Kuppe des Hügels hielten. Dann wandte er sich langsam zu mir hin:

„Ich möchte jetzt eine Frage an Sie richten", begann er, „bei der
ich Sie um eine rückhaltlos ehrliche Antwort bitten muß." Schon
der ungewöhnlich feierliche Ton der Ankündigung verriet, welche
Bedeutung er selber seiner Frage beilegte. Ich sah ihn gespannt an.

„Glauben Sie", er sprach halblaut, ohne mich anzusehen, in die
Landschaft hinaus, „daß der Ausbruch eines bewaffneten Auf=
standes im Kaschghaigebiet den deutschen Einmarsch beschleunigen
könnte? ... Oder besser gesagt, daß ein solcher Aufstand als
Initialzündung auf den Entschluß der deutschen Heeresleitung
wirken würde, sofort in Persien einzurücken?"

Ich spürte sofort die Wucht der Entscheidung, die hinter dieser
Frage stand. Das war nichts anderes als Krieg oder Frieden. Und
wie eine Fata Morgana stieg die Möglichkeit vor mir auf, noch ein=
mal, vielleicht in größerem Stil, das Experiment von Waßmuß zu

wiederholen. Es war eine berauschende Möglichkeit... und im Hintergrund leuchtete lockend der Ruhm von Lawrence auf, dieser einmalige, beispiellose Ruhm des romantischen Abenteurers in der nüchtern kalten Welt des schlauen politischen Kalküls...

Zugleich aber spürte ich im selben Augenblick die ganze Last der Verantwortung, jener Verantwortung, die Nasr Khan so lange schweigend und allein getragen hatte, und an der er mich in diesem Augenblick teilnehmen ließ. Das Leben von 600 000 Kaschghais stand auf dem Spiel... denn die Engländer, das war gewiß, würden auf eine vitale Bedrohung des Ölgebiets erbarmungslos hart reagieren. Und doch: ich war Deutscher, und bedeutete es nicht für die deutschen Fronten im Kaukasus und in Ägypten eine fühlbare Entlastung, wenn der Gegner durch einen Krieg in Südpersien gezwungen wurde, Truppen von den Brennpunkten der deutschen Kriegsschauplätze abzuziehen und hierher zu werfen?

Im Augenblick gewiß! Aber wie lange konnte ein Nasr Khan, nach dem Zusammenbruch der militärischen Aufstandsbewegung isoliert und ohne Unterstützung von außen, dem konzentrischen Druck der Engländer und der viel besser bewaffneten regulären persischen Truppen widerstehen? Und die Engländer würden ihre Drohung wahrmachen und die Herden der Kaschghais mit Splitter=bomben dezimieren. Das aber bedeutete für den größten Teil dieses Nomadenvolks den sicheren Hungertod.

Gewiß — ein Partisanenkrieg war auch dann noch möglich, und das bergige Gelände bot geradezu ideale Voraussetzungen dafür an. Aber das wäre ein Räuber=und=Soldaten=Spiel, lokale Scharmützel, und wahrscheinlich vom persischen Militär mit bloßen Polizei=aktionen zu erledigen.

Wenn dagegen Nasr Khans Streitmacht intakt blieb, stellte sie immer eine potentielle Bedrohung für den Gegner dar und war ge=eignet, auf längere Zeit feindliche Kräfte zu binden. Hatte nicht der Nachrichtendienst der Stämme schon von einer Verstärkung der indischen Kontingente im benachbarten Oelgebiet gesprochen und vom Ausbau neuer Verteidigungsstellungen an der indischen West=grenze?

Anders freilich war die Sache, wenn man annahm, daß ein Krieg Nasr Khans sofort die Deutschen ins Land rufen würde. Aber konnte ich, ein einzelner und völlig ohne Verbindung mit Berlin, ein solches Versprechen mit gutem Gewissen abgeben? Hieß das nicht, einen Mann, der mir so offenkundig vertraute, bewußt in die Illusion hineinhetzen, daß ein Einmarsch in Persien nur von dem Willen der deutschen Heerführung abhinge und nicht, wie es doch Wahrheit war, von der nur schwer abschätzbaren Größe des geg= nerischen Widerstandes?

Ich hatte wohl schon zu lange in diesen stummen Reflexionen verharrt, denn Nasr Khan griff mit einer neuen Frage in meine Überlegungen ein: „Es wird unweigerlich in der nächsten Zeit kriegerische Verwicklungen geben", sagte er. „Wir müssen den Übergang über die Nord=Süd=Straße forcieren... Wir müssen unsere Herden hinunterbringen nach Gärmesir. Denn dort oben in den Bergen verhungern uns im Winter unsere Herden... Zusam= menstöße sind also unausbleiblich... Die Frage ist nur, ob wir ver= suchen sollen, die Zusammenstöße zu lokalisieren... oder ob wir zu einer großangelegten Offensive antreten... Das wäre freilich nur dann möglich, wenn wir fest mit deutscher Unterstützung und einem deutschen Einmarsch rechnen könnten..."

„Ew. Durchlaucht!", ich kam mir im Moment vor wie ein Chirurg, der das Messer zum Schnitt ansetzt, „ich glaube nicht, daß ein lokales Ereignis, wie der Aufstand der Kaschghais, das strate= gische Grundkonzept der deutschen Heeresleitung ändern würde." Sicher war es hart für seinen Stolz, das zu hören. Aber mir blieb keine Wahl, denn andernfalls hätte ich eine Schwäche der deut= schen Position zugeben müssen, und dazu fühlte ich mich in der damaligen Lage weder verpflichtet noch berechtigt. „Wenn Ew. Durchlaucht also meinen Rat hören wollen: Ich würde versuchen, die kommenden Zusammenstöße soviel wie möglich zu begrenzen."

Er sah mich lange stumm an. Plötzlich streckte er mir mit einer spontanen Bewegung die Hand hin: „Ich danke Ihnen, Saba. Im Grunde genommen hatte ich diese Antwort von Ihnen erwartet."

Wir wandten unsere Pferde und ritten langsam den Hang hin= unter, zum Gefolge zurück.

„Ich habe in drei Tagen einen Kriegsrat sämtlicher Khane und Scheichs des Südens einberufen", sagte er. „Es wird nicht leicht sein, vor allem die heißblütigen Kaschghulis für diese Politik der Mäßigung zu gewinnen. Kann ich dabei auf Ihre Unterstützung rechnen?"

Ich bejahte schweigend, sprechen konnte ich nicht. Die Spannung der Entscheidung, die eben gefallen war, zitterte noch in mir nach.

* * *

Nasr Khan hatte mich gebeten, während des Kriegsrats in meinem Zelt zu bleiben. „Es ist besser so", hatte er erklärt, „Sie sind schließlich diplomatischer Vertreter einer befreundeten Groß= macht an meinem Hof ... und ich werde dafür sorgen, daß die maßgeblichen Khane und Scheichs Ihnen ganz offiziell ihre Auf= wartung machen ..."

Ich verstand ihn ohne weitere Erklärung. Indem er mich zum offiziellen Vertreter des Deutschen Reichs erhob, hob er zugleich seine eigene Stellung in den Augen der anderen Khane. Denn trotz seiner faktischen Machtposition war er von Rechts wegen ein vom Schah abgesetzter Rebell, und es mußte sein Ansehen gewaltig stärken, wenn das große Deutsche Reich ihn durch die Entsendung eines eigenen Vertreters anerkannte.

Ich saß also, der Würde meiner Mission entsprechend, in einen funkelnagelneuen blauseidenen Archalog gekleidet und mit einem ebenso neuen braunseidenen Kuschak angetan, im Schneidersitz auf kostbaren Teppichen am Boden und harrte der Dinge, die da kommen sollten. Dieser Kuschak, eine Art meterlange Leibbinde, die wie eine Schärpe offen über dem Archalog getragen wird, ist übrigens beinahe das wichtigste Kleidungsstück hier im Süden. Sie schützt den Leib vor Erkältungen, sie hält beim Reiten die Därme zusammen, und sie dient zugleich als Aufbewahrungsort für Pistole und Dolche, Tabak, Pfeife, Zigaretten, Streichhölzer und dann die Papiere, die der Mitteleuropäer in seiner Brieftasche mit sich führt. Ihr tadellos glatter Sitz aber ist für die gesellschaftliche Reprä= sentation ebenso wichtig wie ein unzerknittertes Frackhemd für einen europäischen Gentleman. Conny und Hamdullah hatten meine persischen Diener, die mir bei der Anlegung dieser feier= lichen Tracht zur Hand gingen, beaufsichtigt, immer wieder mit kritischen Korrekturen eingegriffen und sich dann diskret zurück= gezogen.

So saß ich also, steif verschnürt in meinem festlichen Gepränge, und wartete. Durch den hochgeschlagenen Eingang meines Zeltes konnte ich hinübersehen zu dem großen schwarzen Zelt Nasr Khans, das für Staatsempfänge diente, und in dem auch ich einst bei meiner Ankunft bewirtet worden war.

Gegen 10 Uhr morgens traf die erste Delegation ein. Sie kamen, etwa 30 Reiter auf herrlichen Pferden, von Süden her das Tal heraufgaloppiert. Die weißen Tschog'äs flatterten um ihre Schul= tern, die bunten Archalogs glänzten in allen Farben, und das sil= berne Zaumzeug der Pferde und die silberbeschlagenen Waffen blitzten in der Sonne.

Vor Nasr Khans Zelt machten sie halt, der Khan trat heraus, der Anführer, ein noch jugendlicher Mann, sprang aus dem Sattel. Und dann umarmten sich Nasr Khan und er und verschwanden im schwarzen Zelt. Hamdullah, der eine Art Späherposten drüben am Zelt bezogen hatte, kam zurück und meldete: „Prinz Kosro Khan, Nasr Khans Bruder aus Gärmesir."

Und dann kamen sie nacheinander aus allen Himmelsrichtungen an. Zulfikar Khan von den Farsimadan, Elias Khan mit drei Vettern vom Stamme der Kaschghulis, Habibullah von den Dereschuris, die Fürsten der Schischbuluki und Abgesandte der Daschti und Ten= gistani. Jeder kam mit großem Gefolge, und jedesmal war es, mit kleinen Varianten, das gleiche farbenprächtige Schauspiel. Die An= führer verschwanden mit Nasr Khan im schwarzen Zelt, und das Gefolge zerstreute sich auf dem grünen Wiesenplan, wo sich bald ein munteres Biwakleben an brennenden Lagerfeuern entwickelte. Denn Nasr Khan hatte mit fürstlicher Gastfreiheit auch für das Gefolge seiner Besucher gesorgt. Eine kleine Herde von Fett= schwanzschafen war geschlachtet worden und briet jetzt über den offenen Feuern am Spieß.

Ich hatte gedacht, daß nach dem Essen drüben im Fürstenzelt die Besuchstour bei mir beginnen würde. Doch der Nachmittag verging, ohne daß jemand sich sehen ließ. Erst in der Abenddämmerung kam Mehemed zu mir ins Zelt geschlüpft. „Es hat mächtige Auseinandersetzungen gegeben", berichtete er hastig. „Vor allem die Kaschghulis wollten durchaus sofort losschlagen. Sie haben im vorigen Krieg auf der falschen Seite gekämpft, mit den Engländern gegen Solat el doleh, und jetzt wollen sie anscheinend die Scharte von damals wieder auswetzen. Der Khan hat mit Menschen= und Engelszungen geredet, und jetzt hat er sie, glaube ich, endlich so weit, daß sie nicht mehr aus der Reihe tanzen." Er verabschiedete sich eilig, und erst beim Hinausschlüpfen rief er mir über die Schulter zu: „Die offiziellen Besuche bei Ihnen finden erst morgen vormittag statt."

So prangte ich also am nächsten Morgen in derselben bunten Pracht. Und dann begann das Defilee der Besucher. Offenbar wickelte sich alles nach einem genau festgelegten, strengen Zeremoniell ab. Nach Alter und Würde geordnet kamen die Khane nacheinander in mein Zelt, ließen sich auf den Teppich nieder, schlürften unter endlosen Teschrifats ein paar Gläschen Tee, knabberten Gebäck, rauchten eine Wasserpfeife und traten, wiederum unter einem Schwall von Höflichkeitsbezeigungen, nach genau einer halben Stunde wieder ab, um dem nächsten Herrn Platz zu machen. Und jedesmal gab ich dem jeweiligen Besucher zu verstehen, wie hoch das Deutsche Reich Seine Durchlaucht Nasr Khan schätze, und daß die Politik weiser Mäßigung, die der Khan jetzt befolge, durchaus den Wünschen Hitlerschahs entspräche. Nur bei den Kaschghulis gab es einige Schwierigkeiten. Sie rückten gleich fünf Mann hoch an. Elias und Fatullah, die beiden Onkel Nasr Khans — von denen ich Elias bereits kannte, während Fatullahs hageres Fuchsgesicht zum erstenmal bei Hofe auftauchte —, und in ihrer Begleitung drei Söhne, von denen mir der eine durch seine Raffzähne, die engstehenden Augen und ein anscheinend vulkanisch rachsüchtiges Temperament auffiel. Er war es auch, der sich offenbar mit den Beschlüssen des gestrigen Diwans durchaus nicht abfinden konnte. „Ist es nicht eine Schande", sagte er heftig mit einer hohen, schril=

len Stimme, „daß wir tatenlos zusehen, wie die Engländer unser Land besetzen ... dieselben Engländer, die erklärt haben, daß ihnen das Leben von 10 000 Kaschghulis nicht so viel", er schnippte mit den Fingern in die Luft, „zu bedeuten hätte ..."

Ich erkundigte mich näher nach dieser Äußerung und bekam eine Geschichte zu hören, die mir einen neuen Beweis für das lange Gedächtnis der Orientalen in der Politik lieferte: Vor 25 Jahren, als die Kaschghulis auf seiten Englands gegen den von Waßmuß beratenen Kaschghaifürsten Solat el doleh kämpften, soll sich eine Streitmacht von 10 000 Kaschghulis, von Solat el doleh's Truppen umzingelt, um Hilfe an den britischen Konsul in Schiras gewandt haben. Der Konsul aber soll damals erklärt haben: Was bedeutet schon das Leben von 10 000 Kaschghulis für Seine Britische Maje= stät! Wahr oder nicht, die Äußerung verbreitete sich wie ein Lauf= feuer unter den Stämmen und tat, wie sich jetzt zeigte, noch heute nach einem Vierteljahrhundert ihre Wirkung.

So willkommen mir an sich ein derartiger Kampfgeist sein konnte, in der gegenwärtigen Situation bedeutete er zweifellos eine Gefahr. „Bei uns im Norden", begann ich deshalb, „erzählen die Mütter an langen Winterabenden manchmal die Geschichte von einem Bauern. Seine Frau schickte ihn zum Markt, um eine Ziege zu verkaufen. Als das störrische Tier nicht vorwärts gehen wollte, zog sie der Bauer am Strick auf seinen Rücken und trug sie. Das Tier kam tot, vom Strick erwürgt, auf dem Markt an. Die Frau schalt den Mann aus: Du mußt so was doch hinter dir her ziehen, sagte sie. Das nächste Mal sollte der Bauer einen Satz Tontöpfe vom Markt holen. Er band sie mit einem Strick zusam= men und schleifte sie, die Landstraße längs, hinter sich her. Natür= lich brachte er nur Scherben nach Hause ..."

Ich schwieg und sah meine Besucher der Reihe nach an. Es war mein erster Versuch, mich der im Orient so beliebten Gleichnisse zu bedienen und meinen Zuhörern in Form einer Parabel klarzu= machen, daß veränderte Verhältnisse eine unterschiedliche Behand= lung erfordern. Augenscheinlich hatten mich alle verstanden. Die beiden alten Khane, die schnorchelnd an ihrer Wasserpfeife sogen, lächelten verschmitzt, und selbst der junge raffzähnige Prinz ließ ein Brummen hören, das nach widerwilliger Zustimmung klang.

Als die Audienzen endlich beendet waren, fühlte ich mich müde und zerschlagen wie ein Kassenarzt nach zehnstündiger Praxis. Gegen Abend, sobald alle Besucher weggeritten waren, kam Nasr Khan noch einmal zu mir ins Zelt.

„Das haben Sie gut gemacht", lobte er. „Aber wissen Sie, was meine Kaschghulivettern von Ihnen sagen?" Er blinzelte mich mit einem halbzugekniffenen Auge ironisch lächelnd an:

„Das ist kein Waßmuß, haben sie gesagt. Waßmuß war ein deutscher Held. Aber das ist ein alter Fuchs, der in seinem Bau sitzt und Ränke spinnt..."

„Danke", sagte ich. „Ich habe mich bei diesen Gesprächen durch= aus als Partner von Ew. Durchlaucht gefühlt."

Und dann lachten wir beide.

Neuntes Kapitel

Der Sommer war ungewöhnlich trocken und heiß gewesen. Das Futter auf den Bergalmen wurde knapp, das Vieh begann zu hun= gern, und der Übergang auf die Weidegründe von Gärmesir wurde zur unaufschiebbaren Notwendigkeit. Boten kamen und ritten wieder weg, und eines Tages brachen die Diener unsere Zelte ab, verluden sie auf den Rücken unwillig röhrender Kamele, und dann ritten wir selber zwei Tage lang nach Westen. Hier, südlich Schiras in einer grasbewachsenen Talmulde, schlug der Khan unser neues Ordu auf, und von hier aus wollte er dann die gefährliche Über= querung der persischen Reichsstraße leiten. Es galt nur noch, ab= zuwarten, bis die schwer bewegliche Masse von Mensch und Vieh, die den Sommer über weit verstreut im bergigen Gelände von Särhäd gelebt hatte, sich nahe genug an die Straße herangeschoben hatte, um eine einheitliche Durchführung der Aktion zu sichern.

Und dann, eines Tages, war es soweit. Mit zweihundert Be= waffneten ritt der Khan morgens davon. Nur zu gern wären wir mitgeritten, aber Nasr Khan hatte das dahingehende Gesuch der Militärmission, das ich zu guter Stunde durch Conny anbringen ließ, trotz aller Bitten schroff abgelehnt. „Es geht nicht an", hatte er erklärt, „daß offizielle Vertreter des Deutschen Reiches sich an kriegerischen Unternehmungen der Kaschghais beteiligen." So waren wir Gefangene unserer eigenen Lüge geworden, und mußten zusammen mit Greisen und Kindern von der Kuppe eines Hügels herab zusehen, wie die Soldaten davonritten, mützeschwenkend, die Gewehre durch die Luft wirbelnd und wieder auffangend, und ab und zu den durchdringenden Kampfruf der Kaschghais ausstoßend, der wie heller Falkenschrei in den Tälern widerhallte.

Nasr Khans strategisches Konzept war denkbar einfach. Er wollte mit seinen Bewaffneten die persischen Truppen und die englischen Panzer, die die Sicherung der Reichsstraße übernommen hatten, an irgendeiner Stelle angreifen, möglichst viel feindliche Kräfte auf sich ziehen und sie plänkelnd möglichst weit von der Straße weg ins Hinterland hineinlocken. Inzwischen sollten dann an einer anderen Stelle des 200 Kilometer langen Abschnitts die Herden im Schutze der Nacht und natürlich gleichfalls von Bewaffneten eskortiert den Übergang wagen.

Es wurde sehr still in dieser Zeit im Lager. Nur die Frauen, die immer abseits in ihren Zelten gelebt hatten, machten sich stärker bemerkbar. Sie wuschen ihre Wäsche in dem Bach, der im Talgrund entlangfloß, — und einmal überraschten wir sogar ein paar beim Baden. Sie griffen ihre Tschadors auf, hielten sie vors Gesicht und flohen nackt und kichernd in das Weidengebüsch, das sich, wie eine undurchdringliche grüne Hecke, am Ufer entlangzog.

Täglich ging ich mit Conny und Hamdullah auf den kleinen Hügel hinter den Zelten. Wir starrten nach Norden und lauschten hinaus, aber kein Schuß war zu hören, kein Laut, außer dem Schrei der Raubvögel. Der im Sonnenglast zitternde Horizont hielt schweigsam sein Geheimnis fest.

Dafür bot sich uns eines Tages ein anderes Schauspiel. Im Westen dampfte eine riesige Staubwolke auf, kroch flach über die Steppe auf uns zu, während über ihr ein schwarzer Vogelschwarm sie flatternd begleitete. Es waren Krähen, wie das mißtönige Gekreisch verriet, und noch über ihnen, hoch im Blau, schwebten mit lautlosem Flügelschlag mächtige Geier.

Im Näherkommen teilte sich der staubige Dunst, — die ersten Reiter wurden sichtbar. Sie ritten im Schritt, die Karabiner auf die Sattelknöpfe gestemmt, und hinter ihnen kam ein Troß von Tragtieren, Kamelen und Eseln. Langsam näherten sie sich dem Hügel, auf dem wir standen. Und allmählich erkannten wir, was es war: ein Nomadenvolk auf der Wanderschaft, einer von den Kaschghaistämmen, die sich auf Nasr Khans Befehl in Bewegung gesetzt hatten und nun aus den Hochtälern von Särhäd auf dem Marsch waren zu den Winterquartieren in Gärmesir. Voran ritten der Khan und die Häuptlinge, dann folgte, breit ausgeschwärmt, eine Schar Bewaffneter, und dahinter kamen, in buntem Gemenge, die Harems und der Hausrat. Frauen, tiefverschleiert, im Damen= sitz mit verstaubten Seidenkleidern auf kostbaren Brokatsätteln hockend, Kinder, oft zu zweien und dreien aneinandergeklammert, auf einem Pferderücken sitzend, Kamele, hoch bepackt mit Zelten und Teppichen, und Esel, die den übrigen Hausrat, manchmal ganze Hühnerställe mit lebendem Geflügel auf ihren geduldigen Rücken trugen.

Langsam kamen sie heran, und langsam und schweigend ritten sie an uns vorbei, nach Osten zu. Wir hatten unseren Ausguck auf dem Hügel verlassen und standen mit dem Gros der Lager= bewohner längs der Karawanenstraße, wo sie vorüberzogen. Men= schen und Tiere waren anscheinend völlig erschöpft, und die Tiere alle von einer erbarmungswürdigen Magerkeit.

Dicht vor uns stürzte ein hochbeladener Lastesel zu Boden. Sofort saßen zwei Leute von der Begleitmannschaft ab und versuch= ten, ihn hochzuzerren. Aber das Tier blieb, trotz ermunternder Zurufe und trotz harter Schläge, apathisch mitten auf dem Weg liegen. Da schnallten die beiden schnell und geschickt seine Trag= last ab, verteilten sie auf zwei Kamele und ritten weiter.

Dann aber geschah etwas Furchtbares: Krähen kamen flügel= schlagend aus der Luft herab, fielen über das sterbende Tier her und hackten, während der Esel grell und durchdringend schrie wie ein Mensch in höchster Todesnot, das noch lebende Fleisch aus dem wunden Rücken des Tiers. Conny schoß in den Vogelschwarm hinein, der kreischend aufstob, und erlegte eine Krähe. Aber ein alter Kaschghai, der neben uns stand, schüttelte mißbilligend den Kopf: „Jeder Schuß kostet drei Toman", brabbelte er ärgerlich, „Ew. Gnaden Iskender Khan müssen sehr reich sein, wenn Ew. Gnaden alle Vögel schießen wollen." Und er deutete auf die kreischende Vogelwolke, die über uns kreiste, und auf die Dutzende von Geiern, die beutegierig im weiten Halbkreis stumm im Steppengras lauerten. Da gab Conny dem Esel den Fangschuß.

Inzwischen waren die Reiter längst weitergezogen, und an uns vorüber glitten unübersehbar, wie ein riesiger grauer Strom, die Schafherden. Tausende und aber Tausende waren es, die trappelnde Parade dauerte wohl fünf Stunden lang. Aber auch die letzten waren schon lange wieder in einer grauen Staubwolke im Osten verschwunden, als die Luft noch immer erfüllt war von Vogelgekreisch und dem Todesschreien sterbender Tiere, die, weit in der Steppe zerstreut, lebendig zerfleischt wurden.

„Ist das nicht eine Anklage der gemarterten Kreatur, die einen irre machen könnte an der Barmherzigkeit Gottes", fragte ich. Aber Conny schüttelte den Kopf: „Ich weiß nicht", sagte er bedächtig, „als Katholik hätte ich Angst, eine solche Frage überhaupt zu stellen. Denn Gott begreifen wollen, ist wahnsinnig und gottlos zugleich... Und vielleicht machen Sie sogar einen doppelten Fehler", fügte er mit einem Lächeln hinzu, das sein jugendliches Gesicht für einen Moment beinahe weise erscheinen ließ: „indem Sie einem Esel Ihre Gefühle und Gott Ihre Gedanken unterstellen..."

Drei Tage später wurden wir morgens in aller Frühe durch Schüsse aus dem Schlaf geschreckt. Wir liefen vor unser Zelt und sahen, daß die ganze männliche Lagerjugend schon auf den Beinen war. Sie rannten an unserem Zelt vorbei, und einer rief uns im Laufen zu: „Der Khan kommt zurück!" Da setzten wir uns auch in Bewegung, und von der Kuppe des Hügels aus sahen wir sie: von den Bergen im Norden ritten sie herab, eine Reiterschar, ausgelassen wie bei einer bayrischen Kirchweih. Karabinerschüsse wurden in die Luft geknallt, Mützen hochgeworfen, und immer wieder erscholl der schrille Falkenschrei ihrer Kriegsrufe.

An der Spitze des Zuges ritt Nasr Khan. Langsam, der Würde der Militärmission entsprechend, gingen wir ihm entgegen. Schon von weitem konnte man erkennen: Es war ein Sieger, der da heim= kam, sein Gesicht strahlte förmlich vor Glück. Dicht vor mir sprang er vom Pferde und umarmte mich vor allem Volk: „Geschafft", sagte er dröhnend, „die Herden sind alle drüben in Gärmesir!" Er deutete auf etwa 12 Maultiere, die schwer bepackt mit Waffen und Munition gerade langsamen Schrittes ins Tal einbogen. „Unsere Beute!" verkündete er triumphierend. Die umstehenden Kasch= ghais brachen in ein Jubelgeschrei aus.

„Und Gefangene?" fragte ich, von peinlichen Ahnungen erfüllt.

Doch er lachte nur: „Alle entlassen", sagte er munter, „in meiner Eigenschaft als Il=khani habe ich eine ganze Kompanie nach Hause geschickt ... Die werden eine Freude haben in Schiras ..."

Am 15. Oktober war der Übergang aller Herden nach Süden vollzogen. Von einem Hügel aus warfen wir noch einen Blick auf die Straße. Sie lag friedlich und verlassen da, ein stilles weißes Band im Mondschein, und wenn nicht jede Viertelstunde ein Pan= zerspähwagen vorbeigerasselt wäre, hätte niemand ihr ansehen können, daß sie ein ewiger Zankapfel war zwischen der Regierung in Teheran und den freien Nomaden des Südens, und wieviel Blut sie im Lauf der Jahre schon getrunken hatte.

* * *

Unser Winterlager in Gärmesir lag ganz im Süden der Provinz, am Rande des Daschtigebiets. Da das Tempo der wandernden Herden das Tempo unseres Vorrückens bestimmte, hatten wir fast drei Wochen gebraucht, bis wir dieses weitgeschwungene Steppen= tal erreichten.

Unterwegs hatte uns noch ein Kurier von Mayr eingeholt, ein Reiter vom Stamm der Dereschuri, der eine verschlüsselte Meldung für mich mitbrachte. Mayr teilte mir lakonisch mit, daß er seinen Nachrichtendienst in Teheran wieder aufgenommen hätte, und gab als Beweis seiner unverwüstlichen Aktivität gleich einen langen Bericht ab, bei dessen Dechiffrierung mir für einen Augenblick der Atem stockte:

Die Engländer hatten eine militärische Invasion Südpersiens in großem Stil begonnen. In Buschehr und Bender Abbas wurden aus Ägypten kommende Kontingente ausgeschifft, von Bagdad und Basra marschierten auf dem Landwege große, meist motorisierte Verbände ein, im Osten aber wurde der Verschiebebahnhof Zahidan von indischen Truppen ausgebaut. Überall, im Westen, Süden und Osten wimmelten die Landstraßen von englischen Lkw.s und Panzern, und längs der Straßen waren kilometerlange Zeltstädte entstanden. Persische Beobachter sprachen von über einer Million Mann, Mayrs Nachrichtendienst hatte bisher nur zwei Divisions= und mehrere Brigadestäbe als sicher ausgemacht.

Die Schwerpunktbildung lag offenbar in einem Raum, der westlich von Hamadan, östlich von der Linie Ghum—Isfahan begrenzt wurde, und Mayr sprach die Vermutung aus, daß hier eine Abwehrfront gegen eine von Norden einrückende deutsche Armee aufgebaut werden sollte. Gleichzeitig aber verwies er auf die Anfänge einer zweiten Konzentration im Raum Schiras, die zusammen mit der Nachricht über die Befestigungen an der indischen Grenze und die Truppenlandungen in Buschehr für Nasr Khan und die Kaschghais die gefährliche Perspektive einer Umklammerung von drei Seiten her auftauchen ließ.

Ich gestehe, daß ich diese Nachrichten mit gemischten Gefühlen aufnahm. Einerseits war es eine Bestätigung für die Richtigkeit meiner strategischen Überlegungen: das intakte Nomadenheer der Kaschghais zog feindliche Kräfte auf sich und entlastete damit die deutschen Fronten. Andererseits konnte ich nicht ohne Besorgnis an das Schicksal Nasr Khans denken, wenn die Engländer ihn jetzt, unter Ausnutzung ihrer technischen Überlegenheit, in Gärmesir angriffen, einem Gebiet, das für den Partisanenkrieg weit weniger geeignet war als die Berglandschaft von Särhäd.

Ich besprach diese Möglichkeiten ganz offen mit Nasr Khan, aber seltsamerweise zeigte er sich diesmal ziemlich uninteressiert an der Erörterung militärischer Fragen. Sei es nun, daß er sich nach unserem entscheidenden Gespräch innerlich ganz auf eine defensive Haltung umgestellt hatte, bis der deutsche Einmarsch das Stichwort zum Handeln gab, sei es, daß ihn im Augenblick eine andere

Sorge schwerer drückte. Denn die Weidegründe in Gärmesir waren staubtrocken, und drohend reckte sich vor den Nomaden das Ge=
spenst des großen Viehsterbens auf, eine Gefahr, die jeder regen=
arme Winter mit sich brachte. „Wir müssen sehen, daß wir so schnell wie möglich die Flußniederung des Kara=Agadsch errei=
chen", sagte er mit der Miene eines besorgten Hausvaters, und so zogen wir weiter hinaus in die Endlosigkeit der südlichen Step=
penlandschaft und ließen Krieg und Kriegsgeschrei hinter uns ver=
klingen.

Das Tal am Rande der Daschtiwüste, in dem wir unser end=
gültiges Ordu aufschlugen, wurde der Länge nach durchströmt von einem Nebenflüßchen des Kara=Agadsch, das freilich im Augen=
blick nur ein trauriges, zwischen grauen Steinen dahinsickerndes Rinnsal war. Aber wenigstens waren seine Ufer begrünt und zogen sich wie ein Band der Hoffnung durch das verbrannte Gras der lehmgelben Steppe.

Wir zelteten auf einer kleinen Anhöhe, die sich aus dem Tal=
grund erhob, mitten unter den Trümmern einer alten Sassaniden=
Stadt, deren vor Jahrhunderten verlassene Hausruinen mit ihren geborstenen Säulen und rings im Gras verstreuten Mauerresten, besonders in hellen Mondscheinnächten, einen romantisch=melan=
cholischen Anblick boten.

Und melancholisch schien sich dieser ganze Winter anzulassen. Tagtäglich derselbe dunstig graue Himmel, von dem jedoch kein Tropfen herabfiel. Die Schafe blökten vor Hunger auf der Weide, die oft zwanzig Pfund schweren Fettpolster ihrer Schwänze schrumpften sichtbar zusammen, und Mensch und Tier wurden geplagt und um den Schlaf gebracht von einem Insektenheer, das die Hitze in Myriaden aus dem trockenen Staub auszubrüten schien. Wenn man sich einer Wasserstelle näherte, sprangen einem die Flöhe wie zurückprallende Regentropfen entgegen, und die Läuse exerzierten in Gruppenkolonnen auf den bunten Arabesken un=
serer Schlafteppiche. Auch Schlangen traten häufig auf, vor allem die gefährliche Kupfernatter, und eines Tages erlegte Conny, dicht vor unserem Zelt, mit Kopfschuß eine armdicke Springschlange, die schon zum Angriff angesetzt hatte.

Zu den Unbilden der Natur kamen noch Mißhelligkeiten anderer Art. Die Batterien unseres Rundfunkapparates waren nahezu erschöpft, und Nasr Khan hatte zwei Reiter nach Schiras geschickt, um die Akkus neu aufladen zu lassen. Sie kehrten unverrichtetersache zurück. Der Direktor des Elektrizitätswerks in Schiras hatte sich geweigert, für Nasr Khan zu arbeiten. „Verbot des englischen Stadtkommandanten", hatte er achselzuckend erklärt. Die Boten waren weitergeritten nach Kazerun und hatten hier das gleiche erlebt.

Finster brütend nahm Nasr Khan ihren Bericht entgegen, denn er bedeutete, daß wir in Zukunft mehr noch als bisher von den Ereignissen draußen in der Welt isoliert leben würden. Da erhob sich Conny: „Wenn Ew. Durchlaucht gestatten", sagte er feierlich, „werde ich Ew. Durchlaucht ein eigenes Elektrizitätswerk bauen."

Halb ärgerlich noch und halb schon amüsiert gab Nasr Khan seine Zustimmung. Conny aber erteilte sofort den Boten neue Aufträge. Fünf Tage später waren sie wieder da, mit zwei hochbepackten Mauleseln. Vor der Hausruine, wo Conny seine Werkstatt aufgeschlagen hatte, luden sie ihre seltsame Last ab: Bretter und Eisenstangen, eine alte Autolichtmaschine, Treibriemen und Kabeldraht.

In den nächsten Tagen war Conny kaum mehr in unserem Zelt zu sehen. Morgens im ersten Frührot stand er auf und ging hinüber in seine „Fabrik", und abends kehrte er erst mit Einbruch der Dunkelheit heim. Er hatte als Gehilfen einen Hufschmied und einen Schreiner aus einem der umliegenden Daschtidörfer engagiert, und außerdem zwei junge, anstellige Burschen von den Kaschghais. Und den ganzen Tag erscholl aus seiner Werkstatt, die er hermetisch für den Publikumsverkehr geschlossen hielt, Klopfen und Hämmern, Sägen und Feilen, abwechselnd unterbrochen von Connys Gesang oder seinen gotteslästerlichen russischen Flüchen.

Und dann, eines Abends, war es soweit. Der Khan, seine Söhne und der Hofstaat mußten vor dem großen schwarzen Zelt Platz nehmen, und ringsherum stand in dichtem Kreis die gesamte männliche Bevölkerung des Lagers. Denn Conny hatte Wert darauf gelegt, aus der Eröffnung seines Elektrizitätswerks einen Staatsakt zu machen.

Zehn Männer brachten auf Querstangen die Autolichtmaschine, ein großes, ungefüges Schwungrad, Fabrikat aus Connys Werkstatt. Unter ehrfürchtigem Schweigen der Zuschauer wurde die monströse Apparatur aufgebaut und Kabelleitungen in das Zelt des Khans hineingelegt. Vier Männer traten an das Schwungrad und faßten die eisernen Hebelgriffe.

Mit einer Verbeugung wandte sich Conny an Nasr Khan. „Ich bitte Ew. Durchlaucht, Befehl zur Eröffnung des Großfürstlichen Elektrizitätswerks zu geben. Wollen Ew. Durchlaucht die Güte haben, ‚Licht' zu befehlen."

„Licht", sagte der Khan.

Im selben Augenblick setzten die vier Männer das Schwungrad in Bewegung, und im Zelt des Khans flammte die Birne einer Taschenlampe auf.

Ein allgemeines „Ah" erscholl. Aber Conny gebot durch eine Handbewegung Ruhe, und mit den Allüren eines Zauberkünstlers auf einer Varietébühne wandte er sich erneut an Nasr Khan.

„Wünschen Ew. Durchlaucht, daß die Feinde Persiens sich für ihre Übergriffe bei den freien Kaschghais entschuldigen?" fragte er.

Nasr Khan gab, etwas unsicher, durch ein Kopfschütteln die Erlaubnis.

„Sprich, Churchill!" rief Conny, „Seine Durchlaucht Großfürst Nasr Khan befiehlt dir, zu reden."

Wieder setzte sich das Schwungrad knarrend in Bewegung, und aus dem Rundfunkapparat im Zelt erscholl, nach einer Ouvertüre mißtöniger Geräusche, eine Stimme, die englisch sprach.

„Seine Durchlaucht befiehlt dir zu schweigen, Churchill", rief Conny, und die Stimme im Zelt brach mit einem Knacken jäh ab.

Er ließ dann noch Stalin und General de Gaulle auf Nasr Khans Geheiß reden und schweigen, und der Jubel der Kaschghais steigerte sich zu frenetischem Beifall. Mag sein, daß viele von ihnen den Rundfunk schon früher bei Nasr Khan oder im Zelt der Militärmission gehört hatten, aber Conny hatte aus dem technischen Vorgang eine Theatervorstellung gemacht, die ihnen vielleicht zum erstenmal die Macht des Menschen über die Natur zum Bewußtsein brachte.

Beflügelt von diesem Erfolg machte Conny dann wenig später dem Khan einen neuen Vorschlag. Er hatte die Beobachtung gemacht, daß viele der alten Mausergewehre, die noch von Waßmuß herstammten, im Laufe der Jahre unbrauchbar geworden waren. Sei es, daß bei der langen Lagerung in der Erde die Läufe verrostet und die Holzschäfte verfault waren, sei es, daß sich durch den Gebrauch die Schlagbolzen abgenutzt hatten und nun den Zündsatz in der Patrone nicht mehr erreichten.

Conny gründete also eine Waffenmeisterei, und da er, als deutscher Soldat, keine Bezahlung nahm, hatte er bald einen Zuspruch, der ihn von früh bis spät in Atem hielt. Von weit her aus den Ebenen von Gärmesir kamen die Reiter, um ihre oft abenteuerlichen Schießeisen reparieren zu lassen, zumal Nasr Khan durch Kuriere die Gründung von Connys Unternehmen bekanntgemacht hatte. Manche brachten sogar Weckeruhren und Ferngläser mit, und Conny, genialer Vertreter einer primitiven Selbsthilfe, vollführte mit einem alten Taschenmesser und ein paar Schraubenziehern wahre Wunder der technischen Chirurgie. Sein Ansehen stieg gewaltig in dieser Zeit. Aber merkwürdig: obwohl ihm seine technische Überlegenheit in den Augen der Kaschghais einen beinahe magischen Nimbus verlieh, betrachteten sie ihn doch immer als ihresgleichen, vielleicht, weil sie instinktiv jene kindliche Einfachheit seines Gemüts spürten, die der ihren verwandt war. Mich respektierten sie als Vertreter Deutschlands und Freund ihres Khans.

Ihn aber liebten sie wie einen Bruder.

* * *

In den letzten Dezembertagen kam endlich der langersehnte Regen. Schon tagelang vorher war die Luft mit elektrischer Spannung geladen, in einem Maß, wie ich das nie und nirgendwo erlebt habe. Unaufhörlich flammten Blitze hinter der grauen Wolkengardine, und wenn man nachts die Hand zum Zelt herausstreckte, sprühten Elmsfeuer von den Fingerspitzen auf und umzuckten in irrlichterndem Tanz die Enden des Zeltgestänges.

Und dann kam der Regen! Nein, es gibt keinen Vergleich, der das anschaulich machen könnte. Was heißt schon „Wolkenbruch" oder „es goß mit Kübeln". Das Wasser war da, und es war überall Wasser. Der Boden verwandelte sich in lehmigen Morast, Bäche flossen mitten durch die Zelte, und selbst die imprägnierten Zelt= wände boten keinen Schutz mehr. Man lag im Bett klatschnaß, wie unter einer unaufhörlich strömenden lauwarmen Dusche. Dazu blies ohne Unterlaß ein steifer Westwind. Wehe, wenn irgendwo eine Zeltleinwand nicht festgezurrt und in steinigem Boden ver= ankert war. Dann flatterte sie bald wie ein zerrissenes Segel im Sturm.

Das kleine Nebenflüßchen des Kara=Agadsch verwandelte sich in einen reißenden Strom. Und mehr als einmal sah ich, wie sich Nasr Khans Traum in eine gespenstische Wirklichkeit verwandelte. In den Bergschluchten oben bildeten sich natürliche Staudämme von Baumstämmen, Strauchwerk und Felsgeröll, die die Wildwasser mit sich führten. Und wenn diese Dämme unter dem Wasserdruck zer= rissen, dann ging donnernd und brausend eine Wasserlawine zu Tal, drei Meter hoch, fünf Meter hoch, und Tod und Verderben bringend allem, was sich ihr in den Weg stellte.

Bald lebten wir so völlig von der Welt abgeschnitten wie auf einer einsamen Insel. Freilich — welch ein grünes und blühendes Eiland war das inzwischen geworden! Das Gras schoß beinahe zu= sehends aus dem Boden, und die lehmgelbe Tenne der Steppe ver= wandelte sich mit einem Zauberschlag in einen smaragdgrünen Teppich, bestickt mit roten Trollblumen und wilden Tulpen, blauen Hyazinthen, gelber und blauer Zwergiris und, wie Grüße aus der fernen Heimat, roter Mohn und preußischblaue Kornblumen.

Das Vieh war glücklich, aber ich müßte lügen, wenn ich behaup= ten wollte, wir wären es auch gewesen. Da die Gewitter meist nachts rasten, war an Schlaf nicht zu denken. Dafür lagen wir dann tags= über dampfend vor Nässe in einem unruhigen Halbschlummer in der Sonne und dösten vor uns hin. Durch dieses unnatürliche Leben nahm bald eine nervös gereizte Stimmung überhand. Es schien fast, als hätten sich die elektrischen Spannungen der Atmosphäre auf die Menschen übertragen.

Die einzige Verbindung mit der Außenwelt, die wir in dieser Zeit hatten, war der Rundfunk. Doch die Nachrichten, die er brachte, waren nicht dazu angetan, unsere Stimmung zu heben. Die Offensive in Rußland war zum Stehen gekommen, und, was schlimmer war, Rommel in Ägypten befand sich in vollem Rück= zug. Der eine Arm der Zange war also zerbrochen, noch ehe er zu der von mir prophezeiten Bewegung angesetzt worden war.

Der Radioapparat stand noch immer, an Connys Elektrizitäts= werk angeschlossen, in dem großen schwarzen Zelt. Wir mußten hinübergehen, und fast bei jeder Übertragung war der Khan zu= gegen. Er saß da, mit fest zusammengepreßten Lippen und finster gerunzelter Stirn, und wenn die Nachrichten zu Ende waren, zog er sich oft wortlos und grußlos in sein einsames weißes Rundzelt zurück.

Ich hatte mich oft darüber gewundert, daß er überhaupt den Winter hier und unter solchen Umständen zubrachte. Denn Me= hemed hatte mir erzählt, daß der Khan für gewöhnlich in Firuzabad überwinterte, der Haupt= und Residenzstadt seines Gebietes, wo er ein pompöses Stadtschloß besaß. So war ich denn nicht erstaunt, als Nasr Khan eines Abends erklärte: „Ich werde wegreiten, ich halte dieses untätige Herumsitzen hier einfach nicht mehr aus." Und schon am nächsten Tag zog er mit 30 Reitern davon. Freilich nicht nach Firuzabad, wie ich angenommen hatte, sondern zu einer Inspektionsreise durch Gärmesir, wobei er die Unterkhane der sechs Kaschghaistämme aufsuchen und anschließend den Khanen der Daschti und Tengistani einen politischen Anstandsbesuch machen wollte.

Ich sah ihn ohne allzugroßes Bedauern scheiden, denn selbst in der besten Ehe gibt es Zeiten, wo man sich gerne aus dem Wege geht. Schmerzlich war nur, daß er den Rundfunkapparat und Con= nys ganzes Elektrizitätswerk, auf zwei Kamele verladen, mitgehen ließ. Damit war für uns, die wir zurückblieben, die Nabelschnur zur Welt zerschnitten, und wir waren dem Stumpfsinn eines rein animalischen Lebens und den dunklen Befürchtungen preisgegeben, die immer wieder um das weitere Geschehen auf den deutschen Kriegsschauplätzen kreisten.

Es wurden wirklich trübe Wochen, die wir teils in dumpfem Dahindösen, teils in endlosen Trick=Track=Partien verbrachten. Und wie im Flachland jede Bodenwelle für den Betrachter die Di= mension eines Berges annimmt, so gewannen die kleinen Ereig= nisse, die den gleichmäßigen Fluß unserer Tage unterbrachen, eine Bedeutung, die ihnen normalerweise niemals zugekommen wäre.

So erinnere ich mich, daß wir tagelang darüber palaverten, ob ich mit einem schlimmen Zahn, der meine rechte Backe zu monströser Dicke anschwellen ließ, nach Schiras reiten und einen Zahnarzt auf= suchen könnte. Würde der Mann dicht halten? Würde mich mit meinen blauen Augen kein Straßenpassant erkennen? Und der Polizei ausliefern, um womöglich eine Belohnung von 5 Millionen Toman einzusäckeln, was immerhin einem deutschen Geldwert von 7 Millionen Mark entsprach? Bis schließlich Connys Hufschmied den gordischen Knoten durchhieb, indem er sich auf meine Brust kniete und mir mit einer Schmiedezange den kranken Zahn und ein Stück Kieferknochen zugleich herausriß.

Auch der Besuch des Mollas aus Ardaschir fiel in diese Zeit. Er kam nach einem Gewitterregen zu Fuß und triefnaß wie eine ge= badete Katze im Lager an und hatte bald einen Kreis von Zuhörern um sich versammelt, die, am Boden hockend, seinem theatralischen Vortrag lauschten. Ich erkundigte mich und erfuhr, daß der Molla von Ardaschir eine Art südpersischen Eulenspiegels sei, Hanswurst und Freiheitskämpfer in einem.

Mit Conny und Hamdullah mischte ich mich unter seine Zuhörer. Er war gerade dabei, eine Greuelgeschichte von drei Daschtis zu erzählen, die, in einem Acker vergraben, eine Granate gefunden hatten und in Fetzen zerrissen worden waren. Nach seiner Dar= stellung hatte der Secret Service das Explosivgeschoß heimtückisch dort vergraben, um das freie Volk der Daschtis zu dezimieren.

„Ai wach, Ai wach", murmelten die älteren Zuhörer bedauernd, aber bei den Jüngeren sah ich verschiedentlich geballte Fäuste und haßfunkelnde Augen.

Der Molla von Ardaschir schien ein effektsicherer Praktiker in der Handhabung der Massenpsychologie zu sein, denn unmittelbar auf die Tragödie ließ er den Schwank folgen. Er erzählte, wie er auf einem großen Platz in Schiras einem englischen Soldaten das Frühstücksbrot aus der Hand gerissen und verzehrt hätte. Man hatte ihn verhaftet. Er aber hatte dem englischen Offizier frei heraus ins Gesicht hinein erklärt: „Mich wollt Ihr einsperren, weil ich einem Engländer ein Butterbrot weggenommen habe, Ihr aber habt den Persern ihr ganzes Land gestohlen und lauft frei herum!"

Obwohl mich die Geschichte in fataler Weise an den Lehrling erinnert, der, vom Chef zurückkommend, damit renommiert, wie er's dem Alten „gegeben" hat, fand sie den ungeteilten Beifall der Zuhörer, und einzelne Lacher konnten sich lange nicht beruhigen.

Plötzlich trat der Molla auf mich zu, stieß mir seinen knochigen Finger vor die Brust und fragte streng: „Wann kommen die Deutschen?" Alle sahen mich erwartungsvoll an.

„Sie werden kommen", erklärte ich in festem Ton, nachdem ich den ersten schnellen Schock überwunden hatte, „aber wann sie kommen, weiß Allah allein..."

„Ai wach, Ai wach", sagten die Zuhörer, doch diesmal sagten es die Alten und die Jungen.

Die Deutschen kamen nie. Statt dessen kam, wenige Tage später, ein Kurier von Nasr Khan. Wir saßen gerade im offenen Zelt und spielten, von einer Mauer kibitzender Kaschghais umgeben, das übliche Trick=Track. Ich sah den Boten kommen, ich erkannte ihn, es war ein Mann von der Leibwache des Khans. Er ritt vor das Zelt der alten Bibi, der Mutter des Großfürsten, jenes geheimnisvolle Zelt, dessen Inneres und dessen Bewohnerin ich nie zu Gesicht bekam, in allen den vielen Monaten, die ich bei den Kaschghais und am Hofe Nasr Khans lebte. Der Bote saß ab und verschwand im Zelt. Er blieb lange darin.

Dann öffnete sich der Vorhang drüben, und Mehemed kam heraus. Er ging die aufgeweichte Ruinenstraße entlang, auf unser Zelt zu. Er ging seltsam unsicher, beinahe torkelnd, ein paarmal drohte er auszugleiten. Und plötzlich wußte ich, mit einer furchtbaren hellseherischen Gewißheit: es war etwas Entsetzliches geschehen.

Ich stand auf. „Entschuldigt bitte", sagte ich hastig zu Conny und Hamdullah und ging, fast wie ein Traumwandler, Mehemed entgegen. Ich starrte in das Gesicht eines Ertrinkenden, und es dauerte eine ganze Weile, bis er seine zitternden Lippen soweit in der Gewalt hatte, um abgehackt, mit tonloser Stimme zu stammeln:

„Stalingrad ist gefallen... Charkow ist gefallen... und Rostow ... die 6. Armee von den Russen gefangen... und die deutsche Südfront in voller Flucht..."

Am Abend wurden im Zelt der deutschen Militärmission drei Flaschen Wodka abgegeben. „Ihre Durchlaucht, die Großfürstin=mutter, lassen grüßen", bestellte der Bote. Sonst nichts.

* * *

Der Regen ließ allmählich nach. Dafür aber tauchten am Himmel die Flieger auf. Fast täglich überflogen Maschinen mit persischen Hoheitszeichen unser Lager, oft in ganz geringer Höhe. Manchmal kamen auch Flugzeuge ohne jede Markierung, aber für uns stand fest, daß, ob mit oder ohne Abzeichen, am Steuerknüppel dieser Flugzeuge englische Piloten saßen. Und ebenso zweifellos schien uns, daß es feindliche Aufklärer waren, die das Terrain für den kommenden Frühjahrsfeldzug rekognoszieren sollten. Denn der mit Einsetzen des besseren Wetters wieder auflebende Nachrich=tendienst der Stämme hatte eine erhebliche Verstärkung der Gar=nison in Schiras und lebhafte Patrouillentätigkeit auf der Nord=Süd=Straße gemeldet.

Nasr Khan hatte deshalb, gleich nach seiner Rückkehr, befohlen, das Zeltlager abzubrechen. Unser neues Ordu schlugen wir in den Bergen, nördlich Färaschband, auf.

Es war ein enges Hochtal, rings von steilen Felswänden um=schlossen. Auf die Zelte verzichteten wir, um den Photolinsen der Aufklärer kein Ziel zu bieten, und kampierten im Freien unter überhängenden Felsen in Gesteinskavernen oder im Schutze des dichten Strauchwerkes, das hie und da seitlich aus der lotrechten Felswand heraussproßte.

Es war ein ideales Versteck, denn ein Wäldchen von Steineichen, die sich gerade wieder frisch begrünten, zog sich wie ein Vorhang vor unsere Schlupflöcher im Felsen, bot uns aber die Möglichkeit, zwischen seinen Stämmen hindurch jeden, der sich auf dem nach Süden abfallenden Wiesenhang unserem Versteck näherte, schon beim Eintritt in unser Tal auszumachen.

Freilich war das nur eine theoretische Möglichkeit. Denn Nasr Khan hatte im weiten Umkreis in den Bergen Wachen postiert, und jeder Besucher, der sich uns näherte, wurde von zwei wild aus= sehenden Kaschghais eskortiert, die ihn von der Postenkette her bis zu uns geleiteten. Es war das jedesmal ein Auftritt, der mich leb= haft an die Räuberromantik Karl Moors in den böhmischen Wäl= dern erinnerte.

Am vierten Tag erreichte uns so ein Kurier der Dereschuris, der lange umhergeritten war, bis er uns in unserem Schlupfwinkel aufspürte. Er brachte gleich einen ganzen Packen Meldungen von Mayr mit. Denn Mayr benutzte die Dereschuris, deren Gebiet sich bis in die Nähe von Isfahan erstreckte, als Relaisstation im Ver= kehr mit uns. Und infolge der Regenzeit, die ein Durchkommen unmöglich gemacht hatte, waren seine Berichte dort liegen geblie= ben. Manche waren schon Monate alt.

Ich saß neben Nasr Khan auf meinem Schlafteppich und ent= schlüsselte, laut lesend, die Meldungen.

Die englische Invasionsarmee war wieder abgezogen und hatte nur einige Stäbe zur Beobachtung zurückgelassen ...

Mayrs Verbindung mit Berlin funktionierte jetzt. Der Draht lief über Ankara. Man hatte seine Meldungen in Berlin zunächst mit Mißtrauen aufgenommen, bis der Abhördienst aus den Funksprü= chen englischer Dienststellen in Persien herausgehört hatte, daß wir beide wirklich noch existierten und an der Arbeit waren ...

General Schabahti war an Stelle Zahidis zum Kommandeur in Isfahan ernannt und mit der militärischen Liquidation der Unruhen in Südpersien betraut worden. Man rechnete mit dem Beginn der Aktion für Ende April.

Ich sah zu Nasr Khan hin, aber er schürzte nur verächtlich die Lippen.

Ein deutsches Funkkommando von sechs Mann war mit Fall=
schirmen in der Nähe von Teheran abgesetzt worden. Sie befinden
sich jetzt bei mir, schrieb Mayr. Und ich denke, in längstens acht
Tagen werde ich auch Funkverbindung mit Berlin haben ...

„Großartig!" Nasr Khan schlug sich mit der flachen Hand plat=
schend aufs Knie. „Das müssen wir sofort durch Kuriere bei den
Stämmen bekanntgeben. Bitte, lesen Sie die Meldung nochmal ..."

Ich las. Es war die letzte Meldung von Mayrs Sammelberichten,
dem Datum nach war sie eben über eine Woche alt ...

„Zu schade", sagte Nasr Khan, „daß sie nicht hier bei uns abge=
sprungen sind. Eigentlich ist's doch ein Blödsinn", fuhr er plötzlich
wütend auf, „Teheran ist jetzt Etappe ... und wir hier ... soviel
sollten sie in Berlin doch wissen, daß wir hier bald wirklich an der
Front stehen ..."

Ich beruhigte ihn. „Ich werde sofort an Mayr schreiben", sagte
ich, „daß Ew. Durchlaucht Wert darauf legen, so schnell wie mög=
lich gleichfalls ein deutsches Funkkommando zu bekommen ..."

„Und Waffen", sagte er verbissen.

„Selbstverständlich auch Waffen", wiederholte ich. —

Am nächsten Abend wurde von den Posten ein Mann gebracht,
der Nasr Khan sprechen wollte. Er trug städtische Kleidung, aber
sein eleganter grauer Sakko sah staubig und verknittert aus, als ob
er weit geritten wäre und viele Nächte darin geschlafen hätte. Es
war Nobacht.

Nach einer stürmisch herzlichen Begrüßung erklärte er: „Ich
hatte gerade in Schiras zu tun, und da wollte ich nur eben schnell
mal zu Ihnen heraufschauen." Doch es zeigte sich bald, daß er mehr
wollte. Nach dem Abendessen, als Nasr Khan, er und ich allein am
Lagerfeuer saßen, gab er uns einen militärischen Lagebericht, der
Mayrs Mitteilungen wirkungsvoll ergänzte.

Die Offensive gegen das Kaschghaigebiet war beschlossene
Sache. Im April sollte es losgehen. General Schabahti war von der
Teheraner Regierung mit der Leitung der Operationen betraut
worden, aber die Eingeweihten wußten, daß die eigentliche Füh=
rung des Feldzuges in den Händen eines englischen Verbindungs=
stabes lag, der Schabahti beigegeben war, und der seinerseits seine

Weisungen direkt von General Frazer empfing, dem Oberbefehls=
haber der britischen Streitkräfte in ganz Persien.

Geplant war ein konzentrischer Angriff auf Gärmesir, zu dem fünf persische Brigaden angesetzt werden sollten. Eine sollte von Westen her, aus Kazerun, mit Stoßrichtung gegen Färaschband ein= marschieren, zwei Brigaden sollten von Nordwesten und Norden auf Firuzabad anrücken, und von Nordosten und Osten sollten die beiden letzten auf Hengam und die Kaschghaifestung Ghaleh Pärian vorstoßen. Nur der Süden blieb frei. Aber hier lag das Daschtigebiet, im Sommer eine in der Sonne flirrende Sandwüste, deren wenige Oasen und Grünstreifen kaum den dürftigen Vieh= bestand der Daschtis ernähren konnten.

Der Plan war ebenso einfach wie brutal. Die Kaschghais sollten in konzentrischem Angriff aus ihrem Gebiet hinaus in die Wüste gedrückt werden, wo, wenn sie sich nicht vorher ergaben, Hunger und Durst und ein Massensterben von Mensch und Vieh sie er= wartete.

Nasr Khan hatte schweigend, mit finsterem Gesicht, zugehört; als Nobacht geendet hatte, saß er noch eine Weile stumm da und stocherte mit einem Hölzchen in der verlöschenden Glut des Lager= feuers. Endlich blickte er auf: „Wenn bloß die Schneeschmelze bald kommt", sagte er.

Nobacht sah ihn fragend an.

„Damit wir unsere Herden rüberbringen können nach Särhäd", ergänzte Nasr Khan mit ungeduldigem Stirnrunzeln und versank wieder in ein dumpfes Brüten.

Nobacht wandte sich an mich: „Ich soll Ihnen übrigens Grüße bestellen", sagte er, „von einem Landsmann ... Herrn Corell ..."

Es war ein froher Schreck für mich: „Ach ... wo haben Sie ihn getroffen? ... Ist er wieder in Persien?"

„Er ist tot", sagte Nobacht, „ich war bei seiner Beerdigung dabei. Er hatte sich wohl zuviel zugemutet mit dem Marsch durch die Salzwüste ... als er in Teheran ankam, hatte er Typhus ... Die Leute von der Milli Mudafai haben ihn versteckt und gepflegt ..., aber er hat's trotz aller Pflege nicht überstanden ... Sein Begräbnis war das Seltsamste und Ergreifendste, was ich je mitgemacht habe.

Wir mußten seinen Körper in Stücke zerschneiden und in Koffern und Rucksäcken aus der Stadt herausschaffen. Draußen auf freiem Felde haben wir ihn dann nachts begraben ..., dicht neben der Landstraße nach Veramin ... Mayr hat gesprochen, und die Kameraden vom Funkkommando haben ein deutsches Soldatenlied gesungen und einen Ehrensalut geschossen ..."

Ich begriff noch immer nicht. „Wie denn? Was denn?" fragte ich blöde, mit schwerer Zunge.

Und dann erfuhr ich die ganze Geschichte. Corell war einer von den sechs Männern des deutschen Funkkommandos, das bei Teheran abgesprungen war. Sie waren nachts in der Salzwüste von Darya=je=Nämäk gelandet, und Corell war, allein und als Perser verkleidet, nach Teheran gewandert, hatte Mayr in seinem Schlupfwinkel aufgespürt und war wieder allein zu Fuß zurückgekehrt, um seine Kameraden zu holen. Es war ein Wüstenmarsch von vielen Tagen, zuviel für seinen zarten Körper...

Nasr Khan hob den Kopf: „Wir müssen uns teilen", sagte er. „Ein Teil muß hierbleiben in Gärmesir und die einrückenden Armeen beschäftigen, und das Gros muß mit den Herden abziehen nach Särhäd..."

Ich stand auf. „Jetzt nicht", sagte ich und ging in das Eichenwäldchen. Der Mond stand über den Bergen im Osten, und die Schatten der windbewegten Zweige trieben ein seltsames Spiel lebendiger Arabesken auf dem Waldboden. Am Waldrand setzte ich mich, an einen Stamm gelehnt, und sah auf die Wiese hinaus, die im Mondschein dalag. Ich nahm meine Brieftasche aus dem Kuschak und las es noch einmal:

Der Mond kommt lautlos durch den Garten her,
Ein alter Diener, der uns Licht gebracht
So Jahr für Jahr. Doch einmal kommt die Nacht,
Da leuchtet er — und leuchtet uns nicht mehr.

Im Mondlicht waren die Schriftzüge kaum zu erkennen. Doch ich kannte das Gedicht auch so. Ich will es seiner alten Mutter schicken, wenn ich nach Hause komme, dachte ich. Aber man hat mir's später, an einem anderen Ort, abgenommen, und ich habe nichts als die Erinnerung mit nach Hause gebracht.

Zehntes Kapitel

Kurz bevor der Krieg ausbrach, machten Nasr Khans Gegner noch einen letzten Versuch, den Streit gütlich beizulegen. Denn es war immerhin ein Bürgerkrieg, der da bevorstand, ein Kampf von Persern gegen Perser, und die Lage der Regierung in Teheran war nicht beneidenswert. Sie stand zwischen den Besatzungsmächten, die, wie die englische Invasion gezeigt hatte, jederzeit bereit waren, ihren Forderungen mit Waffengewalt Nachdruck zu verleihen, und der persischen Freiheitsbewegung. Und wenn diese Bewegung auch durch die englischen Polizeimaßnahmen ihrer Führer beraubt war, so bestand doch kein Zweifel, daß sie im Volk, und zwar sehr stark, weiterlebte. Ein Krieg gegen Nasr Khan war also in jedem Fall ein zweischneidiges Schwert. Selbst bei einem Sieg der Regierung, der, auf die Länge gesehen, bei der ungleichen Verteilung der militärischen Machtmittel kaum zweifelhaft sein konnte, bestand Gefahr, aus Nasr Khan einen Märtyrer der nationalen Sache zu machen und damit den Zündstoff der nationalen Leidenschaften an anderer Stelle zur Explosion zu bringen. Doch auch wenn sich das vermeiden ließ: auf alle Fälle isolierte sich eine Regierung, die sich mit einem Krieg gegen die freien Nomaden des Südens zur Vollstreckerin des englischen Willens machte, von den tragenden patriotischen Kräften des eigenen Volkes.

Unter diesen Umständen war es nicht verwunderlich, daß eines Tages eine Abordnung aus dem Hauptquartier General Schabahtis in unserem Gebirgstal über Färraschband erschien. Es war ein Oberst und vier oder fünf Stabsoffiziere, die, begleitet von einer Schar Kaschghais zu Pferd, in unser Tal einritten.

Nasr Khan empfing sie auf dem Wiesenplan vor dem Eichenwäldchen. Wir drei von der deutschen Militärmission lagen am Waldrand, hinter Stämmen verborgen, und beobachteten die Szene. Leider waren wir so weit entfernt, daß wir nicht verstehen konnten, was gesprochen wurde.

Die Herren saßen ab, die Diener brachten zusammenklappbare Feldstühlchen, und dann setzten sie sich im Halbkreis um Nasr Khan herum. Von seiten der Kaschghais war außer Nasr Khan nur noch Mehemed zugegen. Er hockte im Gras, den Schreibblock auf den Knien, offenbar sollte er als Protokollführer dienen.

Die Unterredung dauerte kaum eine Viertelstunde, von der sicher zehn Minuten für die üblichen Teschrifats abzurechnen waren. Dann stand Nasr Khan brüsk auf, und auch die anderen erhoben sich zögernd. Nasr Khan machte zwei knappe Verbeugungen, eine vor dem Obersten, eine zweite vor den übrigen Herren des Stabes, dann drehte er sich auf dem Absatz herum und ging mit großen Schritten davon. Obwohl er dicht an uns vorbeiging, wagten wir nicht, ihn anzuhalten. Denn sein Gesicht war vor Wut verzerrt, und zwischen zusammengebissenen Zähnen zischte er Flüche vor sich hin, von denen ich nur das Wort „Hundesöhne" verstand.

Dafür stürzten wir uns über Mehemed her, der, den Schreib= block unterm Arm und das Tintenfaß in der Hand, seinem Herrn gemächlicheren Schritts folgte. Auch er war erregt, seine Wangen waren gerötet und seine Augen funkelten: „Der Khan war groß= artig", brach er aus, „wie der Held Rostam bei Firdusi ... Sie haben ihm 20 Millionen Toman geboten ... den Gesamtbetrag, den die Regierung für den bevorstehenden Feldzug ausgeworfen hat ... und wissen Sie, was er gesagt hat: Mit welchen Lumpen müßt ihr es in Teheran zu tun haben, daß ihr euch einbildet, ihr könntet einem Mann seine Freiheit und seine Ehre für euer dreckiges Geld abkaufen ..."

„Und wie waren die Bedingungen?" fragte ich.

„Ablieferung sämtlicher Waffen und Auslieferung der deutschen Militärmission", sagte Mehemed, etwas unwirsch wohl darüber, daß ich den Flug seiner Begeisterung mit meiner Frage unterbro= chen hatte.

„Und wie stand's mit der Autonomie des Kaschghaigebiets?"

„Davon war keine Rede", sagte Mehemed.

Es war klar: Mit dem Wegfall dieser Voraussetzung, die für Nasr Khan das eigentliche Ziel seines politischen Strebens war, mußten ihm alle sonstigen Vorschläge der Regierung unannehm= bar erscheinen. Damit war aber zugleich die letzte Brücke nach Teheran abgebrochen — und nun würden die Waffen entscheiden.

Durch die Kuriere der Stämme wurden wir dauernd über die Bewegungen des Gegners auf dem laufenden gehalten. Vom 27. April ab standen die fünf Brigaden, zu denen sich inzwischen noch eine sechste für die Besetzung der Nordsüdstraße gesellt hatte, einmarschbereit an den Grenzen von Gärmesir.

Nasr Khans gespannte Sorge in dieser Zeit galt der Frage, ob es den Kaschghais gelang, noch vor Beginn der Offensive ihre Herden nach Särhäd hinüberzubringen. Gelang das, dann war der diabolische Kern des gegnerischen Konzepts, die Nomaden in der Wüste auszuhungern, zerstört und der Erfolg der ganzen Aktion fragwürdig geworden.

Der Aufbruch der Herden war inzwischen befohlen worden, und allnächtlich schoben sich die wandernden Massen näher an die kritische Nordsüdstraße heran. Natürlich konnte diese Bewegung einem Gegner, der mit Luftaufklärung arbeitete, nicht verborgen bleiben. Um die feindlichen Aufklärer abzulenken, betrieb Nasr Khan deshalb die militärische Vorbereitung seiner Verteidigung sehr offensichtlich. Wir verließen unser gegen Fliegersicht geschütztes Ordu in den Bergen und bezogen eine neue Stellung am Paß von Muk, nördlich Firuzabad. Hier konzentrierte der Khan seine Hauptstreitmacht, etwa fünfhundert berittene Kaschghais und Kaschghulis, allerdings eine Elitetruppe, während das Gros der Krieger die Herden auf ihrer Wanderung nach Särhäd begleitete.

Sein Plan war, den einmarschierenden Brigaden an allen Fronten entgegenzutreten, schon um sie über die zahlenmäßige Schwäche seiner eigenen Streitmacht zu täuschen. Denn im ganzen sollten nur etwa tausend Mann in Gärmesir verbleiben.

Es war alles bis ins einzelne vorbereitet und durchgesprochen. Die kleinen Abteilungen, die im Westen und Osten operierten, sollten sich plänkelnd vor dem Gegner in vorbereitete Gebirgsstellungen zurückziehen und sich erst da, in einem für die Verteidigung bestens geeigneten Gelände, zum Kampf stellen. Den Hauptstoß der feindlichen Kräfte aber, der von Nordwesten her aus der Richtung Schiras erwartet wurde, wollte der Khan selber in der vorbereiteten Stellung am Paß von Muk auffangen, wo er die Operationen leitete. Wir drei von der deutschen Militärmission waren bei ihm.

Es wurde eine Zeit unruhigen Wartens. Ich benutzte sie dazu, die Kaschghais, die mit Ausnahme weniger alter Kombattanten aus dem Feldzug 1916/1918, noch nie einem modern bewaffneten, mit Flugzeugen, Tanks und Artillerie angreifenden Feind gegen= über gestanden hatten, mit den taktischen Grundlagen moderner Kriegführung vertraut zu machen. Bald bedeckte sich der Hang, der sich von der Paßhöhe ins Tal hinabzog, mit Schützenlöchern, die jeweils für zwei oder drei Mann Platz boten. Denn auf die Anlage eines zusammenhängenden Verteidigungssystems glaubte ich verzichten zu sollen, um der feindlichen Artillerie und den Kampffliegern möglichst wenig lohnende Ziele zu bieten.

Doch der Gegner kam nicht. Dafür erreichte uns Anfang Mai die Nachricht, daß der Übergang der Herden nach Särhäd gelungen sei. Ich stand neben Nasr Khan auf der Paßhöhe, als der Kurier mit der Meldung eintraf. Nasr Khan holte ein paarmal tief Atem — und jedes Atemholen schien mir wie ein stummes Dankgebet —, dann wandte er sich zu mir und, indem er mit einer weit ausholenden Handbewegung auf das Land deutete, das uns zu Füßen lag, sagte er: „Sehen Sie nur, Saba, wie schön das Land ist, das uns Allah geschenkt hat!" Seine Stimme bebte, als er das sagte, und seine Augen schimmerten feucht.

Und in der Tat: Es war ein herrliches Land. Im Norden wölbten sich ferne Höhenrücken im zarten Blau, im Talgrund floß der Kara= Agadsch, ein silbergraues Band, hier spiegelhell aufblitzend, dort im grünen Buschwerk der Uferweiden verschwindend, und der Hang, auf dem wir standen, war mit meterhohem Gras bedeckt, aus dessen saftigem Grün bunte Blumen aufleuchteten, wenn der Westwind kämmend durch die Wiesen fuhr. —

Ich habe später oft darüber nachgegrübelt, weshalb sich die Offensive der Regierungstruppen solange hinauszögerte, bis die Kaschghais ihre Herden ins rettende Särhäd übergeführt hatten. Eine unbedingt sichere Antwort für diese Frage habe ich nicht ge= funden. Es wäre möglich, daß die Engländer bewußt eine Teilung der Kräfte bei den Kaschghais begünstigen wollten, um die ge=

trennten Teile dann einzeln und desto leichter zu schlagen. Doch scheint es mir unzulässig, dem Gegner nachträglich eine so fehler= hafte strategische Konzeption zu unterstellen. Deshalb halte ich es für wahrscheinlich, daß persische Kommandostellen, nur wider= strebend bereit, das ihnen übertragene Henkersamt an einem Na= tionalhelden des eigenen Volks zu vollziehen, die Kriegsvorberei= tungen durch eine schlaue Verzögerungstaktik sabotierten.

Immerhin — Mitte Mai war die Zeit des Zögerns zu Ende. Der Einmarsch begann.

Die erste Meldung über einen Zusammenstoß mit dem Feinde kam von Kosro Khan, Nasr Khans jüngstem Bruder, der im Süd= osten, in der Gegend von Ghaleh Pärian operierte. Es war eine Siegesbotschaft. Der junge Khan hatte eine feindliche Kolonne, die im Bewußtsein ihrer Stärke in eng aufgeschlossener Formation die Landstraße entlangzog, überraschend mit einem Reitertrupp angegriffen. Der überrumpelte Gegner konnte seine Kräfte nicht zur Entfaltung bringen, Verwirrung entstand in seinen Reihen, an denen die Kaschghais unaufhörlich schießend entlanggaloppierten — und schließlich war die ganze Formation in regelloser Flucht zu einem fünf Kilometer entfernten Dorf davongejagt, hinter dessen schützenden Lehmmauern sie sich erst wieder zur Verteidigung sammelte. Große Beute an Waffen und Munition war den Kaschg= hais in die Hände gefallen, der Gegner hatte erhebliche Verluste gehabt, während auf Seiten Kosro Khans nur drei Reiter leichte Verwundungen erlitten hatten.

Im Grunde genommen war's nicht mehr als ein geglückter Hand= streich, aber die moralische Wirkung war gewaltig. Nasr Khan schenkte dem Boten, der die Siegesnachricht gebracht hatte, ein neues englisches Gewehr, und dann wurde der junge Bursche, der vor Freude und Begeisterung glühte, den ganzen Abend von Lager= feuer zu Lagerfeuer herumgereicht und mußte erzählen.

Die Siegeszuversicht im Lager von Muk erklomm die Höhe der Gewißheit. Und als, wenig später, die Nachrichten von der Be= setzung Ghaleh Pärians durch die Regierungstruppen, von der Preisgabe Färaschbands und der fruchtbaren Landschaft zwischen Lar und Hengam, der Kornkammer Gärmesirs, bei uns eintrafen, wurden sie mit großer Ruhe aufgenommen. Zumal das strategische Konzept Nasr Khans, das die Räumung der Steppe und Ebenen vorsah, unter den Kaschghais allgemein bekannt war.

Und dann eines Tages war es auch bei uns soweit. Am Spät=
nachmittag erschien, auf den Höhenzügen im Norden, eine Heeres=
säule, von Staub und Dampf umwölkt, der im Schein der unter=
gehenden Sonne golden glühte. Und am nächsten Morgen war am jenseitigen Ufer des Kara=Agadsch eine Zeltstadt entstanden. Die beiden Brigaden aus Schiras waren da!

Es war ein merkwürdiges Gefühl, untätig zusehen zu müssen, wie der Gegner sich in voller Ruhe entfaltete, sein Lager ausbaute und Geschütze und Minenwerfer in Stellung brachte. Durch unsere Ferngläser konnten wir deutlich jeden einzelnen Mann bei der Arbeit beobachten, aber da wir nur über Infanteriewaffen verfüg=
ten, waren wir zu einer bloßen Zuschauerrolle verdammt.

Am Morgen des dritten Tages begann endlich der Angriff. Er begann mit einem mehrstündigen Bombardement unserer Stellun=
gen aus Feldgeschützen, Minenwerfern und einer Batterie Krupp=
scher 10,5=Zentimeter=Kanonen. Wir lagen in unserem Gefechts=
stand auf der Paßhöhe und beobachteten mit Ferngläsern die Wir=
kung des feindlichen Feuers. Eigentlich war nichts zu sehen. Die Kaschghais hockten regungslos in ihren Schützenlöchern, die, selbst wenn man ihren Standort kannte, in dem hohen Gras kaum zu entdecken waren. Man sah nur die Einschläge der feindlichen Granaten, die wahllos hier und da in den weit ausgedehnten Hang hineintatzten und jedesmal eine Fontäne von brauner Erde auf=
warfen.

So schlagartig, wie es eingesetzt hatte, verstummte das Artillerie=
feuer... und die Infanterie ging zum Angriff vor. Sie kam, zug=
weise, in weitausgeschwärmter Schützenkette an das jenseitige Flußufer heran, wobei immer ein Zug sich sprungweise unter dem Feuerschutz der anderen vorarbeitete. Die Regierungstruppen schossen wild ins Gelände — auf seiten der Kaschghais fiel kein Schuß. Es war fast beängstigend, zu sehen, wie stumm der Hang auf unserer Seite dalag — man hätte auf den Gedanken kommen

können, daß nach dem Artilleriebeschuß niemand von den Verteidigern mehr lebte.

Erst als die Regierungstruppen sich bis auf achtzig Meter an das jenseitige Ufer herangearbeitet hatten, begannen die Kaschghais zu schießen. Es war ein wohlberechnetes Wirkungsfeuer. Nasr Khan hatte Befehl gegeben, die einfachen Soldaten möglichst zu schonen — „das sind arme Bauernjungens, die man unschuldig in den Krieg gehetzt hat", hatte er zu seinen Kaschghais gesagt — und so konzentrierte sich das Feuer der Verteidiger fast ausschließlich auf die Offiziere. Und sie fielen, einer nach dem anderen. Besonders an der steinernen Brücke, wo Fatullah Khan mit dreißig ausgesuchten Scharfschützen die Stellung hielt, war das zu beobachten. Und hier war es auch, wo der gegnerische Angriff zuerst zum Stehen kam und dann zurückzufluten begann.

Als wir am Abend dieses Tages Bilanz machten, fehlte auf seiten der Kaschghais ein Mann, dem eine Granate den Kopf abgerissen hatte. Die Stellungen am Flußufer waren gehalten, bis auf eine winzige Einbruchstelle im Osten, wo es dem Gegner gelungen war, den Fluß zu überqueren und diesseits des Kara=Agadsch einen kleinen Brückenkopf zu bilden. Nach der lebhaften Tätigkeit der Ambulanzen zu urteilen, mußten die Regierungstruppen erhebliche Verluste erlitten haben.

In den nächsten Tagen wuchs sich dann freilich die kleine Einbruchstelle im Osten zu einer drohenden Umklammerung aus. Dem Gegner, der den Schwerpunkt seiner Angriffe hierher verlagerte, war es gelungen, sich mit Unterstützung von Panzern bis zur halben Höhe des Hanges emporzuarbeiten, und daß er sich hier festzusetzen gedachte, bewiesen die zahlreichen Lkw.s und Feldküchen, deren Tätigkeit unmittelbar im Rücken der Front wir von unserem Gefechtsstand aus beobachten konnten.

Nasr Khan entschloß sich zu einem Gegenangriff. In der Nacht wurden alle verfügbaren Kräfte auf dem Ostflügel zusammengezogen. Als im Morgengrauen des nächsten Tages die Regierungstruppen wieder angriffen, wurden sie mit einem Beschuß von bisher unbekannter Stärke empfangen. Ihr Angriff kam zum Stehen.

Und dann geschah's. Dicht vor ihnen sprangen plötzlich aus dem Gras wilde Gestalten auf, die, mit flatternden weißen Tschog'äs, brüllend und die Gewehre schwingend, auf sie losstürmten. Die Wirkung war verheerend. Von panischem Entsetzen erfaßt, flohen die beiden beim Angriff eingesetzten Kompanien den Hang hinab auf ihr Lager zu, immer verfolgt von den brüllenden Kaschghais. Die Truppen im Lager, gleichfalls völlig überrascht, wurden in den Strom der Flüchtigen hineingerissen, und dann begann eine kopf= lose Jagd den Berg hinab auf den Fluß zu, und über den Fluß hin= weg jener Zeltstadt auf dem jenseitigen Ufer entgegen, in der das Gros der Regierungstruppen lag.

Es war abzusehen, daß die Kaschghais, den Flüchtigen dicht auf den Fersen bleibend, dort eindringen würden, die Möglichkeit eines triumphalen Sieges schien greifbar nahe.

Doch da ereignete sich etwas, was dem europäischen Betrachter dieses Feldzuges wie ein Stück Mittelalter erscheinen mag. Als Nasr Khan, der den Angriff geleitet hatte und selbst seinen Kaschg= hais vorangestürmt war, das Flußufer erreichte, war er allein. Seine Kaschghais waren verschwunden, wie von der Erde verschluckt. Der Khan schrie und tobte, er schüttelte drohend sein Gewehr in Richtung des Hangs — die Kaschghais kamen nicht. Sie hatten sich über die Beute hergemacht, sie begannen, die mit Lebensmitteln beladenen Lkw.s auszuwaiden, sie schleppten ganze Säcke voll Munition in ihre Schützenlöcher.

Freilich, sie hatten gehungert in der letzten Zeit. Die Feldver= pflegung war sehr schmal gewesen, oft nur eine Handvoll getrock= neter Datteln am Tag, und, was noch schwerer wog, sie waren arme Burschen und mußten ihre Munition aus eigener Tasche bezahlen. Ein Schuß aber kostete ungefähr vier Mark — und hier lagen die Tausende in Gestalt englischer Munitionskisten und Säcke gleichsam auf der Straße.

Als sie dann Stunden später, einzeln und mit dem schuldbewuß= ten Blick unartiger Hunde, wieder vor ihrem zürnenden Khan erschienen, hatte der Gegner längst am jenseitigen Ufer eine Auf= fangstellung geschaffen, und das ununterbrochene Rattern der schweren Maschinengewehre ließ einen Flußübergang als aus=

sichtsloses Wagnis erscheinen. Die Bedrohung des Flankenstoßes war zwar abgewehrt, aber die einmalige Chance eines entscheiden= den Sieges verspielt. Man grub sich beiderseits der Flußufer ein, und der Kampf um den Paß von Muk ging in einen Stellungskrieg über. Freilich war gerade das eine Form des Kampfes, bei der die über= legene Schießkunst der Kaschghais voll zur Geltung kam. Täglich rollten Wagen mit Verwundeten aus dem Lager der Regierungs= truppen ins Hinterland, und die Lazarette in Schiras und Isfahan waren bald überfüllt, wie dem Khan ergebene Bürger uns durch Kuriere der Dereschuris melden ließen.

Nur ganz selten noch rafften sich die Regierungstruppen zu einem Angriff auf, und wenn es geschah, dann wurde dieser Angriff schwächlich und ohne Schwung vorgetragen, zumal sich die Offi= ziere jetzt sichtbar zurückhielten. Ich entsinne mich, daß ich wäh= rend eines solchen Vorstoßes mit drei Kaschghais zusammen in einem Schützenloch hockte. Die Gespräche, die da geführt wurden, erschienen mir ebenso typisch für die Sinnesart von Nasr Khans Kriegern wie für die ganze Art der Kriegführung überhaupt.

Es waren ein alter und zwei junge Kaschghais, die, völlig unbeirrt durch das wilde Schützenfeuer und die im Sprunglauf herankom= menden Kompanien, in ruhigem Gespräch ihre Ziele ausmachten.

„Siehst du die zwei Offiziere dahinten stehen?" fragte der eine. „Das eine ist nur ein Feldwebel", korrigierte der andere. „Ich werde dem Dicken, der da mit dem Feldstecher rüberglotzt, die Hände durchschießen", sagte der erste Junge mit einem runden gutmütigen Kindergesicht. „Ich nehme den Langen mit der Brille aufs Korn... paß auf, ich treffe ihn auf der Stirn, mitten zwischen die Augen= brauen..." Der Alte mischte sich ein: „Ist doch auch ein Perser, weshalb gleich totschießen...?" „Nein, es ist ein Aas", beharrte der Junge eigensinnig, „vorhin hab' ich gesehen, wie er seine Leute mit der Pistole in der Hand nach vorn getrieben hat..." „Na", sagte der Alte versöhnlich, „ich verpasse meinem Feldwebel jeden= falls nur 'nen Heimatschuß durch die Wade..."

Dann schossen sie. Der dicke Offizier drüben ließ das Glas aus den Händen fallen, der Feldwebel ging in die Knie, der Mann mit

der Brille aber stürzte, mit den Händen ins Leere greifend, hinten=
über zu Boden. Die drei lachten. Wenn der Tote nicht gewesen
wäre, hätte man von einem gemütlichen Krieg reden können.
Die Kaschghais jedenfalls, abgehärtet durch das Nomadenleben,
hätten diese Art der Kriegführung noch lange ausgehalten. Doch
da trat ein Ereignis ein, das mit einem Schlag die Lage am Paß von
Muk verwandelte.

* * *

Es war ein heißer Tag in der zweiten Hälfte des Juni. Wir lagen
dösend im Gefechtsstand auf der Paßhöhe und sahen in das
sonnenflimmernde Tal hinunter, das, abgesehen von dem Zeltlager
drüben überm Fluß, einen sonntäglich friedlichen Anblick bot.

Plötzlich klangen Gewehrschüsse auf. Erst vereinzelt, dann un=
regelmäßiges Schützenfeuer, das sich rasch näherte. Es kam — und
dies war das Beunruhigende — aus Süden, vom Rücken unserer
linken Flanke her.

Wir sprangen auf und suchten mit Ferngläsern das Gelände ab.
Der Berg fiel im Süden steil ins Tal hinunter. Nasr Khan hatte nur
eine kleine Wache dort postiert, die aber, beim schroffen Abfall
des Hanges, vollkommen ausreichte, uns vor jedem feindlichen Um=
gehungsversuch zu sichern. Zunächst sahen wir nichts als einen
einzelnen Reiter, der in vollem Galopp auf uns zusprengte. Und
erst bei näherem Hinsehen bemerkten wir die kleinen Staubwölk=
chen, die dicht neben den galoppierenden Pferdehufen aus dem
schon sommerlich dürren Gras aufsprangen. „Infanteriebeschuß",
sagte Nasr Khan lakonisch, und gleich darauf hatte er den ersten
Schützen entdeckt. Es war ein Mann, gekleidet genau wie ein
Kaschghai, der halbgedeckt durch einen Felsblock in Anschlag=
stellung kniete. Der Khan deutete, das Glas nicht von den Augen
lassend, auf ihn hin. „Das ist doch...", murmelte er... „die Mütze,
nein... einer von den Tengistanis kann das doch nicht sein..."

Zwei Minuten später war der Reiter da. Sein Gesicht war blut=
überströmt. Ein Streifschuß hatte ihn an der rechten Kopfseite
getroffen, und auch an der rechten Schulter seines Archologs zeich=

nete sich ein großer dunkler Fleck ab. Er ließ sich halb fallend aus dem Sattel auf den Boden hinuntergleiten. „Die Kamsehs sind da", stammelte er, „wir glaubten, es wären welche von unseren ... sie haben uns überrumpelt ... mindestens tausend Mann..."

Wenn rasche Erfassung der Situation und schnelle Entschluß= kraft die Merkmale eines Feldherrn sind, dann erwies sich Nasr Khan in diesem Augenblick als Feldherr. Sofort warf er alle in der Umgebung des Gefechtsstandes verfügbaren Kräfte den Kamsehs entgegen. Gleichzeitig wurden Läufer den Nordhang hinab bis zum Flußufer geschickt, mit dem Befehl an sämtliche Einheiten, sich vom Gegner zu lösen und sich langsam und kämpfend auf die Paßhöhe zurückzuziehen.

Als sich dann das Gros der Kaschghaikrieger, erstaunt, ja bestürzt über diesen völlig unerwarteten Rückzugsbefehl, auf der Paßhöhe versammelt hatte, hielt der Khan eine kurze Ansprache: „Die Kamsehs stehen mit tausend Mann in unserem Rücken", sagte er hart und knapp, auf alles rhetorische Pathos verzichtend. „Wir müssen die Stellung hier aufgeben, ihr reitet jetzt, einzeln oder in Trupps von höchstens fünf Mann, sofort von hier ab. Wir treffen uns wieder an der Platanenquelle bei Firuzabad. Den Weg dorthin kann jeder selber wählen. Ansammlungen unterwegs sind zu vermeiden, um der feindlichen Artillerie keine lohnenden Ziele zu bieten. Fatullah, du hältst wohl die Leute dort auf" — der Khan deutete nach Süden, von wo, immer näherkommend, das Schützenfeuer heranrollte — „und übernimmst die Deckung des Rückzugs."

Der magere, großnasige Alte schüttelte mit finsterem Gesicht bejahend den Kopf.

Vom Gefechtsstand aus beobachteten wir die Durchführung von Nasr Khans Befehlen. Es war beinahe ein Wunder zu nennen, wie die kleine Armee der Kaschghais im Gelände versickerte. Die Reiter tauchten, jede Bodenfalte benutzend, förmlich in der Erde unter und waren nach wenigen Minuten unseren Blicken ent= schwunden.

Die Regierungstruppen waren inzwischen, der neuen Lage offen=
bar nicht trauend, nur langsam und zögernd den Kaschghais nach=
gerückt. Immerhin waren sie jetzt auf Gewehrschußweite heran.
Und da sich auch die Kamsehs von Süden her bis auf Schußnähe
an den Gefechtsstand herangearbeitet hatten, pfiffen uns bald von
zwei Seiten her die Infanteriegeschosse zwitschernd um die Ohren.
Aber erst als ein Mann, von einem Brustschuß getroffen, neben
uns zusammenbrach, gab der Khan den Befehl, aufzusitzen. Wir
banden den Verwundeten auf seinem Pferd fest und ritten ab.

Wir schlugen einen weit ausholenden Bogen nach Osten, ehe wir
uns nach Süden wandten, auf Firuzabad zu. Wir ritten schweigend,
eine kleine Gruppe von Männern, der Khan an der Spitze. Stun=
denlang ritten wir im Paßtrab durch langgestreckte Täler, über
Bergkämme und weite felsige Plateaus, über die eisig der Bergwind
vom Pamir dahinstrich. Es wurde Abend, es wurde Nacht.

Plötzlich brüllten hinter uns in weiter Ferne Geschütze auf,
Granaten sausten orgelnd über uns hinweg und schlugen krachend
irgendwo in den Felsen ein. Es waren die letzten Grüße aus Muk.
Offenbar hatten die Regierungstruppen erst jetzt begriffen, was
geschehen war. Sie hatten die Rohre umgedreht und sandten den
verschwundenen Kaschghais auf gut Glück in die Nacht hinein
ihre Granaten nach.

Im Morgengrauen erreichten wir die Platanenquelle. Es war eine
weite, flache Mulde auf einem Hochplateau, dicht bestanden mit
Gras und Strauchwerk und hie und da überragt von mächtigen
Platanen, die einzeln oder in Gruppen dastanden und jetzt, im
fahlen Grau der Morgendämmerung, wie schwarze Kuppeln düste=
rer Moscheen wirkten. Wenige hundert Meter weiter südlich stürzte
das Plateau in senkrechtem Abfall viele hundert Meter tief ins Tal
von Firuzabad hinunter.

Es waren schon eine Menge Kaschghais vor uns da. Ihre Pferde
grasten auf der Wiese, und die Männer lagen, in ihre Tschog'äs
gehüllt, wie weiße Klumpen schlafend an der Erde. Nasr Khan ließ
Wachen ausstellen, und dann legten wir uns selbst zum Schlafen
hin.

Aber schon mit Sonnenaufgang wurden wir wieder geweckt. Fatullah Khan mit der Nachhut war angekommen und wollte Bericht erstatten. Er hatte einen Mann verloren, dafür brachte er zwei gefangene Kamsehs mit.

„Die Hundesöhne aus Schiras haben wenig Freude an ihrem Bundesgenossen gehabt", sagte er. Und dann berichtete er mit grimmigem Lachen, wie Kamsehs und Regierungstruppen aufeinander zugelaufen wären und sich jubelnd umarmt hätten. Gleich darauf waren dann allerdings die Kamsehs über die Lebensmitteldepots, über Waffen und Munition ihrer Freunde hergefallen, hatten, ohne sich durch Proteste beirren zu lassen, an sich gerafft, soviel sie tragen konnten, und waren in Richtung Heimat abgezogen.

Nasr Khan ließ sich die beiden Gefangenen vorführen. Der eine hatte ein wahres Galgenvogelgesicht, niedere Stirn, Sattelnase und kleine tückische Augen. Der andere war ein ganz junges Bürschchen von höchstens 18 Jahren. Der Junge bemühte sich sichtlich, Haltung zu wahren, aber er zitterte am ganzen Körper.

„Von welchem Stamm seid ihr", fragte Nasr Khan.

„Von den Fasah, Ew. Gnaden", antwortete der mit der Sattelnase.

„Und weshalb habt ihr uns gestern angegriffen?"

Der Mann suchte offenbar nach einer plausiblen Entschuldigung. Seine niedere Stirn furchte sich in der Anstrengung des Nachdenkens, und seine schwarzen Augen glitten unruhig von einem zum anderen.

„Antworte!" herrschte ihn der Khan an...

„Der Regierungspräsident war bei uns ... Ghawam=ul=Mulk ... mit dem Wagen bei unserem Scheich, und drei englische Offiziere waren auch dabei ... Sie haben uns Gewehre versprochen und Munition ... viel Munition ... und wir sind arme Leute, Ew. Gnaden..."

Nasr Khan starrte den Mann finster an. Und ich war durchaus darauf gefaßt, daß sich gleich Ähnliches wiederholen würde wie das Gottesurteil an Bülbül. Doch gerade in diesem kritischen Augenblick kam der Posten angelaufen, der vorn an der Kante des Steilhangs stand. „Sie kommen", keuchte er atemlos, „Ew. Durchlaucht, der Feind zieht ein in Firuzabad!"

Wir ließen die Gefangenen stehen und liefen nach vorn zum Rande des Plateaus.

Tief unter uns im hellen Morgenglanz lag Firuzabad, ein weiß leuchtendes Städtchen, von einem Bach umflossen, von Palm= wipfeln umkränzt, und über Stadt und Palmen schwebte, von unserem Standort aus wie ein Kinderluftballon anzusehen, die runde leuchtende Kuppel einer Moschee.

Das Tal war eng und schmal, rings von steilen Bergwänden eingeschlossen. Die Wand aber, auf der wir standen, war bis zum Talgrund hinunter aufgespalten durch eine tiefe Schlucht. Und aus dieser Schlucht, beinahe lotrecht unter uns, kroch der feind= liche Heerwurm heraus, Reiter und Feldgeschütze, Panzer und Infanterie. Wenn man sich ganz ruhig verhielt, konnte man das Rasseln der Panzerketten bis zu uns herauf hören. Der Kopf der Schlange war kaum noch einen Kilometer von den hellen Lehm= mauern Firuzabads entfernt.

Der Khan war auf einen Vorsprung getreten, der wie eine Kanzel aus der Steilwand des Berges heraussprang. Er hatte die Arme über der Brust gekreuzt und starrte schweigend und regungs= los in die Tiefe, auf seine vom Feinde besetzte Hauptstadt. Ich konnte sein Gesicht nicht sehen, aber seine mächtigen Schultern unter der blauen Seide des Archalogs zogen sich wie frierend eng zusammen.

* * *

Der Kriegsrat, den Nasr Khan an der Platanenquelle einberufen hatte, fand ohne Pomp und Gepränge statt. Die Khane und Scheichs, die oft Hunderte von Kilometern durch unwegsames Bergland geritten waren, kamen verstaubt und verschwitzt an, oft nur von wenigen Bewaffneten begleitet; man ließ sich im Schatten einer alten Platane nieder, formlos im Halbkreis sitzend, kaute trockene Datteln, spuckte die Kerne um sich herum und plauderte mit gedämpfter Stimme.

In der Mitte, etwas erhöht und mit dem Rücken an den Stamm der Platane gelehnt, saß Nasr Khan, rechts von ihm Conny und ich, denn er hatte uns ausdrücklich gebeten, an diesem Kriegsrat teilzunehmen. Der Khan, unrasiert, mit offenem Hemd, die Kaschghaimütze nachlässig in den Nacken geschoben, wartete stumm, bis die Versammlung vollzählig war. Dann begann er unvermittelt zu sprechen. Er sprach im Sitzen, ohne die Lautstärke seines Tones zu steigern, aber seine helle metallische Stimme mußte weithin hörbar sein, denn ich beobachtete, wie die Wachen, die bei den Pferden auf der Wiese standen, sich lauschend vorbeugten.

„Fürsten und Edle der Kaschghais!" begann er. „Ich habe euch hierhergebeten, um gemeinsam mit euch Beschlüsse darüber zu fassen, wie wir den uns aufgezwungenen Krieg weiter führen wollen. Ehe wir jedoch zu solchen Entschlüssen kommen, müssen wir uns darüber klar werden, wo wir augenblicklich stehen. Denn nur aus einer klaren Erkenntnis der eigenen Lage kann man die Grundsätze entwickeln, die für ein richtiges Handeln in der Zukunft maßgebend sind..."

Er machte eine Atempause und sah sich im Kreise um. Er konnte mit der Wirkung dieses Auftaktes zufrieden sein; alle saßen still da, und ihre Augen hingen an seinen Lippen.

„Ich kann mit zwei erfreulichen Feststellungen beginnen: Es ist den Engländern nicht gelungen, ihre teuflische Absicht zu verwirklichen und uns in die Daschtiwüste hinauszutreiben. Unsere Herden weiden, wie in jedem Sommer, auch dieses Jahr in Särhäd..."

Ein zustimmendes Gemurmel erhob sich.

„Aber noch ein zweiter Plan ging den Herren schief. Vorgestern war der Bürgermeister von Firuzabad bei mir. Der rechtmäßige Bürgermeister, der nur vorübergehend durch ein korruptes, englandhöriges Subjekt ersetzt worden ist. Und er erzählte mir, daß einen Tag nach der Besetzung der Stadt der britische Oberkommandierende dort erschienen ist, um mich und unsere deutschen Freunde hier als Gefangene persönlich zu verhören. Nun, die Enttäuschung war groß, und Seine Exzellenz soll getobt haben und geschrien: Die Mäuse fangt ihr, aber die Ratten laßt ihr laufen..."

„Bach, bach, bach", sagte der kleine dicklige Molla Haidér und klopfte sich auf den Magen, als ob er etwas Wohlschmeckendes gegessen hätte. Alle lachten. Nasr Khan wartete, bis der letzte Lacher verstummt war, dann fuhr er fort:

„Trotzdem ist unsere Lage ernst genug. Sämtliche Städte in Gärmesir sind vom Feinde besetzt. Und was schlimmer ist: nach= dem der Plan gescheitert ist, uns im Daschtigebiet auszuhungern, versucht der Engländer, auf anderem Wege das gleiche Ziel zu erreichen. Ich habe Nachricht, daß englische Agenten überall bei den Bauern in Gärmesir Getreide und Reis aufkaufen. Sie zahlen höchste Preise, wenn aber die Bauern nicht verkaufen wollen, wird einfach gegen Lieferschein requiriert. Das Ziel dieser Aktion ist klar. Was man militärisch nicht erreichen konnte, will man mit silbernen Kugeln der Bank von England schaffen: Man nimmt uns das Brot für den kommenden Winter ..."

Es war erstaunlich, den Stimmungswechsel der Zuhörer zu be= obachten. Die eben noch lachenden Mienen verwandelten sich jählings in wutverzerrte Gesichter, und Abdullah Khan knurrte ein: „Bombok!", was in parlamentarische Ausdrucksformen über= setzt etwa: „Pfui!" heißt.

„Dies, Fürsten und Edle", fuhr der Khan fort, „ist unsere Lage. Aber ich habe mich von unserem Freunde Saba darüber belehren lassen", für einen Augenblick wandte er mir sein Gesicht zu und mir schien, als blitzte ein ironisches Leuchten in seinen Augen auf, „daß es verfehlt wäre, unsere Lage ohne Zusammenhang mit der unseres großen natürlichen Verbündeten, nämlich Deutsch= lands, zu betrachten.

Freilich – auch Deutschlands Situation erscheint mir im Augen= blick nicht allzu rosig. Rommels Armee ist geschlagen, und es dürfte nur noch wenige Wochen dauern, bis der letzte deutsche Soldat den Boden Afrikas verlassen hat. Und auch in Rußland ist es den Deutschen, trotz unbestreitbarer Erfolge ihrer Gegenoffen= sive, nicht gelungen, die Stellungen wiederzugewinnen, die sie einmal gehabt haben. Stalingrad und der Kaukasus scheinen fest in russischer Hand, und ich muß gestehen, daß mich manchmal eine tiefe Besorgnis erfüllt, ob nicht das alte Sprichwort: ‚Viele

Jäger sind des Löwen Tod', sich hier erneut bewahrheitet und das große Deutsche Reich am Ende nicht doch der Überzahl seiner Gegner erliegt. Ich möchte deshalb unseren deutschen Freund Saba bitten, uns offen und ehrlich seine Meinung darüber zu sagen, was er von der augenblicklichen deutschen Lage hält..."

„Päng", sagte Conny halblaut neben mir.

Doch mir war nicht zum Spaßen zumute. Schon während der letzten Sätze hatten sich alle Gesichter mir zugewandt, und als der Khan geendet hatte, saß ich in einem Kreuzfeuer erwartungs= voller Blicke. Die Gedanken liefen wie aufgescheuchte Mäuse in meinem Kopf durcheinander. Was bezweckte Nasr Khan mit die= sem rhetorischen Überfall? Weshalb hatte er mich nicht vorher von seiner Absicht verständigt? Wollte er seine Kaschghais durch den Hinweis auf die mißliche deutsche Lage von ihrer eigenen Misere ablenken, oder hoffte er, daß ich durch mein Bekenntnis zum deutschen Endsieg trotz aller Mißerfolge der letzten Zeit Stimmung und Mut seines Führerkorps heben würde? Eigentlich konnte nur das seine Absicht sein ...

„Los! Sie müssen reden!" raunte Conny.

Ich räusperte mich. „Ew. Durchlaucht, Fürsten und Edle der Kaschghais", begann ich langsam, bemüht, noch während des Sprechens meine Gedanken zu ordnen, „Ew. Durchlaucht haben mich durch die pessimistische Betrachtung der Lage Deutschlands so überrascht, daß es mir schwer fällt, sogleich Worte der Er= widerung zu finden. Wenn Ew. Durchlaucht auf den Rückzug Rom= mels aus Afrika verweisen, so muß ich die Gegenfrage erheben: Was war denn der Sinn des afrikanischen Feldzuges? Hat die deutsche Führung nicht bezweckt, die Kräfte des Gegners auf dem afrikanischen Kriegsschauplatz so lange zu binden, bis das europäische Verteidigungssystem ausgebaut war? Und ist diese Absicht nicht gelungen? Hat nicht Rommel dem Feind schwerste Verluste zugefügt — ich bitte Ew. Exzellenz nur an Tobruk zu denken —, und hat er die Engländer nicht gezwungen, ihre Truppen aus Persien wieder abzuziehen und alle Kräfte in Nordafrika zu konzentrieren? Und ist es daher nicht durchaus logisch, daß die deutsche Führung diesen afrikanischen Vorposten jetzt wieder einzieht, nachdem er seine Aufgabe erfüllt hat? Wer daran zweifelt, der dürfte bald eines Besseren belehrt werden, wenn die Alliierten es wirklich wagen sollten, ihren Angriff auf die von Deutschland verteidigte Festung Europa zu starten ..."

Ein zustimmendes Gemurmel erhob sich, und ich wischte mir den Schweiß von der Stirne.

„Ew. Durchlaucht haben dann die Ereignisse in Rußland berührt. Nun, Charkow und Rostow sind bereits wieder in deutscher Hand, und wir stehen am Vorabend einer neuen großen Offensive. Was aber berechtigt uns, diesem neuen deutschen Vorstoß geringere Chancen zu geben als den früheren?

Was mich jedoch besonders befremdet hat, ist die Tatsache, daß Ew. Durchlaucht den Gesichtspunkt der größeren Zahl überhaupt in Erwägung gezogen haben. Haben nicht eben erst Ew. Durchlaucht tapfere Soldaten den Beweis geliefert, daß im Kampf die Härte der Krieger und nicht ihre Zahlen entscheiden? Haben nicht fünfhundert löwenmutige Kaschghais zwei Brigaden von zehntausend Mann am Paß von Muk aufgehalten? Und würden wir nicht heute noch am Paß von Muk stehen, wenn wir nicht durch den feigen Verrat der Kamsehs um die Früchte des Sieges betrogen worden wären?"

Diesmal steigerte sich die Zustimmung zu lautem Geschrei. Ich wollte fortfahren und auf die Erfahrungen der deutschen Geschichte verweisen, doch Nasr Khan unterbrach mich.

„Genug!" sagte er mit starker Stimme. „Unser Freund Saba hat meinen Kleinmut aufs tiefste beschämt. Nach dem, was er gesagt hat, scheint es mir geradezu als Verbrechen, am Sieg unserer gerechten Sache und dem Erfolg unseres Verbündeten zu zweifeln. Oder ist jemand anderer Meinung?"

Niemand meldete sich.

„Gut", fuhr der Khan im trockenen Tone eines Generalstäblers fort, „dann müssen wir jetzt unsere Entschlüsse fassen. Es scheint mir vor allem notwendig, daß wir den Krieg aus Gärmesir hinaustragen, den Gegner damit zur Zersplitterung seiner Kräfte zwingen und den Vorteil unserer größeren Beweglichkeit im Gelände voll ausnutzen.

Wir beschließen deshalb:

Erstens:" — er hatte die linke Hand ausgestreckt und begann mit der rechten seine Entscheidungen an den Fingern herzuzäh=len — „Sämtliche in Särhäd stehenden Kaschghaikrieger werden dem Befehl meines Bruders Kosro Khan unterstellt. Sie versam=meln sich im Raum Desch=i=Kurd und stoßen auf die Feste Sami=rum und weiter nach Isfahan vor. Es ist damit zu rechnen, daß das Erscheinen der Kaschghais vor der Stadt eine Bewegung patriotischer Bürger auslösen wird, die unseren Operationen ent=gegenkommt.

Zweitens: Die Kaschghulis fallen in die Provinz Fars ein und requirieren alles verfügbare Getreide in der Gegend zwischen Abadeh und Schiras.

Drittens: Ich selbst rücke gegen die vom Feind besetzte Festung Ghaleh Pärian vor und greife anschließend die Stadt Jahrum an..."

Es war in der gegenwärtigen Situation ein Programm von atemberaubender Kühnheit. Und es war kein populäres Programm. Denn es zwang die Nomaden, außerhalb ihrer Heimat zu kämpfen, und mit Ausnahme der Kaschghulis, die in den bäuerlichen Ge=bieten von Fars Hoffnung auf Raub und leichte Beute haben durften, bedeutete es die psychologisch schwer tragbare Zumutung, das eigene Stammgebiet ungeschützt dem Feinde zu überlassen.

Doch, sei es, daß die Autorität, die Nasr Khan genoß, keinen Widerspruch aufkommen ließ, sei es, daß die Fürsten und Edlen der Stämme durch die politische Spiegelfechterei unseres Ge=sprächs zuvor überrumpelt waren, als Nasr Khan fragte, wer etwas gegen diese Entscheidung einzuwenden hätte, erhob sich keine Stimme. Und gleich nach Beendigung des Kriegsrates und des anschließenden Abendessens ritten die Khane und Scheichs in ihre Standquartiere zurück.

Mitten in der Nacht wachte ich auf. Der Mond schien hell, und ich sah in Nasr Khans Gesicht, der, über mich gebeugt, mein Ge=sicht im Schlaf beobachtet haben mußte: „Glauben Sie eigentlich selber alles, Saba, was Sie heute gesagt haben", fragte er mit ge=dämpfter Stimme.

Es erschien mir unmöglich, in diese forschenden Augen hinein=
zulügen, ebenso unmöglich freilich auch, ihn in den Abgrund
dunkler Befürchtungen hineinblicken zu lassen, in dem in letzter
Zeit mein Optimismus manchmal zu verschwinden drohte:
„Ich glaube, daß Gott die Geschicke aller Völker zu ihrem
Besten lenkt, Ew. Durchlaucht", sagte ich, „und das gilt für die
Perser so gut wie für die Deutschen."
Er seufzte leicht, wandte sich ab und ließ sich auf seinen
Schlafteppich zurücksinken.

* * *

Die Festung Ghaleh Pärian am Oberlauf des Kara=Agadsch ist
ein zwanzig Meter hoher Bau aus gelben Lehmziegeln, der sich
steil und wuchtig, wie ein viereckiger massiver Klotz, aus der nörd=
lich und westlich von steilen Bergen begrenzten Flußniederung
erhebt. Im Schutz ihrer Mauer, fast wie Kücken an die Henne
geschmiegt, liegen drei kleine Dörfer, inmitten von Palmen und
grünen Obstgärten.

Wir rückten in der Nacht, mit vierhundert Kaschghaireitern aus
der Schlucht des Kara=Agadsch hervorbrechend, in die Ebene ein.
Die geringen Kräfte, die der Feind zur Sicherung im Norden auf=
gestellt hatte, waren völlig überrascht. Sie ließen, nach kurzem
Schußwechsel, ihre Biwakfeuer im Stich und flohen in die schüt=
zende Mauer der Festung. Am nächsten Morgen schon war der
Ring der Einkreisung geschlossen.

Nasr Khan hatte unseren Gefechtsstand auf einem Höhenrücken
anlegen lassen, der sich, in Luftlinie nur etwa fünf Kilometer von
der Festung entfernt, am jenseitigen Flußufer von Nord nach Süd
erstreckte und eine geradezu ideale Stellung für einen Belagerer
bot. Denn von hier aus konnte man nicht nur den nördlichen
Zugang durch die Schlucht des Kara=Agadsch überblicken, durch
den wir selber in der Nacht gekommen waren, sondern man be=
herrschte auch, was wichtiger war, die einzige Zugangsstraße nach
Ghaleh Pärian, die aus Osten von Jahrum her kam und durch eine
fruchtbare, mit reichen Dörfern besiedelte Ebene führte.

Gleich am ersten Morgen unserer Ankunft machte der Herr dieser Dörfer Nasr Khan seine Aufwartung. Es war Graf Kerbelai=Mehemed=Ali, kurz Kelmemdali genannt. Er kam mit dreißig Reitern, ein glatzköpfiger Mann, der äußerlich einem feisten Börsianer ähnelte, aber dabei von einer quecksilbernen Lebendigkeit war. „Nun sitzen die Füchslein in der Falle", sagte er, frohlockend die dicken merkwürdig klein geratenen Hände reibend, „und ich wette, es dauert keine drei Tage, dann hören wir sie über den Fluß herüber vor Hunger heulen." Er berichtete, daß die etwa tausendköpfige Besatzung von Ghaleh Pärian kaum über nennenswerte Vorräte verfügte. „Sie haben immer von der Hand in den Mund gelebt", sagte er, „von dem, was sie in meinen Dörfern requirierten oder was die Karawanen aus Jahrum mitbrachten." Und dann bot er Nasr Khan an, die Verpflegung der Kaschghais zu übernehmen. „Ich beköstige lieber hundert Feinde der Engländer als einen ihrer Freunde", erklärte er pathetisch. Und tatsächlich schienen nach den mageren Wochen des Feldzugs nun die fetten Tage für Nasr Khans Krieger angebrochen. Die gräflichen Dörfer lieferten reichlich und zu mäßigen Preisen, und hinzu kam, daß von Reiterstreifen in der Woche der Belagerung allein drei Kamelkarawanen aufgebracht wurden, mit Lebensmitteln voll beladen von Jahrum kommend und für die Besatzung von Ghaleh Pärian bestimmt.

Auch was die Versorgungslage in der Festung anging, schien sich Kelmemdalis Prophezeiung zu bewahrheiten. Schon von der zweiten Woche an erschienen täglich mehrere Flugzeuge, offenbar durch drahtlose Notrufe der Verteidiger alarmiert, und warfen große Lebensmittelpakete über Ghaleh Pärian ab, wobei sie auf dem Rückflug jedesmal die Stellungen der Kaschghais mit Bomben und Bordwaffen angriffen. Doch da die Kaschghais in ihren Schützenlöchern saßen und wir für unseren Gefechtsstand einen natürlichen Luftschutzkeller in Gestalt eines verlassenen Wasserstollens entdeckt hatten, blieben solche Angriffe ohne Wirkung.

Mit den Augen der Kaschghais betrachtet, war es ein wunderbarer Krieg, den man so noch lange aushalten konnte. Was mich wunderte, war die Tatsache, daß die Besatzung der Festung, abgesehen von ein paar schwächlichen Ausfällen, keinen ernsthaften

Versuch unternahm, unter Ausnutzung ihrer zahlenmäßigen Über=
legenheit den Ring der Belagerer zu sprengen. Doch eines Tages
klärte sich dieses Wunder in überraschender Weise auf.

Ich saß zusammen mit dem Grafen Kelmemdali beim Essen. Da
er jetzt ständig mit in unserem Hauptquartier weilte, hatte ich
Gelegenheit, mich etwas näher mit diesem seltsamen Typ eines
persischen Granden zu befassen. Er erschien mir wie die posthume
Ausgabe eines deutschen Duodezfürsten, der sein Ländchen in
patriarchalischen Formen regierte und seine Gunst vorwiegend dem
weiblichen Teil seiner Untertanen zuwandte. Auch in seiner stän=
digen Sehnsucht nach Paris glich er seinen deutschen Standesvettern
aus dem achtzehnten Jahrhundert, wobei allerdings seine Vorstel=
lung von der französischen Metropole mehr durch Aktfotos als
durch die galanten Kupferstiche der damaligen Zeit bestimmt
wurde. Und halb im Scherz hatte er sich von Nasr Khan als seine
Belohnung nach einem Sieg der Kaschghais einen Flugschein nach
Paris und die Kosten für einen vierwöchigen Aufenthalt dort aus=
bedungen.

Wir saßen also in unserem Gefechtsstand beim Essen, als von
den Wachen eine Frau herangebracht wurde. Es war eine noch
junge, schlanke Frau mit großen brennenden schwarzen Augen,
und unter dem dünnen Tschador konnte man die ebenmäßigen
Züge eines schmalen, beinahe edlen Gesichts erkennen. In der
letzten Zeit war es immer häufiger vorgekommen, daß Frauen und
Kinder aus der Festung herausschlichen und bei den Kaschghai=
posten um Essen bettelten, und ich hatte nie erlebt, daß eine solche
Bitte von den gutmütigen Kaschghais abgewiesen wurde.

Auch die Frau, die da vorgeführt wurde, hatte um Essen gebettelt.
Doch sie hatte Pech gehabt. Einer von Kelmemdalis Leuten hatte
sie erkannt, sie stammte aus einem der Dörfer des Grafen. Wie ich
später erfuhr, war sie eine Witwe mit zwei Kindern, die sich mit
einem Funker der persischen Wehrmacht eingelassen hatte und
ihm nach Ghaleh Pärian gefolgt war.

„Nun, meine Tochter", begann der Dicke, „was führt dich wieder
her zu uns?"

Die Frau starrte auf die Schüssel mit Hammelfleisch und Reis, die zwischen Kelmemdali und mir an der Erde stand. „Meine Kin= der hungern", sagte sie in einem beinahe trotzigen Ton, „und ich hungere auch." Sie hatte eine tiefe, brüchige Stimme.

Kelmemdali zog die Augenbrauen hoch: „Du hättest dir das überlegen sollen", sagte er mit vollen Backen kauend, „ehe du mit deinem Soldaten abzogst. Sorgt er denn nicht für euch...?"

„Er ist krank", sagte sie.

„Hm", er wiegte bedauernd den Kopf, „schlimm..."

Sie schien es als Frage aufzufassen. „Er hat die Ruhr", sagte sie. „Viele haben die Ruhr in der Festung... und sie sterben wie die Fliegen..."

Kelmemdali warf mir einen bedeutungsvollen Blick zu: „Und weshalb ergebt ihr euch nicht?"

„Sie warten auf Entsatz", sagte sie, „General Schabahti hat gefunkt, daß er zwei Brigaden schicken will..."

„So, so", sagte Kelmemdali, und wieder sah er mich bedeutungs= voll an, „und woher erwartet ihr den Entsatz?"

„Ich weiß nicht", sagte sie und preßte die Lippen zusammen. Er sah sie eine Weile stumm an, wie sie halb trotzig, halb demütig dastand, und plötzlich hatte ich die Empfindung, daß sich hier neben einem politischen Verhör noch ein kleines persönliches Drama ab= spielte. Vielleicht war sie eine von jenen weiblichen Untertanen ge= wesen, denen er mehr als landesväterliche Gefühle entgegen= gebracht hatte, und nun war sie ihm mit einem Soldaten entlaufen.

„Und was willst du jetzt?" fragte er.

„Ich möchte am liebsten ins Dorf zurück mit meinen Kindern, Ew. Gnaden..."

„Nein", sagte er plötzlich hart, „du hast gewählt... Deine Kin= der kannst du meinetwegen bringen, ... gib sie bei unserem Posten ab... Deine Schwiegereltern nehmen sie bestimmt auf..."

Er wandte sich von ihr ab und aß weiter.

„Aber ich habe doch auch Hunger, Ew. Gnaden..."

Er hielt im Essen inne und überlegte schweigend, mit gesenktem Kopf: „Gut", sagte er dann, „du kannst dir Reis geben lassen von den Posten... aber du darfst nur hier essen... und wenn du wie=

derkommst und uns Nachrichten bringst, kannst du dich jedesmal hier sattessen... Willst du das?"

Sie schüttelte, stumm bejahend, den Kopf, und die Posten führten sie wieder ab. „Das alte Lied", sagte Kelmemdali und wischte sich mit dem Fladenbrot Mund und Hände ab, „die Liebe geht nach Brot..." Aber es klang nicht zynisch, wie er es sagte, eher schwang etwas von Melancholie des enttäuschten Romantikers in seinem Ton.

Wir besprachen die Lage mit Nasr Khan, und ich plädierte dafür, die Straße in der Schlucht des Kara=Agadsch zumindest durch ein starkes Detachement zu sichern. Aber Nasr Khan war dagegen. Er wollte den Griff um Ghaleh Pärian nicht lockern, und außerdem war es immerhin möglich, daß das Entsatzheer von Jahrum aus an= rückte. Anscheinend fühlte er sich, nach den Erfahrungen von Muk, stark genug, in diesem für die Verteidigung bestens geeig= netem Gelände und mit einem befreundeten Hinterland im Rücken zwei persische Brigaden zu bestehen.

Drei Tage später waren sie da. Sie waren in der Nacht, von Nor= den her, aus der Schlucht des Kara=Agadsch gekommen. Nasr Khan hatte seine vierhundert Kaschghais auf dem Höhenrücken konzen= triert, auf dem auch unser Gefechtsstand lag, und von hier aus konnten wir, aus Schützenlöchern und aus unserem Stollen heraus, die Entfaltung der feindlichen Kräfte am jenseitigen Flußufer be= obachten. Es war eine Situation, die in erstaunlicher Weise an un= sere Lage auf der Paßhöhe von Muk erinnerte.

Am übernächsten Tag erfolgte der Angriff. Wieder wurde er eingeleitet durch ein dreistündiges Bombardement aus hundert Ge= schützrohren, aber obwohl die Massierung der feindlichen Artille= rie diesmal noch imposanter war als in Muk, war die Wirkung womöglich noch geringer. Die Kaschghais hockten in ihren Schüt= zenlöchern und ließen in stoischer Ruhe diesen Feuerzauber über sich ergehen.

Dann folgten, in weit auseinandergezogenen Schützenketten, die Angriffswellen der Infanterie. Wieder setzte das wohlgezielte Einzelfeuer der Kaschghais erst beinahe auf Nahkampfdistanz ein ... und wieder sprangen sie im letzten Moment aus ihren Deckun=

gen auf und stürmten mit wehenden Tschog'äs den Regierungs= truppen entgegen. Auch der Effekt war der gleiche. Die Regie= rungstruppen flohen in kopfloser Flucht und wurden von den Kaschghais über den Fluß hinüber bis dicht unter die Mauer von Ghaleh Pärian verfolgt.

Diesmal freilich wurde Nasr Khan der Sieg in der Feldschlacht nicht wieder durch die Disziplinlosigkeit der eigenen Truppen ent= rissen, doch auch diesmal blieb ihm ein voller Erfolg versagt. Von den Lehmmauern der Dörfer, die am Fuß der Festung lagen, emp= fing die Angreifer ein Hagel schweren MG=Feuers, so daß sie schleunigst Deckung suchen und sich, so gut es ging, eingraben mußten. Freilich erzielten sie auch so noch einen unerwarteten Er= folg: Die Masse der Fliehenden stürzte an den Dörfern vorbei, auf die schützenden Mauern Ghaleh Pärians zu. Der Festungs= kommandant aber, der diesen regellosen Haufen anstürmen sah, ließ Feuer geben. Und dreihundert Mann fielen so vor Ghaleh Pärian, von den Feuergarben der eigenen Maschinengewehre nie= dergemäht.

Die Festung selbst aber blieb unbezwungen. Es war das einzige Mal, daß mich Nasr Khan persönlich insultierte: "Wenn wir heute ein paar Minenwerfer oder Geschütze gehabt hätten", sagte er mit zornfunkelnden Augen, "ständen wir jetzt in Ghaleh Pärian. Es ist eine Schande, daß Deutschland seinen treuesten Bundesgenossen so im Stich läßt..."

Ich aber konnte nichts erwidern, als ein mattes: "Ew. Durch= laucht haben leider vollkommen recht", ein demütiges Eingeständ= nis, das allerdings seinen Zorn sofort besänftigte.

Die glücklichste Formulierung für die Ereignisse des Tages aber fand Molla Haidér, der dickliche Hauspriester Nasr Khans: "Saul Nasr Khan hat heute hundert geschlagen", sagte er, "aber der David von Ghaleh Pärian dreihundert". Das Wort machte noch am gleichen Abend bei den Kaschghais die Runde und wurde viel be= lacht.

* * *

Der Kampf um Ghaleh Pärian war damit wieder in einen Stel=
lungskrieg übergegangen. Nasr Khan zog die Konsequenzen. Er
ließ die Posten in der Ebene zurücknehmen, deren Versorgung mit
Proviant und Munition im Schußbereich der Festung schwierig
war, und er ließ schließlich auch den Höhenrücken räumen, der
ständig im feindlichen Artilleriefeuer lag. Nur eine kleine Abtei=
lung blieb zur Beobachtung des Gegners in unserem ehemaligen
Gefechtsstand zurück, der Khan selbst bezog mit dem Gros seiner
Truppen eine neue Stellung in den Wäldern, die weit nach Osten
umgreifend einen Teil der Ebene bedeckten.

Es war ein förmlicher Urwald, dessen hohe Laubkronen uns
gegen Fliegersicht vollkommen abschirmten, während das dichte
Unterholz, mit üppig wucherndem Lianengewirr durchflochten,
uns wie eine grüne Mauer umschloß und jede Überrumpelung
durch den Gegner unmöglich machte. Freilich wurde die erhöhte
Sicherheit dieser neuen Stellung erkauft mit einem hohen Maß
von Unbequemlichkeiten: Das Leben in der feucht=schwülen Däm=
merung des Waldes stellte große Anforderungen an die Nerven
von Mensch und Tier. Hinzu kam eine Mückenplage, die an einen
ruhigen Nachtschlaf nicht mehr denken ließ und nur ein paar
Stunden unruhigen erschöpften Halbschlummers gestattete. Eine
nervöse Gereiztheit griff um sich, es kam, oft aus nichtigsten An=
lässen, zu Streitigkeiten. Einmal schoß bei einer solchen Gelegen=
heit ein Kaschghaisoldat auf einen anderen, glücklicherweise ohne
ihn zu treffen. Der Delinquent wurde zu einer Prügelstrafe ver=
urteilt, die der Khan selbst vollzog. Aber da er sich bei der Exeku=
tion den kleinen Finger brach, entschied er, daß Allah den beiden
Kampfhähnen besonders gnädig sein müsse. Den einen hatte er
vor der Kugel des anderen und den leichtfertigen Schützen hatte er
vor dem Schicksal bewahrt, totgeprügelt zu werden. Wo aber Allah
so eindeutig gesprochen hatte, beugte sich selbst der Khan und
ließ den Täter mit ein paar Stockschlägen davonkommen.

Erstaunlich war in dieser Zeit die Passivität des Entsatzheeres.
Denn obwohl die Kaschghais aus ihrem Waldversteck heraus stän=
dig Streifzüge und Handstreiche unternahmen — bei einer solchen
Gelegenheit wurde ein Wüstenfort bei Jahrum mit fünfzig Mann

Besatzung ausgehoben —, beschränkte sich die Tätigkeit der Regierungstruppen auf die nackte Abwehr und die offenbar pflichtmäßige Abfeuerung einer Anzahl von Granaten, die orgelnd über uns dahinfuhren und irgendwo hinter uns im Wald einschlugen. Das Rätsel dieser Untätigkeit klärte sich auf, als die Funkerbraut aus Ghaleh Pärian das nächste Mal erschien, um ihren Hunger zu stillen. Sie berichtete, daß die Ruhr jetzt auch auf die beiden Entsatzbrigaden übergegriffen hätte. Nicht minder interessant für uns, wenn auch militärisch nicht von gleicher Bedeutung, war ihre Mitteilung, daß der Festungskommandant von Ghaleh Pärian, der am Tage des Angriffs auf die eigenen Truppen hatte schießen lassen, vor ein Kriegsgericht gestellt und degradiert worden war.

Da wir alle des Lebens im Walde müde waren und da zudem die Lage in Ghaleh Pärian vielleicht die Gelegenheit zu einer neuen Offensive der Kaschghais bot, gab Nasr Khan in der nächsten Nacht Befehl, unsere alte Stellung auf dem Höhenrücken gegenüber der Festung wieder zu beziehen. Denn von dort aus konnten wir alle Bewegungen des Gegners einsehen und damit zugleich die günstigste Möglichkeit für einen eventuellen Angriff ausspähen und sofort beim Schopfe packen.

Doch dazu sollte es nicht mehr kommen.

Während der zweiten Nacht, die wir in unserer alten Stellung verbrachten, wurden wir geweckt. Am Eingang des Stollens, in dem der Khan mit uns von der Militärmission schlief, erschien ein Wachposten: „Ein Bote von Seiner Durchlaucht, Prinz Kosro Khan", rief er. Seine Stimme hallte mächtig von der Wölbung des Stollens wider. Wer bisher noch geschlafen hatte, fuhr erschrocken hoch.

Neben dem Posten stand draußen im Mondschein ein kleines dürres Männchen, in offenem Hemd und blauen Leinenhosen, weißen Giwehs und der typischen Kaschghaimütze auf dem Kopf. Seine Augen, an die Dunkelheit gewöhnt, mußten den Khan schnell erkannt haben. Denn er verbeugte sich dreimal tief vor der dunklen Gestalt, die sich da aus dem Schlafteppich herauswickelte und sich, die Arme reckend, aufsetzte. Dann kam er heran, holte

aus dem bauschigen Hemd einen großen versiegelten Brief, über=
gab ihn mit einer neuerlichen Verbeugung Nasr Khan, trat zurück
und blieb, die Hände über der Brust gekreuzt, in der Haltung
demütiger Erwartung stehen.

„Licht", befahl der Khan. Zwei Windlichter wurden angezündet.
Nasr Khan erbrach das Schreiben und las. Plötzlich sprang er
auf und schrie: „Alle herkommen, alle zuhören!" Ein unnötiger
Befehl, denn draußen vor dem Eingang des Stollens standen schon
Kopf an Kopf die Kaschghais. Die Nachricht von der Ankunft
eines Kuriers aus Särhäd schien sich bereits im ganzen Lager ver=
breitet zu haben.

„Mein Bruder, Prinz Kosro Khan, schreibt mir", begann der
Khan. Seine Stimme zitterte leicht, aber trotzdem klang sie im
Tonnengewölbe des Stollens tief und voll und dröhnend. Ein
Posten war hinter ihn getreten und hielt das Licht so, daß der
Schein über Nasr Khans Schultern auf das weiße Blatt Papier fiel,
das der Khan in der Hand hielt.

„Ew. Durchlaucht, mein Herr Bruder", las Nasr Khan. „Durch
Allahs Güte habe ich euch einen großen Sieg unserer Waffen zu
melden. Unsere Soldaten haben zusammen mit den Verbündeten
Boirachmadis die Festung Samirum im Sturm genommen. Un=
übersehbares Kriegsmaterial ist in unsere Hand gefallen, darunter
zahlreiche Granatwerfer und schwere Maschinengewehre. Die Be=
satzung Samirums ist nach tapferem Kampf gefallen. Der Rest —
etwa achthundert Mann — ist gefangen genommen und nach Ab=
gabe der Waffen entlassen worden. Ein zum Entsatz Samirums
von Isfahan aus anrückendes Panzerkorps wurde von den Kasch=
ghulis mit Petroleumflaschen angegriffen. Sämtliche Panzer sind
ausgebrannt, die Besatzung in den Flammen umgekommen. Leider
haben auch wir, vor allem die befreundeten Boirachmadis, erheb=
liche Verluste erlitten.

Trotzdem ist die Stimmung der Truppen glänzend. Wir stehen
bereit zum Marsch auf Isfahan. Ich bitte Ew. Durchlaucht, unserem
Läufer Rasul Ibrahim Weisungen für unser weiteres Verhalten mit
auf den Weg zu geben..."

Während der Verlesung des Schreibens hatte lautlose Stille ge= herrscht. Was jetzt geschah, ist kaum zu schildern. Es war, als hätte ein jäher Rausch die Kaschghais gepackt. Sie schrien auf, sie lachten und schluchzten in einem, sie packten sich bei den Schultern und hopsten umeinander herum, sie knallten Gewehrschüsse in die Luft, und eine Viertelstunde später flammten überall auf unserem Hügel Freudenfeuer zum Nachthimmel auf, und das Schreien und Schießen wollte kein Ende nehmen. Merkwürdigerweise fiel vom Feind her kein Schuß. Ghaleh Pärian lag, hoch und schweigend, im Mondlicht jenseits des Flusses.

Nasr Khan war auf den Boten zugetreten und hatte ihm die Hand auf die Schulter gelegt. „Wann hat dich mein Bruder von Samirum abgeschickt, Rasul Ibrahim?" fragte er.

„Vor vier Tagen, Ew. Durchlaucht", antwortete der kleine Mann, halblaut und eingeschüchtert. Es war eine Leistung, würdig des Läufers von Marathon. Er mußte Tag und Nacht gerannt sein, und er hatte in dem bergigen Gelände weit über hundert Kilometer am Tag zurückgelegt.

Nasr Khan nötigte das Männchen zum Sitzen, und dann geschah etwas, was ich nie vorher erlebt hatte. Der Khan selber bediente den Boten, er schob ihm Kissen in den Rücken, er ließ Tee kom= men, schlug große Stücke von einem Zuckerhut herunter, tränkte sie mit Tee und steckte sie eigenhändig dem verlegen grinsenden Ibrahim in den Mund.

Währenddessen sollte Ibrahim erzählen. Doch es erwies sich, daß er offenbar mit den Beinen tüchtiger war als mit dem Mund. Er stockte oft, verhedderte sich viel, und man mußte ihm jedes einzelne Wort mühsam aus den Zähnen ziehen.

Und doch formte sich allmählich aus diesen mühsamen Worten und gestotterten Sätzen ein plastisches Bild des Kampfes um Sami= rum.

Kaschghais und Boirachmadis, zusammen eine Streitmacht von mehreren tausend Reitern, hatten Samirum eingeschlossen. Mehr= fach hatten sie zu stürmen versucht, waren aber jedesmal blutig abgewiesen worden.

Auch eine Aufforderung an den Kommandanten, die Festung unter ehrenvollen Bedingungen zu übergeben, blieb erfolglos. Da hatte Scheich Penahi, einer der Unterführer vom Stamm der Boirachmadis, neunzig Männer zusammengerufen, die tapfersten seines Volkes, und diese neunzig hatten, die Hand auf den Koran, geschworen, daß sie am nächsten Tag die Festung nehmen oder diesen Tag nicht überleben wollten.

Im Morgengrauen hatten sie, einer auf die Schulter des anderen tretend oder auf herangeschleppten Baumstämmen Affen gleich emporklimmend, die zwanzig Meter hohen Ziegelmauern Sami= rums geentert.

Viele waren gefallen, die meisten, aber die, die übrig blieben, hatten sich wie Amokläufer auf die überraschten Verteidiger ge= stürzt, hatten die Tore geöffnet, und dann hatte ein Blutbad be= gonnen, von dem selbst Rasul Ibrahim behauptete, es sei entsetz= lich gewesen. Vor allem die persischen Offiziere hatten sich helden= haft verteidigt, die letzten hatten sich, fast alle schon verwundet, mit ihrem Kommandanten in einen Turm zurückgezogen, und dort waren sie, der Kommandant an der Spitze, bis zur letzten Patrone schießend, getötet worden.

Der bittere Wermutstropfen im Becher der Siegesfreude aber war, daß es sich dabei um Leute aus dem Korpsbereich General Zahidis handelte, von denen wahrscheinlich viele mit der nationa= len Sache sympathisiert hatten und als heimliche Verbündete Deutschlands zu betrachten waren.

Doch der Sieg blieb, — und seine Folgen wurden schon am nächsten Tage sichtbar. Aus Ghaleh Pärian erschienen zwei berittene Parla= mentäre, eine große weiße Fahne mit sich führend. Sie boten Nasr Khan im Namen General Schabahtis den Waffenstillstand an.

Die offiziellen Verhandlungen fanden einen Tag darauf statt, in einem Gutshof, der dem Graf Kelmemdali gehörte. Nasr Khan ritt mittags hin, allein, nur von wenigen Bewaffneten begleitet.

Es wurde spät am Abend, ehe er zurückkam. Ich saß auf einem kleinen Feldstuhl am offenen Lagerfeuer und briet mir am Spieß eine Hammellende. „Halten Sie sich fest auf Ihrem Stühlchen, Saba", sagte der Khan, indem er in den Lichtkreis des Feuers trat,

„halten Sie sich fest, wenn Sie die Bedingungen hören, die ich gestellt habe, und die als Grundlage für den Friedensvertrag angenommen worden sind..."

Er sprach über meinen Kopf hinweg zu der Menge der Kaschghais, die das Feuer umdrängte: „Volle Autonomie für unser Gebiet nach dem Muster des Kosakenstatuts, volle Bewaffnung der Kaschghais. Sogar die in Samirum erbeuteten Waffen können wir behalten..."

„Das ist wirklich ein voller Sieg, Ew. Durchlaucht", sagte ich, und die Kaschghais jubelten und warfen ihre Mützen in die Luft. Ich aber mußte an Deutschland denken, und obwohl ich mir Mühe gab, die Freude der anderen zu teilen, blieb die Sorge in mir und ein klein wenig Neid.

Elftes Kapitel

Wir gingen auf und ab an dem Oleandergebüsch, das dicht und gleichmäßig, fast wie eine künstlich angelegte Hecke, ein paar hundert Meter weit das Bachufer säumte. Nasr Khan war sichtlich erregt. Im Gehen schlug er mit seiner Reitpeitsche von Zeit zu Zeit in das dunkelgrüne Laub der Büsche, daß Blätter und Fruchtdolden zerfetzt zu Boden sanken.

„Sie müssen das verstehen, Saba", sagte er. „In meiner jetzigen Situation liegt mir unendlich viel daran, meine Haltung bei den kommenden Friedensverhandlungen mit den Wünschen der deutschen Regierung abzustimmen. Schließlich sind wir ja, auch ohne formellen Vertrag, Verbündete..."

„Jawohl, Ew. Durchlaucht", sagte ich.

„Und da ich Ihrem SD=Mayr nicht traue und unbedingt einen zuverlässigen Unterhändler haben muß, der auch meine Lage hier aus eigener Anschauung kennt, müßten Sie den Ritt schon übernehmen. Ich wüßte wirklich keinen anderen, dem ich eine solche Mission anvertrauen könnte..."

„Jawohl, Ew. Durchlaucht", sagte ich. Aber mein Herz war voll Bitterkeit. Er schickte mich also weg, auf einen dreitausend Kilometer langen Ritt nach Teheran. Gewiß, die Begründung, die er gab, klang plausibel: Ich selbst sollte von Mayrs Funkstation aus mit Berlin in Verbindung treten, unsere Lage schildern und den Bescheid Berlins zurückbringen. Aber war das der wirkliche Grund? Lag ihm nicht viel mehr daran, mich jetzt hier wegzubringen, weil er meine Anwesenheit bei den bevorstehenden Friedensverhand= lungen als eine Belastung empfand? Zwar beim Waffenstillstand vor Ghaleh Pärian war mit keinem Wort von einer Auslieferung der deutschen Militärmission die Rede gewesen. Aber ich wußte so gut wie er, daß unsere Anwesenheit am Hofe des Khans dem Gegner ein Dorn im Auge war... Die Verhandlungen vor Beginn des Feldzuges bewiesen das... Und noch in der letzten Woche vor Ghaleh Pärian hatten gegnerische Flugzeuge über Kelmendalis Ge= biet Zettel abgeworfen, in denen unsere Auslieferung oder Besei= tigung gefordert und der Bevölkerung versprochen wurde, daß dann der Krieg zu Ende sei...

Der Mohr hat seine Schuldigkeit getan... dachte ich, und was mich am meisten schmerzte, war die Tatsache, daß ich hier, wo ich an menschliche Bindungen, ja fast an eine Freundschaft geglaubt hatte, nun plötzlich einer Haltung gegenüberstand, die ich immer geradezu als den Fluch der europäischen Zivilisation empfunden hatte: Der Mensch hat für den Menschen nur funktionelle Be= deutung, und Gefühle entwickelt man nur in Richtung des eigenen Vorteils.

„Sie wollen also reiten?" fragte Nasr Khan.

„Jawohl, Ew. Durchlaucht."

Es war ihm anzumerken, wie ihn mein Entschluß erleichterte.

„Ich werde Ihnen eine Begleitmannschaft von fünfundzwanzig Reitern mitgeben", sagte er eifrig, „ausgesuchte Leute aus meiner eigenen Leibwache..."

„Ich danke Ew. Durchlaucht", sagte ich.

Am nächsten Morgen ritten wir ab. Hamdullah begleitete mich, während Conny bei Nasr Khan zurückblieb.

Wir ritten nach Särhäd hinüber, und trotz des Waffenstillstan= des wurden wir beim Überqueren der Nordsüdstraße von Regie= rungstruppen, die die Straßen besetzt hielten, mit Maschinenge= wehren beschossen. Verluste hatten wir nicht, und auch ein Zu=

sammenstoß im Gebiet der Doschman=siari verlief ohne ernstere Folgen. Die Bewohner eines Dorfes hatten uns wohl für eine Räu= berbande gehalten und empfingen uns von den Lehmmauern ihrer Siedlung herab mit Schüssen aus alten Jagdflinten, deren Schrot= kugeln wir nachträglich aus dem Fell der Pferde und aus unseren eigenen Haut herausklauben konnten.

Im ganzen aber war es ein wunderbarer Ritt, und ich spürte, wie in der freien Weite der Berge die gedrückte Stimmung dahin= schwand, die mich seit dem letzten Gespräch mit Nasr Khan manchmal zu übermannen drohte. Der Bergwind vom Pamir blies sie fort, und das Leben in der Natur tat das Seinige dazu. Es war wie bei dem Ritt nach Färaschband. Wir schliefen, in Teppiche ge= wickelt, unter freiem Himmel, wir tranken das eiskalte Wasser der Bergquellen, und wir brieten abends am offenen Lagerfeuer das Wild, das wir tagsüber geschossen hatten.

Am Morgen des dritten Tages hatten wir eine überraschende Begegnung. Während wir unsere Pferde sattelten, kamen von der Höhe herab zwei Reiter in unser Tal. An der Form der Mützen erkannten wir von weitem die Kaschghais. Sie ritten in gestreck= tem Galopp auf uns zu, parierten ihre Pferde durch, und schon nach wenigen Worten stellte sich heraus, daß es Kuriere waren, von Kosro Khan mit einer wichtigen Nachricht zu seinem Bruder abgesandt.

„Ew. Gnaden würden gewiß viel darum geben, wenn Ew. Gna= den die Nachricht kennen würden, mit der wir unterwegs sind", sagte der eine, ein Alter mit listigem Fuchsgesicht.

„Nun, was soll sie denn kosten?" fragte ich, halb im Scherz auf seine Anzapfung eingehend.

„Ein Waßmußgewehr."

Das war nicht weniger als tausend Toman. Ich winkte ab.

„Nun, wir können es ja auch anders machen", lenkte der Alte ein. „Ich vertraue auf das große Herz von Ew. Gnaden. Ich erzähle jetzt, was ich weiß, und Ew. Gnaden geben mir dann soviel, wie die Nachricht Ew. Gnaden wert ist..."

Amüsiert über den geschäftstüchtigen Nachrichtenhöker sagte ich lachend: „Ja".

„Vier Deutsche sind aus dem Flugzeug bei uns abgesprungen" sagte er. „Sie haben Gold und Dynamit mitgebracht und eine Botschaft von Hitlerschah an Nasr Khan..."

Das allerdings hatte ich nicht erwartet! Es traf mich wie ein elektrischer Schlag. „Wo sind sie jetzt?" fragte ich kurzatmig.

„Bei Kosro Khan."

„Und wo ist Kosro Khan?"

Er hatte sein Ordu zwischen Samirum und Desch=i=kurd aufgeschlagen. Ich ließ mir die Lage und den Weg dorthin genau beschreiben. Mein Entschluß war gefaßt. Wir brachen die Expedition nach Teheran ab und ritten so schnell wie möglich zu Kosro Khan.

Ich suchte noch weitere Einzelheiten aus dem Boten herauszufragen. Doch leider wußte er erstaunlich wenig. Er erzählte nur, daß die Deutschen nachts mit Fallschirmen in der Nähe von Ardakan abgesprungen wären... übrigens waren es nur drei Deutsche, ein Perser war auch dabei... und sie hätten Gold mitgebracht, ganze Säcke voll mit Goldstücken...

Ich fragte ihn nach Post. Er wußte es nicht. Ja, doch, Briefe von den Brüdern Nasr Khans aus Deutschland wären auch dabei gewesen.

„Und Funkgerät?"

„Ja, so komische Stangen hätten sie auch mitgehabt", aber ob das Funkgerät war, wußte er nicht. Und dann kam er immer wieder auf das Gold zu sprechen, ganze Säcke voll Gold...

Ich ließ ihm und seinem Begleiter je ein Gewehr von meiner Leibwache geben, und die beiden erstarben förmlich in Dankbarkeit und Devotion.

Dann ritten wir ab, in Richtung Nordwest, auf Desch=i=kurd zu.

Wir waren vorher durchschnittlich neunzig Kilometer am Tag geritten, in den Bergen Särhäds eine beachtliche Leistung. Jetzt kamen wir auf einhundertfünfunddreißig Kilometer täglich. Ich gab das Tempo an und trieb die anderen unausgesetzt zur Eile. Am liebsten wäre ich Tag und Nacht geritten, nur die Rücksicht auf die erschöpften Tiere zügelte meine Ungeduld etwas.

Am Nachmittag des dritten Tages bekamen wir Kosro Khans Zeltlager zu Gesicht, — etwa zwanzig große weiße Zelte in einem grünen Hochtal. Wir ritten im Galopp ein ... und ich fragte nach dem Zelt des Khans. Es lag etwas abseits von den übrigen, und als ich darauf zusprengte, trat Kosro Khan vor den Eingang. Trotz meiner Spannung war ich im Augenblick betroffen von der Schönheit des Anblicks: Das war Achilleus, der Held Homers, der da in strahlender Jugend vor mir stand.

Ich sprang vom Pferd, wir begrüßten uns, und nach dem Austausch der üblichen Höflichkeitsfloskeln fragte ich sofort nach dem deutschen Funkkommando.

„Sie sind weitergeritten ins Bärm=i=Firuz=Gebirge", sagte er, „sie wollen dort ihre Funkstation aufbauen..."

Ich hatte Mühe, meine Enttäuschung zu verbergen. „Kann ich sie heute noch erreichen?" fragte ich.

Er deutete auf die schrägstehende Sonne und sagte lächelnd: „Heute unmöglich ... und außerdem reiten Sie mindestens zwei bis drei Tage..."

Er nötigte mich in sein Zelt, und ich war bestrebt, mich mit Anstand in das Unabänderliche zu fügen. Während wir Tee tranken, erzählte er mir von den Deutschen. Es waren ein Offizier und zwei Unteroffiziere von der SS, – der Perser, der sie begleitete, war ein Zivilist, Farsad hieß er, ein Abwehrmann, der dem Kommando als Dolmetscher beigegeben war.

Sie waren zu weit südlich an der Grenze des Kaschghaigebiets abgesprungen. Um ein Haar wären sie sogar in einem Lager der Regierungstruppen gelandet. Bei der Landung hatte sich dann noch ein Zwischenfall ergeben, der beinahe schlimme Folgen gehabt hätte. Ein Lastenfallschirm war zu hart aufgeprallt, und ein Sack mit Goldstücken hatte sich geöffnet. Die Kaschghulis waren wie die Geier über das Gold hergefallen, doch Farsad, der persische Begleiter des Kommandos, hatte die Situation gerettet. Er hatte den Funkapparat laufen lassen, und ein fingiertes Telefongespräch mit Nasr Khan geführt, wobei er die Golddiebe möglichst genau beschrieb. Und selbst die Fernwirkung von Nasr Khans Autorität hatte ausgereicht, um die geldgierigen Räuber zu veranlassen, das Diebesgut bis auf den letzten Sovereign wieder herauszurücken.

Kosro Khan lachte, als er die Geschichte erzählte.

Dann zeigte er mir voll Stolz das neueste Bild seiner Brüder Malek Mansur und Hussein und ihres Sekretärs Goreschi, das erst vor wenigen Wochen in Berlin aufgenommen war. Drei elegante Gentlemen in tadellosen Sakkos und mit ebenso tadellos frisierten Köpfen blickten mit müden Augen aus blasierten Gesichtern dem Photographen in die Linse. „Sie haben den feinsten Verkehr in Berlin", versicherte Kosro voll brüderlichen Stolzes, „Beziehungen zu den Spitzen der Diplomatie und höchsten Kreisen der Generali=
tät." Doch ich gestand mir insgeheim, daß mir Nasr und Kosro Khan erheblich sympathischer waren.

Malek Mansur und Hussein hatten auch Briefe mitgeschickt, einen ganzen Stapel Briefe. Leider waren sie an Nasr Khan ge= richtet, so daß Kosro nicht wußte, was sie enthielten.

„War auch Post für mich dabei?" fragte ich und spürte, wie mein Herz plötzlich anfing, schneller zu schlagen.

Ja, auch ein ganzer Pack deutscher Briefe, an mich gerichtet, war dabei gewesen. Aber von wem sie kamen, wußte Kosro Khan nicht zu sagen. Der SS=Offizier hatte sie mit zur Funkstellung hinauf= genommen.

Ich schlief schlecht in dieser Nacht. Und morgens, beim ersten Frührot, sattelten wir die Pferde und ritten ab. Kosro Khan hatte uns als Führer einen alten Kaschghai mitgegeben, der Waßmuß noch gekannt und unter seinem Kommando gekämpft hatte. Und es war rührend zu hören, mit welcher Verehrung der Graukopf noch heute, nach fünfundzwanzig Jahren, von dem großen Schah= bender Alleman Waßmuß sprach.

Kosro Khan hatte für den Weg bis zur Funkstation im Bärm=i= Firuz=Gebirge zwei volle Tage gerechnet, wir schafften es schon in eineinhalb. Obwohl wir unterwegs Dörfer und Zeltlager in weitem Bogen umreiten mußten, da, wie unser Führer angab, auf Befehl Kosro Khans der Aufenthalt der Deutschen streng geheim gehal= ten werden sollte.

Am Mittag des zweiten Tages gelangten wir in eine weite Hochebene, die von mehreren Flüssen durchströmt und im Süden vom steil ansteigenden Gebirgsmassiv des Bärm=i=Firuz abgeriegelt wurde. Doch es dauerte noch ungefähr zwei Stunden, bis wir das kleine Lehmdörfchen erreichten, das unmittelbar am Fuß der Bergwand lag.

Von hier aus begann der Aufstieg, ein langes mühsames Klettern über Steine und Geröll, denn die deutsche Funkstation lag ungefähr 500 m über der Talsohle. Es war ein breites, mit Gras bewachsenes und dicht mit Gebüsch bestandenes Felsband, auf dem sie sich installiert hatten. Darüber erhob sich, viele hundert Meter hoch, der Berg, und darunter stürzte, ebenso steil, der Hang ins Tal hinunter. Man hörte das plätschernde Geräusch, mit dem das Wasser eines Bergquells über die Steine ins Tal hinuntersprang.

Auf dem Plateau, das wie eine Terrasse aus der Felswand heraussprang, standen zwei große dunkelgrüne Zelte, mit ihrer Tarnfarbe fast im Gebüsch verschwindend, und zwei Funkmasten, durch eine Antenne verbunden, ragten, dünn und lang, wohl 10 Meter hoch in die Luft. Die Vorderseite des einen Zelts war aufgeschlagen, ich sah zwei Funker an der Arbeit. Sie deuteten, ohne ihre Arbeit zu unterbrechen, auf das andere Zelt. Ich ritt darauf zu, stieg vom Pferd und klopfte an das Zeltgestänge.

„Herein", sagte eine Stimme halblaut auf deutsch.

Ich trat ein. Im grünen Halbdämmer des Zelts saß ein Mann in hellbrauner Tropenuniform auf einer Kiste und zählte Goldstücke in ein dunkelblaues Leinwandsäckchen. Als ich eintrat, ließ er vorsichtig das Gold in das Säckchen gleiten, erhob sich und trat auf mich zu. Es war ein mittelgroßer Mann, rötlich=blond, und von der durchsichtigen Blässe der Rothaarigen. Auffallend in seinem Gesicht war die scharfe, lange, etwas seitlich verbogene Nase und die wasserhellen, engstehenden Augen, die mich mit einem seltsam starren Ausdruck musterten.

Wir machten uns bekannt.

„SS=Hauptsturmführer Kurmis", stellte er sich vor. Er sprach leise, mit einer fast tonlosen Stimme, aber unverkennbar mit der harten Klangfärbung der östlichen Provinzen.

Ich war bewegt. Schließlich war es seit Jahren der erste Deutsche, den ich wiedersah, der erste wenigstens, der direkt aus der Heimat kam, und der eine deutsche Uniform trug. „Das ist der Moment, auf den ich seit Jahren warte", sagte ich.

Er hob mit dem Ausdruck des Erstaunens die hellen Augen=
brauen, dann sagte er trocken: „Übrigens habe ich Ihnen Verschie=
denes mitgebracht ..." Er ging zu einem Seesack, der in einem
Winkel des Zeltes stand, schloß ihn auf, und während er darin zu
kramen begann, sagte er über die Schulter weg: „Ich soll Ihnen
Grüße bestellen von Ihrer Frau ..."

„Oh", sagte ich und spürte, wie mir die Kehle plötzlich eng
wurde. Und erst viele Herzschläge später fragte ich, bemüht, ruhig
und gleichgültig zu sprechen: „Wo haben Sie meine Frau denn
getroffen?"

„In Berlin ... im OKW ... bei Major Berger ..." sagte er. Er
hatte sich aufgerichtet und kam, mit einem Paket Briefe in der
Hand, auf mich zu. „Übrigens soll ich Sie auch von Major Berger
grüßen."

„Danke", sagte ich und griff hastig nach den Briefen. Obenauf
lag ein Bild, in Zeitungspapier eingeschlagen. Ja, das war sie ...
sie und die Kinder ... sie hatte den beiden die Arme über die
Schultern gelegt, ... der Große war nicht dabei, ... wo er wohl sein
mochte? ... sie war schmaler geworden ... aber sie sah gut aus ...
nichts anzumerken von den Strapazen des langen Ritts und der
Gefangenschaft ... ganz heiter und gelöst wirkte sie, wie sie
lächelnd mit den Kindern dastand ...

„Bitte, nehmen Sie doch!" sagte Kurmis. Ich schrack auf. In der
geöffneten Hand hielt er mir ein kleines weißes Pappschächtelchen
hin. Ich öffnete es. Darin lag eine Gelatinekapsel mit einer glas=
klaren Flüssigkeit gefüllt.

„Nicht anfassen!" sagte Kurmis heftig. Ich sah ihn erstaunt an.

„Aber ich habe Ihnen doch eben gesagt", seine Stimme klang
vorwurfsvoll, „Zyankali. Befehl vom Reichsführer SS: Kein Mann
vom SD oder der Abwehr darf dem Gegner von jetzt ab noch
lebend in die Hände fallen ..."

Ich schloß die Schachtel und ließ sie und die Briefe wortlos in den
Falten meines braunseidenen Kuschak verschwinden.

„Bitte, wollen wir uns nicht setzen." Kurmis deutete einladend
auf einen Sack und ließ sich selbst wieder auf der Munitionskiste
nieder, auf der er bei meinem Eintritt gesessen hatte. „Ich wäre

Ihnen dankbar", sagte er, "wenn Sie mal einen kurzen Überblick darüber geben könnten, was sich hier unten eigentlich tut."

Ich schilderte ihm in großen Zügen den Krieg der Kaschghais und Nasr Khans jetzige Situation. Während ich erzählte, beobachtete ich ihn. Er hatte die schmalen Lippen fest zusammengepreßt, die Augen blinzelnd halb geschlossen, und diese Mimik, zusammen mit dem stark vorgewuchteten Kinn, verlieh seinem Gesicht einen Ausdruck von düsterer, gewalttätiger Energie.

Als ich geendet hatte, sagte er: "Das Wichtigste scheint mir zu sein, daß Sie mich so schnell wie möglich in Ihre Beziehungen zu diesem Nasr Khan einspannen. Ich muß den Burschen fest in der Hand haben, wenn Sie hier weg sind..."

"Wieso weg?" Ich konnte meine Überraschung nicht verbergen.

Für einen Augenblick wurde er verlegen. "Naja", sagte er, "Sie sollen doch mit dem nächsten Flugzeug hier abgeholt werden... Man will Sie im OKW wiederhaben, als Referenten für den gesamten Orient... Sie fallen ein ordentliches Stückchen die Treppe rauf dabei..."

"Danke", sagte ich, "und Sie?"

Er lachte und entblößte dabei eine Reihe kleiner milchweißer Zähne. "Wir wollen den Laden hier weiter schmeißen... So'ne Kommandos wie wir sind jetzt überall abgesprungen... im Irak, Palästina und Syrien... ein ganz neues, großartiges Orientprogramm... der Reichsführer SS und Kaltenbrunner steuern die Sache persönlich..."

Ich verstand. Das bedeutete Ausschaltung der Abwehr und meine Kaltstellung zugleich.

Während ich noch über die Konsequenzen des eben Gehörten nachdachte, kamen die Diener, brachten Lichter und deckten zum Abendessen. Und gleich darauf erschienen die drei Funker und wurden mir vorgestellt. Es waren die Unteroffiziere Piwonka und Harbers und der Perser Farsad. Auch Hamdullah erschien und nahm, schüchtern und verlegen grinsend, am unteren Ende unserer Tafel Platz.

Beim Essen wurde die Unterhaltung fast ausschließlich von den drei SS=Leuten bestritten. Ich wunderte mich über den legeren

Ton, der unter ihnen herrschte. Sie duzten sich alle untereinander, und Kurmis nannten sie Tine, was, wie ich später erfuhr, eine burschikose Abkürzung seines Vornamens Martin war. Piwonka vor allem, ein großer, etwas schlaksiger Wiener, konnte sich gar nicht genug tun, Kurmis als Sonntagsreiter aufzuziehen. „Tines Hintern sah aus wie ein Beefsteak Tartar", sagte er. Und zu meinem Erstaunen entnahm ich seinen Frozzeleien, daß Kurmis und Piwonka hier in Persien zum erstenmal auf einem Pferd gesessen und gleich den Ritt von Ardakan nach Kosro Khans Lager absolviert hatten.

„Eigentlich doch verwunderlich", sagte ich, „daß der SD seine Leute für ein solches Persienkommando nicht besser präpariert." Wahrscheinlich hatte es, aus meiner Stimmung heraus, etwas verkniffen geklungen, denn Kurmis wandte sich sofort ruckartig mir zu:

„Oh, bitte", sagte er scharf, „wir haben eine Spezialausbildung hinter uns ... bei Skorzeny in Oranienburg ... in Zistersdorf und Wiener Neustadt ... und auf Sprengung von Ölleitungen und Pumpstationen sind wir ganz besonders präpariert ... das scheint mir schließlich wichtiger, als daß man auf einer persischen Schindmähre eine gute Figur macht..."

Ein verlegenes Schweigen entstand.

Ich erkundigte mich bei den Funkern, ob sie schon Verbindung mit Berlin hätten. Harbers antwortete. Er war ein ganz junger Mensch, mit einem stillen, besinnlichen Gesicht. „Leider noch nicht, Herr Major", sagte er, „wir haben zwar gefunkt, aber Wannsee hat noch keine Antwort gegeben..."

Gleich nach dem Abendessen verabschiedete ich mich und ging mit Hamdullah hinüber in das grüne Zelt, das uns Kosro Khan zur Wohnung angewiesen hatte, bis mit dem nächsten Transport ein weiteres Zelt für die Funker heraufkam.

Ich war enttäuscht und niedergeschlagen. Das also war die Wiederbegegnung mit der Heimat, auf die ich mich seit Tagen so unsinnig gefreut hatte. Abgehalftert ... zum alten Eisen geworfen ... die jungen Leute vom SD würden von jetzt ab „den Laden schmeißen" ... und wie sie ihn schmeißen würden ... mit Dynamit und

Sabotageakten ... Nun gut, mochten sie's treiben auf ihre Weise
... meine Rolle war aus ... die Würfel in dem großen Spiel zwi=
schen Abwehr und SD waren in Berlin gefallen ... Harbers Be=
merkung eben hatte die Lage blitzartig erhellt .... Man suchte Ver=
bindung nicht mehr mit Belzig, sondern mit dem Havelinstitut am
Wannsee, der Funkstation des SD...

Hamdullah war schweigend um mich bemüht. Er holte Lichter, er rollte die Schlafteppiche aus, und als er fertig war, sagte er: „Ich gehe noch ein bißchen zu den Kaschghais. Wenn Herr Major mich brauchen, rufen Sie, bitte." Es war rührend zu sehen, wie er, ohne ein Wort von der deutschen Unterhaltung verstanden zu haben, meine Stimmung erriet.

Ich bemühte mich gewaltsam, meiner Depression Herr zu wer= den. Ich holte die Briefe aus meinem Kuschak und begann zu lesen. Und damit tauchte ich ein in eine andere Welt. Meine Frau erzählte von ihrer Flucht. Und seltsam, fast war es wie ein Zwiegespräch. Sie setzte ein an dem Punkt, den meine Gedanken eben verlassen hatten: Sie begann mit einem Loblied auf Hamdullahs Treue. Auf den Gletscherfirnen im Hochgebirge, wo die Pferde bis zum Bauch in den Schnee einsackten, war er abgestiegen und zu Fuß gegan= gen, — und hatte sie allein weiterreiten lassen. Er hatte nie davon erzählt, und mit einer gewissen Beschämung dachte ich daran, wie ich ihm innerlich Vorwürfe gemacht hatte, als er davon sprach, daß meine Frau hinter dem Sattel, auf dem blanken Pferderücken reiten mußte.

Sie hatte ein paar Wochen in der Türkei in Haft gesessen, dann war sie, durch die Intervention der deutschen Botschaft, freigekom= men und über Ankara nach Berlin zurückgeflogen.

Die Freude des Wiedersehens mit den Kindern war unbeschreib= lich. Sie waren alle drei gesund. Brigitte hatte ihr Abitur gemacht, und der Große war nun auch schon Soldat. Und dann erzählte sie von ihrem Besuch im Amt am Tirpitzufer. Der Empfang war kühl gewesen. Man hatte ihrem Bericht nicht geglaubt. Erst hatte man angenommen, daß Mayr und ich gefangen und von der feindlichen Abwehr „umgedreht" wären, und dann, als sie kam und für uns zeugte, hatte man sie belehrt, daß General Zahidi wahrscheinlich

ein britischer Provokateur sei, auf den wir, Mayr und ich, herein=
gefallen wären. Das war typisch die Hybris der Zentrale, die alles
immer besser wußte, und wenn nach Canaris Wort Mißtrauen die
erste Tugend eines Abwehrmannes war, so schien hier der dialek=
tische Punkt erreicht, wo übertriebene Tugend in ihr Gegenteil
umschlug.

„Übrigens", schrieb sie, „hat sich die Atmosphäre am Tirpitzufer
überhaupt in erschreckender Weise verändert. Es herrscht die Luft
von Byzanz, und alle machten einen unsicheren, besorgten, ja ver=
ängstigten Eindruck. Einzig Berger war wie immer, freundlich und
wohlwollend."

Der Eingang zum Zelt öffnete sich, und durch einen Spalt schob
sich Farsads Kopf herein. „Darf ich einen Augenblick stören?"
„Bitte", sagte ich, und schob die Briefe in meine Schärpe zurück.

Er kam herein und setzte sich. Ich hatte den Dolmetscher des
deutschen Funkkommandos bisher nur wenig beachtet. Es war ein
magerer, junger Mensch von vielleicht fünfundzwanzig Jahren,
der die übliche Kaschghaitracht trug. Auffallend an ihm war nur
der sorgfältig gepflegte, pomadisierte Scheitel, der ihm das Aus=
sehen eines großstädtischen Stutzers gab und seine Tracht fast wie
eine Maskerade wirken ließ.

Jetzt, als er mir gegenüber saß, sah ich in ein schmales, intelli=
gentes Gesicht mit sehr wachen Augen.

Nach den üblichen Teschrifats kamen wir auf Berlin zu sprechen.
Er schilderte mir die Wirkung der feindlichen Bombenangriffe. Es
mußte schrecklich sein. Ganze Straßenzüge lagen in Schutt und
Asche. Und die deutsche Fliegerabwehr wurde immer schwächer.
Von einer deutschen Luftherrschaft konnte man schon lange nicht
mehr reden, kaum noch von einer Parität der Kräfte.

„Wissen Sie eigentlich überhaupt nicht, Herr Major, was in
Deutschland vor sich geht?" fragte Farsad. Er hatte sich in plötz=
licher Erregung vorgebeugt und starrte mir mit einem befremdlich
wilden Blick ins Gesicht. „Wissen Sie nicht, daß dieser Krieg für
Deutschland verloren ist ... daß die deutsche Generalität selber die
Hoffnung auf den deutschen Sieg aufgegeben hat ... und daß selbst

ein Mann wie Halder zum Beispiel die einzige Chance in einem Separatfrieden mit den Westmächten sieht?"

Ich bemühte mich, mein Erschrecken durch Ironie zu verschleiern: „Ach", sagte ich, „und woher kommt Ihnen diese Wissenschaft?"

„Von den Brüdern Nasr Khans. Sie gehen in Zossen beim Generalstab ein und aus, und sie sind ständig mit dem Botschafter von der Schulenburg zusammen."

„Und was glauben also die Brüder Kaschghai?"

„Sie glauben, daß seit Stalingrad der Krieg für Deutschland verloren ist", wiederholte er. „Und sie glauben auch nicht daran, daß noch eine Rettung möglich ist. Schulenburg ist ein Illusionist, hat neulich erst Hussein Khan zu mir gesagt. Er hält es für möglich, auszusteigen, während der Toboggan, mit Hitler am Steuer, in voller Fahrt in den Abgrund rast..."

„Na, mir scheint dieser Pessimismus jedenfalls reichlich übertrieben", sagte ich möglichst leichthin.

Farsad schien das als Beleidigung aufzufassen: „Meinen Sie", fuhr er auf, „daß wir an einer solchen Katastrophenperspektive Freude haben? Was schaut denn für uns Perser dabei heraus? Kommt es wirklich zu einem deutschen Separatfrieden mit dem Westen, dann sind wir den Engländern mit Haut und Haaren ausgeliefert. Und verliert Deutschland den Krieg, dann werden wir die Beute der Sowjets. Unsere einzige Hoffnung sind dann noch die Amerikaner... und es ist sehr die Frage, ob die sich nicht von dem englischen Seniorpartner ins Schlepptau nehmen lassen und die britische Kolonialpolitik unterstützen."

Ich schwieg. „Schließlich sind das alles doch Hypothesen", sagte ich nach einer Weile, „und ich möchte Sie dringend bitten, Durchlaucht Nasr Khan mit solchen Schwarzsehereien zu verschonen."

Er versprach es, aber ich hatte das sichere Gefühl, daß er sein Wort nicht halten würde.

Ich begleitete ihn dann noch vors Zelt, und als er in den dunklen Gebüschen untergetaucht war, stand ich noch eine Weile allein draußen. Es war eine helle, sternklare Nacht, hoch am Zenith des Himmels hing die Mondsichel, die Pferde stampften grasend und schnaubend durch die Büsche, und der Felsen hinter mir, wo meine Kaschghaiwachen lagerten, war vom rötlichen Schein eines Lagerfeuers angestrahlt.

Ich ging nach vorn an den Rand des Felsplateaus. Tief unter mir lag die Ebene in blauem Dunst, aus dem wie Silberadern die Fluß= läufe heraufschimmerten. Ich war im Tiefsten erschüttert. Denn mit untrüglicher Gewißheit spürte ich, was Farsad gesagt hatte, war die Wahrheit. Und im Grunde genommen war es nur eine Bestä= tigung der dunklen Befürchtungen, die mich in letzter Zeit ge= quält hatten und die ich immer wieder ins Unterbewußtsein hinab= gedrückt hatte.

Erst jetzt freilich, wenn ich die Nachrichten von Kurmis und Farsad zusammenhielt, wurde mir die ganze abgründige Dämonie des Spiels klar, das da gespielt werden sollte. Das Dritte Reich war verloren, und nun, in letzter Minute, wollte man noch retardie= rende Momente in den eigenen Untergang einschalten. Sabotage= akte in Persien, im Irak und in Palästina ... was konnte das an= deres bedeuten, als die Entfesselung eines Krieges im Orient ... eines Krieges, der jetzt chancenlos geworden war für die Völker des Ostens ... in dem man, im Landsknechtsjargon des SD ge= sprochen, diese Völker „verheizen" wollte, um den verlorenen Machthabern des Dritten Reiches noch eine Atempause zu gönnen.

Ich hatte dieser Macht gedient, mit gutem Gewissen gedient. Gewiß, es gab dunkle Stellen im Bilde, das wußte ich so gut wie viele andere, aber wie dunkel die waren, ahnten wohl die wenig= sten von uns. Und dann: Gab es solche Stellen nicht überall? War nicht die englische Kolonialgeschichte ein einziges Gewebe von Schweiß, Blut und Tränen der unterdrückten Völker?

Hier in Persien hatte ich die Herren des Empire am Webstuhl gesehen, und ich hatte die Entrüstung, ja den Haß der Perser ver= standen und geteilt. Und gutgläubig hatte ich die von gutgläu= bigen Persern so oft gebrauchte Formel wiederholt, daß wir Deut= schen ganz anders und besser seien. Und nun? Bedeutete dieses skrupellose Spiel mit dem Heiligen Islamischen Krieg etwas an= deres, bedeutete es weniger als die Ausnutzung und den Mißbrauch, den England mit den Völkern des Ostens getrieben hatte und noch weiter trieb?

Die Frage stellen, hieß, sie beantworten. Zum erstenmal wurde mir die Bedeutung von Jakob Burkhardts Worten klar, daß die Macht schlechthin böse ist.

Das Entsetzliche für mich aber war, daß ich mit dieser Erkenntnis zugleich in eine persönliche Entscheidung hineingezogen wurde. Denn selbst wenn ich mich abseits hielt, durfte ich wirklich ruhig zusehen, wie Kurmis und seine Leute hier zu wirken begannen, wie alles, was Nasr Khan in den vergangenen Monaten erreicht hatte, erneut aufs Spiel gesetzt wurde, auf ein frevelhaftes Spiel, das nur mit dem Untergang der Kaschghais und vielleicht sogar, wie im Irak, mit der Versklavung ganz Persiens enden konnte...? Und doch: durfte ich meinem eigenen Vaterland bei seinem Todeskampf in den Arm fallen?

Ich betete um Erleuchtung.

Es kam kein Engel vom Himmel, aber als ich im Morgengrauen fröstelnd in mein Zelt zurückkehrte, wußte ich: solange ich hier auf meinem Posten stand, würden keine Sabotageakte verübt.

* * *

Am nächsten Morgen, gleich nach dem Frühstück, ging ich hinüber in Kurmis Zelt. Das Wichtigste für mich war jetzt, die militärische Kommandogewalt über Kurmis und seine Leute in die Hand zu bekommen. Er war schon wach und zählte sein Geld. Die Beschäftigung mit den vielen Goldstücken schien ihm geradezu ein sinnliches Vergnügen zu bereiten.

Da wir, im Zelte sitzend, das Terrain nicht überblicken und eventuell belauscht werden konnten, bat ich ihn, mich auf einem Inspektionsgang zu begleiten, ich wünschte keine Zeugen bei unserer Unterredung zu haben.

Wir gingen zum Westrand des Plateaus, wo im armdicken Strahl die Quelle aus der Felswand sprudelte und sich, ein dünnes Bächlein, im hohen Gras und Gebüsch verlor. Wir setzten uns ins Gras. Hören konnte uns hier niemand, das Plateau war groß, und wir waren etwa zweihundert Meter von den Zelten entfernt.

Ich ging geradewegs auf mein Ziel los. „Herr Kurmis", sagte ich, „es scheint mir wichtig, die Frage der militärischen Befehlsgewalt so rasch wie möglich zwischen uns zu klären. Sie sind hier in meinem Befehlsbereich abgesprungen, der nach den bindenden Abmachungen zwischen Abwehr und SD zum Arbeitsgebiet der Abwehr gehört."
Er verstand sofort, worauf ich hinaus wollte. Er straffte sich, und seine Antwort kam in einem ziemlich gereizten Ton: „Es handelt sich bei meinem Kommando um ein Gemeinschaftsunternehmen, das in Berlin zwischen SD und Abwehr vereinbart worden ist. Jeder von uns soll selbständig operieren, und natürlich sind wir zur gegenseitigen Unterstützung verpflichtet. Meine Anweisungen erhalte ich jedenfalls per Funk aus Berlin..."
Der Fehdehandschuh war geworfen. Ich sagte, möglichst ruhig: „Es ist ganz ausgeschlossen, daß hier zwei selbständige Kommandos nebeneinander arbeiten. Ich muß darauf bestehen, daß sich das Kommando mir unterstellt, — mindestens bis zum Eintreffen gegenteiliger Anweisungen aus Berlin. Da ich der Ranghöhere bin, ist die Frage militärisch sowieso klar."
Eine dunkle Blutwelle schoß in sein bleiches Gesicht, und seine Stimme steigerte sich zu einem schrillen Diskant, als er heftig antwortete: „Es ist ebenso ausgeschlossen, daß eine SS=Formation einem Wehrmachtsoffizier unterstellt wird. Im Vergleich zur SS sind Wehrmachtsoffiziere schließlich doch nur Soldaten zweiter Klasse."
Das war nackte Unverschämtheit. Aber zugleich hatte er sich mit diesem wilden Ausfall eine Blöße gegeben. Ich zwang mich zur Ruhe und sagte kalt: „Herr Hauptsturmführer! Für diese Insubordination könnte ich Sie auf der Stelle standrechtlich von meiner Leibwache erschießen lassen."
Es war der Ton, den er haben mußte. Der Soldat in ihm, von früh auf daran gewöhnt, in den Kategorien militärischer Subordination zu denken, reagierte sofort: „Bitte um Verzeihung, Herr Major", stotterte er.
Ich hielt es für richtig, sofort einzulenken. „Nun wollen wir mal vernünftig miteinander reden", sagte ich. „Ich sitze heute fast

zwei Jahre hier unten und genieße das volle Vertrauen Nasr Khans und der anderen Kaschghaifürsten. Wenn wir überhaupt etwas erreichen wollen, können wir es nur auf gütlichem Wege und mit den Kaschghais zusammen. Es liegt also nur in Ihrem dienstlichen Interesse, wenn Sie sich mir anvertrauen."

Kurmis hatte den Kopf gesenkt und dachte eine Weile schwei= gend nach. Dann blickte er auf: „Ich sehe das ein, Herr Major", sagte er.

Die Frage der Kommandogewalt war damit entschieden. „Wür= den Sie, bitte, die Leute des Kommandos entsprechend instruieren."

„Jawohl, Herr Major." Seine Stimme klang etwas verbittert.

Es war der Einfall eines Augenblicks: Ich mußte seiner Nieder= lage den Stachel nehmen. „Ich finde übrigens", sagte ich leichthin, „wir sollten den Major und den Hauptsturmführer hier einpacken. Wir sitzen so eng zusammen in unserem kleinen Boot, daß wir ruhig ‚Du' zueinander sagen sollten. Also ..." Ich streckte ihm die Hand hin.

Er wurde rot und schlug ein: „Ich heiße Martin und werde Tine genannt."

„Und ich heiße hier Saba."

Wir schüttelten uns die Hände und gingen einträchtig zu unse= rem Kommando zurück. Beim Mittagessen dehnte ich das Du auch auf die übrigen Mitglieder des Kommandos aus. Spaß machte es mir nur bei Hamdullah. Er war ganz außer sich vor Freude, und wohl fünfmal kam er im Laufe des Nachmittags in mein Zelt, um zu fragen: „Du, Saba, sollen wir die Pferde nicht besser runter= bringen lassen ins Tal?" ... „Saba, willst du heute abend lieber Schaschlyk oder Steinbockleber essen? ...

Offenbar genoß er die neue Vertraulichkeit wie ein persischer Jüngling den ersten verbotenen Wein.

* * *

Gegen Abend kam Conny zu uns auf die Felsnase geritten. Er kam, um uns eine Einladung Nasr Khans für ein großes Festban= kett zu überbringen, das am Wochenende zu Ehren des deutschen

Kommandos in Kosro Khans Zelten veranstaltet werden sollte. Denn Nasr Khan war auf die Nachricht von der Ankunft der Deutschen sofort nach Särhäd aufgebrochen und hatte das Ordu Kosro Khans in einem Gewaltritt von vier Tagen erreicht.

„Der Alte ist in glänzender Laune", berichtete Conny, „die Meldung von dem Absprung der Deutschen hat ihn förmlich elektrisiert."

Ein Meltau auf dieser frohen Botschaft war nur, daß der Khan Farsad sofort zu sprechen wünschte. Er sollte mit dem Begleitkommando, das Conny hergebracht hatte, zurückreiten und noch vor uns bei Nasr Khan eintreffen.

Ich teilte Conny das nächtliche Gespräch und meine Bedenken mit. Er war ebenso erschüttert wie ich. „Es ist offenbar so", meditierte er halblaut, „daß die Brüder Kaschghai wegen der deutschen Zensur nicht gewagt haben, etwas von dem zu schreiben, was du da erzählst" — auch Conny war inzwischen in die Duzbrüderschaft aufgenommen worden —, „denn der Alte war unverändert guter Laune, als er die Post aus Berlin gelesen hatte ... wahrscheinlich ist dieser Farsad nebenbei ein geheimer Kurier der Berliner Brüder, der mündlich einen Lagebericht geben soll ..."

Nach längerer Überlegung beschlossen wir, das Begleitkommando ohne Farsad abreisen zu lassen. Wir können das immer damit begründen, tröstete ich mich, daß die Verbindung mit Berlin noch nicht steht und daß Farsad als Funker hier oben gebraucht wird.

Den nächsten Tag verbrachten wir mit Vorbereitungen für den Empfang. Sättel, Zaumzeug und Waffen wurden geputzt und die Kleider in Ordnung gebracht. Kurmis memorierte eine persische Ansprache, die man im OKW aufgesetzt hatte. Er sollte Nasr Khan im Auftrag Hitlers eine goldene Walther=Pistole mit eingravierter Widmung und ein Säckchen mit goldenen Fünf=Dollar=Stücken überreichen und dazu eine kurze Rede halten, die man ihm, den Klang der persischen Worte in deutscher Schrift nachbildend, Wort für Wort aufgeschrieben hatte.

Ich bat mir das Konzept aus und brachte noch einige schmeichelhafte Wendungen für den Helden von Muk und Ghaleh=Pärian und den Sieger von Samirum an. Bei dieser Gelegenheit erfuhr ich dann zu meinem Erstaunen, daß sämtliche Nachrichten über die Feldzüge Nasr Khans in Deutschland unterdrückt worden waren. Eine ganze Auflage des Völkischen Beobachters, die vom Kriegs= ausbruch in Südpersien berichtete, war aus den Maschinen heraus= gerissen und vernichtet worden. Offenbar war das noch zu einer Zeit geschehen, wo man in Berlin an einen Einmarsch in Persien glaubte und den Gegner nicht unnötig auf die Luftlandebasis im Süden aufmerksam machen wollte.

Am nächsten Tag ritten wir dann ab. Obwohl ich Farsad am liebsten bei den Wachen auf der Felsnase zurückgelassen hätte, wagte ich das nicht, da ich damit rechnen mußte, daß die Brüder Kaschghai ihn in ihren Briefen erwähnt und den Khan auf seine mündlichen Auskünfte verwiesen hatten.

Als wir bei Kosro Khans Zeltlager ankamen, schien das Fest schon in vollem Gange. Überall auf den Weideplätzen trieben sich Pferde mit silberglänzendem Zaumzeug herum, Lagerfeuer brann= ten, und der Duft von frisch gebratenem Fleisch schlug uns schon von weitem entgegen. Zwischen den Zelten aber bewegten sich die bunten Gestalten der Khane, Scheichs und Häuptlinge in seidenen farbigen Archalogs.

Anscheinend hatte man nur auf unsere Ankunft gewartet, denn gleich nach unserem Eintreffen begann das Festmahl im großen Prunkzelt. Es war womöglich noch feierlicher und pompöser als das Bankett zu meinem Empfang. Kurmis hielt seine Rede und erntete großen Beifall, und die goldene Walther=Pistole wanderte um die ganze Tafel herum und wurde mit bewundernden Ausrufen von Hand zu Hand gegeben.

Nasr Khan präsidierte, mit dem heiteren Gesicht eines glück= lichen Landesvaters, und schob abwechselnd Kurmis und mir in Fladenbrot gewickelte auserlesene Leckerbissen in den Mund.

Gegen Abend, als alle gesättigt waren, forderte ich Farsad auf, der in der zweiten Reihe unter den Hofbeamten kniete, von Deutschland und Berlin zu erzählen. Ich tat es in der geheimen Hoffnung, daß dieser offizielle Bericht Nasr Khans Wißbegierde be= friedigen und vertrauliche Mitteilungen überflüssig machen würde.

Während Farsad erzählte, behielt ich ihn im Auge wie ein Schlangenbändiger ein gefährliches Reptil.

Er berichtete in leichtem Plauderton vom Leben und Treiben in der deutschen Reichshauptstadt, und er schmeichelte geschickt der nationalen Eitelkeit seiner Zuhörer, indem er die Rolle, die die Brüder Kaschghai in Berlin spielten, maßlos übertrieb. Von dem, was ich gefürchtet hatte, sagte er kein Wort. Als er mit seinem Bericht zu Ende war, ließ ich mich entspannt in die Rückenpolster zurücksinken.

Doch als Nasr Khan in vorgerückter Stunde die Tafel aufhob, zeigte sich, daß alle meine kleinen Listen umsonst gewesen waren. Der Khan wandte sich an Farsad: „Kommen Sie doch noch einen Augenblick mit mir, rüber in mein Zelt", sagte er. Und mit bangem Herzen sah ich die beiden zusammen abgehen.

Am nächsten Morgen kam ein Diener. Der Khan ließ mich zu sich bitten. „Allein", wie der Diener ausdrücklich betonte.

Schon als ich eintrat, merkte ich, was geschehen war: Er wußte alles. Sein Gesicht sah aus, als hätte er eine durchzechte Nacht hinter sich. Es wirkte grau und zerfurcht, und unter seinen Augen lagen tiefe Schatten.

Er blickte mich erst eine Weile schweigend von unten herauf an, ehe er mir Platz anbot. Dann fragte er, und ein grollender Unterton klang aus seiner Stimme: „Weshalb sind diese SS=Leute hier bei mir abgesprungen? Zwei Funker für Sie hätten doch vollständig genügt..."

Ich holte tief Atem: „Ew. Durchlaucht, der Absprung der Gruppe Kurmis ist auf direkten Führerbefehl erfolgt. Was den Führer dazu bewogen hat, entzieht sich meiner Kenntnis."

Ich bemühte mich, seinem forschenden Blick standzuhalten.

„Und wozu haben sie das viele Dynamit mitgebracht?"

Die gefürchtete Frage war da! Es war klar: Er hatte das ganze Spiel durchschaut, das mit ihm getrieben werden sollte. Ich blickte ihn fest an.

„Ew. Durchlaucht, ich habe die Führung des Kommandos übernommen. Und ich verpfände Ew. Durchlaucht mein Wort als deut=

scher Offizier: Solange ich hier stehe, wird das Dynamit nur im Einverständnis mit Ew. Durchlaucht gebraucht werden..."

Er schien beruhigt. „Sie bleiben zunächst als meine Gäste weiter hier", sagte er. „Ich werde Sie auf Ihrer Funkstation von Desch=i=kurd aus verpflegen lassen, so daß Sie selber möglichst wenig in Erscheinung zu treten brauchen. In den nächsten Tagen kommt im Auftrag der britischen Regierung ein Colonel Robertson zu mir. Ich werde Sie über den Gang der Verhandlungen, soweit Sie davon betroffen werden, durch Kuriere auf dem laufenden halten."

Offenbar kam ihm die feindliche Kälte seines Tons selber zum Bewußtsein, denn etwas wärmer fügte er hinzu: „Ich werde Sie und Ihr Kommando bei den Verhandlungen möglichst nicht erwähnen. Auf eine Auslieferung der Deutschen an die Engländer lasse ich mich jedenfalls unter gar keinen Umständen ein."

Ich dankte ihm, und wir schieden mit einem Händedruck. Äußerlich war damit das Einvernehmen wiederhergestellt, doch ein Schatten blieb. Der Khan hatte angefangen, Deutschland zu miß=trauen, — und ich war ein Deutscher.

* * *

Mit Ausnahme Farsads, den Nasr Khan bei sich behielt, kehrten wir wieder auf unsere Felsnase zurück. Wir lebten jetzt in einem merkwürdigen Zwischenzustand. Halb waren wir frei und halb doch schon Gefangene. Denn der Wunsch Nasr Khans, wir sollten so wenig wie möglich in Erscheinung treten, bannte uns an dieses kleine Felsplateau von etwa viertausend Quadratmeter Umfang.

Die Folge war, daß sich Müßiggang und Langeweile, die see=lischen Seuchen des Lagerlebens, auch bei uns breitmachten. Wir verdösten ganze Tage, untätig in der Sonne herumliegend, wir spielten stundenlang Skat oder Trick=Track, und nur Piwonka und Harbers hatten eine nützliche, wenn auch fruchtlose Beschäf=tigung. Sie hockten in ihrer Funkbude und bemühten sich, Ver=bindung mit Berlin zu kriegen. Mittags und abends kamen sie dann schweißtriefend zum Essen und stritten sich darüber, warum es heute wieder nicht geklappt hätte. Denn es klappte nie.

Einen Vorteil freilich hatte dieses enge Beieinander: man lernte sich gegenseitig kennen. Und an Stelle jener Flachreliefpsychologie, die den anderen immer nur im Betrieb sieht, trat eine komplexe Vorstellung vom Wesen des anderen Menschen, die, weit über die Tests der modernen experimentellen Psychologie hinaus, jene schlichte Menschenkenntnis vermittelt, die die tiefere Lebensklug= heit unserer Vorväter war.

Da waren Piwonka und Harbers, beides noch junge Menschen, und doch wie verschieden schon in ihrer noch unfertigen Prägung. Piwonka, der Wiener, war im Grunde ein lyrischer Sentimentaler, und wenn man ihn, mit leicht verschleierten Blicken, vor sich hin= dösen sah, konnte man sicher sein, daß er erotische Erinnerungen aus dem fernen Wien wiederkäute. Harbers dagegen, ein Olden= burger Bauernjunge und mit seinen achtzehn Jahren der Benjamin des Kommandos, hatte etwas knabenhaft Herbes und Unfertiges. Freilich, auch er hatte seine ersten Enttäuschungen schon hinter sich. Er war mit fünfzehn Jahren zur See gegangen und hatte sich mit sechzehn zur SS gemeldet, wohl in der Hoffnung, das ersehnte große Abenteuer dort zu finden. Aber da war ihm der Krieg im Osten in seiner entsetzlichen Gestalt entgegengetreten, und dieser Eindruck hatte ihn innerlich irgendwie verstört. „Im Krieg, da ist der Teufel los", pflegte er zu sagen, und nur andeutungsweise ließ er uns ahnen, wie tief ihn eine Füsilierung russischer Partisanen, zu der er kommandiert worden war, erschüttert hatte. Kurmis, der den stillen Jungen wahrscheinlich wegen seiner nordischen Blond= heit besonders schätzte, tröstete ihn auf seine Weise: „Keine Sorge, Kleiner, Befehl ist Befehl, und unser Gewissen ist der Reichs= führer SS."

Der interessanteste Typ von den Dreien war zweifellos Kurmis selber. Charakteristisch für ihn war seine Ruhelosigkeit. Er konnte nicht fünf Minuten stillsitzen, ohne irgendeine Beschäftigung zu haben. Er wusch seine Wäsche selber, er stopfte seine Socken, er spielte, wenn er keinen Partner fand, Skat mit sich selber, oder er zählte Geld. Denn ich hatte ihm, als Pflaster für die entzogene Kommandogewalt, die alleinige und unumschränkte Verwaltung unseres Besitzes übertragen. Es war ein beachtlicher Besitz. Meh=

rere hunderttausend Mark in Goldstücken und mindestens das Fünffache dieses Betrages in gefälschten englischen Pfundnoten, Blüten, die in der Reichsdruckerei täuschend echt zur besonderen Verwendung für die Abwehr hergestellt waren. Selbst Alberich konnte seinen Nibelungenhort nicht sorgsamer und zärtlicher hüten als Kurmis diesen, zum größten Teil doch zweifelhaften Schatz.

Äußerlich betrachtet, bot Kurmis so das Bild eines vielbeschäf= tigten, immer tätigen Menschen. Nur wenn man näher zusah, wurde dieser erste Eindruck problematisch. Wie kam es zum Bei= spiel, daß er nachts so oft schreiend und in Schweiß gebadet aus dem Schlaf auffuhr? Ich hatte ihn einmal, als wir der Hitze wegen im Freien schliefen, bei einer solchen Szene beobachtet. Es war ein unauslöschlicher Eindruck, wie er da hochfuhr, ein Windlicht an= steckte und entsetzt mit irren Augen um sich blickte. Dann trank er Wasser aus der Feldflasche in langen durstigen Zügen, löschte mit unsicheren Händen das Licht und sank leise stöhnend auf sein Lager zurück. Ohne die mindeste äußere Analogie mußte ich an die nachtwandelnde Lady Macbeth denken.

Ich sprach mit Conny darüber, und er meinte in seiner bedäch= tigen Art: „Merkst du nicht, daß der Mann beständig auf der Flucht ist? Die Gleichung vom Reichsführer SS als Gewissen geht eben doch nicht auf. Denk mal dran, was mit den Juden in Litauen passiert ist..." Wahrscheinlich hatte Conny recht. Denn von Har= bers wußten wir, daß Kurmis eine Zeitlang Leiter der Gestapo in Litauen gewesen war. Er selbst sprach nie darüber.

Übrigens hatte er in der letzten Zeit angefangen zu saufen. Der Kurier, der uns die Lebensmittel aus Desch=i=kurd heraufholte, brachte ihm jedesmal ein paar Flaschen Schnaps mit. Ich ließ ihn gewähren. Vielleicht in der geheimen Hoffnung, daß er in der Trunkenheit einmal die Maske lüften würde.

Aber das geschah nicht. Statt dessen wurde er nur laut und bramsig und erging sich in politischen Phantastereien: „Was meint ihr wohl", sagte er lallend, „wie das nach dem Krieg wird, wenn wir erst den SS=Staat haben. Dann wird Schluß gemacht mit dem ganzen Gesocks von Pfaffen, Offizieren und Industrierittern. Und wenn mir dann der Reichsführer SS sagt: Tine, leg den Saba mal um ... dann kannst du Gift darauf nehmen, Saba, dann schieß ich dich nieder wie einen tollen Hund." Er starrte mich mit gläsernen Blicken an, und ich glaubte ihm ohne weitere Versicherung.

Besonders gerne rieb er sich in diesem Zustand an Conny. Conny konnte manchmal stundenlang still lächelnd auf einem Fleck sitzen und „Kejf machen", ein unübersetzbares Wort, das mit dem deut=
schen Wohlbehagen nur unzulänglich wiedergegeben wird. Wahr=
scheinlich war diese heiter gelöste Ruhe Kurmis ein Dorn im Auge, und als er eines Tages durch Zufall erfahren hatte, daß Conny überzeugter Christ war, wurde ich Zeuge folgenden Ge=
sprächs: „Was würdest du tun, Conny", fragte der Betrunkene, „wenn ich dir jetzt eine in die Fresse hauen würde?" „Dir eine wiederlangen", sagte Conny ruhig. „Falsch", krähte Kurmis trium=
phierend, „als Christ müßtest du mir die andere Backe hinhalten." Conny überlegte eine Weile, ehe er bedächtig antwortete: „Du bist im Irrtum, Tine. Man kann auf die Vergebung eines Menschen hin ebenso wenig sündigen wie auf die Barmherzigkeit Gottes. Gott gegenüber ist das nach Auffassung unserer Kirche eine Todsünde, und deshalb hätte ich als Mensch geradezu die Pflicht, dir eine wie=
derzukleben." Auf die Probe ließ es Kurmis freilich nicht ankom=
men, denn Connys athletische Bizeps zeichneten sich deutlich unter dem Hemd ab, und er hatte schon so oft Proben seiner Bärenstärke gegeben.

* * *

Als Kosro Khan mit Gefolge bei uns auf der Felsnase erschien, um der deutschen Militärmission die Einladung seines Bruders zu überbringen, herrschte eitel Freude bei uns. Schon allein die Tat=
sache, daß wir endlich einmal wieder der Enge unseres Nestes ent=
rissen frei durchs Land reiten konnten, war geeignet, uns froh zu stimmen. Doch als der junge Khan gegen Abend abritt, war zu=
mindest meine Stimmung womöglich noch deprimierter als zuvor.

Dabei hatte die Unterredung so hoffnungsvoll begonnen. Nasr Khan lud uns ein, am letzen Akt der Friedensverhandlungen teil=
zunehmen, der sich in einer Woche auf einem seiner Güter in der

Nähe von Desch=i=kurd abspielen sollte. Ich betrachtete diese Ein=
ladung als Zeichen des wiedergewonnenen Vertrauens und spürte
bei dieser Gelegenheit einmal wieder ganz deutlich, wie stark meine
innere Bindung an diese fremdartige, aber auf ihre Weise doch
edle und große Persönlichkeit des Kaschghaifürsten schon gewor=
den war.

Weniger gefiel mir dann freilich schon, was Kosro Khan über
den bisherigen Verlauf der Verhandlungen berichtete. Nasr Khan
hatte den englischen Unterhändler, Colonel Robertson, erst eine
Woche lang an der Nase herumgeführt. Immer, wenn Robertson
an der Stelle erschien, wo am Tage zuvor Nasr Khans Lager
gestanden hatte, war der Khan gerade weitergezogen. Und als nach
acht Tagen die Besprechung endlich zustandekam, wurde sie durch
einen peinlichen Zwischenfall unterbrochen. Prinz Dschahangir
Khan, Thronfolger eines mit England verbündeten Bachtiarenfür=
sten, hatte im Zelt Nasr Khans eigenhändig dem englischen Oberst
ein Glas Tee auf silbernem Tablett serviert. Nasr Khan schlug ihm
das Tablett aus der Hand, beschimpfte ihn als Lakaien der Eng=
länder und jagte ihn aus seinem Zelt.

So gut ich diese Haltung als Antwort auf die jahrelang schwei=
gend ertragene Arroganz gewisser englischer Kreise verstehen
konnte, so wenig gut erschien es mir, im Augenblick eines Friedens=
gesprächs derartigen Ressentiments die Zügel schießen zu lassen.

Kosro Khan, der übrigens die Haltung seines Bruders großartig
fand und ihr uneingeschränkten Beifall zollte, überbrachte mir
dann noch Grüße vom Abgeordneten Nobacht. Nobacht lebte jetzt
in Nasr Khans Hauptquartier. Als Flüchtling.

Ja, er hatte aus Teheran fliehen müssen. In der Hauptstadt hatte
der Secret Service mal wieder gewirkt und die letzten Männer der
persischen Freiheitsbewegung verhaftet. Ihre Adressen waren durch
ein Notizbuch bekannt geworden, das die Engländer bei Mayr
gefunden hatten, als sie ihn in seinem Schlupfwinkel aufstöberten
und festnahmen.

Also Mayr war verhaftet! Ich muß gestehen: So sehr ich im
Laufe der Zeit die persische Höflichkeit schätzen gelernt hatte, in
diesem Fall wäre es mir lieber gewesen, Kosro Khan hätte mir die

traurige Wahrheit gleich im ganzen gesagt, statt mir wie dem sprichwörtlichen Hund den Schwanz stückweise abzuhacken.

Mayr war verhaftet und mit ihm war das gesamte deutsche Agentennetz den Engländern in die Hände gefallen. Nun waren wir hier unten also die letzte deutsche Bastion in Persien, und wie schwach diese Stellung war, wußte ich leider nur zu gut.

Kosro Khan sprach sich sehr abfällig über Mayr aus, der nun schon zum zweitenmal durch seine engstirnige bürokratische Manier, alles aufzuzeichnen, einen ganzen Kreis von Menschen ins Verderben hineingerissen hätte. Ich wußte, daß Kosro Khan dabei nur das Echo seines Bruders war, und obwohl mir Mayr persönlich nie sonderlich sympathisch gewesen war, nahm ich jetzt innerlich für ihn Partei. Es war so leicht, den Stab zu brechen über jemanden, der einen Fehler gemacht hatte, aber es lag zugleich eine erschütternde Ungerechtigkeit darin, nun damit auch alles auszu=löschen, was der andere wirklich geleistet hatte. Und der Aufbau des deutschen Nachrichtendienstes nach dem Einmarsch der Alli=ierten in Persien, allein und ohne die geringste Unterstützung aus der Heimat, war eine Leistung, die einen anderen Nachruf verdient hätte. So blieb ich also, trotz der Einladung Nasr Khans, nach dem Abritt Kosro Khans in einer ziemlich gedrückten Stimmung zurück.

Zwei Tage später ritten wir dann selber los. Wir ritten zwei Tage lang, denn das neue Ordu Nasr Khans lag ganz im Süden Särhäds zwischen Bärm=i=Firuz und Kuh=i=Dinar=Gebirge.

Es war ein altes Gutshaus, von mächtigen Platanen überschattet, und dahinter dehnte sich ein Park, gleichfalls mit einem Bestand von großen alten Bäumen. Nasr Khan wohnte nicht in dem Guts=haus, er hatte seine Zelte unter den Bäumen des Parks aufge=schlagen. Wahrscheinlich war das als eine Demonstration freien Nomadentums gedacht und an die Adresse der Unterhändler gerichtet.

Er empfing uns freundlich, wenn auch ziemlich nervös. „In einer Stunde etwa erwarte ich Generaloberst Schabahti", sagte er, „aber wir trinken vorher zusammen noch ein Gläschen Tee."

Er ließ uns in das schwarze Zelt eintreten und bewirtete uns mit betonter Höflichkeit. Während des Tees sprachen wir über den bevorstehenden Friedensschluß. Durch die Vorverhandlungen lag alles schon in den Grundzügen fest. Die Kaschghais behielten ihre Autonomie und ihre Waffen, aber sie mußten persische Garnisonen in Firuzabad, Färaschband und Ghaleh Pärian dulden. Es war ein Kompromißfrieden, wahrscheinlich das Günstigste, was für die Kaschghais auf die Dauer überhaupt zu erzielen war. Die heutige Verhandlung diente nur dem Zweck, Brief und Siegel unter die bisherigen Abmachungen zu setzen und nebenbei noch möglichst hohe Verwaltungszuschüsse für das autonome Kaschghaigebiet von der Teheraner Regierung herauszuholen.

Während er diese Bestimmungen erläuterte, wandte sich Nasr Khan mehrfach an mich mit der Frage: „Was meinen Sie dazu, Saba?" Und ich sagte ihm meine Meinung. Aber es war seltsam: Obwohl sich unsere Unterhaltung äußerlich in den gewohnten Formen abspielte, ja womöglich von beiden Seiten mit noch größerer Verbindlichkeit geführt wurde, war der innere Kontakt irgendwie gestört. Die Schale war zurückgeblieben, aber das Leben in der Muschel war tot. Nur wer selbst erlebt hat, wie eine Liebe oder eine Freundschaft abstirbt, kann das verstehen. Dieselben Worte, die einmal geklungen haben, klingen nun nicht mehr. Dies Erlebnis gehört zu den schmerzlichsten Erfahrungen des menschlichen Her= zens, und ich habe oft gedacht, daß es leichter ist, einen Menschen an den Tod als ihn so an das Leben zu verlieren.

Ein Wachtposten kam vor das Zelt galoppiert und meldete, vom Pferde herab, daß ein Reitertrupp mit General Schabahti an der Spitze das Flüßchen ostwärts des Guts passiert hätte. Die Tee= stunde war zu Ende, wir standen eilends auf. „Sie können sich solange im Park aufhalten", sagte Nasr Khan, „Mehemed wird Ihnen Gesellschaft leisten. Aber, bitte, achten Sie darauf, daß Sie von Schabahtis Leuten nicht gesehen werden."

Hinter einem Gebüsch versteckt sahen wir den General anreiten. Er ritt einen hochbeinigen Turkmenen und trug eine Khakiuniform mit breiten goldenen Epauletten, und die Schwadron, die hinter ihm kam, war gleichfalls in Khaki gekleidet. Sie ritten hinter einer dichten Hecke vorbei, wir könnten nur die Oberkörper der Reiter und die Köpfe der Pferde sehen, die da im Paßtrab vorüberschaukelten.

Dann zogen wir uns in ein Beet von großblätterigen Duftkürbissen zurück, die einen herbsüßen, fast betäubenden Geruch ausströmten. Von den Zelten herüber klangen Stimmen, es war eine geräuschvolle Begrüßung. Die hohe helle Stimme Nasr Khans und ein dunkleres Organ waren deutlich zu unterscheiden, aber man konnte nicht verstehen, was gesprochen wurde. Dann wurde es still, sie waren wohl in das Zelt eingetreten, und die Zeltwände verschluckten jedes weitere Geräusch.

Mehemed erzählte in gedämpftem Ton eine lange Geschichte von Kurieren, die offenbar mit gefälschten Botschaften an mich aus Teheran beim Khan angekommen wären.

„Aber der Khan hat natürlich die List sofort durchschaut", schloß Mehemed triumphierend, „er hat die Briefe zerrissen und die Boten verprügeln lassen und zurückgeschickt."

Die Sonne war inzwischen untergegangen, ein zarter Nebeldunst hing über den Feldern und zwischen den Bäumen des Parks, und langsam kam der Mond herauf.

Drüben bei den Zelten wurde es wieder laut, Schabahti ritt ab. Doch es dauerte noch eine ganze Weile, bis Nasr Khan in den Park kam. „Hallo, Saba", rief er, und wir kamen aus unserem Versteck hervorgekrochen.

„Sie sind zum Abendbrot meine Gäste", sagte er, während ich mir den Staub von den Kleidern klopfte. „Übrigens muß ich Ihnen eine traurige Eröffnung machen: Die Teheraner Regierung hat Deutschland den Krieg erklärt..."

Ich richtete mich mit einem Ruck auf und sah ihn an. Zum erstenmal bemerkte ich, daß er meinem Blick auswich.

„Ich glaube, ich habe schon eine Lösung für Sie gefunden", sagte er hastig. „Heute abend sind Abdullah Khan und Scheich Penahi von den Boirachmadis bei mir eingeladen... Sie wissen doch, Penahi, der Erstürmer von Samirum... bei den Boirachmadis wären Sie zweifellos am besten aufgehoben... das Gebiet ist völlig unzugänglich und die Bevölkerung so wild, daß selbst Rezah Schahs Truppen einen Bogen um die Grenzen der Boirachmadis

gemacht haben ... ich glaube, ein Europäer ist noch nie dort ge= wesen ... Aber ich könnte mir durchaus vorstellen, daß Ihre ruhige Art den beiden äußerst sympathisch wäre ..."
Obwohl mir nicht gerade lustig zumute war, mußte ich unwill= kürlich lächeln. Ich war davon überzeugt, daß Nasr Khan diese Lösung keineswegs improvisiert, sondern von langer Hand sorg= fältig vorbereitet hatte.

Als wir wieder in das Zelt eintraten, waren die beiden Fürsten der Boirachmadis schon anwesend. Wir wurden vorgestellt. Abdul= lah Khan war ein schwerer Mann von etwa 50 Jahren — ich schätzte ihn auf ein Lebendgewicht von mindestens zwei Zentner—, aber offenkundig auch von jener breiten Jovialität und Gutmütig= keit, die dicken Leuten so oft eigen ist. Scheich Penahi, ein magerer brauner Vierziger mit einem asketisch harten Holzschnittgesicht, wirkte neben ihm fast knabenhaft zart.

Während des Essens wurden Kriegserinnerungen aufgewärmt, und Nasr Khan vor allem konnte sich gar nicht genug tun, Penahis große Tat herauszustreichen. Doch der kleine Mann wehrte mit einem beinahe unmutigen Gesicht diese Lobsprüche ab. „Mit Allahs Hilfe hätte das jeder fertiggebracht", sagte er.

Gleich nach dem Essen wurden die Diener hinausgeschickt. Nasr Khan warf Abdullah Khan einen aufmunternden Blick zu, aber der Dicke schwieg. Statt seiner nahm Scheich Penahi das Wort:

„Es würde eine Ehre für mein bescheidenes Haus sein, wenn unsere deutschen Freunde, von denen wir soviel Gutes gehört haben, bis zum Ende des Krieges ...", er verbesserte sich hastig: „bis zum Siege Deutschlands bei mir Wohnung nehmen würden. Dicht bei meinem Dorf Alibaz liegt ein alter Turm, ich könnte ihn leicht etwas wohnlicher herrichten lassen. Es ist gewiß kein an= gemessenes Quartier für solche Gäste, aber man lebt dort voll= kommen ungestört und von der Welt abgeschieden. Und die Her= ren könnten da bleiben, solange es Ihnen immer bei Ihrem er= gebenen Diener gefällt."

Er wandte sich an Abdullah Khan, seinen Lehnsherrn: „Wären Ew. Durchlaucht damit einverstanden?"

Abdullah Khan aber wandte sich feierlich an Nasr Khan: „Wenn unser verehrter Gastgeber das schmerzliche Opfer bringen würde, sich von seinen hohen Gästen zu trennen...?"

Und Nasr Khan, das Gesicht in ernste Falten legend, antwortete: „Die Trennung fällt mir unendlich schwer, aber ich möchte dem Glück meiner deutschen Freunde nicht im Wege stehen..."

Ich spielte das Spiel mit, so gut ich konnte. Ich dankte den beiden Khanen und Scheich Penahi in blumenreichen Sätzen, jedem einzeln, und dann noch einmal allen gemeinsam.

Nachdem die schwierige Operation der Trennung so elegant vollzogen war, wurde Nasr Khan sehr aufgeräumt. Er gab uns Deutschen den Rat, nicht direkt zu den Boirachmadis zu reiten, sondern einen Umweg durch das Land der Bachtiaren zu machen. Dort sollten wir uns so auffällig wie möglich benehmen, unser Dynamit herumzeigen, und jedem, der es hören wollte, erklären, daß wir uns nach der Kriegserklärung Persiens zur türkischen Grenze durchschlagen, vorher aber noch möglichst viel Pipelines und Pumpstationen in die Luft jagen wollten. Molla Haidér, den er uns als Begleiter mitgab, sollte uns dann in nächtlichen Ritten auf verborgenen Pfaden zur Grenze der Boirachmadis bringen." Damit alarmieren Sie noch einmal die ganze englische Besatzungsarmee", schloß Nasr Khan lachend.

Der Plan war gut, fast zu gut, um der Einfall eines Augenblicks zu sein. Wir blieben noch bis Mitternacht beisammen und besprachen in munterem Ton die Einzelheiten. Die Nacht über schliefen wir Deutschen bei Nasr Khan im Zelt, eine Ehrung, die er nur wenigen Besuchern zuteil werden ließ.

Schon früh um vier Uhr wurden wir wieder geweckt, denn es war beschlossen worden, daß sich unser Aufbruch möglichst unbemerkt vollziehen sollte. Die Sonne war noch nicht aufgegangen, aber im Osten zeigte sich die erste fahle Helle. Es war ein trüber Morgen, schon herbstlich kühl und von milchigem Dunst erfüllt.

Die Diener führten die Pferde vor, und Nasr Khan trat mit hinaus vors Zelt. Er sah bleich und übernächtig aus: „Seien Sie vorsichtig, verhalten Sie sich still", sagte er mit einer Stimme, die wie eingerostet klang, „Sie können jetzt nichts anderes tun, als sich ins Zelt setzen und abwarten..."

Er schüttelte uns allen der Reihe nach die Hand.
Ich saß auf: „Dank für alles", sagte ich, „und Gott vergelte es Ihnen."
„Wir befehlen Sie alle in Allahs Hand", antwortete er feierlich. Wir ritten an. „Und vergessen Sie Persien und die Kaschghais nicht, wenn Sie durch Gottes Gnade Ihre Heimat wiedersehen", rief er uns nach.
Wir ritten das Tal entlang, in dem die Morgennebel brauten. An einer Wegbiegung wandte ich mich noch einmal um. Er stand noch immer vor dem Zelt, eine große, dunkle Gestalt, und winkte mit erhobenem Arm.

Zwölftes Kapitel

Der Turm von Alibaz war ein altersgraues, aus mächtigen Quadern gefügtes, rechteckiges Gemäuer, einer von den Wachttürmen, wie man sie im Lande der Boirachmadis häufiger antrifft. Er lag auf einem langgestreckten, flachen Höhenrücken, der sich aus einer weiten offenen Landschaft erhob. Es war eine Gegend, die an eine mitteldeutsche Gebirgslandschaft erinnerte, Hügel reihte sich an Hügel, und alle waren dicht bewaldet mit Laubholz, unter dem wieder das Lichtgrün der Steineichen vorherrschte.

Nur wenn man nach Osten blickte, erlebte man eine Überraschung. Da reckte sich, fast senkrecht aus dem welligen Flachland aufspringend, das Kuh=i=dinar=Gebirge bis zu Mont=Blanc=Höhe empor, wie eine ungeheure Mauer, von Zyklopenhänden getürmt und oben ohne Gipfel, in einer langen waagerechten Linie gegen den Himmel abschneidend.

Hamdullah empfing uns. Er hatte den Ritt durch das Bachtiaren=Gebiet nicht mitgemacht, sondern war direkt mit einer Maultierkarawane und unserem Gepäck zum Turm geritten. Er war schon fünf Tage vor uns angekommen und hatte die Zeit benutzt, unsere neue Behausung wohnlich einzurichten. Mit dem Stolz eines Hausherrn führte er uns überall herum.

Unten, zu ebener Erde, war die Küche, die gleichzeitig als Schlafraum für zwei Boirachmadis diente, die unser Gastgeber, Scheich

Penahi, als männliches Hauspersonal zur Verfügung gestellt hatte. Der Raum war fensterlos und stockdunkel, und wenn gekocht wurde, mußte stets die Haustür offen bleiben. Über eine ausgetretene Steintreppe gelangte man dann zu einem großen Raum im ersten Stock, der von schmalen Schießscharten notdürftig erhellt wurde. Und hier hatte Hamdullah sein Meisterwerk vollbracht. In der Mitte stand ein großer, selbstgezimmerter Tisch mit sechs selbstgezimmerten, etwas wackligen Schemeln, und an den Wänden standen sechs hölzerne Bettstellen, die Hamdullah gleichfalls mit Hilfe eines einheimischen Schreiners selbst hergestellt hatte. Er war sehr stolz auf sein Werk, und wir geizten nicht mit dem Lob.

Die Fortsetzung der steinernen Treppe führte dann schließlich auf die zinnengekrönte Plattform des Turms hinauf. Von dort aus hatte man eine wunderbare Aussicht. Wie ein unübersehbares grünes Meer schienen die bewaldeten Bodenwellen gegen die riesige Steinmole des Kuh=i=dinar=Gebirges anzubranden.

Während wir noch mit der Besichtigung unseres neuen Quartiers beschäftigt waren, kam Scheich Penahi. Er kam zu Fuß von seinem Gut, das, kaum zwanzig Minuten entfernt, unterhalb des Hügels am Ufer des Kirsan lag, eines klaren Bergbaches, der im Talgrund breit und flach über die Steine dahinschoß. Der Scheich brachte einen Begleiter mit, einen langen, dürren Menschen mit schwarzem Lockenkopf und lustigen Augen, den er als seinen Bruder Kaid Hadi vorstellte. Beide kamen, Melonenkerne kauend, etwas nachlässig gekleidet und in abgetretenen weißen Giwehs angeschlurft, was dem Empfang den gemütlichen Charakter eines nachbarlichen Besuchs in Schlafrock und Pantoffeln gab.

Scheich Penahi erkundigte sich nach dem Verlauf unseres Rittes durch das Bachtiaren=Gebiet, und er lachte herzlich, als wir ihm erzählten, daß wir, um die Feldhüter der Bachtiaren zu täuschen, ein Wildschweinrudel gemimt hätten, und, tief auf die Hälse unserer Pferde geduckt, quiekend und grunzend an den nächtlichen Wachtfeuern vorbei durch die Maisfelder galoppiert wären.

Übrigens verabschiedete er sich bald. „Sie werden müde sein vom langen Ritt", sagte er einfach und herzlich, „morgen ist auch ein Tag, und ich hoffe, wir werden uns von nun an täglich sehen."

Kaum eine Stunde, nachdem er gegangen war, erschien ein Diener vom Gutshof mit einem Mangal, einem großen Becken voll glühender Holzkohle. „Scheich Penahi läßt sagen", richtete er aus, „die Nächte wären kalt bei uns, und Scheich Penahi wünscht, daß Euer Gnaden sich warm und behaglich fühlen."

So begann das neue Leben. Am nächsten Morgen schon nahmen die Funker ihre Arbeit auf, indem sie am Ende des Hügelrückens, etwa sechshundert Meter vom Turm entfernt, ihre Funkbude aufschlugen und die Masten aufrichteten. Conny und ich gingen hinunter zum Gut, um Scheich Penahi den schuldigen Gegenbesuch zu machen. Wir hatten eine Anzahl kleiner Geschenke mitgenommen, denn, so sagten wir uns, kleine Geschenke erhalten die Freundschaft, und nachdem unsere politische Rolle ausgespielt war, mußte unsere ganze Diplomatie darauf gerichtet sein, uns den neuen Gastgebern so angenehm wie möglich zu machen.

Wenn uns die Landschaft, in der wir lebten, schon heimatlich berührt hatte, so war das bei dem Gutshof in noch höherem Maße der Fall. Der viereckige Gebäudekomplex mit Herrenhaus, Stallungen und Wohnungen der Instleute, der da, von einem Obstgarten und anschließenden Maisfeldern umgeben, in der Sonne lag, erinnerte so stark an ein deutsches Gut, daß wir erst eine Weile, schweigend und in sentimentale Betrachtungen versunken, die Pferde verhielten, ehe wir einritten.

Das anschließende Gespräch auf der Terrasse des Herrenhauses wickelte sich in freundschaftlichsten Formen ab. Ich bat Scheich Penahi, daß wir in der Gegend herumreiten dürften, um Land und Leute besser kennenzulernen. Er willigte sofort und anscheinend gern ein und bedauerte nur, daß er uns wegen der Arbeit auf dem Gut nicht selber begleiten könnte. Dafür stellte er uns seinen Bruder Kaid Hadi als Begleiter zur Verfügung.

So kam es, daß ich in den nächsten Tagen, von Conny, Kaid Hadi und manchmal auch von Kurmis begleitet, weite Streifen zu Pferde durch das Land der Boirachmadis unternahm. Wir ritten stundenlang durch die Eichenwälder, Baumkronen über uns und unter den Hufen der Pferde weiches Moos und den modernden Laubteppich der Vorjahre; wir kamen in stille Waldtäler, von Bächen durchflossen und mit mannshohem Gras bestanden, die Vögel zwitscherten über uns in den Zweigen, ab und zu flog mit miß= tönigem Warnruf ein Eichelhäher vor uns auf, und immer wieder stellten wir fest: genau wie in Thüringen oder genau wie im Schwarzwald. Nur daß die Landschaft eben viel einsamer, ur= sprünglicher und wilder war.

Kaid Hadi war ein netter, wenn auch etwas geschwätziger Be= gleiter. Er steckte voller Schnaken und Schnurren, Fabeln, Mär= chen und pikanten Histörchen, deren Spannweite von Gellert bis Boccaccio reichte. Und ich hatte Gelegenheit, meine im Gefängnis von Birdschand begonnene Sammlung persischer Volkserzählun= gen um manch wirkungsvolles Stück zu ergänzen. Im Grunde hielt ich Kaid Hadi für einen liebenswürdigen Taugenichts, einem von den leichtsinnigen Söhnen aus gutem Hause vergleichbar, die ihren Mangel an Fleiß und Lebenstüchtigkeit durch Charme ersetzen. Deshalb war ich sehr erstaunt, als ich später erfuhr, daß er zu den neunzig Helden von Samirum gehörte und sogar, wie mir mein Gewährsmann versicherte, einer der Tapfersten gewesen war.

Natürlich versuchte ich auf solchen Ausflügen auch, Kontakt mit dem einfachen Volk zu bekommen. Aber da stellte sich die Sprache als ein schwer überwindliches Hindernis in den Weg. Die Boirachmadis sprachen einen Dialekt, der direkt aus dem Altper= sischen abgeleitet und mit vielen arabischen Lehnworten angerei= chert war.

Übrigens waren die Boirachmadis, etwa mit den Kaschghais ver= glichen, ein bettelarmes Volk. Sie besaßen nur wenig Vieh, im Sommer lebten sie in roh aus ein paar Zweigen zusammengezim= merten Laubhütten, und den Winter verbrachten sie in ihren Lehm= katen, deren Dürftigkeit selbst mit den armseligsten Unterkünften in Europa keinen Vergleich erlaubte. Ihre Hauptnahrung aber war ein bitterschmeckendes Brot, das sie aus Eicheln bereiteten, die im Walde gesammelt wurden.

Vielleicht behinderte diese Armut auch die Verständigung mit uns, denn sie waren scheu wie Gemsen.

Bis dann eines Tages ein Vorfall die Schranken dieser Isolierung zerbrach. Kaid Hadi kam zu unserem Turm geritten und erzählte aufgeregt, daß zwei von seinen Leuten sich gegenseitig niedergeschossen hätten. Sie waren in Streit geraten über ein Lamm, hatten gleichzeitig ihre Gewehre von den Schultern gerissen, und der eine hatte dem anderen mit einer Kugel den Oberarm zerschmettert, während der andere mit einem Bauchschuß, anscheinend hoffnungslos, daniederlag.

Piwonka, der als Sanitäter ausgebildet war, machte sich sofort auf den Weg, zusammen mit Conny, der nie zurückscheute, wenn es zu helfen galt, ob es sich nun um die Reparatur eines Gewehres oder die Operation eines Menschen handelte.

Nach einiger Zeit kam Conny zurück und holte eine Fuchsschwanzsäge aus seinem Handwerkskasten. Ich ritt mit ihm hinüber in das Dörfchen, das jenseits des Kirsanflusses in einem Waldtal lag. Und hier wurde ich Zeuge einer wahren Eisenbartkur. Zuerst wurde der Mann mit dem Oberarmschuß verarztet. Zwei Leute hielten ihn fest, während Piwonka, von Conny assistiert, mit dem Fuchsschwanz einen ungefähr zehn Zentimeter langen Knochensplitter absägte, der aus der blutigen Wunde herausragte. Das alles geschah ohne Narkose, aber auch ohne daß der Patient den mindesten Laut von sich gab.

Schlimmer noch sah der Bauchschuß aus. Piwonka hatte dem Schwerverwundeten eine große Dosis Prontosil verabfolgt, und nun lag er, leise stöhnend, in seiner Hütte, von weinenden Frauen und schreienden Kindern umgeben. Plötzlich setzte das Stöhnen aus, das Gesicht des Patienten verfiel sichtlich, die Nase schien länger und spitzer zu werden und nahm jene wächserne Weiße an, die selbst dem Laien das Nahen des Todes anzeigt. „Die Nase, die Nase", schrien alle auf, und das Geheul und Geschrei wurde ohrenbetäubend. Doch Conny und Piwonka ließen sich auch davon nicht abschrecken.

Sie trieben alle Angehörigen aus dem Zimmer und gaben dem Sterbenden eine Kampferspritze. Und das Wunder geschah: Atem und Herzschlag setzten wieder ein, und die Farbe des Lebens kehrte in das bleiche Gesicht zurück.

Piwonka blieb dann noch zwei Tage da, um seine Patienten zu beobachten. Und als er wegritt, waren beide gerettet, und der

Ruhm der deutschen Medizinmänner scholl weit umher im ganzen Lande.

Von da ab versammelte sich täglich eine immer wachsende Zahl von Kranken und Leidenden um unseren Turm. Schon in aller Frühe kamen sie an, zu Fuß und zu Pferd, und warteten geduldig, bis Piwonka ausgeschlafen hatte und in seinem weißen Mantel aus dem Turm herauskam. Und er behandelte alle. Meist mit einer Pferdedosis von Istizin=Tabletten, wobei er auf Deutsch das Sprich= wort zu murmeln pflegte:

„Füße warm, Kopf kalt, Hintern offen,
Hat der Doktor nichts zu hoffen."

Trotzdem waren die Erfolge seiner Therapie erstaunlich. Er sel= ber erklärte sie, nicht ohne Selbstgefälligkeit, mit der suggestiven Wirkung seiner Persönlichkeit, räumte allerdings auch der Medizin einen bescheidenen Anteil an seinem ständig wachsenden Ruhm ein, indem er erklärte, daß die Wirkung eines Durchfalls ein von der Schulmedizin viel zu gering veranschlagter Heilfaktor wäre.

Nachdem die Boirachmadis so über den Wunderdoktor Piwonka erst einmal den Weg zu den Deutschen gefunden hatten, dauerte es nicht lange, bis auch die übrigen Mitglieder des Kommandos in nähere Beziehungen zu der Bevölkerung traten. Der nächste war Conny. Er eröffnete eine Waffenmeisterei wie bei den Kaschghais, und weil er nicht nur Gewehre reparierte, sondern auch Pferde beschlug und Pflugscharen schmiedete, hatte er bald ähnlichen Zuspruch wie Piwonka.

Da beide für ihre Hilfeleistung nie etwas forderten, sondern stets mit dem zufrieden waren, was die Kundschaft freiwillig gab — Schafbutter, Ziegenkäse, den Honig wilder Bienen oder, wenn's hoch kam, mal ein Lämmchen —, bildete sich bald ein sehr menschliches, auf gegenseitiger Sympathie gegründetes Verhältnis heraus. Und was als Akt berechnender Diplomatie begonnen hatte, nämlich der bewußte Versuch, uns unseren Gastgebern so angenehm wie möglich zu machen, um unsere eigene Position zu festigen, das wurde bald mehr: Wir wuchsen in eine Gemeinschaft schlichter Menschen hinein, die auf gegenseitige Hilfe gegründet war, und wenn ich heute auf die Zeit bei den Boirachmadis zurückblicke, so

erscheinen mir die Monate dort wie eine stille Insel der Brüderlich=
keit inmitten der Stürme, aus denen wir herkamen, und des schlim=
meren Unwetters, das bald über uns hereinbrechen sollte.

Selbst Kurmis konnte sich dieser Atmosphäre nicht entziehen.
Freiwillig überließ er den Teil seiner Jagdbeute, den wir nicht sel=
ber brauchten, der einheimischen Dorfbevölkerung. Und als er
einmal bei einer solchen Gelegenheit mit eigenen Augen die Not
gesehen hatte, die in den Lehmkaten der Boirachmadis herrschte,
veranstaltete er zugunsten der Armen am Oberlauf des Kirsan ein
großes Fischen mit Dynamit. Die Beute war gewaltig, und viele
Zentner Fisch, darunter riesige Welse, wanderten in die Kochtöpfe
der Boirachmadis.

Es schien fast, als könnte dieser harte Funktionär der Macht,
nachdem er einmal die Freude des Gebens entdeckt hatte, sich gar
nicht genugtun, zu schenken. Denn als wir darüber berieten, wie=
viel wir zum Eyd=i=Gurbani, dem islamitischen Opfertag für die
Armen, spenden sollten, trat er dafür ein, daß wir unser Geschenk
auf zehn Kühe und zwanzig Schafe erhöhten.

Ich selbst konnte mich, da ich über keinerlei Handfertigkeit
verfügte, an diesen werktätigen Bemühungen um die Gunst der
Boirachmadis nicht beteiligen. Dafür dehnte ich meine Besuchsritte
bei den benachbarten Scheichs und Unterhäuptlingen immer weiter
aus, und als ich erkannt hatte, welch ungeheure moralische und
politische Autorität die Mollas besaßen, bezog ich auch die Mollas
in diese Visiten ein. Ich brachte ihnen kleine Geschenke mit, mal
einen Zuckerhut, etwas indischen Hemdenstoff oder Tee, und dann
saßen wir oft stundenlang plaudernd beisammen und redeten über
Gott und alle Welt.

Dabei wurde mir klar, welche Macht von einem wirklich from=
men Leben ausgeht, unabhängig davon, unter welcher Konfession
sich diese Verwirklichung eines Glaubensinhalts vollzieht. Denn
diese Mollas lebten wahrhaftig in apostolischer Armut. Sie wurden
erhalten von milden Gaben der Gläubigen, wobei es zweifelhaft
war, ob diese Gaben dem Geistlichen oder dem Lehrer gespendet
wurden, weil jeder Molla nebenbei noch Lehrer war und an Hand
des Korans die Jugend seines Dorfes im Lesen und Schreiben

unterrichtete. Aber obwohl die Mollas so, von Geld und jeder anderen Form irdischer Macht entblößt, ein stilles Leben im Kreise ihrer meist zahlreichen Familien dahinlebten, galt ihr Wort bei Volk und Fürsten oft mehr als Spruch und Befehl der großen Khane.

Eines Tages sollte ich dafür einen erstaunlichen Beweis erhalten. Ich war mit Kaid Hadi in ein kleines Walddorf geritten, das zu seinem Herrschaftsbereich gehörte. Der Molla, ein mageres, schwindsüchtig aussehendes Männchen mit schütterem Ziegenbart, empfing uns in seiner Hütte, einem einzigen halbdunklen Raum, in dem außer ihm noch seine Frau und seine acht Kinder hausten. Mit königlicher Würde nahm er meinen Tee und Zuckerhut entgegen.

Als wir dann plaudernd auf dem abgetretenen Teppich saßen, wandte er sich plötzlich an mich mit der Frage: „Warum tretet ihr Deutschen eigentlich nicht zum wahren Glauben über? Ihr lebt wie wir, ihr haltet unsere Feste, und neulich beim Eyd=i=Gurbani habt ihr bewiesen, daß ihr den Geboten des Propheten folgt und ein offenes Herz und eine offene Hand für die Armen habt..."
Seine schwarzen Augen starrten mich eindringlich fragend an. Ich geriet in leichte Verlegenheit.

Da mischte sich Kaid Hadi ein. „Ja, nicht wahr", sagte er in munterem Ton, „ich habe mich auch schon darüber gewundert. Da glauben Sie nun an Seine Heiligkeit den Herrn Jesus. Gewiß, der sitzt im Himmel zur Rechten des Propheten. Aber er muß den Propheten doch bedienen und sich allerhand sagen lassen: Eure Heiligkeit, Herr Jesus, weshalb habt Ihr das Wasser noch nicht warm gemacht und mir meine Füße gewaschen?"

„Schweig!" fuhr ihn der Molla mit zornfunkelnden Augen an. „Schämst du dich nicht, den Glauben deines Gastes zu verspotten?" Und Kaid Hadi, Herr des Dorfes und der umliegenden Landschaft, senkte den Kopf und schwieg wie ein gescholtener Schuljunge.

Das Religionsgespräch war damit beendigt. Wir verabschiedeten uns bald und ritten heim. Die Riesenwand des Kuh=i=Dinar brannte auf im gewaltigen Feuerwerk des Alpenglühens, dann versank alles in Nacht. Der Himmel bezog sich, und wir ritten stumm durch die Dunkelheit des Waldes.

Plötzlich flammte drüben in der Gebirgswand, viele hundert Meter über der Talsohle, eine riesige Fackel auf, die mit heller Flamme zum Himmel emporloderte.

„Was ist das?" fragte ich Kaid Hadi.

Und er, sichtlich bemüht, seinen Fauxpas wieder gutzumachen, gab eine wortreiche Erklärung. Es wäre eine alte Konifere, meinte er, in deren vermorschtem Holz sich so viel Phosphor gesammelt hätte, daß der Baum bei Sturm durch Selbstentzündung in Brand geriete.

„So möchte ich auch sterben", sagte ich. Denn mir schien der Flammentod dieses Baumes wie das Symbol für ein schöpferisches Alter, das, sich selbst verzehrend, verirrten Wanderern in dunkler Nacht heimleuchtete.

* * *

Die Funker hatten während dieser ganzen Zeit unablässig daran gearbeitet, eine Verbindung mit Berlin herzustellen. Es war ihnen nie gelungen. Eines Abends nun kamen beide mit langen Gesich= tern aus ihrer Funkbude zurück. Die Kurbelwelle des Antriebs= motors war gebrochen, und damit schien die Hoffnung, Berlin zu erreichen, endgültig begraben.

„Laßt mich doch mal ran an eure Kiste", schlug Conny vor. Er sagte es in einem ziemlich wurstigen Ton, aber seine Augen glüh= ten dabei vor geheimer Leidenschaft. Conny ist maschinengeil, nannten wir das. Die beiden Funker sahen sich an, und Harbers sagte pomadig: „Na, laß ihn doch! Zu verderben ist doch nichts mehr an der Klamotte."

So kam es, daß Conny, der Laie, in den geheiligten Tempel der Fachleute eindringen durfte und darin zu wirken begann. Schon am nächsten Mittag überraschte er uns mit einer Entdeckung: „Wißt ihr, warum wir Berlin bisher nie gekriegt haben?" fragte er. Es war eine rhetorische Frage, denn er selber gab die Antwort: „Die Grundskala am Sender ist um vierhundert Kiloherz verstellt worden..."

Das war freilich eine kleine Sensation, und sofort setzte das Rätselraten ein, wer das gemacht haben könnte. War es Sabotage in der Heimat oder hatte Farsad dem Kommando diesen Streich gespielt, um eine Verbindung der Deutschen mit Berlin zu ver= hindern? Jetzt erst erzählte ich von dem nächtlichen Gespräch nach Farsads Ankunft, und danach gab es für die anderen keinen Zwei= fel mehr. „Ich wüßte einen angemessenen Aufenthalt für das Schwein, wenn es wieder nach Deutschland kommt", sagte Kurmis wütend.

Conny beteiligte sich nicht an unserem aufgeregten Palaver. Er war schon wieder in seine Werkstatt gegangen und schmiedete und hämmerte an einer neuen Kurbelwelle.

Drei Tage später lud er uns alle mit der grotesken Feierlichkeit, die er bei solchen Gelegenheiten immer herauskehrte, zur Er= öffnung des neuen Funkdienstes Alibaz—Berlin ein.

Es war am 15. Oktober, ich weiß den Tag noch wie heute.

Ich war im Turm zurückgeblieben, da einer von uns in der Nähe des Goldes bleiben mußte, aber von der Plattform aus beobachtete ich die anderen durchs Fernglas. Sie krochen zu fünft in das kleine Funkzelt und blieben längere Zeit darin.

Plötzlich aber stürzten Piwonka und Harbers aus dem Zelt heraus und begannen, auf der morgenhellen Wiese einen wilden Indianertanz aufzuführen. Sie hopsten herum, umarmten sich und knallten ihre Maschinenpistolen in die Luft. Gleich darauf kam Kurmis zum Turm zurückgerannt.

„Die Verbindung steht", keuchte er atemlos, „Berlin hat geant= wortet. Wir haben uns nach unseren Angehörigen erkundigt ... Heute abend um sechs sollen wir uns wieder melden und Bescheid kriegen ... Übrigens", fügte er nach einer Weile ruhiger hinzu, „sollen wir um sechs auch einen verschlüsselten Lagebericht durch= geben..."

Ich war ehrlich erschüttert. Wie viele Menschen ohne eigentlich technisches Verständnis, hatte ich ein besonderes Organ für die Magie technischer Vorgänge. Und die Tatsache, daß wir fünf ein= samen Männer nun plötzlich über Tausende von Meilen hinweg Verbindung mit der Heimat hatten, mit ihr sprechen und etwas über das Ergehen unserer Familien erfahren konnten, erschien mir wie ein Wunder.

Gleich nach dem Mittagessen machte ich mich an die Verschlüsselung des Lageberichts.

Wir hatten bei Tisch besprochen, daß wir ein Flugzeug mit Granatwerfern, schweren Maschinengewehren und Munition für die Boirachmadis anfordern wollten.

Während ich jetzt vor dem Turm im Grase saß und unsere Botschaft in die Zahlen des Kodes übersetzte, stiegen Zweifel in mir auf. War es wirklich richtig, daß wir hier bei den Boirachmadis in verkleinertem Maßstab das Experiment mit den Kaschghais wiederholten? Lebten wir nicht still, zufrieden und glücklich, eingebettet in menschliche Beziehungen, Sympathie und Freundschaft dieses schlichten Nomadenvolkes? Hieß es nicht, dieses Phäakendasein gefährden und uns selbst und unsere Gastgeber hinaustreiben in den Katarakt kriegerischer Geschehnisse, wenn wir jetzt Waffen anforderten?

Doch ich schob die Zweifel beiseite. Deutschland stand in einem Kampf auf Leben und Tod, und wir hatten folglich nicht das Recht, hier wie die Phäaken zu leben...

Dann jedoch tauchte ein neues Bedenken auf. Was würde Nasr Khan dazu sagen? Gewiß, wir lebten bei den Boirachmadis, er selbst hatte uns diese Zufluchtsstätte verschafft, aber die Boirachmadis waren ein kleines Volk und konnten jederzeit von der zwanzigfachen Übermacht der Kaschghais erdrückt werden. Auch fern von ihm waren wir noch immer in der Reichweite von Nasr Khans Macht.

Und ich hatte angefangen, ihm zu mißtrauen. Wie das kam, weiß ich selber nicht zu sagen. Vielleicht unterlag ich dabei den Gesetzen von Anziehung und Abstoßung, die auch in der Physik gelten. Liebe erzeugt Gegenliebe, Haß den Haß, und Mißtrauen in einer Seele ruft das gleiche Gefühl in einer anderen wach.

Ich schrieb den Satz hin: „Haltet unter allen Umständen Brüder Kaschghai in Berlin fest, sind unsere Lebensversicherung." Ich begann die Worte zu verschlüsseln — und strich sie wieder aus.

Aber am Abend ließ ich doch durchgeben: Haltet die Brüder Kasch=
ghai in Berlin...
Übrigens waren die Nachrichten, die von zu Hause kamen, durch=
aus erfreulich: Unsere Angehörigen lebten alle, es ging ihnen gut,
und sie ließen uns grüßen.
Von da ab funkten wir täglich. Zwei Tage später traf die Mel=
dung ein: „Flugzeug mit erbetenen Waffen vom Führer genehmigt.
Kommt in etwa vier Wochen."
Am Abend dieses Tages veranstalteten wir ein großes Freuden=
fest für die Boirachmadis. Wir luden alle Leute aus Penahis Guts=
hof und aus den umliegenden Dörfern ein. Drei Kühe und acht
Schafe wurden am Spieß gebraten und bis auf die Knochen ver=
zehrt. Sie sollten alle teilhaben an unserer Freude, — und außerdem
konnte es unsere Position nur stärken, wenn überall im Lande
bekannt wurde, daß wir Verbindung mit Berlin hatten und von
dort her Unterstützung erwarteten. So dachten wir.

* * *

Mitten in der Nacht wurden wir durch Hundegebell geweckt.
Und wenig später erschien einer von den Dienern, die unten im
Turm schliefen, auf bloßen Füßen an meinem Bett und meldete
flüsternd: „Unten ist ein Kurier, der Ew. Gnaden sofort persönlich
sprechen möchte. Er will nicht mit heraufkommen." Ich stand auf
und ging hinunter.
Vor der Tür wartete ein Reiter, der sein Pferd am Zügel hielt.
Der Mond schien hell, und an der Mütze erkannte ich sogleich den
Kaschghai. „Woher kommen Sie?" fragte ich. „Von Ihrer Durch=
laucht der Großfürstin Mutter", sagte er. Aus seinem Kuschak
brachte er ein versiegeltes Schreiben zum Vorschein und über=
reichte es mir mit einer Verbeugung. „Von der alten Bibi?" fragte
ich erstaunt, die sonst bei den Kaschghais übliche Bezeichnung ge=
brauchend. Ich hatte Nasr Khans Mutter nie gesehen, und nur
einmal, nach dem Fall von Stalingrad, als sie uns drei Flaschen
Wodka schickte, hatte ich bemerkt, daß sie überhaupt von unserer
Anwesenheit Notiz nahm. „Jawohl, Ew. Gnaden", sagte der Bote.

Der Boirachmadi=Diener hielt mir ein Licht, während ich hastig den versiegelten Umschlag aufriß: ein kleines Blatt liniertes Papier, wie aus einem Notizbuch herausgerissen, nur wenige Zeilen Text, flüchtig hingekritzelt, ohne Anrede und Unterschrift:
‚Meine Söhne Hussein und Malek Mansur sind in Stambul. Versucht, sie durch Funkspruch über Berlin vor Engländern zu warnen. Einreise in Persien zu gefährlich.'

Das war alles. Ich starrte auf die zittrigen, unbeholfenen Schriftzüge. „Sollten Sie auf Antwort warten?" fragte ich. „Nein", sagte der Bote. „Lassen Sie sich Essen geben", sagte ich, „Sie können die Nacht hier schlafen." „Nein", sagte der Bote. „Die alte Bibi hat mir befohlen, sofort zurückzureiten. Ich soll mich hier von niemandem sehen lassen."

Ich gab ihm den üblichen Obolus, und während ich mit schweren Knien die Treppe wieder hinaufstieg, hörte ich den Hufschlag des davontrabenden Pferdes und Hundegebell.

Ich ließ die anderen schlafen und blieb mit meinen Sorgen allein. Erst am nächsten Morgen bat ich Conny und Kurmis auf die Plattform des Turms hinauf und las ihnen den Brief vor. Kurmis tobte: „Da muß eine Riesenschweinerei passiert sein ... die beiden Kaschghais sind langjährige Mitarbeiter des Auswärtigen Amtes und der Abwehr. Wenn die den Engländern in die Hände fallen..."
Er sprach nicht aus, was er dachte, aber ich glaube, wir hatten in diesem Moment alle den gleichen Gedanken. Es war kein erfreulicher Gedanke.

Gleich um acht ging ich selber mit Piwonka und Harbers hinüber zur Funkstation. Ich ließ durchgeben: „Erfahren bestürzt, daß beide Brüder Kaschghai in Stambul. Falls geflohen, versucht, sie aufzuhalten und vor Engländern zu warnen. Weiterreise nach Persien unmöglich."

Schon am gleichen Abend war die Antwort da: „Flucht der Brüder Kaschghai trotz Grenzsperre geglückt. Untersuchung eingeleitet, Dienststelle Stambul verständigt."

Was nun weiter folgte, war nichts als ein einziges bängliches Warten. Am ersten Tag tauschten wir noch wilde Vermutungen aus, was und wie alles geschehen sein könnte, aber dann versank

jeder in seine eigene stumme und fruchtlose Grübelei. Das Leben bei den Boirachmadis hatte plötzlich allen Reiz verloren, wir spür=
ten, daß unser Schicksal jetzt an anderer Stelle entschieden wurde, und wir warteten voll unvernünftiger Spannung auf das, was als Stichwort durch den Äther zu uns kommen sollte. Nach drei Tagen funkten wir nochmal: ‚Was ist mit den Brüdern Kaschghai?' Und am fünften Tage fragten wir dasselbe. Aber Berlin blieb uns auf alle diese Fragen die Antwort schuldig.

Statt dessen kam eine Abordnung von fünfzehn Kaschghais. Sie überbrachten ein eigenhändiges Schreiben Nasr Khans, in dem er uns in aller Form einlud, wieder an seinen Hof zurückzukehren und bis zum Schluß des Krieges seine Gäste zu sein. Der Brief war in den freundschaftlichsten Wendungen gehalten und schloß mit der Versicherung, wie sehr der Khan uns entbehre und wie er sich freuen würde, uns wieder bei sich zu sehen.

„Der Fangarm des Kraken", konstatierte Kurmis trocken.

Ich formulierte eine höflich gehaltene Ablehnung. „Die Auf=
nahme des Funkverkehrs mit Berlin macht es uns leider unmöglich", schrieb ich, „jetzt noch das Standquartier zu wechseln. Außerdem würde, bei dem gut ausgebildeten Funkpeildienst der Engländer, die Gefahr bestehen, daß die Entdeckung einer deutschen Funk=
station im Lande der Kaschghais für Ew. Durchlaucht politische Komplikationen heraufbeschwören würde, die wir, gerade im Hin=
blick auf die freundschaftlichen Beziehungen in der Vergangen=
heit, Ew. Durchlaucht unter allen Umständen ersparen möchten..."

Als ich dem Führer der Delegation das versiegelte Schreiben zur Rückbeförderung übergab, hatte er offenkundig Mühe, seine Ent=
täuschung zu verbergen. Immerhin machte er keinen Versuch, uns zum Mitkommen zu bewegen, und in guter Haltung ritten die fünfzehn Reiter nur mit dem Brief ab.

Bei uns im Turm herrschte eine gewisse Genugtuung darüber, daß wir so mit Anstand einer Falle entgangen waren, aber ich muß gestehen, daß bei mir dieses Gefühl mit Trauer gemischt war. Denn es ist bitter, zu erleben, wie die Beziehung zwischen Men=
schen zerfällt, wenn die Grundlage gemeinsamer Interessen schwin=
det. Trotzdem blieb das Verhalten Nasr Khans für mich eine Glei=

chung mit vielen Unbekannten. Weshalb hatte er uns gerade jetzt wieder eingeladen? Bestand eine Verbindung zwischen der Flucht seiner Brüder und der Einladung an uns? Mein Gewissen meldete sich: Hatten die Brüder Kaschghai durch ihre Berliner Verbin= dungen vielleicht von meinem Funkspruch erfahren, Nasr Khan unterrichtet, — und dies war seine Reaktion?

Jedenfalls forderten wir nun von Berlin mit verstärkter Dring= lichkeit das Flugzeug an. Denn die vier Wochen, in denen es kom= men sollte, waren längst verstrichen, und schon aus Prestigegrün= den gegenüber den Boirachmadis war es notwendig, daß Berlin sein Versprechen hielt. Aber man vertröstete uns von einer Woche auf die andere ... bis schließlich, auf unser unablässiges Drängen, der 15. Januar als endgültig letzter Termin genannt wurde.

So kam Weihnachten heran. Es wurde ein trauriges Fest. Am Heiligabend waren wir alle zur Funkstation hinübergegangen. Es hatte geschneit, der Mond schien auf den Schnee, und wir waren alle in einer gewissen wehmütig weihevollen Stimmung. Wir woll= ten, jeder einzelne für sich, Grüße an unsere Angehörigen in Deutschland durchsagen.

Der Motor lief an ... die Tasten begannen unter Piwonkas Hän= den zu knattern ... da plötzlich gab es einen furchtbaren Krach ... der Motor stand in eine Dampfwolke gehüllt ... das muntere Ge= räusch der Tasten war verstummt.

Conny hatte einen Schraubenzieher gleich zur Hand und schraubte die Haube des Motors ab. Er stand lange wie ein Arzt über das Bett eines Schwerkranken gebeugt, und wir versuchten, hinter ihm stehend, einen Blick auf die Unglücksstätte zu erhaschen. Dann richtete er sich auf: „Aus", sagte er nur. Die Kurbelwelle war wieder gebrochen, aber diesmal war sie explosionsartig auseinan= dergeknallt und die Sprengstücke hatten die Zylinder von Leicht= metall zerschlagen.

„Eine schöne Bescherung", meinte Kurmis, und bedrückt gingen wir alle in unseren Turm zurück. Denn von nun an waren wir, darüber ließ Connys Diagnose keinen Zweifel, endgültig von der Funkverbindung mit der Heimat abgeschnitten.

Es wurden melancholische Feiertage, und das neue Jahr begann auch nicht besser.

Am 2. Januar kam Scheich Penahi zum Besuch auf den Turm. Er kam zu einer ungewöhnlichen Zeit, morgens, wir waren gerade aufgestanden.

„Allah mache Ihr Herz stark für die Nachricht, die ich Ihnen zu bringen habe", begann er gleich nach der Begrüßung. Er ließ sich auf dem Teppich nieder und setzte umständlich eine Wasserpfeife in Brand.

„Was gibt's?" fragte ich erregt.

Penahi paffte, leise schmatzend, ein paar Rauchwolken vor sich hin. Seine Stirne war gefurcht, er schien angestrengt zu überlegen, wie er uns die böse Kunde am schonendsten beibringen könnte.

„Ist's was mit Nasr Khan?" drängte ich.

Er schüttelte traurig den Kopf. „Leider ja", sagte er. Vielleicht entsann er sich in diesem Augenblick, daß ich ihm erzählt hatte, wie schrecklich mir die homöopathische Dosierung gewesen war, mit der mir Prinz Kosro Khan die Nachricht von Mayrs Verhaftung beigebracht hatte, denn plötzlich stieß er, beinahe abrupt, heraus: „Nasr Khan hat von Abdullah Khan Ihre Auslieferung gefordert."

Es dauerte eine Weile, bis ich fragen konnte: „Und weshalb?"

„Das ist eine lange Geschichte", sagte Scheich Penahi. „Prinz Kosro Khan war bei Abdullah Khan, meinem Lehnsherrn, und hat ihm alles erzählt. Es muß entsetzliche Szenen am Hofe Nasr Khans gegeben haben. Die alte Bibi hat Weinkrämpfe gekriegt, sie soll auf den Knien vor Nasr Khan gelegen und ihn angefleht haben. Und als er nicht nachgab, hat sie ihn verflucht. Nasr Khan selber aber sitzt in seinem Zelt und grollt, und es ist gefährlich, in seine Nähe zu kommen..."

Jetzt wurde selbst Conny ungeduldig: „Aber weshalb das alles, um Gottes willen", fragte er heftig.

Scheich Penahi hob den Kopf und sah uns alle der Reihe nach an, mit einem merkwürdigen Blick, voller Mitleid und Trauer. Dann sagte er:

„Die beiden Brüder Nasr Khans, Hussein und Malek Mansur, sind dem englischen Geheimdienst in die Hände gefallen. Man hat sie nach Kairo gebracht und dort als deutsche Agenten zum Tode verurteilt. Aber sie sollen begnadigt und freigelassen werden, wenn der Khan die deutsche Militärmission hier ausliefert..."

Jetzt war es heraus! Nur mit halbem Ohr hörte ich, was Scheich Penahi weiter berichtete ... Wie die englischen Agenten sich in Stambul an die beiden Prinzen herangemacht hatten ... wie sie versprochen hatten, die beiden im Flugzeug nach Bagdad und von dort weiter per Auto in die Heimat zu bringen ... und wie dann das Flugzeug in der Luft den Kurs gewechselt hätte und nach Kairo geflogen sei...

Meine Gedanken waren bei Nasr Khan. Nie zuvor hatte ich mich ihm seelisch so nahe gefühlt. Oh, ich verstand seinen Konflikt nur zu gut, die ganze Furchtbarkeit der Entscheidung, in die er hineingestellt war: Auf der einen Waagschale lag das Leben seiner Brüder, lag die Liebe seiner Mutter — sie lag vor ihm auf den Knien, hatte Scheich Penahi erzählt —, und auf der anderen lag die Heiligkeit des Gastrechts, die zu wahren eins der höchsten Gebote des Propheten war...

Und er kämpfte ... er hatte gekämpft, tage=, vielleicht wochenlang ... gegen seine Mutter, gegen die Stimme der Bruderliebe in seiner eigenen Brust ... Wer von uns hätte das getan? Und wer wollte mit ihm rechten, wenn die Entscheidung am Ende doch gegen uns fiel? Nein, ich hatte ihm in Gedanken viel abzubitten, ich war kleinmütig gewesen und mißtrauisch ... auch bei mir war die Tugend der Abwehr zum Laster geworden ... und während ich räsonierend seine Treue angezweifelt hatte, hatte er weiter schützend die Hand über uns gehalten... Was war denn seine Empfehlung an die Boirachmadis anderes gewesen als Fürsorge für uns? ... Ich wußte, wie er seine Mutter liebte und wie er sie verehrte ... wie hätte er die Kraft gefunden, sich ihren Wünschen und Tränen so lange zu widersetzen, wenn er so gewesen wäre, wie ich ihn zuletzt gesehen hatte?

Eine Frage Hamdullahs brachte mich wieder in die reale Situation zurück: „Und was hat Abdullah Khan Prinz Kosro geantwortet?" fragte er.

„Er hat zunächst abgelehnt", sagte Scheich Penahi, aber sein Gesicht sah besorgt aus, als er das sagte.

Nachdem Penahi gegangen war, herrschte eine Zeitlang Schweigen zwischen uns. Dann sagte Conny: „Eigentlich ist's doch Quatsch, daß wir uns so gegen die Gefangennahme sträuben", sagte er in seiner ruhigen, bedächtigen Art. „Was kann uns schon groß passieren? Und wenn man bedenkt, daß zwei Menschenleben auf dem Spiel stehen..."

Doch da fuhr ihn Kurmis an: „Du vergißt wohl ganz, daß unser Leben auch auf dem Spiel steht? Ich jedenfalls denke nicht daran, mich den Engländern lebendig ausliefern zu lassen ... und die Leute von meinem Kommando denken ebenso..."

Er sah Piwonka und Harbers an. Piwonka senkte den Kopf und schwieg, aber Harbers ließ leise ein zögerndes: „Na, ja" hören.

Das war es: die Giftkapseln und der Befehl vom Reichsführer! Das war mein Konflikt. Ich mußte wählen zwischen dem Leben der beiden Kaschghai=Prinzen und dem Leben meines Kommandos. Freilich, mein Weg war durch die Pflicht eindeutig vorgezeichnet ... als Offizier war ich verantwortlich für das Leben meiner Männer ... Aber von diesem Augenblick an bedauerte ich, das Kommando jemals übernommen zu haben.

Es würde einen Kampf geben zwischen Nasr Khan und mir, einen Kampf, der von beiden Seiten mit allen Mitteln des diplomatischen Ränkespiels geführt werden würde. Das wußte ich, aber ebenso gewiß war mir, daß ich von nun an in keinem Augenblick mehr Achtung und Sympathie für den Gegner verlieren würde, der mir an dem Brett der hellen und der dunklen Felder gegenübersaß und um das Leben seiner Brüder spielte.

* * *

Die erste Maßnahme, zu der ich mich entschloß, war, daß ich einen mit Gold beladenen Esel zu Abdullah Khan sandte, jener klassischen Strategie Philipps von Mazedonien gedenkend. Hamdullah leitete den Transport.

Er hatte den Auftrag, Abdullah Khan unserer Ergebenheit zu versichern, und ihm außerdem die Ankunft eines deutschen Flug=

zeugs mit schweren Waffen für spätestens Ende Januar in Aussicht zu stellen. Vorsichtshalber hatte ich den Termin noch vierzehn Tage über die von Berlin angegebene Zeit prolongiert.

Dann ließ ich einen ständigen Wachdienst einrichten. Nacht für Nacht wachte einer von uns auf der Plattform des Turms und lauschte hinaus, ob sich nicht endlich das Motorengebrumm des ersehnten Flugzeugs hören ließ. Am Hang unseres Hügels hatten wir sechs große Holzstöße in A=Form aufgeschichtet, Benzinkani= ster und Lunten lagen daneben. Und der Posten hatte den Auftrag, hinunterzulaufen und die Feuer anzufachen, sowie sich das ge= ringste Motorengeräusch hören ließ. Aber Nacht für Nacht verging, und nichts drang zu uns herauf als Hundegebell, Hyänenkreischen und das Heulen der Wölfe aus den verschneiten Wäldern.

Einige Tage später besuchte uns Scheich Penahi wieder. Diesmal war er offenkundig besserer Stimmung. „Ich wüßte eine Gelegen= heit", erklärte er händereibend, „wie Ew. Gnaden sich Abdullah Khan angenehm machen könnten..." Und ich wunderte mich im stillen darüber, wie schnell der kleine Mann die Quintessenz meiner Diplomatie erfaßt hatte.

Und dann erklärte er mir, daß Leute vom Stamm der Mehemed Hasanis sich, wahrscheinlich auf englische Einflüsterungen hin, gegen Abdullah Khan aufgelehnt hätten. Sie hatten sich in einer alten Bergfeste verschanzt, waren mit Lebensmitteln und Munition von den Engländern reichlich versehen und beunruhigten das um= liegende Land durch Raub und Plünderungszüge. Scheich Penahi hatte von seinem Lehnsherrn den Auftrag erhalten, mit seinen Kriegern den Aufstand niederzuschlagen.

„Wenn Sie mir helfen könnten, das Räubernest in die Luft zu sprengen", schloß Penahi listig lächelnd, „dann würde Abdullah Khan doch sehen, was er von seinen deutschen Freunden hat..."

Ich zögerte einen Augenblick: „Und was sagt Nasr Khan dazu?" fragte ich. „Der ist natürlich einverstanden", sagte Penahi im Brust= ton der Überzeugung, „wir sind doch verbündet, und unsere Feinde sind seine Feinde ... und Freunde Englands, wie die Mehemed Hasanis, werden immer Nasr Khans Feinde sein..."

Das war einleuchtend. Und da Kurmis darauf brannte, sein Dynamit auszuprobieren und auch Conny mich bat, mitreiten zu dürfen, gab ich den beiden die Erlaubnis.

Schon am nächsten Morgen ritten sie mit Penahis Leuten ab, und schon zwei Tage später waren sie wieder da.

Conny berichtete mir vom Erfolg der Strafexpedition: „Alles was recht ist", begann er seinen Bericht, „ein verdammt schneidiger Bursche ist dieser Tine doch." Und er erzählte, wie Kurmis sich nachts an die Mauern der Festung herangeschlichen und seine Dynamitladung angebracht hätte. „Die Mauersteine wirbelten durch die Luft wie Spreu im Winde", sagte Conny.

Die Boirachmadis waren durch die Bresche eingedrungen, aber der Rest der Verteidiger hatte sich in den höher gelegenen Turm zurückgezogen. Und wieder war Kurmis, diesmal allerdings unter dem wilden Abwehrfeuer der Hasanis, zum Turm hinaufgerannt, hatte eine geballte Dynamitladung angezündet und war unter einem Feuerhagel in großen Sätzen den Hang hinabgejagt.

„Aferin, aferin", hatten die Boirachmadis geschrien, den Ruf höchster Bewunderung, und dann war der Turm mit donnerähn= lichem Krachen zusammengestürzt und hatte die Verteidiger unter sich begraben. Die wenigen Überlebenden hatten sich ergeben, und Scheich Penahi hatte sofort einen Kurier mit der Siegesnach= richt zu Abdullah Khan gesandt.

Auch bei uns fand abends ein großes Siegesfest statt, bei dem geradezu Rabelaissche Freßorgien gefeiert wurden. Scheich Penahi strahlte, er quoll über von Lobsprüchen und Dankbarkeit, und, so schien es mir, durften auch wir zufrieden sein. —

Ungefähr eine Woche später kam Hamdullah zurück. Wir hatten ihn schon von weitem bemerkt und gingen ihm bis zum Fuß des Hügels entgegen. Alle fielen mit Fragen über ihn her. Doch Ham= dullah war offenbar mißgelaunt. „Bomboktur", knurrte er mür= risch, was auf türkisch soviel wie „ganz große Sch..." bedeutete.

Ich erkundigte mich sofort, ob Abdullah Khan Neues von Nasr Khan gehört hätte.

„Ja", sagte Hamdullah, „die alte Bibi hat die ganze Verwandt= schaft zusammengetrommelt... Elias Khan, Fatullah Khan und all die anderen ... die Onkels und Vettern sollen Nasr Khan wahrscheinlich unter Druck setzen ... Und dann hat Nasr Khan einen Kriegsrat einberufen ...

Abdullah Khan hat auch 'ne Einladung gekriegt ..."

„Und was hat der dicke Abdullah zu meiner Sprengung gesagt?" fragte Kurmis.

„Na, das war das Dümmste, was ihr tun konntet", wandte sich Hamdullah heftig gegen ihn. „Ganz blaß ist er geworden, als die Nachricht kam, seine dicken Bäckchen haben angefangen zu zittern, und er hat vor sich hingebrabbelt: Solche Teufelskerle sind das also — diese Deutschen!"

„Päng", sagte Conny, „dieser Schuß wäre nach hinten losgegangen!"

Dreizehntes Kapitel

Harbers war der erste, der die Reiter sah. Er kam vom Turm heruntergepoltert und alarmierte uns. Und dann standen wir alle oben auf der Plattform, auf die Brustwehr gestützt, und starrten durch unsere Feldstecher den Kommenden entgegen.

Es waren etwa zwanzig Reiter, an den Mützen erkannten wir die Kaschghais. Sie waren aus dem Waldstück im Südosten gekommen ... und ritten jetzt in flottem Paßtrab auf uns zu. Das Gelände war hügelig ... für Minuten verschwand der Trupp in einer Talsenke und tauchte dann wieder wie Kork, der in der Brandung treibt, auf dem Kamm einer Bodenwelle auf. Als sie näherkamen, konnten wir einzelne erkennen. An der Spitze ritt Fatullah Khan, ihm dichtauf folgten Mehemed und Molla Haidér.

„Die sind gekommen, um uns abzuholen", sagte Piwonka. Es war eine unnötige Feststellung, wir alle hatten ohnedies das gleiche gedacht.

Am Fuße des Hügels machte der Trupp eine Schwenkung und ritt in Penahis Gutshof ein. Dort blieben sie vor unseren Blicken verschwunden. Wir warteten darauf, daß sie wieder auftauchen sollten, und tauschten halblaut, in gedämpftem Ton, Bemerkungen aus. Doch sie kamen nicht. Statt ihrer erschien nach einer halben

Stunde ein einzelner Fußgänger. Er ging langsam, mit gesenktem Kopf, bergan, es sah aus, als ob er eine unsichtbare Last trüge. Es war Scheich Penahi.

Wir verließen unseren Ausguck auf der Plattform und gingen ins Turmzimmer hinunter. Conny, Kurmis und ich setzten uns an den Tisch, die anderen legten sich auf ihre Betten. Wir sprachen nicht viel, wir warteten.

Dann kam ein schlurfender Schritt die Steinstufen herauf, und dann stand Scheich Penahi oben, eine helle Gestalt im Halbdämmer des Raumes.

„Meine Freunde", sagte er. Mit einer unsicheren Bewegung breitete er die Arme aus.

Wir schwiegen alle.

„Meine Freunde", begann er von neuem, „ich wünschte, Allah hätte mir diesen Tag erspart. Nasr Khans Boten sind da, um Sie zu holen. Abdullah Khan hat in Ihre Auslieferung eingewilligt..."

Ein rauher Laut kam aus seiner Kehle, halb klang es wie Stöhnen, halb wie unterdrücktes Schluchzen. Von uns sprach keiner.

„Sagen Sie selber, was soll ich machen?" begann er nach einer Weile von neuem. Er stand noch immer in derselben Haltung an der Treppe. „Abdullah Khan ist mein Lehnsherr ... und selbst wenn ich mich seinem Befehl widersetzen wollte ... und Sie hier behalten und verteidigen ... dann hätte ich Nasr Khan und Ab= dullah Khan, die persische Regierung und die Engländer gegen mich ... Und ich habe doch nur neunzig Gewehre..." Er streckte uns die leeren Hände entgegen und ließ sie mit einer Geste erschüt= ternder Hilflosigkeit wieder sinken.

„Bei Allah", wiederholte er, „ich wünschte, ich hätte diesen Tag der Schande nie erleben müssen..."

Es schien mir genug der Selbstquälerei: „Ew. Gnaden", sagte ich, „niemand von uns denkt daran, Ew. Gnaden für das verant= wortlich zu machen, was hier und jetzt geschieht. Im Gegenteil — und ich glaube, da spreche ich im Namen aller meiner Freunde, wenn ich sage, daß wir Ew. Gnaden allzeit ein dankbares Anden= ken für die gewährte Gastfreundschaft bewahren werden ...

Ew. Gnaden haben uns wie Freunde aufgenommen, und wir wer= den stets als Freunde an Ew. Gnaden zurückdenken ..."

Er antwortete nicht, aber er trat auf mich zu und schüttelte mir stumm die Hand. Durch eine Schießscharte fiel Licht auf sein Gesicht, und ich sah, daß er weinte ... lautlos, mit zuckenden Lippen ... aber sein Gesicht war naß von Tränen. Ich hatte schon öfters Männer weinen sehen, aber noch nie hatten mich Tränen so erschüttert wie diese Tränen von Scheich Penahi, dem Helden von Samirum.

Er ging dann noch weiter reihum und schüttelte jedem von uns die Hand. Das alles geschah, ohne daß ein Wort gesprochen wurde. Dann wandte er sich hastig um und ging schwerfällig die Treppe hinunter. Langsam hörten wir seine Schritte unten verklingen.

Kurmis war der erste, der wieder sprach: „Doch ein anständiger Kerl, der alte Knochen", sagte er, obwohl er sicher nur einen Teil der persisch geführten Unterhaltung verstanden hatte. Harbers aber, der dem Davongehenden durch eine Schießscharte nach= geblickt hatte, rief halblaut: „Er geht nicht auf sein Gut zurück ... er geht nach Westen in den Wald ..."

Ich schüttelte die sentimentale Stimmung ab, die uns alle gefan= gen hielt. „Dann müssen wir jetzt hinuntergehen zum Gut und die Lage peilen", sagte ich.

Zu dritt machten wir uns auf den Weg, Conny, Kurmis und ich. In dem großen viereckigen Gutshof standen die Kaschghais und fütterten ihre Pferde. Ich erkundigte mich nach Fatullah Khan und Mehemed. Wir wurden ins Gutshaus gewiesen.

Auf der Terrasse, die zum Garten hinausführte, trafen wir sie. Molla Haidér war bei ihnen. Scheinbar standen sie in angeregtem Gespräch, aber sicher war ihnen unsere Ankunft schon gemeldet worden, denn ihre ganze Haltung hatte etwas Gezwungenes. Als wir herantraten, verstummten sie sofort.

Fatullah Khan nahm als erster das Wort: „Wir sind gekommen, um Ew. Gnaden abzuholen", sagte er mit verlegenem Grinsen, „Durchlaucht Nasr Khan wünscht, seine deutschen Freunde wieder an seinem Hof zu sehen."

Ich wandte den Blick von ihm weg und sah die beiden anderen an. Mehemed murmelte eine verlegene Begrüßung, Molla Haidér schwieg, aber sein dickliches Gesicht sah ehrlich bekümmert aus. Ich nahm Mehemed beim Arm und sagte: „Ich hätte gern einmal ein Viertelstündchen mit Ihnen allein gesprochen..."

Er folgte zögernd, im Weggehen wandte er sich noch ein paarmal wie hilfesuchend nach den anderen um. Wir gingen durch den winterlichen Obstgarten hinaus in die Felder. Als wir außer Hör= weite des Hauses waren, blieb ich stehen. „Stimmt's", fragte ich, „daß die beiden Brüder Kaschghai in Kairo sitzen und zum Tode verurteilt sind?" Ich behielt sein Gesicht während der Frage scharf im Auge. Sein Erschrecken war unverkennbar. „Was! Das wissen Sie?" stammelte er erblassend, „dann ... dann ist ja die ganze Komödie hier umsonst..."

„Und was soll weiter aus uns werden?" fragte ich, ohne auf dieses indirekte Schuldbekenntnis näher einzugehen.

Er antwortete ohne Zögern: „Nasr Khan will versuchen, das deutsche Kommando bis Kriegsende bei sich zu behalten. Er hat sich den Engländern gegenüber erboten, die Bürgschaft dafür zu übernehmen, daß Sie keinerlei feindselige Handlungen gegen Eng= land oder die persische Regierung mehr verüben ... Sie würden dann irgendwo bei uns interniert ... eine Art custodia honesta... und müßten sich auf Ehrenwort verpflichten, den Ihnen angewie= senen Platz nicht zu verlassen..."

„Und wenn die Engländer sich nicht darauf einlassen?"

Diesmal kam seine Antwort nicht so schnell. „Dann wird der Khan darauf dringen", meinte er zögernd, „daß Sie auch in eng= lischer Gefangenschaft als seine Gäste betrachtet und behandelt werden..."

Ich mußte unwillkürlich lachen.

„O bitte", sagte Mehemed heftig, „der Khan hat verlangt, daß Sie keinerlei Repressalien unterworfen werden und nach Kriegs= ende sofort entlassen werden müssen..."

Soweit war's also schon gediehen! „Das wäre immerhin völker= rechtlich eine interessante Neuerung", sagte ich mit betonter Ironie,

„der Gefangene als Gast ..." Ich hatte die Absicht, ihn zu provo=
zieren, und er reagierte prompt.

„Sie haben ja keine Ahnung", brauste er auf, „was sich bei uns
alles abgespielt hat ... eine Stimmung wie in einem Totenhause ...
Glauben Sie ja nicht, daß einem von uns diese traurige Mission
hier leicht gefallen ist ... Sie hätten die Versammlung der Khane
miterleben sollen ... alle haben sich geweigert, bei dieser Sache
mitzuwirken ... jeden einzelnen hat Nasr Khan gefragt, und jeder
hat nein gesagt ... und Fatullah Khan hat's schließlich auch nur
getan, weil ihn seine Tante, die alte Bibi, tagelang vorher bekniet
hat..."

Ich glaubte ihm. Aber was half uns das jetzt? Ja, wenn die Gift=
kapseln nicht gewesen wären, hätte man es vielleicht auf einen
Versuch ankommen lassen können. Denn Nasr Khan war immer=
hin eine Macht, und es bestand die Möglichkeit, daß man, um ihm
gefällig zu sein, gewisse Konzessionen bei unserer Behandlung in
der Gefangenschaft machte. So aber ...

Ich wandte mich wieder an Mehemed: „Für uns bleibt jedenfalls
die bittere Tatsache bestehen, daß uns im Unglück alle unsere
Freunde verlassen. Auch Sie, mein Lieber!"

Er zuckte zusammen. Offenbar war er auf einen so persönlichen
Angriff nicht gefaßt. „Was kann ich denn dabei tun?" murmelte
er schwach.

Ich hatte ihn da, wo ich ihn hinhaben wollte. Wie alle Beteiligten
an unserer Auslieferung hatte er ein schlechtes Gewissen, und sein
Gewissen war unser Verbündeter. Ich mußte in diesem Spiel mit
solchen Erwägungen arbeiten, denn die Kräfte waren zu ungleich
verteilt, den Hebelarm der Macht hatte jedenfalls Nasr Khan in
der Hand. „Wenn ich Sie wäre", sagte ich langsam und mit Be=
tonung, „würde ich mir den Kopf darüber zerbrechen, wie ich das
Unrecht, das da an uns geschehen soll, verhindern könnte ... wie
ich die Schmach, meine Gäste an ihre Feinde ausgeliefert zu haben,
von mir abwenden könnte ... denn schließlich sind wir Gäste der
freien Kaschghais gewesen und damit auch Ihre Gäste..."

Während ich sprach, hatte er den Kopf gesenkt, schweigend sah
er vor sich nieder auf die Spitzen seiner weißen Giwehs. Von Zeit

zu Zeit blickte er von unten herauf nach mir hin, mit einem scheuen und verquälten Blick.

„Vielleicht", begann er zögernd, „sollten Sie an Elias Khan schreiben ... er hat in der Versammlung der Khane am wärmsten für Sie gesprochen ... und am schärfsten gegen Ihre Auslieferung protestiert ... Ja", sagte er, plötzlich eifrig werdend, „das wäre ein Weg: Sie müßten sich unter seinen Schutz stellen ... er nimmt Sie sicher bei sich auf ... und damit schlagen Sie den Engländern die Waffen gegen Nasr Khan aus der Hand ... Elias Khan ist selbständig, Fürst der Kaschghulis ... wenn Sie seine Gäste sind, kann Nasr Khan immer erklären, daß er keine Gewalt mehr über Sie hätte..."

Er erhitzte sich immer mehr für seinen eigenen Vorschlag.

„Kommen Sie, lassen Sie uns gleich schreiben", drängte er, „Sie diktieren mir den Brief, ich nehme ihn mit und befördere ihn auf schnellstem Wege an Elias Khan." Er hatte aus der Kartentasche, die er immer bei sich trug, Taschentintenfaß, Federhalter und Schreibblock herausgeholt und ließ sich mit gekreuzten Beinen am Feldrain nieder.

„Ew. Durchlaucht", begann er zu schreiben, ohne mein Diktat abzuwarten. Dann sah er mich erwartungsvoll an.

Ich überlegte. Die Chance war gering, aber in unserer Lage durfte ich nicht die geringste Chance auslassen. So begann ich, zu diktieren.

Es wurde ein langer, pathetischer Brief, in dem ich Elias unter Hinweis auf seine religiösen Pflichten beschwor, die Heiligkeit des Gastrechts zu achten und uns, den Hilflosen, seinen Schutz an= gedeihen zu lassen.

Mehemed war offenbar sehr befriedigt, denn auf dem Rückweg zum Gutshof war er beinahe ausgelassen, er wirkte wie von einer schweren Last befreit. Er versicherte mir einmal ums andere, daß nun bestimmt alles gut werden würde.

Wir waren über eine Stunde weggewesen, und als wir wieder= kamen, waren Conny und Kurmis schon zum Turm zurückgekehrt. Ich schickte einen Diener ins Haus und ließ Scheich Penahi um eine Unterredung bitten. Denn auf dem Rückweg hatte ich mir noch eine zweite Möglichkeit überlegt, den Gang der Ereignisse zu steuern. Aus meinen Erfahrungen bei der Abwehr wußte ich, welchen Wert der englische Geheimdienst darauf legte, alle Mitglieder eines feindlichen Spionagerings in die Hand zu bekommen. Und deshalb hatte ich beschlossen, wenn irgend möglich unser Kommando zu trennen. So bestand die vage Hoffnung, die Auslieferung hinauszuzögern und Zeit zu gewinnen. Zeitgewinn aber bedeutete in unserer Situation alles, denn einmal mußte dieser Krieg ja auch ein Ende haben.

Statt Penahis kam Kaid Hadi zu mir auf die Terrasse heraus. Auch die Mienen des unermüdlichen Spaßmachers waren heute verdüstert. „Mein Bruder ist zu den Schafherden gegangen", sagte er, „das tut er immer, wenn er traurig ist, und dann bleibt er meistens eine ganze Woche fort..."

„Schade", sagte ich bedrückt.

Doch Kaid Hadi fuhr fort: „Er läßt Ew. Gnaden nochmals grüßen und hat mir aufgetragen, alles für unsere Gäste zu tun, was unser bescheidenes Haus vermag."

Da fragte ich ihn, ob Abdullah Khan die Auslieferung aller oder nur die Auslieferung der Deutschen gefordert hätte.

„Nur der Deutschen", sagte er.

„Würden Ew. Gnaden dann Iskender Khan und Hamdullah weiter als Gäste bei sich behalten?" Ich sah ihn gespannt an.

„Gern", sagte er, ohne zu zögern.

Ich dankte ihm und ging zum Turm zurück. Die anderen waren schon beim Packen. In dem großen düsteren Turmgemach herrschte eine so bedrückte Stimmung, daß ich sie bat, trotz der Kälte mit auf die Plattform hinauszukommen.

Dort erläuterte ich meinen Plan: Trennung des Kommandos und den Brief an Elias Khan. Kein Widerspruch erhob sich. Conny brachte sogar noch einen Vorschlag bei, der uns eine neue, dritte Möglichkeit eröffnete: „Ich werde zu Zulfikar Khan reiten", erklärte er, „die Farsimadan haben Waßmuß damals aufgenommen, sie sind immer besonders deutschfreundlich gewesen... Vielleicht kann ich dort für euch alle Quartier machen, wenn ihr dem alten Ekel Fatullah entwischen könnt..."

Es wurde beschlossen, daß er am nächsten Morgen noch vor Tagesanbruch abreiten sollte. Noch bevor die Kaschghais kamen, um uns zu holen. Es war sicherer so, denn wir wußten nicht, was Fatullah Khan zu meinen Abmachungen mit Kaid Hadi sagen würde.

Wir gingen wieder hinunter und packten weiter. Gegen sechs ging die Sonne unter, und die riesige Wand des Kuh=i=dinar leuch= tete auf in einem Alpenglühen von solcher Farbenpracht, wie wir's kaum je zuvor gesehen hatten. Es schien, als wäre der Berg zur Feier unseres Abschieds festlich illuminiert.

Bei Kerzenlicht fuhren wir im Packen fort. Wir sortierten alle Papiere aus, die wir verbrennen wollten, Funksprüche, Kode= schlüssel und sämtliche Dienstvorschriften. Und nach einem erfolg= losen Einspruch von Kurmis legten wir auch die falschen Pfund= noten auf den Haufen, der ins Feuer wandern sollte.

Zuletzt — es war schon weit nach Mitternacht — machten wir uns an die Verteilung des Goldes. Ich hatte vorgeschlagen, die immer noch große Summe in vier gleiche Teile aufzuteilen: Einen sollte Scheich Penahi als Gastgeschenk erhalten, der zweite sollte den Mollas zur Verteilung an die Armen übergeben werden, und die restliche Hälfte sollten Conny und Hamdullah unter sich teilen. Wir, die wir immerhin mit der Möglichkeit baldiger Gefangenschaft rechnen mußten, wollten nur wenige Goldstücke mitnehmen.

Doch da protestierte Conny: „Was soll ich mit dem lausigen Gold", erklärte er, „das erregt nur Begehrlichkeit und Neid ... ich kann überall mit meiner Arbeit durchkommen ... und wenn ich als Armer unter Armen lebe, habe ich ein ganz anderes Verhältnis zu den Menschen ..." Ich sah ihn von der Seite an, sein lustiges, freches, immer leicht spöttisches Gesicht war jetzt ganz ernst. Und mir schien's, als wäre dieser Bruder Leichtfuß der Weiseste von uns allen. Da er nicht umzustimmen war, kam es zu einer Dreiteilung.

Dann gingen wir ins Erdgeschoß und weckten die Diener. Sie sollten zum Gutshof hinunterlaufen und drei Pferde holen, denn die beiden Boirachmadis sollten, wegen der Bärengefahr, Conny auf seinem Ritt zu den Farsimadan begleiten.

Als sie weg waren, zündeten wir auf dem Herd ein Feuer an. Das große Autodafé begann. Wir standen nebeneinander und starrten in die Flammen. Gesprochen wurde nichts mehr.

Das Feuer brannte noch, als die Diener mit den Pferden zurückkamen. Wir traten mit Conny vor die Tür. Draußen war pechschwarze Nacht, die Pferde standen da, nur vom zuckenden Feuerschein angestrahlt.

Conny schüttelte uns allen die Hand. „Macht's gut", sagte er. Er stieg in den Sattel. „Auf Wiedersehen bei Zulfikar", rief er vom Pferd herab und trabte an. Die Hufschläge verklangen in der Nacht. Und dann, er mochte schon ein paar hundert Meter entfernt sein, hörten wir ihn schreien: „Päng, päng, päng!" Das war das letzte, was wir von Conny vernahmen.

Zwei Stunden später, im Morgengrauen, kam das Kaschghai= Kommando, um uns abzuholen. Fatullah Khan runzelte die Stirn, als er uns schwer bewaffnet mit Maschinenpistolen, Patronengurten und Dynamitladungen im Gürtel aus dem Turm heraustreten sah. Aber er sagte nichts.

Die Kaschghais halfen uns, unser Gepäck aufzuladen. Hamdullah stand zum erstenmal, seit ich ihn kannte, untätig an den Pfosten der Turmtür gelehnt und sah zu. Als wir mit dem Beladen der Tiere fertig waren, wandte ich mich, um ihm Lebewohl zu sagen. Doch der Platz an der Tür war leer. Drinnen aber, aus dem dunklen Turminneren, erklang ein wildes, haltloses Schluchzen. Wir sahen uns an und stiegen ohne Abschied in den Sattel. Uns allen war die Kehle eng, und wir wollten den Kaschghais kein Schauspiel geben. Als der Weg sich ins Tal senkte, drehte ich mich noch einmal um. Doch der Platz an der Tür war noch immer leer, eine dunkel gähnende Öffnung in dem alten Gemäuer.

Kaid Hadi ritt mit, er wollte uns noch bis zur Grenze das Geleit geben. Es war morgendlich kühl, die Pferde bliesen den Atem in zwei kleinen Dampfsäulen durch die Nüstern ab. Wir ritten schweigend nebeneinander her. Die Sonne war noch nicht aufgegangen, und der Kuh=i=dinar lag da im fahlen Morgenlicht wie ein großer schwarzer Sarg.

Auf der Paßhöhe, die die Grenze bildet zum Lande der Boirach=
madis, trennte sich Kaid Hadi von uns. Er stieg vom Pferde und
verlangte von Fatullah Khan eine schriftliche Quittung darüber,
daß er vier deutsche Soldaten, zwei Offiziere und zwei Mann,
lebend und gesund an ihn abgeliefert hätte. Fatullah Khan
schimpfte, aber da Kaid Hadi nicht nachgab, mußte er sich be=
quemen, aus dem Sattel zu klettern und das Dokument aufsetzen.
Kaid Hadi faltete es sorgfältig und schob es in die Falten seines
Kuschak. Dann wandte er sich an mich: „Damit Sie mich nicht
vergessen, Exzellenz Saba", sagte er feierlich, „möchte ich Ihnen
zum Abschied ein kleines Geschenk machen ... mir selber ist's
besonders kostbar, weil ich es beim Sturm auf Samirum von einem
Stabsarzt erbeutet habe ... es ist eine seltene Zigarettenspitze..."

Und aus den Tiefen seines Kuschah brachte er ein langes
schwarzes Ding zum Vorschein und überreichte es mir mit einer
tiefen Verbeugung. Es war das Hartgummimundstück vom Ball
einer Klistierspritze.

War's eine letzte Eulenspiegelei, war's eine ehrlich gemeinte
Gabe kindlicher Naivität? Ich habe es nie erfahren. Denn während
ich noch fassungslos auf dieses seltsame Geschenk starrte, hatte
sich Kaid Hadi in den Sattel geschwungen und jagte in vollem
Galopp davon.

* * *

Das Kastell im Bärm=i=firuz=Gebirge, das uns Nasr Khan zum
vorläufigen Aufenthalt angewiesen hatte, lag zweitausendfünfhun=
dert Meter hoch. Alles war tief verschneit, und wenn wir von
unserer täglichen Freistunde zurückkamen — der Freistunde der
Gefangenen, wobei wir, selbst bewaffnet, von fünfzehn Kaschghais
mit entsicherten Gewehren begleitet, im Schnee herumgestapft
waren —, sahen wir aus wie wandelnde Schneemänner, das Haar
mit Eiskristallen bestäubt und die Bärte steifgefroren.

Die Behausung, in die wir dann zurückkamen, war freilich kaum
anheimelnder als das Wetter draußen. Wir wohnten im ersten
Stockwerk des Hauses, unter uns waren die Pferdeställe und über

uns das flache Dach. Es war ein einziger düsterer Raum, der nur durch Schießscharten notdürftig erhellt wurde. Aber während im Turm von Alibaz die Schießscharten verglast waren, waren es hier offene Löcher, durch die ein eisiger Wind hereinstrich. Wir verstopften sie mit Säcken, aber der Wind kam doch durch, und jeden Morgen fegte der Diener ein Häufchen feinen Pulverschnees am Boden unter den Schießscharten zusammen.

Wir warteten alle. Fatullah Khan wartete auf Anweisungen Nasr Khans, was weiter mit uns geschehen sollte, und wir warteten auf eine Botschaft von Elias Khan, eine Nachricht von Conny oder irgendein Wunder, das uns vom Alpdruck der Auslieferung befreien sollte. Aber nichts kam.

Es war eine absurde Situation. Wir waren Gefangene Nasr Khans, aber wir waren bewaffnet. Und wir betrachteten und behandelten Fatullah Khan als eine Art Geisel. Wir ließen ihn keinen Augenblick von unserer Seite, und selbst wenn er austrat, ging einer von uns mit, den Finger am Abzug der Maschinenpistole. Er merkte bald, was gespielt wurde, und wenn er sich unbeobachtet glaubte, musterte er uns manchmal mit Blicken, in denen stummer Haß glühte.

Es war ein Inferno an Finsternis, Bosheit und Kälte. Kurmis erging sich oft stundenlang in Meditationen darüber, was uns erwartete, wenn wir lebend in die Hände der Engländer fielen. „Jede Folter kann ich aushalten", behauptete er und quälte sich und uns mit langen Beschreibungen all dessen, was der Mensch dem Menschen überhaupt antun kann. „Mich können sie foltern, soviel sie wollen", schloß er dann meist, „aus mir werden sie kein Wort herausquetschen. Aber die Vernehmungsspritzen ... das ist's! Ihr könnt euch einfach nicht vorstellen, wie das ist ... man ist gar nicht mehr man selber ... wie ein Blasenkranker, der den Urin nicht halten kann, läßt man alles aus sich rauslaufen, was man weiß ... Ein Glück, daß wir unsere Kapseln haben!"

Unsere Versorgung geschah durch Boten, die in die Dörfer im Tal hinuntergeschickt wurden und mit Tragtieren wieder heraufkamen. Sie brachten alles mit, was wir brauchten. Es waren Kaschghulis, die in den Tälern wohnten, und es war, wie wir bald erfuhren, Fatullah Khans eigenes Gebiet. Eines Tages, ein Bote war gerade aus dem Tal zurückgekommen, trat Fatullah Khan mit strahlendem Gesicht vor uns hin: „Ich möchte Sie einladen, meine Gäste zu sein", sagte er. „Ich habe ein Häuschen in der Nähe von Ardakan, dort können wir wunderbar leben ... ganz anders als hier ... in den Tälern ist schon alles grün, und die Blumen blühen..."

„Sag dem Schwein, daß wir nicht auf seinen Leim kriechen", antwortete Kurmis, nachdem ich die Einladung deutsch wiederholt hatte. Und ich übersetzte, daß wir uns außerordentlich über die Ehre dieser Einladung freuten, zu unserem unendlichen Bedauern aber ablehnen müßten. „Wir halten es für richtiger", sagte ich, „an dem Platz zu verbleiben, den Seine Durchlaucht Nasr Khan uns als Quartier angewiesen hat."

Der nächste Fouragier brachte die Jagdeinladung eines Kasch= ghulihäuptlings mit, die ich wieder in blumigen Wendungen ab= lehnte.

Fatullahs Plan schien uns klar. Er wollte uns in einen englischen Hinterhalt locken. Das wäre, vom Standpunkt der Kaschghais aus betrachtet, eine ideale Lösung des moralischen Dilemmas gewesen. Wir wären einem englischen Terrorakt zum Opfer gefallen, man hätte uns auf der Jagd oder in einem der Dörfer von englischen Truppen ausheben lassen, und das Gesicht unseres freundlichen Gastgebers blieb gewahrt.

Aber bestand nicht, wenn wir weiter alle Einladungen ablehnten, die Gefahr, daß man hier oben das gleiche Experiment versuchen würde? Gewiß, die Bedingungen für die Verteidigung waren hier oben günstiger, aber auf längere Zeit hätten wir uns gegen reguläre Truppen mit schweren Waffen kaum halten können und dann hätte sich hier, abseits von der Welt, in aller Stille unser Schick= sal vollzogen.

Wir beschlossen also, von uns aus einen Wechsel des Standorts vorzuschlagen. Ich wählte das kleine Gebirgsstädtchen Desch=i= kurd, das, wie ich wußte, in einem unwegsamen Hochtal lag und mit Autos nicht zu erreichen war, was die Gefahr eines englischen Überfalls wesentlich verringerte. Zwei weitere Vorteile kamen hin=

zu: Wir waren dort dem Gebiet der Farsimadan um vieles näher=
gerückt, und die Anwesenheit einer Stadtbevölkerung bot zugleich,
so rechnete ich, einen gewissen Schutz gegen etwaige Überfalls=
absichten unseres Begleitkommandos. Denn ein öffentlich verübter
Verrat an seinen deutschen Gästen würde das Ansehen Nasr Khans
empfindlich schädigen, und ich war lange genug in Iran gewesen,
um zu wissen, wie ängstlich jeder Perser auf die Erhaltung seines
Ansehens bedacht war.

Ich schlug also Fatullah Khan eine Übersiedlung nach Desch=i=
kurd vor. Doch diesmal lehnte er ab. Amüsanterweise bediente er
sich dabei der gleichen Wendung, die ich gebraucht hatte. „Ich halte
es für richtiger", sagte er, „an dem Platz zu verbleiben, den Seine
Durchlaucht Nasr Khan uns als Quartier angewiesen hat."

„Sag dem Schwein, daß ich ihm seinen dürren Wanst voll Blei
rotzen werde, wenn er uns morgen nicht reiten läßt", knirschte
Kurmis. Diesen Übersetzungsauftrag anzunehmen, weigerte ich
mich. „Es würde keinen Eindruck machen", sagte ich, „du darfst
nicht vergessen, daß du trotz allem einen tapferen Mann vor dir
hast..."

In trüber Stimmung rollten wir uns in unsere Schlafteppiche.
Mitten in der Nacht weckte mich Kurmis. „Du, Saba, ich hab 'ne
Idee", flüsterte er aufgeregt, „irgendwo hab ich mal gelesen, daß
die Engländer die Aufständischen in Pakistan vor die Kanonen
gebunden haben ... und dieselben Burschen, die sich stur wie die
Kegel an die Mauer stellen und von Gewehrschüssen umlegen
ließen, haben geheult und gebettelt wie die kleinen Kinder ... das
muß irgendwie mit ihrem Glauben zusammenhängen ... Weißt
du, du müßtest diesem miesen Scheich klarmachen, daß ich ihn mit
einer Dynamitladung in die Luft jage ... und daß dann nicht ein
Fetzchen mehr von seinem werten Korpus übrigbleibt ..."

Der Rat war nicht schlecht. Schon am nächsten Morgen beim
Frühstück setzte ich ihn in die Tat um.

„Letzte Nacht habe ich einen schrecklichen Traum gehabt",
begann ich. Es schien mir wirkungsvoller, ihm die Drohung gleich=
sam als eine methaphysische Warnung zu servieren. „Die Eng=
länder waren hier oben erschienen und hatten uns in unserem

Kastell eingeschlossen. Und als wir unsere letzte Patrone verschos=
sen hatten, da hat Kurmis eine Dynamitladung" — ich deutete auf
die Päckchen, die an unseren Gürteln hingen — „zur Explosion
gebracht. Es war ganz schrecklich. Ew. Gnaden" — ich sah ihn scharf
an — „standen direkt neben Kurmis und wurden vor meinen Augen
in Fetzen zerrissen ... Nichts blieb übrig ... nur Blutspritzer und
ein paar kleine Stückchen vom Archalog..."

Wahrhaftig, es wirkte! Er wurde blaß, und man sah, wie ihn ein
fröstelndes Zittern überlief. Ich stieß sofort nach: „Leider hat mich
meine Erfahrung gelehrt, solche Warnträume sehr ernst zu nehmen.
Ich möchte daher Ew. Gnaden nochmals bitten, uns nach Desch=i=
kurd reiten zu lassen..."

Er senkte den Kopf und schwieg.

Drei Tage später, als der Muezzin von der Höhe der Moschee
über Stadt und Tal die Mittagsstunde ausrief, ritten wir in
Desch=i=kurd ein.

* * *

Desch=i=kurd ist ein typisches persisches Bergstädtchen, terras=
senförmig in den Steilhang eingebaut, und als wir einritten, wurde
ich lebhaft an den Aul erinnert, in dem ich vor langer, ach, wie
unendlich langer Zeit einmal mit meiner Frau gemeinsam gelebt
hatte. Im Grunde genommen wirkte das Ganze wie ein großes
Dorf und nur das steinerne Rathaus, die Karawanserei und die
Moschee, die, am höchsten Punkt des Hangs gelegen, ihre Kuppel
in den strahlend blauen Frühlingshimmel wölbte, gaben der kleinen
Siedlung einen etwas städtischen Charakter.

Wir nahmen in der Karawanserei Wohnung. Und wir atmeten
alle auf, als wir in ein großes, helles und warmes Zimmer kamen.
Wir wohnten im ersten Stock, und durch eine breite Glastür konn=
ten wir in den viereckigen Innenhof hinuntersehen, der mit Stal=
lungen und Dienerschaftsunterkünften umbaut war. Dort hielten
sich die Leute unseres Begleitkommandos auf.

Fatullah entwickelte ungeahnte Talente als Gastgeber. Er be=
stellte sofort Huhn mit Reis und eine große Schüssel mit grünem
Gemüse, was wir lange entbehrt hatten und besonders angenehm

empfanden. Nachdem wir gegessen hatten, streckten wir uns, satt und faul, auf unseren Schlafteppichen aus, und den Rest des Nach=
mittags verbrachten wir skatspielend. Das neue, nach dem Auf=
enthalt im Kastell geradezu üppige Milieu schuf ein ungewohntes Gefühl der Sicherheit und des Wohlbehagens, und störend emp=
fanden wir nur, daß auf der Straße vor dem Hoftor ein Kaschghai=
Posten mit umgehängtem Gewehr auf und ab patrouillierte.

Doch dies trügerische Gefühl der Sicherheit wurde schon am Abend jäh wieder zerstört. Ein Posten erschien auf der Treppe, die vom Hof zu unserem Zimmer hinaufführte und meldete mit schallender Stimme: „Ein Bote von Seiner Durchlaucht Nasr Khan." Fatullah warf dem Mann einen wütenden Blick zu, aber es war schon zu spät. Ein bestaubter Reiter trat ein und übergab Fatullah Khan einen versiegelten Brief. Er erbrach das Siegel, überlas den Brief flüchtig und schob ihn lächelnd in seinen Kuschak. Von dem Inhalt sagte er uns kein Wort.

Gleich nach dem Essen ging er in den Hof hinunter. Piwonka behielt ihn im Auge. Er rief die Wachmannschaften zusammen, sie bildeten einen Halbkreis um ihn, und er sprach aufgeregt flüsternd auf die Leute ein. Auffällig war auch, daß verschiedene die Köpfe umdrehten und schnell zu unserem Zimmer hinauf=
schielten.

„Paßt auf, diese Nacht passiert was", sagte Kurmis. Wir waren alle der gleichen Meinung und trafen unsere Gegenmaßnahmen. Wir teilten die Nacht in zweistündige Wachen ein und beschlossen, bis zum Morgen ständig zwei Kerzen brennen zu lassen. Dann unterhielten wir uns, unwillkürlich die Stimmen dämpfend, dar=
über, wie es möglich sein konnte, daß Nasr Khan so schnell von unserem Ortswechsel erfahren hatte. „Dieser Fatullah muß gleich einen Kurier losgeschickt haben, als du das erstemal von Desch=i=
kurd sprachst", meinte Harbers bedächtig.

Ein Kaschghai ging über den Hof zum Tor hinaus, und durch das Fenster nach der Straßenseite beobachteten wir, daß der Posten draußen verdoppelt wurde.

Dann kam Fatullah zurück. „Ich bin dafür, daß wir früh schlafen gehen", er gähnte ostentativ, „der lange Ritt heute hat mich doch

verdammt müde gemacht. Ew. Exzellenzen sind doch einver=
standen?"

„Ja", sagte ich knapp.

Alle wickelten sich in ihre Schlafteppiche und streckten sich nebeneinander am Boden aus. Nur ich blieb neben den Kerzen sitzen, denn ich hatte die erste Wache von zehn bis zwölf über=
nommen.

Nach einiger Zeit meldete sich Fatullah. „Ich kann nicht ein=
schlafen", sagte er in vorwurfsvollem Ton, „das Licht scheint mir gerade in die Augen. Können wir nicht die Kerze ausmachen?"

„Die Kerzen bleiben brennen", sagte ich.

Er wälzte sich brummend auf die andere Seite.

Um Mitternacht löste mich Kurmis ab. Während meiner Wache war nichts vorgefallen.

Ich legte mich neben Fatullah Khan hin, auf den Platz, den Kurmis eben verlassen hatte. Fatullah atmete tief und gleichmäßig, trotzdem war ich überzeugt, daß er nicht schlief. Er atmete zu schön, und ich mußte daran denken, was mein alter Lehrer früher zu sagen pflegte, wenn ich eine gute Mathematikarbeit geschrieben hatte: „Es ist zu schön, um wahr zu sein." Schließlich versank ich in einen unruhigen Halbschlummer.

Ein lauter Kommandoruf schreckte mich auf: „Achtung, sie kom=
men!" schrie Kurmis. „Dynamitladungen fertigmachen!" Neben mir fuhr Fatullah hoch und starrte mit entsetztem Gesicht um sich. Wir machten unsere Maschinenpistolen schußbereit, Kurmis fin=
gerte ein Dynamitpäckchen von seinem Gürtel los. Plötzlich schrie Fatullah auf, mit einer hohen schrillen Stimme, es klang, als ob ein angeschossener Junghase in höchster Todesnot quäkt: „Macht, daß ihr wegkommt da draußen! Wir haben alles gehört..."

Füße huschten auf leisen Sohlen die Treppe hinunter, dann wurde es still.

Der Rest der Nacht verlief ohne Störung.

Der nächste Tag war Eyd=e=nou=rus, das persische Neujahrsfest, und zugleich einer der höchsten islamitischen Feiertage. Es war der 21. März 1944, ein schöner, sonniger Frühlingstag.

Da die eigentliche Feierzeit erst am Mittag begann, bat mich Fatullah, am Morgen noch einige Besorgungen in der Stadt machen zu dürfen. „Einkäufe für das Festessen", sagte er. Ich musterte ihn mißtrauisch und sagte: „Nun, wir behalten Molla Haidér so lange zur Gesellschaft bei uns." Er verstand mich sofort und versicherte eifrig, daß er in längstens einer Stunde wieder zurück sein würde. Er kam wirklich pünktlich wieder, äußerst munter und wohl= gelaunt. „Das wird ein feines Essen geben, Ew. Gnaden", sagte er und rieb sich die dürren Hände.

Etwa eine halbe Stunde später erschien der Kaschghai=Posten vom Tor und meldete einen Besucher an: Mehemed Khan, den Bürgermeister von Desch=i=kurd, der uns seine Aufwartung ma= chen wollte. „Ein entfernter Verwandter Nasr Khans", raunte mir Fatullah zu, während der Besucher schon hinter dem Posten auf= tauchte.

Es war ein langer dürrer Mann in europäischem Anzug, aber mit Kaschghaimütze und weißen Giwehs. Er sah sich unsicher im Raum um, und ich bemerkte, wie ihn Fatullah mit einem Blick zu mir hindirigierte.

Er trat vor mich hin, verbeugte sich mit über der Brust gekreuzten Händen und begann, mit der Miene eines Leichenbitters, sein Sprüchlein herzusagen, es klang, als ob er einen auswendig gelern= ten Text aufsagte:

„Es ist eine hohe Ehre für mich, Ew. Gnaden, die erlauchten Gäste meines fürstlichen Cousins in den bescheidenen Mauern unseres Städtchens begrüßen zu dürfen. Die Stadtverwaltung ver= anstaltet heute mittag um zwei anläßlich des Eyd=e=nou=rus ein offizielles Festessen im Rathaus, an dem die Gemeinderäte und andere Honoratioren unserer Stadt teilnehmen. Würden Ew. Gna= den und die übrigen deutschen Exzellenzen uns das Vergnügen machen, dies kleine Fest durch den Glanz Ihrer Anwesenheit zu verschönern?"

Ich überlegte einen Augenblick und sagte dann zu.

Er bedankte sich überschwenglich und blieb dann kaum mehr die Anstandsfrist eines normalen Teschrifats. Seine Unterhaltung war stockend und ungeschickt, und besonders irritierte mich, daß er während des Sprechens immer an seinen Fingern zog und die Gelenke knacken ließ.

Als er gegangen war und ich den anderen die Einladung über= setzt hatte, gab es eine heftige Diskussion zwischen uns Deutschen. „Mensch, Saba, merkst du denn die Falle nicht?" räsonierte Kurmis aufgebracht. „Falle genau so wie hier", sagte ich. Und dann setzte ich den anderen meine Überlegungen auseinander. Unsere einzige Sicherung, wenn wir von den Waffen absahen, waren die religiösen Hemmungen der Kaschghais, die Heiligkeit des Gastrechts zu verletzen. Und diese Sicherungen waren an einem hohen Feiertag und bei einem offiziellen Essen größer als hier, wo sich unsere Liquidierung zumindest weniger auffällig vollziehen konnte als bei einem Bankett im Rathaus. Harbers und Piwonka stimmten mir bei, nur Kurmis murmelte ein skeptisches: „Na, ihr werdet's ja sehen..."

Kurz vor zwei verließen wir unser Quartier und traten, in Waffen starrend, den Gang zum Rathaus an, Maschinenpistolen um= gehängt, Dynamitladungen im Gürtel und die Karabiner über der Schulter. Wahrscheinlich glichen wir viel mehr einer Polizeimann= schaft, die zu einer Aktion ausrückt, als den Gästen eines Fest= banketts, denn alle Vorübergehenden blieben stehen und schauten uns nach.

Der Festsaal lag im ersten Stock des Rathauses, ein großer, weiß= stuckatierter Raum, durch dessen hohe unverglaste Fenster Sonne und warme Frühlingsluft hereindrangen. Ungefähr zwanzig Herren in blauseidenen Archalogs waren schon versammelt. Mehemed Khan, der Bürgermeister, trat auf uns zu und machte uns mit den einzelnen bekannt. Wenn er über unseren Aufzug erstaunt war, so wußte er dies Erstaunen jedenfalls geschickt zu verbergen.

Dann setzten wir uns. Unter Mißachtung aller Etikette drängte uns Kurmis zu den Plätzen am Kamin, wo wir eine Wand im Rücken hatten. Fatullah Khan zog er neben sich. Ich hätte gern gewußt, was die Honoratioren Desch=i=kurds von uns dachten, denn seltsame Gäste waren wir in jedem Fall. Der Karabiner lag in Reichweite neben jedem, und auf dem Schoß hielten wir die entsicherte Maschinenpistole.

Die Neujahrsfeier begann mit künstlerischen Darbietungen. Ein junger Mann ließ sich im Schneidersitz mitten im Saal nieder und rezitierte in näselndem Singsang Verse von Hafis und Saadi. Nachdem er unter großem Beifall abgetreten war, folgte ein Flötenspieler, der Kaschghai=Lieder vortrug. „Katzenmusik", knurrte Kurmis, und ich muß gestehen, daß die Fünftonoktave mit Halb= und Vierteltönen für europäische Ohren zunächst befremdlich klingt. Den Beschluß bildete ein Sänger, ein etwas femininer Jüngling, der mit geschlossenen Augen und tremolierender Stimme zwei Lieder und auf die Dacaporufe der Zuhörer noch zwei weitere vortrug.

Währenddessen hatten die Diener die Tischtücher auf dem Fuß= boden ausgebreitet und riesige Schüsseln mit Reis und allerlei Fleischspeisen herangeschleppt. Das Tischtuch lag etwa einen Meter von uns entfernt, und notgedrungen mußten wir etwas von der Wand abrücken.

Das Essen begann mit der üblichen Waschung. Eine Schar von Dienern erschien mit Messingwaschbecken, Wasserkrügen aus Messing und Handtüchern. Sie machten bei uns, am Kopfende der Tafel, den Anfang. Mit schnell aufflammendem Mißtrauen sah ich, wie der ganze Troß, etwa zwanzig Mann, hinter uns auftauchte. Aber ich rief mich selber zur Ordnung, vollzog die Waschung und wandte mich wieder zur Tafel um. Fatullah Khan bot mir lächelnd eine Schüssel mit Rührei an, ich nahm den Löffel und langte zu...

In diesem Augenblick geschah's! Mit markerschütterndem Aufschrei warfen die Diener sich auf uns, indem sie einfach Kannen und Schüsseln zu Boden schleuderten und ihre schweren Körper auf uns fallen ließen. Ein unbeschreibliches Tohuwabohu entstand. Die Gäste sprangen auf und flohen kreischend aus dem Saal, in dem sich ein kämpfender Menschenknäuel brüllend am Boden wälzte.

Der Kampf war zu ungleich. Fünf von ihnen kamen auf jeden von uns, und zudem hatten sie das Moment der Überraschung für sich; die Überrumpelung war ihnen leider vollkommen geglückt, denn von unserer Seite war nicht ein einziger Schuß gefallen.

Mich als den Ältesten hatten sie zuerst erledigt, und bald lag ich, mit Stricken fest verschnürt, am Boden und sah zu, wie die anderen sich noch wehrten. Am wildesten kämpfte Kurmis. Wie ein wüten= der Keiler eine Hundemeute, die sich in seine Schwarte verbissen hat, abzuschütteln sucht, so zerrte er die Männer, die sich an ihn klammerten, hin und her. Er zog sie zum Fenster hin und mit Entsetzen erkannte ich, daß er die Absicht hatte, sich mit seinen Peinigern zusammen in die Tiefe zu stürzen.

Doch da nahte sich von hinten einer von denen, die mich bereits erledigt hatten. Er trug einen von den metallenen Wasserkrügen in der Hand. „Achtung Tine!" schrie ich. Doch es war schon zu spät. Fünf=, sechsmal sauste der schwere Krug auf Kurmis Hinter= kopf nieder, bis er lautlos in die Knie brach.

Dann verschnürten sie ihn, wie sie mich verschnürt hatten, und trugen ihn, Piwonka und Harbers hinaus. Keiner von den dreien rührte sich mehr, keiner gab einen Laut von sich. Es sah fast aus, als ob Museumsdiener drei Mumien fortschleppten.

Ich blieb allein in dem verwüsteten Saal zurück.

Ein schlurfender Schritt ... ich wandte langsam den Kopf, mein Nacken schmerzte: Es war Fatullah Khan. Er war blaß und zitterte an allen Gliedern. Wortlos ließ er sich neben mir am Boden nieder. Wir schwiegen beide. Endlich sagte er so leise, als ob er zu sich sel= ber spräche: „Es war Befehl von Nasr Khan ... Wir sollten Sie auf alle Fälle entwaffnen ... was sollte ich tun? ... Befehl ist doch Be= fehl ..."

„Und Gewissen ist Gewissen", sagte ich hart. Ich wälzte mich auf die Seite und drehte ihm den Rücken zu.

Er blieb noch eine Weile stumm sitzen. Dann stand er seufzend auf und schlich hinaus. Ich blickte ihm nach. Er hatte den Kopf zwi= schen die Schultern gezogen, irgendwie wirkte er wie ein verprügel= ter Hund.

Ich blieb allein, wie lange weiß ich nicht. Die Stricke schnitten schmerzhaft in mein Fleisch ... und an meinem Körper entlang sehend, erkannte ich, was geschehen war. Mein Archalog war zer= rissen, der Kuschak mit dem gesamten Inhalt verschwunden. Die Dynamitladungen waren weg, die paar Goldstücke, die Patronen

und die Giftkapsel. Merkwürdigerweise empfand ich das beinah als eine Erleichterung. Aber auch meine Waffen waren verschwun=
den ... meine Armbanduhr ... der kleine Koran, den mir Frau Esfendiari in Teheran geschenkt hatte, und Corells Gedicht. Die Burschen hatten wirklich ganze Arbeit gemacht.

Wieder ein schleichender Schritt. Diesmal war's ein Diener. Er fing an, lautlos wie in einem Krankenzimmer aufzuräumen. Das zerbrochene Geschirr ... die beschmutzten und verknäulten Tisch= tücher.

„He, du!" rief ich ihn an. Er fuhr zusammen. „Lauf zu deinem Herrn, Mehemed Khan, und sag ihm, daß ich ihn sofort zu sprechen wünsche."

„Hören heißt gehorchen", murmelte er und verschwand. Aber es dauerte eine ganze Weile, bis der Bürgermeister kam. Dann stand er vor mir, in der Haltung eines gebrochenen Mannes.

„Schämen Sie sich nicht!" fuhr ich ihn an. „Das ist ein Gast Ihres Hauses, der da gefesselt vor Ihnen liegt!"

Er fing an zu weinen. Es war ein merkwürdiger Anblick. Die lange Nase krauste sich, ein Schluchzen erschütterte den großen mageren Körper, und dann kniete er wortlos nieder, nahm einen Dolch aus seinem Kuschak und zerschnitt meine Fesseln. Während= dessen tropften seine Tränen auf mein Gesicht.

Ich wollte mich aufrichten, ich konnte nicht, das Blut hatte wohl zu lange in den abgeschnürten Gliedern gestockt. Da fing er an, mich zu massieren, unaufhörlich von Schluchzen geschüttelt. Wäh= rend dieser Tätigkeit stellte ich ein förmliches Verhör mit ihm an.

„Wo sind meine Kameraden?" fragte ich streng.

„Im Keller", schluchzte er.

„Leben sie alle?"

„Ja."

„Auch der Rothaarige, dem Ihre Diener den Wasserkrug auf den Schädel geschlagen haben?"

„Jawohl, der lebt", sagte er. Plötzlich brach er aus: „Oh, diese Schande! Ich weiß nicht, wie ich das überleben soll ... Kinder und Kindeskinder werden mich verfluchen, weil sie den Namen eines Verräters tragen ... Bei Allah, wenn ich die Höllenstrafen nicht fürchtete, ich würde mir heute noch das Leben nehmen..." Er schluchzte hemmungslos.

Sein pathetischer Jammer ließ mich merkwürdig kalt, während mich die schweigenden Tränen Scheich Penahis im tiefsten gerührt hatten. Vielleicht gibt es einen Instinkt für die Echtheit fremden Schmerzes, vielleicht saß der Groll über die eben erlittene Niederlage noch zu tief in mir.

„Lassen Sie meine Kameraden auch von ihren Fesseln befreien", befahl ich.

„Das geht nicht", sagte er, „sie werden von Fatullahs Leuten bewacht..."

Ich drehte ihm den Rücken zu. Es war die gleiche Geste wie bei Fatullah Khan, aber jetzt war es eine wohlberechnete Grausamkeit. Wenn er wirklich so empfand, wie er mir eben geschildert hatte, dann mußte ihn meine offen bezeugte Verachtung tief treffen. Dann würde er alles tun, um diese Last von sich abzuwälzen, die unerträglich sein mußte, wenn seine Selbstvorwürfe echt waren.

Ich merkte, wie er zögernd aufstand. „Ich will versuchen, was ich machen kann", murmelte er und ging hinaus.

Kaum fünf Minuten später war er wieder da. „Ihre Kameraden sind frei", sagte er, „die Fesseln sind ihnen abgenommen."

Ich streckte ihm die Hand hin: „Ich danke Ihnen, Mehemed Khan", sagte ich. Er nahm meine Hand, aber er fing schon wieder an zu weinen.

„Und jetzt möchte ich essen", sagte ich, „meine Kameraden und ich sind heute um das Mittagessen gekommen... und ich wäre Ew. Gnaden dankbar, wenn Ew. Gnaden die Güte haben würden, uns nachservieren zu lassen."

Er starrte mich in ungläubigem Erstaunen an. Dann rannte er, daß sein blauer Archalog hinter ihm herflatterte wie die Rockschöße eines Kellnerfracks. Er hatte begriffen, was ich sagen wollte. Im Hause eines Verräters aß man nicht, und wenn ich seine Gastfreundschaft in Anspruch nahm, gab ich ihm sein Gesicht wieder.

Die nächste halbe Stunde verlief rührend und komisch zugleich. Die Diener brachten den aufgewärmten Festschmaus, sie deckten für mich allein den Tisch, Mehemed Khan bedauerte unendlich, daß meine Kameraden nicht heraufkommen durften, aber er versicherte mir, daß sie im Keller genau das gleiche Essen serviert bekämen. Und dann setzte er sich neben mich, bediente mich von allen Seiten, schob mir Polster in den Rücken und steckte mir die besten Bissen eigenhändig in den Mund. Ich wurde lebhaft an die Szene erinnert, wie Nasr Khan Ibrahim Rasul, den Boten von Samirum, bedient hatte. Dabei plapperte er unaufhörlich wie ein aufgeregtes und glückliches Kind.

Als ich gegessen hatte, verabschiedete er sich feierlich: „Allah segne die Pfade von Ew. Gnaden", sagte er, „und meine heißesten Wünsche und Gebete werden Ew. Gnaden begleiten, wohin Ew. Gnaden die Schritte immer zu lenken belieben..." Er ging, aber an der Tür wandte er sich noch einmal um. „Im Hof stehen keine Wachen", sagte er hastig und verschwand.

Ich ging zum Fenster und sah in den Hof hinunter. Wahrhaftig, es war ein leichtes, da zu entfliehen. Überall im Saal lagen noch daumendicke Stricke herum, die zu unserer Fesselung nicht mehr verwendet worden waren. Man brauchte bloß einen an die Fenstersäule zu binden und sich herabzulassen. Die Freiheit winkte... und das Gebiet der Farsimaden lag nahe.

Ich stand lange und starrte in den Hof hinunter. Die Versuchung war groß. Aber dann dachte ich an meine Kameraden. Ihr Spiel war ausgespielt, und war dieses Spiel nicht auch mein, ja unser aller gemeinsames Spiel gewesen?

Ich ging zu meinem Platz am Kamin zurück und streckte mich auf einem Schlafteppich aus. Die Nacht kam und füllte die Rundbogen der Fenster mit tiefem Blau und dem Gefunkel der Sterne. Ein Diener brachte einen hohen Leuchter mit zwei brennenden Kerzen und stellte ihn neben meinem Lager hin. Ihm auf dem Fuß folgten zwei waffenklirrende Kaschghai=Soldaten, die im Saal Wache bezogen. Sie grüßten mich nicht und sahen mich mit finsteren Blicken an.

* * *

Die nächsten vierundzwanzig Stunden habe ich in so enger Nachbarschaft mit dem Tode verbracht wie nie zuvor und seither nie wieder in meinem Leben. Ja, ich darf sagen, daß ich innerlich die dunkle Grenze bereits überschritten hatte und daß Erkenntnis und Gefühl bereits in dem anderen Lande waren. In jenen Stunden aber habe ich erkannt, daß das Leben etwas Wunderbares, ganz Herr= liches ist, und daß der Wunsch nach einem ewigen Leben der letzten und tiefsten Sehnsucht des menschlichen Herzens entspringt . . .

Es begann damit, daß ich in der Nacht aufwachte, von einem im Flüsterton geführten Gespräch. Ich blinzelte unter halbgeschlosse= nen Lidern hinüber zu meinen Wachtposten, ihre Zahl hatte sich auf drei erhöht. Der dritte war ein finster aussehender Geselle, Daschwend, ich wußte von früher her, daß er zur Leibwache der alten Bibi gehörte.

„Ich nehme seine Giwehs und die Reithosen", sagte der eine ge= rade, „du kannst ja den Archalog kriegen . . ."

„Der Archalog ist zerrissen", murrte der andere, „und außerdem ist er nachher sicher ganz voll Blut . . ."

„Du mußt ihn eben durch den Hinterkopp schießen", belehrte ihn der erste, „so'n glatter Kopfschuß, das gibt nur ganz wenig Blut . . ."

Ich spürte, wie ich innerlich vereiste. Krampfhaft bemühte ich mich, das ruhige gleichmäßige Atmen eines Schlafenden vorzutäu= schen.

„Ihr seid Deppen", mischte sich Daschwend ins Gespräch, „laßt ihn doch erst tot sein und verteilt dann die Sachen . . . dann könnt ihr ja immer noch sehen, was übrig bleibt . . ."

„Sollen wir sie eigentlich alle vier hinterher ganz nackt aus= ziehen?"

„Ja", sagte Daschwend, „die alte Bibi hat gemeint, das wäre das beste. Die Hyänen und Wölfe machen schnelle Arbeit . . . und hinterher sieht ein Skelet genau so aus wie das andere . . . dann weiß niemand mehr, ob das Deutsche waren . . ."

„Und was sagt der Khan dazu?"

„Na, der weiß natürlich von nischt", sagte Daschwend. „Nachher wird er sich schon damit abfinden . . ." Er ließ sich gähnend hinten= über fallen: „Kinder, hört auf mit dem Gequatsche . . . Vater will noch 'nen Abzug schlafen ... denn morgen ist ein anstrengender Tag ..."

Auch der zweite streckte sich zum Schlafen hin. Nur einer blieb bei den Kerzen sitzen, die Maschinenpistole schußbereit auf den Knien.

Die Gedanken wirbelten durch meinen Kopf. Die alte Bibi hatte also den Mordbefehl erteilt ... Weshalb? Wir waren doch entwaffnet und sollten ausgeliefert werden ... Wußte sie's nicht ... oder fürchtete sie, daß wir in letzter Minute noch entfliehen könnten? ... Hatte sie aus Angst um das Leben ihrer Söhne die Nerven verloren? ...

Sicher, so mußte es sein! Und Nasr Khan wußte von nichts ... Wenn man nur einen Weg finden könnte, ihn zu verständigen ... mit Fatullah reden? Zwecklos! Er war der Parteigänger der alten Bibi, das hatte mir Nasr Khans Sekretär Mehemed selber in Alibaz erzählt ... Aber Mehemed ... Mehemed Khan, der Bürgermeister? Das war die Lösung! Gleich morgen früh mußte ich mit ihm reden ... Er mußte einen Boten zu Nasr Khan schicken und ihn von dem Vorgefallenen unterrichten ... der Bote mußte unsere ehrenwörtliche Versicherung mitnehmen, daß wir keinen Versuch mehr machen würden, uns gegen die Auslieferung an die Engländer zu sträuben ... Am besten, ich gab ihm ein Handschreiben an den Khan persönlich mit ... Aber würde mir Fatullah noch erlauben, zu schreiben ...?

Es wurde eine lange Nacht.

Als das erste Frühlicht sich eben in den Fensterbögen zu zeigen begann, wurden im Hof Geräusche laut, Pferdegetrappel und Menschenstimmen.

Gleich darauf erschienen zwei Kaschghais. Der eine hielt eine deutsche Maschinenpistole, die sie von uns erbeutet hatten, beständig auf mich gerichtet. Sie brachten mich in den Hof hinunter, die drei Mann von der Saalwache schlossen sich an.

Unten stand schon das ganze Kommando marschfertig, die Pferde waren gesattelt, nur meine Kameraden fehlten noch. Ich verlangte, Fatullah zu sprechen. Er trat mürrisch, mit übernächtigem Gesicht, vor mich hin.

„Ich möchte mich von unserem Gastgeber verabschieden", sagte ich.

„Der ist gestern weggeritten", knurrte er. Ich glaubte ihm nicht. Aber Molla Haidér mischte sich ein: „Doch", bestätigte er, „Mehemed Khan ist gestern, gleich nachdem er mit Ew. Gnaden gegessen hatte, aufs Pferd gestiegen und weggeritten." Molla Haidér log nicht, das wußte ich. Außerdem war's gar nicht so unwahrscheinlich: Nachdem er mir die Chance zur Flucht gegeben hatte, war Mehemed Khan davongeritten, um sich selber ein Alibi zu verschaffen.

„Und wo bringt Ihr uns heute hin?" fragte ich.

„Nach Sedeh", sagte Fatullah einsilbig.

„Und weshalb können wir nicht hier bleiben?"

„Befehl vom Khan", murmelte Fatullah, wandte sich ab und ging zu den Pferden. Seit wir waffenlos in seiner Hand waren, ließ er jede Höflichkeit vermissen. Nur Molla Haidér sah mich mit freundlichen und teilnehmenden Blicken an. Er sagte nichts, aber sein rundliches Kindergesicht war bekümmert und verstört.

Dann wurden Kurmis, Piwonka und Harbers gebracht. Sie kamen fessellos aus den Schafställen im Souterrain des Rathauses.

„Na, Saba", rief Piwonka munter, „haben sie dir auch die Pillen weggenommen?" Ich nickte. Piwonka lachte: „Mich haben die Burschen vollständig ausgemistet", rief er mir zu.

„Guten Morgen, Saba", sagte Harbers. Nur Kurmis schwieg. Zwei Posten hielten ihn untergefaßt, er ging mit merkwürdig torkelnden Schritten. Die gestrigen Schläge auf seinen Kopf schienen noch nachzuwirken. Die beiden Posten banden ihm die Arme auf dem Rücken zusammen, so daß nur die Hände zur Zügelführung freiblieben. Sollte ich den Kameraden sagen, was ich wußte? Was hätte es genützt? Ich beschloß zu schweigen.

Wir saßen auf und ritten ab, ostwärts, dem ersten Frührot entgegen. Als wir aus Desch=i=kurd ausritten, sang gerade der Muezzin die Stunde des ersten Frühgebets über der Stadt aus.

Bald hinter Desch=i=kurd öffnete sich das Tal zu einem weiten, grasbewachsenen Hochplateau, das sich steppengleich bis an den Fuß der Berge hinzog. Die Sonne ging auf, Tautropfen funkelten im Gras, das hoch und saftig im ersten Frühlingsgrün dastand, die Luft war voller Lerchenjubel. Wir mußten die Pferde im Schritt gehen lassen, da sie bis zum Bauch in den weichen grünen Wellen versanken.

Ich dachte an Frau und Kinder ... wie sie wohl auskommen würden ohne mich? ... Aber meine Frau war ja tapfer und stark ... trotz ihrer Zartheit eine tapfere kleine Frau mit einem mutigen Herzen ... ich dachte an mein eigenes Leben. Und plötzlich überfiel mich mit schmerzlicher Wucht ein seltsames Gefühl, als wäre dies alles, Elternhaus und Jugendträume, Liebe, Kinderzeugen und Beruf gar nicht das Eigentliche gewesen, als müßte dieses Eigentliche, das dem Dasein Sinn und Inhalt gab, erst noch kommen ...

Wir waren am Fuß der Berge angelangt. Wir überquerten das Bett eines breiten flachen Flüßchens, das Wasser spritzte unter den Hufen der Pferde auf, und wir ritten in eine Schlucht ein, die der Fluß in den Berg genagt hatte. Rechts und links stiegen Lehmwände empor, dicht bewachsen mit Büschen und Brombeergerank, neben uns schoß plätschernd das Wasser über die Steine, ohne Lichtreflexe seltsam tot wirkend, die Sonnenstrahlen reichten nicht hinab bis zum Grunde der Schlucht, und wir ritten dahin in einer fahlgrünen Dämmerung.

Molla Haidér bildete die Tete, hinter ihm ritten Fatullah und ich. Wir ritten so dicht nebeneinander, daß unsere Schenkel sich manchmal berührten, aber wir sprachen kein Wort mehr zusammen. Plötzlich zog Fatullah eine Mauserpistole aus seinem Kuschak — ich kannte sie, es war dieselbe Waffe, die Kurmis noch gestern getragen hatte. Er lud und entsicherte sie umständlich. Dann blieb er hinter mir zurück.

Ich sah mich um. Er ritt an die einzelnen Leute des Begleitkommandos heran, sprach flüsternd mit ihnen, und jedesmal nahm der Angeredete sein Gewehr von der Schulter, entsicherte es und brachte es auf einen von uns in Anschlag. Hinter mir ritt ein baumlanger Kaschghai von tscherkessischem Typ, er zielte genau auf meinen Kopf.

Ich drehte mich wieder um. In diesem Augenblick geschah zweierlei gleichzeitig: Molla Haidér, der vor mir ritt, wandte sich um.

Sein Gesicht war tränenüberströmt. Piwonka aber, der mit Kurmis zusammen den Beschluß des Zuges bildete, schrie mit schriller Stimme: „Achtung, jetzt knipsen sie uns ab!"
Wie alles kam, weiß ich heute kaum mehr zu sagen. Ich entsinne mich nur, daß ich plötzlich mein Pferd herumriß, so plötzlich, daß Fatullah, der sich der Tete wieder genähert hatte, beinahe mit mir zusammengeprallt wäre. Ich hob die Hand, der Zug kam zum Stehen, und dann sagte ich, ohne zu stocken, ohne zu überlegen, ohne die Wirkung meiner Worte vorher berechnet zu haben:
„Ich weiß, daß ihr uns jetzt erschießen wollt. Tut, was ihr tun müßt — ich winsele nicht um unser Leben. Aber um eines bitte ich euch: Knallt uns nicht von hinten ab wie Hasen auf der Jagd. Wir sind ehrliche Soldaten, genau wie ihr, und wir haben einen ehr= lichen Soldatentod verdient. Laßt uns jetzt absitzen und unser Grab schaufeln. Dann soll beten, wer noch beten will, und dann erschießt uns, wenn ihr müßt. Dann werden wir sterben ohne Haß und Groll gegen euch. Aber das eine schwöre ich euch: Wenn ihr uns jetzt hier heimtückisch wie die Meuchelmörder umlegt, dann werde ich Gott bitten, daß er mich zu der Stunde, wo jeder von euch stirbt, neben den Engel treten läßt, der auf der schmalen Brücke zum Para= diese steht. Und dann werde ich mit dem Finger auf jeden von euch weisen, und der Engel wird euch packen, jeden einzelnen von euch, und euch hinabschleudern in den flammenden Pfuhl, in dem die Verräter ewig brennen ..."

Während ich sprach, hatte ich niemanden angesehen. Jetzt fiel mein Blick auf Fatullah. Eine schreckliche Veränderung war mit ihm vorgegangen. Er starrte mich an wie ein Gespenst. Die weit auf= gerissenen Augen schienen aus den Höhlen zu treten, der Unter= kiefer war heruntergeklappt und wackelte zitternd auf und ab, als bemühe er sich vergebens, die Herrschaft über seine Sprache wie= derzugewinnen. Endlich brachte er krächzend hervor: „Bei der ewi= gen Seligkeit Nasr Khans! Wir wollten euch gar nicht erschießen. Wir wollten uns nur vor dem da schützen!" Sein bebender Zeige= finger deutete auf Kurmis, der gefesselt und offenbar noch halb bewußtlos von den gestrigen Schlägen im Sattel hing.

Die Lüge war so albern, daß ich wortlos mein Pferd wandte und weiterritt. Der ganze Zug setzte sich wieder in Bewegung. Mit einem halben Blick über die Schulter bemerkte ich, daß der Tscher= kesse noch immer sein Gewehr auf mich gerichtet hielt. Aber die furchtbare Spannung von vorher war vorbei. Der Ausbruch eben — und es war wahrhaftig nichts gewesen als ein elementarer, völlig unüberlegter Ausbruch — hatte die Nerven entspannt, ich war müde, erschöpft, beinahe gleichgültig. Gut, mochten sie schießen, dachte ich, wenn sie's jetzt noch vor ihrem Gewissen verantworten konnten. Aber ganz insgeheim war ich schon beinah gewiß, daß sie nicht mehr schießen würden.

Die grüne Schlucht dehnte sich weit. Endlich erreichten wir die Berghöhe, und eine blitzende Mittagssonne stürzte wie ein Fallbeil auf uns herab. Fatullah ritt an mir vorbei, zu Molla Haidér an die Spitze, die beiden sprachen miteinander, setzten ihre Pferde in Galopp und jagten davon.

Wir folgten langsamer im Paßtrab. Die Posten entluden ihre Ge= wehre, hängten sie um, und der lange Tscherkesse ritt an mich heran und sagte: „Prachtvolles Wetter heute. Allah sei Dank, daß es nicht geregnet hat."

* * *

Bei Sonnenuntergang näherten wir uns Sedeh, einer weitläufigen Siedlung, die eigentlich aus drei Dörfern besteht. Vom Dorfausgang kam uns ein Reiter in vollem Galopp entgegen. Es war Fatullah. Sein Gesicht strahlte. „Ein Kurier von Nasr Khan ist da, er hatte uns schon in Sedeh erwartet", berichtete er, atemlos vom schnellen Ritt. „Alles ist bestens geordnet. Diese Nacht über bleiben wir hier, ich habe beim Bürgermeister Quartier für Ew. Gnaden besorgt, und morgen geht's weiter in ein Dorf, wo Nasr Khan Euch unter= gebracht hat und wo Ihr bis Kriegsende ungeschoren bleibt."

Ich dankte ihm kühl.

Doch er war nicht abzuschütteln. Er begleitete uns noch in unsere Unterkunft, einen großen kahlen Raum im Erdgeschoß der Bür= germeisterei. Sobald die Tür sich hinter uns geschlossen hatte, schnitt er Kurmis die Fesseln durch und sagte voller Herzlichkeit:

„Meine Lieben, was heute unterwegs passiert ist, war ein böser Traum. Wir wollen ihn schleunigst vergessen und wieder genau so gute Freunde sein wie früher." Er ließ eine große Portion Hammelfleisch und Reis für uns kommen, und während wir aßen, blieb er bei uns sitzen und schwatzte unaufhörlich. Was er uns hatte antun wollen, berührte ihn anscheinend wenig, der Gedanke aber, daß wir ihn deshalb verachten könnten, schien sein Selbstgefühl empfindlich zu schmerzen.

„Ein Glück, daß wir den Seichbold los sind", sagte Harbers, als Fatullah endlich gegangen war. Dann fielen er und Piwonka mit Fragen über mich her. Da beide mein Gespräch mit Fatullah Khan nur zum Teil gehört hatten, war ihnen der Sinn der Vorgänge in der Schlucht rätselhaft geblieben. Ich erzählte ihnen alles, von dem erlauschten Gespräch in der vergangenen Nacht an.

Darauf setzte ein psychologisches Puzzlespiel der Vermutungen ein, was die alte Bibi zu diesem nach unserer Entwaffnung sinnlosen Mordbefehl veranlaßt haben könnte. Vielleicht traf Harbers das Richtige, als er bedächtig meinte: „Wahrscheinlich hat sie gar nicht gewußt, daß Nasr Khan uns schon vorher hatte entwaffnen lassen ... und Fatullah, der alte Trottel, wollte eben beide Befehle prompt ausführen ..."

Es dunkelte, ein Diener kam und brachte uns eine Kerze, in einen Flaschenhals gesteckt. Draußen vor dem Fenster ging ein Kaschghai=Posten auf und ab. Der Stahl seines Gewehrlaufs glänzte bläulich im Mondlicht.

Kurmis hatte sich an unserer Unterhaltung mit keinem Wort beteiligt. Erst hatte er stumm dagesessen und apathisch vor sich hingestiert. Dann hatte er angefangen, mit der ihm eigenen Ruhelosigkeit im Zimmer herumzukramen. In einem alten Wandverschlag hinter einem verstaubten Kelim hatte er einen Haufen alter Konservendosen entdeckt. Er hatte eine davon herausgeklaubt und sich still, wie ein artig spielendes Kind, damit an die Erde gesetzt. Wir hatten ihn nicht weiter beachtet, nur Piwonka hatte mit einem Anflug von makabrem Humor gemeint: „Tines Geist ist ausgetreten seit den Schlägen gestern."

Jetzt, als Licht gebracht worden war, sah ich näher zu, was Kurmis machte. Er hatte seine Reithose ausgezogen und war damit beschäftigt, mit einem scharfkantigen Blechstückchen, das er vom Dosendeckel abgerissen hatte, die innere Futternaht aufzutrennen.

„Tine, was machst du da?" fragte ich.

Er blickte einen Moment auf und fuhr dann schweigend in seiner Beschäftigung fort. Mit spitzen Fingern schob er das Blechstückchen in das Loch, das im Futterstoff entstanden war.

„Tine, was soll das?" fragte ich nochmal.

Wieder sah er mich an, und ich erschrak fast vor dem leeren Ausdruck der hellen Augen, in denen sich der Schein der Kerze spiegelte. „Die Pillen haben sie uns weggenommen", lallte er mit schwerer Zunge, „nun mach ich's eben damit..."

Er stand auf und zog sich die Hose wieder an. Harbers griff nach der Blechdose und begann, gleichfalls ein Stück vom Deckel abzureißen.

„Aber Menschenskinder", fuhr ich auf, „seid ihr denn wahnsinnig?" Es erschien mir ungeheuerlich, daß sie daran denken konnten, das eben geschenkte Leben wieder wegzuwerfen. Ich suchte krampfhaft in meinem Hirn nach Argumenten, die sie von ihrem Vorhaben abbringen konnten, das ich nach den Erlebnissen des heutigen Tages als eine verbrecherische Auflehnung gegen die Güte Gottes empfand. Aber mit religiösen Argumenten konnte ich ihnen nicht beikommen.

„Ich finde es einfach feige", sagte ich, „sich den Konsequenzen der eigenen Handlungsweise so zu entziehen. Als Mann hat man die verdammte Pflicht und Schuldigkeit, für das einzustehen, was man getan hat..."

Harbers ließ die Dose sinken. Er blickte unschlüssig von mir zu Kurmis, der sich wieder gesetzt hatte. Da sagte Kurmis, in einem bei ihm ganz ungewohnt weichen Ton: „Nee, laß man Kleiner... bei dir ist's wirklich überflüssig... aus dir können sie ja doch nichts herausquetschen... was weißt du denn schon?" Meinen Einwand beachtete er anscheinend gar nicht.

„Aber Tine..." fing nun auch Piwonka an.

Da plötzlich schien der alte Zorn Kurmis noch einmal zu packen: „Ihr könnt mich alle mal..." schrie er mit einer überraschend starken, volltönenden Stimme. „Was seid ihr denn ... alles kleine Pinscher! Freßt, sauft und schlaft bei euren Weibern... so was wir ihr kann immer leben... aber ich ... ich pfeife auf das Hunde=leben, das ihr führen werdet, wenn das Dritte Reich in'n Eimer geht."

Er warf sich an die Erde hin, drehte uns den Rücken zu und ant=wortete auf keine Frage mehr.

* * *

Fatullah Khan hatte wieder einmal gelogen. Am nächsten Tag wurden wir an die Engländer ausgeliefert. Wir waren kaum zwei Stunden in dem Dorf, das uns nach Fatullahs Angaben zum Auf=enthalt bis Kriegsende dienen sollte, als mehrere Autos und zwei große Lastwagen vor dem Schulgebäude vorfuhren, wo wir Quar=tier genommen hatten.

Ein polnischer Soldat in englischer Uniform erschien und holte uns in den Hof hinunter.

Unten standen im Halbkreis acht englische Offiziere, in der Mitte ein Oberstleutnant. Die Offiziere musterten uns mit finste=ren Blicken, einige hielten Pistolen in der Hand. Hinter ihnen war ein Zug polnischer Infanterie aufmarschiert, die Soldaten hielten ihre Maschinenpistolen auf uns gerichtet.

Ich trat auf den Oberstleutnant zu und meldete förmlich: „Die Deutsche Militärmission in Südpersien begibt sich unfreiwillig in englische Gefangenschaft."

Er salutierte stumm, mit steinernem Gesicht.

Es war eine ausgesprochen feindselige Atmosphäre. Ich ver=suchte, das Eis zu brechen:

„Meine Herren", ich wandte mich an die im Halbkreis stehenden Offiziere, „ich glaube, Sie können ruhig Ihre Schießeisen weg=stecken. Wir haben nicht die Absicht, Ihnen etwas zuleide zu tun."

Ein paar lachten laut, und der Oberstleutnant entblößte lächelnd seine gelben Pferdezähne.

Der Bann war gebrochen. Als erster trat ein kleiner dicklicher Zivilist auf mich zu, der eine Pistolentasche am gelben Lederriemen über seinem Anzug trug. Es war Major Jackson, der englische Konsul in Schiras. Er schüttelte mir die Hand.

„Na, endlich", sagte er, „auf den Moment hab ich mich schon seit Jahren gefreut." Dann teilte er mir mit, daß die britische Regierung mit Nasr Khan ein Abkommen getroffen hätte, wonach wir gut behandelt werden sollten und keinen Repressalien unterworfen werden durften. Auch einige von den anderen Offizieren traten heran und begrüßten mich mit Handschlag.

Dann wurden wir verladen. Kurmis, Piwonka und Harbers wurden in die Lkws zu den Mannschaften gebracht, ich mußte ins Auto zu einem englischen Major einsteigen. Die Kolonne setzte sich in Bewegung, nach Norden zu.

Wir fuhren zwanzig Stunden, ohne Schlaf, nur von kurzen Essenspausen unterbrochen. Der Engländer war ein einsilbiger Reisegefährte, aber fürsorglich und von vorbildlicher Höflichkeit.

Morgens, kurz nach vier, langten wir in Teheran an. Die Straße war leer, der Schein der letzten Bogenlampen mischte sich mit dem Frühlicht des jungen Tages. Wir fuhren vor bei einer europäischen Villa im Stadtzentrum, dem Hauptquartier des Secret Service. Trotz der frühen Stunde war das Haus hell erleuchtet.

Ich sah, wie Kurmis, Harbers und Piwonka ins Haus gebracht wurden, Harbers winkte mir zu, ich winkte zurück, sprechen konnten wir nicht mehr auf die Entfernung. Dann kam ich selber hinein, der Major begleitete mich.

In der hellerleuchteten Halle standen mehrere Feldwebel mit umgeschnallten Pistolentaschen. Sie salutierten, als wir eintraten.

Ich wurde in einen kleinen, kahlen, mit Ölfarbe gestrichenen Raum gebracht. Wie ein winziges Krankenzimmer sah er aus. Ein Feldbett mit zwei Decken stand drin, an der Decke brannte eine schirmlose Lampe. Nur das Guckloch in der Tür verriet die wahre Bestimmung. Sowie ich allein war, fiel ich auf das Bett und versank in einen totenähnlichen Schlaf.

Ich erwachte davon, daß jemand sich in meinem Zimmer zu schaffen machte. Es war ein englischer Soldat, der mir das Früh= stück brachte. Er stellte das Tablett mit weißem Geschirr auf ein Schemelchen am Kopfende meines Betts.

„Good morning, Sir", sagte er, als er sah, daß ich wach war. Seine englische Aussprache war ebenso typisch polnisch wie sein Aussehen.

„Besten Dank", sagte ich auf russisch. Er riß erstaunt die Augen auf. „Sind Sie Russe?" fragte er. „Nein, Deutscher." Er lehnte sich mit dem Rücken an die Wand und betrachtete mich mit neugierigen Augen. Ich fing an zu essen. Es gab Tee, Toast und Butter und Haferflockensuppe. Alles gut und reichlich.

„Sagen Sie", fing er wieder an, nachdem er mir eine Weile schweigend zugesehen hatte, „Sie werden mir doch keine Dumm= heiten machen?"

„Ich wüßte nicht, welche..."

„Na", sagte er, „Ihr Kamerad mit der schiefen Nase, der die Nacht mit Ihnen zusammen eingeliefert worden ist, hat sich heute morgen die Pulsadern durchgeschnitten. Mit 'nem Stück Blech. Der Posten hat's erst ziemlich spät bemerkt, als das Blut schon zur Tür rauslief. Haben Sie nicht gehört, wie sie ihn vorhin vorbeigetragen haben..."

„Ist er tot?" fragte ich.

„Nee", sagte er, „aber viel fehlt nicht. Sie haben ihn gleich ins Lazarett gebracht, und er hat 'ne Bluttransfusion gekriegt..."

Die Tür öffnete sich, ein Sergeant guckte herein. „Schwatzt du schon wieder, alte Klatschbase", fuhr er den Posten an, „los, mach zu, daß du an deine Arbeit kommst!"

Der Posten verschwand.

Im Laufe des Tages erhielt ich nacheinander Besuch von meh= reren englischen Offizieren, die mir Zigaretten, Bücher, Blumen und Schokolade brachten. Sie plauderten völlig zwanglos mit mir, nur vom Krieg und dem, was hinter mir lag, wurde kein Wort ge= sprochen. Das Thema schien tabu, wie das Thema der Krankheit am Bett eines unheilbar Leidenden.

Am Abend erzählte mir der Pole, daß Kurmis die zweite Blut=
übertragung gekriegt hatte. Die Ärzte hofften, ihn durchzubringen.
Am nächsten Tag gab es wieder englischen Offiziersbesuch. Und
ich hatte Gelegenheit, Betrachtungen darüber anzustellen, wieviel
liebenswerte Einzelindividuen dieses Volk hervorgebracht hat, des=
sen Politik im Orient so viel Blut und Tränen gesät hatte. Nur ein
Besucher fiel aus der Reihe der übrigen heraus. Es war ein kleiner
älterer Herr in Zivil, ein Oberstleutnant begleitete ihn. Sein Auf=
treten und das Benehmen seines Begleiters aber gaben mir das Ge=
fühl, daß er zu den höchsten Chargen der britischen Besatzungs=
armee gehören mußte. Er kam herein, starrte mich wohl zehn
Minuten lang stumm an und ging hinaus, ohne ein einziges Wort
gesprochen zu haben.

Am fünften Tage wurde ich zur Vernehmung vorgeführt. Ich
hatte mich innerlich für ein Duell gewappnet und eröffnete das Ge=
spräch in kämpferischer Haltung, indem ich erklärte: „Ich hoffe,
Captain, Sie werden mir nicht zumuten, zum Verräter an meinem
Vaterland zu werden." Doch der Leiter des Verhörs, ein Haupt=
mann Thistlewait, winkte lächelnd ab. „Was wollen Sie über sich
wissen?" fragte er und deutete auf einen dicken Aktenstoß, der
vor ihm auf dem Schreibtisch lag. Und dann zeigte er mir meinen
Briefwechsel mit Mayr, meine Briefe an General Zahidi, Bilder von
Conny und mir und Luftaufnahmen von all den Flugplätzen, die
wir im Kaschghaigebiet angelegt hatten. „Schade, daß wir uns nicht
früher kennengelernt haben", sagte er zum Schluß, „1941 wäre
eine Unterhaltung mit Ihnen erheblich interessanter für mich gewe=
sen. Aber heute wissen wir über Berlin viel mehr als Sie."

Dann wurde ich in meine Zelle zurückgeführt. Dort traf ich den
polnischen Wachtposten an, der gerade meinen Fußboden schrubbte.
Auf Grund der englischen Zigarettenspenden, die ich ihm zum
größten Teil überließ, hatte sich ein vertrauliches Verhältnis zwi=
schen uns herausgebildet. Er war meine Informationsquelle für
alles, was in diesem Hause und vor allem mit meinen Kameraden
geschah.

Sowie die Tür hinter dem Soldaten, der mich vom Verhör zu=
rückgebracht hatte, ins Schloß gefallen war, fragte der Pole auf=

geregt: „Haben Sie schon gehört, was heute vormittag Schreckliches passiert ist?" Und ohne meine Antwort abzuwarten, sprudelte er heraus: „Der deutsche SS=Offizier, der ins Lazarett gekommen war, hat den Posten gepackt, der an seinem Bett Wache hielt, und hat sich mit ihm kopfüber in den Hof hinabgestürzt." Er bekreu= zigte sich.
„Beide sind tot."

Mit diesen Worten beendete Paul Weymar seinen Tatsachenbericht. Ich hielt es für richtig, ihn wie folgt zu ergänzen:

Meine britische Kriegsgefangenschaft, die zweite in diesem Krieg, dauerte nicht lange, denn anfang Januar 1945 wurde ich über die Schweiz gegen einen britischen Offizier ausgetauscht, der in Paris als Verbindungsoffizier zur französischen Resistance in deutsche Gefangenschaft geraten war.

Als ich in einem Militärflugzeug von Teheran nach Kairo gebracht wurde und Abschied nahm von den gelbbraunen Sandwüsten, den grünen Farbflecken der Oasen und den amethystfarbenen Hochgebirgen Irans, versuchte ich, Bilanz zu ziehen und mich zu fragen, wieweit ich meinen Pflichten gerecht geworden war, sowohl gegenüber meinem in schwerste Bedrängnis geratenen Vaterland wie auch dem iranischen Volk, das sich mir gegenüber als so hilfsbereit erwiesen hatte.

Konsul Wilhelm Waßmuß hatte im I. Weltkrieg zwei britischindische Expeditionsarmeen für längere Zeit in Iran festnageln können, Truppen, die die Briten dringend im Irak, z.B. bei Kut el-Amar, wie auch an den europäischen Fronten gebraucht hätten. Ich dagegen hatte im II. Weltkrieg, schon allein durch den Bau meiner Flugplätze in der Nähe der Ölquellen, zur Bildung und zum Einsatz der britisch-indischen Heeresgruppe „ Paiforce " in Iran im Herbst 1942 beigetragen. Vermutlich war das einer der verhängnissvollsten Fehler der alliierten Gesamtstrategie gewesen, der auch Rommel in Afrika zugute gekommen war.

Bei meinen iranischen Freunden beklagte ich den Tod der iranischen Soldaten und Offiziere, die bei dem von der britischen Besatzungsmacht befohlenen und nur widerstrebend durchgeführten Angriff auf die Kaschghai Nasr Khans gefallen waren. Aber ich hatte dazu beitragen können, daß ein großer Teil Irans von den alliierten Besatzungstruppen unbesetzt blieb, und daß in dieser „Insel der Freiheit" iranische Patrioten Schutz finden konnten, die von den Besatzungstruppen verfolgt wurden.

Im Internierungslager Emmaus in Palästina traf ich dann meine Funker Piwonka und Harbers und meinen „Kameraden und Gegenspieler" Franz Mayr vom SD wieder und erfuhr auch, daß der deutsche Geologe Dr. Kümmel von den Briten nicht hingerichtet worden war, sondern sich in einem Gefangenenlager in Ägypten befand.

Über die Schweiz in das schon völlig zerbombte Berlin zurückgekehrt konnte ich meine Frau und unsere Kinder in die Arme schließen und erfuhr von meiner Frau endlich Einzelheiten ihres tollkühnen Kurier-Ritts durch das „wilde Kurdistan".

Und nun lernte ich im Osten die letzten Monate des „Totalen Krieges" mit all seinen Schrecken kennen, während ich in Iran einen „Kampf Mann gegen Mann" erlebt hatte, dem eine gewisse Ritterlichkeit nicht abzusprechen war.

Zwei Wochen nach Kriegsende geriet ich auf einer Berghütte in den Hohen Tauern bei Kitzbühel in meine dritte Gefangenschaft in diesem Kriege, die amerikanische, die auf Grund des „Automatischen Arrestes" für Generalstäbler und Abwehroffiziere am längsten dauern sollte, mir aber die Muße bot, mich weiter in das Gebiet der Orientalistik einzuarbeiten.

Frühjahr 1952   Dr. Schulze-Holthus

Nachwort zur zweiten Auflage

Die Stunde für den großen Auftritt Nasr Khans schlug im September 1946, als er zusammen mit den anderen „Khanen des Südens" ultimativ die Entlassung der drei kommunistischen Minister aus der Regierung des iranischen Ministerpräsidenten Ghawam es-Saltaneh und die Ablehnung der von der Sowjetregierung geforderten Ölkonzession im Norden Irans forderte. Als Ghawam das ablehnte, kassierte Nasr Khan die riesigen, von den Alliierten angelegten Waffen- und Munitionslager in der Umgebung von Schiraz, Abadeh und Kazerun ein, während die mit Nasr Khan verbündeten Hayat Davudis die noch größeren Munitions- und Waffenlager in Genaveh, Bender Rig und Buscher am Persischen Golf ausräumten. Die „Khane des Südens" brachten auf diese Weise eine Streitmacht von 400 000 Mann auf die Beine. Das führte jedoch zu keiner Konfrontation mit der iranischen Armee, denn Nasr Khan und Marschall Zahedi, der nach der Entlassung aus der britischen Kriegsgefangenschaft sofort zum Oberbefehlshaber der iranischen Armee im Süden des Landes ernannt wurde, einigten sich über die Zivilverwaltung der Provinz Pars und der angrenzenden Gebiete und auch über die Politik, die die iranische Regierung gegenüber den sowjetischen Ölforderungen einzuschlagen hatte. Jetzt ritt Nasr Khan nicht mehr mit seinem Gefolge durch die Wüsten und Hochgebirge des Landes, sondern bediente sich eines amerikanischen Panzerspähwagens. Aus den schlecht bewaffneten 20 000 Stammesreitern der Kaschghai war eine modern bewaffnete Reitertruppe von 70 000 Mann geworden. Als Mitglied des iranischen Senats betrieb Nasr Khan vor allem die Aufhebung der britischen Ölkonzession in Iran und unterstützte konsequent die Enteignungspolitik Mossadeghs. Seine 70 000 schwer bewaffneten Stammesreiter bildeten sozusagen die militärische „Hausmacht" Mossadeghs.

Als im August 1953 der immer mehr in wirtschaftliche Schwierigkeiten geratende und immer mehr ins sowjetische Fahrwasser abgleitende Mossadegh durch einen Staatsstreich Marschall Zahedis gestürzt wurde, schlug auch für Nasr Khan die Stunde. Er wußte, daß seine Reitertruppe einer modernen Panzerarmee nicht würde standhalten können, und er war viel zu sehr iranischer Patriot, um es auf einen Machtkampf mit der Armee unter der Führung Marschall Zahedis ankommen zu lassen. 1954 verließ er, vom Schah dazu aufgefordert, mit seiner ganzen Familie das Land, übertrug die Stammesführung seinem, Teheran genehmen, Bruder Hussein Khan und siedelte mit seiner ganzen Familie nach Kalifornien über, wo er als Landwirt Fuß zu fassen versuchte.

Nach 26 Jahren des Exils in Kalifornien flog Nasr Khan, zwei Tage vor der Abreise des Schah aus Iran, in das Land seiner Väter zurück und wurde als Anhänger des Ayatollah Khomeini in Schiraz angeblich von einer Million Menschen stürmisch begrüßt. Von seiner Hauptstadt Firuzababd aus, in der sich 1942 - 1943 unser „Hauptquartier" befunden hatte, versuchte er zunächst, die sieben Stämme der Kaschghai wieder unter seiner Führung zu einigen und Verbindung mit den anderen „Khanen des Südens" aufzunehmen. Hohe Regierungsposten, die Khomeini ihm anbot, lehnte er ab. Wartet er auf die Wahl des Parlaments, um dann als Parlamentarier eine ähnlich einflußreiche Rolle spielen zu können, wie er sie von 1946 bis 1953 unter Mossadegh spielte?

Daß er gegen eine Rückkehr des Schah ist, ist nach allem, was der Schah ihm und seiner Familie an Leid zugefügt hat, begreiflich. Daß er den blinden Anti-Amerikanismus der heute in Iran herrschenden Kreise nicht mitmacht, ist verständlich, denn er hat nicht umsonst 26 Jahre in den USA gelebt. Die Expansionspläne Moskaus in Richtung indischen Ozeans und iranischem und arabischem Öl kennt er zu genau, sonst hätte er nicht gleich nach dem II. Weltkrieg die Ölkonzession für Moskau im Norden Irans so scharf abgelehnt. Daß die Anhänger des sowjetischen Kommunismus das nicht vergessen haben, zeigte mir ein Brief seiner mit uns eng befreundeten Tochter Nahida Kaschghai, in dem sie sich über die wachsenden Angriffe linker Gruppen auf ihren Vater und ihren Onkel Khosro Khan Kaschghai beklagt. Ob er noch einmal als iranischer Patriot in die Lage kommen wird, die Integrität Irans und den Reichtum seines Öls gegen die Aspirationen einer benachbarten Großmacht verteidigen zu müssen?

Frühjahr 1980   Dr. Schulze-Holthus

Personenverzeichnis

(Vorbemerkung: In einigen wenigen Fällen mußten die Namen geändert werden, um die Genannten nicht zu gefährden)

A

Abdullah, älterer Sohn von Nasr Khan 176
Abdullah Khan Boirahmadi 297, 298, 321
Abineri 63, 64
Asgard, unser Quartierwirt in Mehgun 100, 111f
im Elbursgebirge
Asadi (geändert) 16

B

Benesch (geändert) 50
Berger, Major im OKW 97, 217, 281
Bibi (Ehrentitel einer Großfürstin, hier der 312
Mutter von Nasr Khan Kaschghai
Bohn, deutscher Konsul in Täbris 35f
Bülbül, Dorfvorsteher 190

C

Canaris, Admiral 9, 33, 34
Chayyam, Omar, iranischer Dichter gest. 1122 25
Corell 24, 70, 238, 239

D

Daschwend, Diener der „alten Bibi" 343
Dittmann, Dr. jur. damals Legationsrat an der 68
deutschen Gesandtschaft in Teheran
Dshahangir Khan, Nomadenfürst in Luristan 294

E

Eilers, damals Leiter des Deutsch-Persischen Institus 73f
   in Isfahan. Später Professor für Iranistik in
   Australien und Deutschland, sehr geschätzter
   Herausgeber eines mehrbändigen Lexikons der
   iranischen Sprache
Elias Khan, Fürst der Kaschghai 76, 325
Elisabeth (Hanna Harms, Missionsschwester). 64, 65, 66, 93
Ettel, Gesandter des Deutschen Reichs bei 9, 14, 62, 72, 76
   der Kaiserlich Iranischen Regierung
Esfendiari, iran Polizeioffizier (geänder). 145f

F

Farsad, vermutlich britischer Agent iranischer. 274f
   Herkunft, den der brit. Geheimdienst in das bei
   mir abgesprungene SS- Kommando eingeschleußt
   hatte
Fatullah Khan. 219, 320, 327, 328, 334f
Felmy, General der Flieger, Leiter des „Sonder- 214
   stabes F" der ein „Deutsches Persien-
   korps bilden sollte
Foroughi, iranischer Ministerpräsident ab 1941. 124
Franke (geändert) 16

G

Gamotta, SS- Untersturmführer 9, 11
Gauth, richtiger Gault, britischer Konsul in Isfahan 206
Gauß, Geheimrat im Berliner AA 99
Goreschi, Sekretär der in Berlin lebenden. 275
   Brüder von Nasr Khan Kaschghai

H

Hafiz, iranischer Dichter, 14 Jhdt. 25
Hamdullahmein, engster iranischer Mitarbeiter 1, 52, 104
                                                         109, 133

Harbers 137, 204, 278, 280, 320, 322, 326
v. Heimann, Oberst im Luftfahrtministerium 8
Heinemann. 64
Helmbold (geändert) 33
Hirschauer 74, 77, 99
Hussein Kaschghai, Bruder von Nasr Khan 178, 275

I

Ibrahim, Fürst der Farsimadan 174
Ibrahim Raul, Bote Kosrao Khans 218
Ismail Khan, Vater Nasr Khans 163, 164

J

Jackson, britischer Major 352
Jakob, Konstantin, mein „Adjutant" 195, 198f, 228f,
327, 328

K

Kaid hadi 301f, 326, 328, 329
Kambudsch, jüngerer Sohn von Nasr Khan 176
Kasim Beg, Angestellter der Deutschen Gesandtschaft . 93, 94, 136
  in Teheran, der sein mir gegebenes Dahrlehen
  nach dem Krieg von der BRD zurückerhielt
Kelmemdali, Graf und Gutsbesitzer 260
Kermanschahi, iran. Major 156
Kosro Khan, jüngerer Bruder Nasr Khans 218, 244
Kraus, Inhaberin einer deutschen Pension 18, 69
Kümmel, deutscher Geologe 143, 150, 160
Kurmis, SS-Hauptsturmführer 277, 284, 287, 291, 292, 351
353, 355

L

Leverkühn, Hauptmann der Reserve beim 7, 16
  Amt Ausland/Abwehr Lutfullah, iran. Feldwbel 138
Lutfallah, iran. Feldwebel 138

M

Maffey, SD- Agent 36, 46, 65
Mahudi, iran. Major 162, 167, 325
Maikadeh, Dragoman der deutschen Gesandtschaft 105
Malek Mansur, Bruder Nasr Khans 178, 275
Mayr, Franz, SS- Untersturmführer.... 9, 71, 121, 122, 127, 180
194, 225, 236, 294
Mehemed, Sekräter von Nasr Khan 168, 320, 322
Mehemed, Maurer, „unser Diener"................. 120f
Mehemed Khan, Bürgermeister von Desch i-Kurd...... 336, 340
Molla Haider.................... 191, 255, 299, 315, 345

N

Nasarow, sowjetischer Agent 46, 51, 52, 56, 57
Nasr Khan Kaschghai 148, 162, 174f, 313
Niri Akbar, Chauffeur der deutschen Gesandschaft 101
Nobacht, iran. Parlamentsabgeordneter 124, 155, 160, 161
237, 294

P

Penahi, Scheich, Gutsbesitzer, Boirahamdi 269, 297, 301, 320
Piekenbrock, Oberst..............................8
Pirajesch, Lotte............................. 18, 165
Piwonka 278

R

Raczinski, angeblicher polnischer Oberleutnant........... 157
Reuß, Prinz, ehemaliger Gesandter des Deutschen Reichs 94
bei der Kaiserlich Iranischen Regierung
Rex-Zehista, Graf von, ehemaliger Gesandter des...........94
Deutschen Reichs bei der Kaiserlich
Iranischen Regierung
Rezah Schah   75
Robertson, Colonel der brit. Besatzungstruppen in Iran 290

S

Sa'di, iranischer Dichter, 13. Jhdt. ... 25
Schahbachti, iranischer Generaloberst ... 269, 295
Schamil (geändert) ... 59, 73
Schariar, Namen in meinem falschen Pass ... 158, 168
Schulenburg, Graf v.d., ehemaliger deutscher Gesandter ... 282
    bei der Kais. Iran. Regierung
Schwarzkopf (geändert) ... 143, 149, 156, 158
Seyfullah, Diener ... 120
Sommer, deutscher Konsul in Teheran im I. Weltkrieg ... 96
Specht (geändert) ... 13
Stumpf, Schweizer Zahnarzt in Teheran ... 104

T

Thielike (geändert) ... 23, 77
Thistleweit, britischer Hauptmann ... 354

W

Waßmuß, deutscher Konsul ... 89, 165, 184, 201, 275
Waziri, Vater, iranischer Polizei-Major ... 38
Waziri, Sohn ... 39, 44, 50, 53, 72, 121, 140, 156
Wulff, deutscher Gewerbelehrer ... 55
Wussow, deutscher Konsul in Täbris ... 62

Z

Zoroaster = Zarathustra, Religionsgründer vermutlich ... 11
    7. Jhdt. v. Christi Geburt
Zulfikar Khan ... 218, 326

Sachverzeichnis

A

Alibaz, Gut und Turm im Gebiet der Boirahmadi, am. . . .298, 300
  Kirsanfluß des südwestiranischen Karunflusses
Archalog, Kapuzenmantel der iranischen Nomaden 173
  entsprechend dem Burnus der arabischen Beduinen
Ardakan, Garnisonstadt nordwestlich von Schiraz 179, 331
Armenier, Angehörige eines indogermanischen, christlichen. . . .55
  Volkes in Transkaukasien seit 1920 nat.
  Sowjet - Republik
Aserbaidschaner, Angehörige eines Turk-Volkes, ...8
  im Norden Bewohner der Sowjet - Republik
  Aserbaidschan, im Süden Bewohner zwei
  nordiranischer Provinzen
Aul (A'ul), Typ des vorderasiatischen Bergdorfes, ...11
  dessen Häuser übereinander wie Schwalbennester an
  den Berghängen kleben.

B

Baku, Hauptstadt der Sowjet - Republik Aserbaidschan 7, 10
Bam, Kreisstadt am Südweststrand der Wüste Lut 83
Belutschen, Angehörige eines persisch- oder urdu. 85
  sprechenden Volksstammes in Iran, Pakistan und
  Afghanistan
Bender Pahlewi, iranische Hauptstadt am Kaspischen Meer 12
Berme- Firuz-Gebirge, Hochgebirge nordwestl. von Schiraz 329
Birdaschan, Provinzhauptstadt in Ostiran, nahe der 87
  iranischen Grenze
Bostanabad, Straßengabel südöstlich von Täbriz 67

D

Dagestan, Autonome Sowjet-Republik im Nordosten 7
    des Kaukasus
Daschnak-Zakan, für ein selbständiges Armenien 20
    eintretende Befreiungsbewegung
Demawend, mit knapp 6000 Meter Höhe höchster..........13
    Berg des Elbrusgebirges
Desch i-Kurd, Landstädtchen in Zentraliran 231, 333
Doschman-Siari, mit den Kaschghai verfeindeter 272
    Bergstamm südwestlich von Schiraz
Dotshal, hoher Berg des Elbrusgebirges 13
    am Nordrand Teherans

E

Elbrus-Gebirge, richtiger Elbrusgebirge, Hochgebirge 13
    im Norden Irans
Elgershausen, Lungenheilanstalt im Westerwald............73
    Heimat von Frau Schulze-Holthus
Eyd e-Nourus, Fest des Frühlingsanfangs, iran. Neujahr......335

F

Färaschband, Dorf und Ebene südwestl. von Firuzabad......198
Feueranbeter, religiöse Sekte der Zarathustra-Anhänger 11

G

Gärmesir, südl. von Schiraz gelegene Winterweiden.........164
    der Kaschghai
Ghaleh Pärian, iran. Festung südöstl. von Schiraz......... 260f
Ghaschgha'i........................(siehe Anhang)
Ghum, zweitheiligster Wallfahrtsort in Iran, etwa...........78
    100 km südwestl. von Teheran
Giweh, in Iran übliche Stoffschuhe aus weissem Leinen.......42
    oder Baumwolle
Grosny, Erdölzentrum am Nordabhang des Kaukasus........10

H

Hurmuk, iran Dorf an der Dreiländerecke Iran, ... 86
Pakistan und Afghanistan

I

Inschallah (so Gott will) 25
Isfahan, Provinzhauptstadt in Zentraliran 79, 82

K

Kamseh-Araber, mit den Kaschghai verfeindeter, östl. 250
   von Schiraz ansässiger Araberstamm
Kara Agadasch, Flüßchen südöstl. von Schiraz 173, 227
Kaschghai .... (siehe Anhang)
Kaserun, Kreisstadt an der Straße Schiraz-Buschehr 179
Kejf (unübersetzbar) ähnlich dem Dolce farniente 293
Kerman, Provinzhauptstadt am Westrand der Wüste Lut 82, 83
Kirowabad, Stadt und Flugplatz am Südhang 70, 50
   des Kaukasus
Kollah, Filzzmütze der Kaschghai 175
Kuh e-Dinar Gebirge, Hochgebirgszug im Westen Irans 300
Kuschak, Leibbinde der Nomaden, Taschenersatz 217

L

Lasen, Georgische Volksgruppe, beiderseits der türkisch- 7
   sowjetischen Grenze ansässig
Lenkoran, sowjetische Hafenstadt am Kaspischen Meer 61

M

Meze, iran. Vorgericht oder Zwischengericht 20
Milli Mudafa'i, Aserbaidschanische Befreiungsbewegung ... 22, 46
Muk, Pass von Muk, südl. Schiraz, Verteidigungsstellung 242f
   der Kaschghai im Felzug von 1943
Musawad, radikalere Aserbaidschanische Befreiungsbewegung .. 22

Q

Qashqa'i . . . . (siehe Anhang)

S

Sahib, in Iran gebräuchliche abschätzige Bezeichnung 22
    eines Europäers mit dem arroganten
    Benehmen eines britischen Kolonialbeamten
Särhäd, Sommerweiden der Kaschghai 179
Samirum, iran. Festung südlich von Jsfahan 266
Schapur, Kreisstadt am Nordufer des Urmiasees 132
Schemiran, nördliche Vorstadt von Teheran 67
Schiraz, Hauptstadt der Provinz Fars 172
Schusp, Ort an der ostiranischen Magistrale 86
    von Zahedan bis Mesched
Sedeh, Ort der Auslieferung der "Deutschen Militär- 345, 348
    mission" an die britischen Besatzungstruppen
Stepanakert, Garnison und Flugplatz 47
    in Sowjet Aserbaidschan

T

Tabbas in Belutschistan, hart an der afghanischen 86
    Grenze (im Gegensatz zu Taabas in der Wüste Lut)
Tasbih, Gebets-Perlenkranz 20
Tazi, Gazellenjagdhund 186
Teschrifat, Höflichkeitsformel, bes. bei der Begrüßung 18
Tschogh'ä, Staubmantel 173

Z

Zossen, im II. Weltkrieg Ausweichquartier des 8
    Generalstabes des Heeres

Anhang

K a s c h g a i (auch Ghaschga'i oder Quashqa'i)

Die Unterschiede der Schreibweise rühren daher, daß der Gutturallaut „Ghaf" nur von semitischen Völkern mit der richtigen gutturalen Härte ausgesprochen werden kann. In der deutschen Literatur hatte sich nach dem I. Weltkrieg, wohl veranlaßt durch die Literatur über Konsul Wilhelm Waßmuß, die Schreibweise „Kaschghai" durchgesetz, während in der deutschen Wissenschaftlichen Literatur die korrektere Schreibweise „Ghaschgha'i" verwendet wird. In der angelsächsischen Literatur wird der Buchstabe „Ghaf" allgemein mit „Q" umschrieben.

Das Turkvolk der Kaschghai bewohnt ein schlauchartiges Gebiet von höchstens 600 km Länge und bis zu 300 km Breite, das sich von der Mitte des „Persischen Golfes" nördlich der Hafenstadt Bender Lengeh in nordwestlicher Richtung bis zum Südteil des nordwestiranischen Zagros-Gebirges erstreckt. Das Stammesgebiet wird in der Mitte unterbrochen durch die Straße Buschehr – Kazerun – Schiraz – Abadeh, die von der iranischen Gendarmerie kontrolliert wird und in beiden Weltkriegen von britischen Truppen besetzt war. In dem südöstlich dieser Straße liegenden Gebiet - dem „Gärmesir", dem warmen Land – verbringen die Kaschghai den Winter, in dem nordwestlich der Straße gelegenen Hochgebirgsland – dem „Särhäd", dem Grenzland – den Sommer. Diese Wanderungen im Frühjahr und Herbst können, je nach der Entfernung der Weidegebiete, bis zu 800 km betragen und kosten jedesmal einem großen Teil der Schafherden, der Esel, Maultiere und Kamele das Leben.

Die Zahl der Khaschghai-Nomaden wird heute mit mehr als 200 000 angenommen. Während die Regierung in Teheran unter der Pahlevi-Dynastie die Anzahl der schwer kontrollierbaren und gelegentlich auch aufsässigen Nomaden auf unter 100 000 herunterzuspielen versuchte, nannte der amerikanische Bundesrichter W.O. Douglas 1950 in seinem Buche „ Strange Lands and Friendly People" eine Zahl von 5o ooo, von der allerdings nur die Hälfte ein ständiges Nomadenleben führe.

Das Turkvolk der Kaschghai, das in der Mehrzahl vermutlich von den im 13. Jahrhundert in Nordwestiran eingewanderten Turkmenen der „Horde des Weissen Schafes" (Ak-Koyunlu) abstammt und schon unter Schah Abbas dem Großen um 1600 das heutige Stammesgebiet beherrschte, besteht aus sieben verbündeten und sich einem „Il-Khan" unterordnenden Stämmen, den Amalehs, den Derreschuris, den Farsimadan, den Kaschghuli Borurg, den Kaschguli Kutschik, den Schischbolukis und den Kara Tschahis.

Eingestreut in das Nomadengebiet leben fünf kleine arabische Stämme (Khamseh-Araber) und mehrere Lurenstämme, die nicht Turk, sondern persisch sprechen. Außerdem sind in den letzten Jahrzehnten in den Talgebieten zahlreiche Bauern (Tadschiken) von den Regierungen angesiedelt worden.

Die ausführlichste Literaturzusammenstellung über die Kaschghai findet sich in dem Werk von Prof. Pierre Oberling „The Quashqa'i Nomadds of Fars", 1974 bei Mouton, The Hague-Paris.